기업정치활동

한국형 로비 대관활동 연구

기업정치활동

한국형 로비 대관활동 연구

Corporate Political Activity

윤홍근 지음

"기업로비가 커튼 뒤에서
은밀한 거래로 진행되도록 방치해선 안 된다!"

인간사랑

* 이 저서는 2018년 정부(교육부)의 재원으로 한국연구재단의 지원을 받아 수행된 연구임(NRF-2018S1A6A4A01034822)

차례

머리말

정치 현상을 분석하는 연구자로서, 또한 학생들을 가르치는 정치학 교수로서 지속적으로 관심을 가져온 주제 영역은 민주정치가 잘 작동할수록 왜 정부는 실패에 직면할 가능성이 커지는가 하는 문제였다. 정치학도로서 박사학위를 받기 위해 공부하면서 제임스 뷰캐넌(J. Buchanan)의 헌법선택론(Constitutional Choice)과 존 롤스(J. Rawls)의 정의이론을 비교 연구한 것이 이러한 문제의식의 출발점이었다.

사람들은 자기이익에 충실한 이기적 존재이다. 기업 등 이익집단은 영리 극대화를 추구하는 것으로 존재가치를 인정받는다. 유권자들은 풍요로운 삶의 조건을 제시하는 정치인을 선호한다. 시민은 정치적 자유를 갈망하면서도 여기저기 끼어들며 힘쓰는 문제해결사 정부를 선택한다. 정부 공직자들은 일감의 크기에 비례해서 유능한 존재로 평가받을 수 있다고 믿는다. 이렇게 셈하는 참정의 주체들이 서로 교호 작용하면서 하나씩 새로운 정치적 상황을 만들어 가는 것이 민주정치 현상의 본질이다.

이 책은 정부 정책에 영향을 미치기 위해 노력하는 기업과 이익집단의 정치활동을 다루고 있다. 민주정치 과정을 설명하고, 바르게 이해하기 위해서는 기업정치활동의 세계를 잘 들여 다 볼 수 있어야 한다. 보통의 유권자들은 몇 년마다 한 번씩 돌아오는 선거 참여로 우회적이고 간접적인 방식으로 권력에 영향을 미친다. 하지만 기업 등 이익집단은 언제든지 선출된 공직자들을 대상으로 곧바로 영향력을 행사할 수 있다. 한국에서 기업정치활동에 관한 연구는 매우 제한적으로만 이루어져 오고 있다. 공직자들에게 영향을 미치려는 기업정치활동을 '불법 로비'라는 개념 틀 속에 가두어 놓고 바라보기 때문이다. 연구자는 한국에서 기업들의 대관업무 수행을 한국형 로비로 규정하고, 경험 과학적 연구를 통해서 '불법 로비' 인식 프레임의 타당성을 검증하고자 하였다. 연장선상에서 한국형 로비의 성격과 특징을 국제 비교의 관점에서 설명하고, 로비규제법 도입의 타당성 문제를 이론적으로 검토하고자 하였다.

이 책을 쓰기까지 오랜 시간에 걸쳐 많은 분들로부터 도움을 받았다. 시간을 쪼개어 설문조사에 참여해 준 분들, 특히 불편해할 수도 있는 질문이 이어지는 인터뷰에 응해 준 분들께 감사드린다. 연구의 필요에 공감을 표하며, 연구자가 미처 생각하지 못한 부분까지 살펴볼 수 있도록 도움을 주신 분들이다. 성함을 밝히며 한 분 한 분께 감사를 표할 수 없음이 안타까울 뿐이다.

자료수집과 설문조사 설계과정에서 수고를 마다하지 않은 동료 교수들께도 감사드린다. 바쁜 가운데에서도 설문조사 과정 전반에 걸쳐 큰 도움을 주었고, 원고를 읽어 준 우하린 박사에게도 감사드린다. 팬데믹 상황이 지루하게 이어지는 좋지 않은 조건 속에서 좋은 책을 펴내기 위해 노고가 컸던 도서출판 인간사랑 편집진께도 감사드린다.

2022년 상상관에서 따뜻한 봄날을 기다리며

I.

기업은 왜 정치활동에 뛰어드는가?

1. 기업정치활동(Corporate Political Activity), 로비활동, 대관업무

1) 기업의 '비시장부문 관리'

기업은 영리추구를 목표로 하는 사회적 조직이다. 기업의 존재가치는 돈 버는 일에 있다. 기업은 법으로 못하게 금지되어 있지 않은 한, 돈 벌기 위한 수단과 방법을 자유롭게 선택할 수 있는 권리를 갖는다. 기업의 영리극대화를 위한 활동은 일차적으로 시장에서 이루어진다. 시장 거래관계에 있는 경제적 이해관계자를 상대로 이익을 최대한으로 창출하기 위한 활동에 뛰어든다. 그러나 이익창출을 위한 기업 활동은 시장부문에만 머물러 있는 것이 아니다. 기업의 경영활동의 범주에는 시장뿐 아니라, 비시장 부문을 관리하기 위한 활동이 포함된다. 기업은 직접적 시장 거래관계에 놓여 있지 않은 비경제적 이해관계자들을 상대로 기업활동을 전개해 나가기도 한다. 기업이 시장 밖의 사회적 이해관계자를 관리하는 것도 이익극대화 차원에서 경영전략의 일환으로 이루어진다.

기업이 비시장 부문 접촉면에서 정부 기관이나 지역사회 및 시민단체, 언론기관 등을 상대로 이루어지는 활동에 대해서는 오랫동안 '공공사안관리'(public affairs activity)라는 개념으로 다루어져 왔다. 공공사안관리 활동은 비시장부문의 '비경제적인 이해관계자'와의 관계에서 발생하는 다양한 현안들을 관리해 나가는 전략적 경영함수를 지칭하는 개념이었다. 이러한 활동은 예방적 차원에서 이루어질 수도 있고, 사후 관리 차원에서도 이루어질 수 있다. 기업정치활동(corporate political activity: CPA)은 이 가운데서 공공정책을 결정하는 정부기관을 상대로 하는 활동을 직접적으로 지칭하는 개념이다. 기업이 다루어나가야 하는 비경제적 이해관계자 가운데, 가장 중요한 대상은 정부이다. 기업정치활동은 정부의 정책결정 과정에 영향력을 행사할 목적으로 이루어지는 계산된 행동이다. 여기에는 정보나 자료의 제공으로부터 유리한 결정을 얻어내기 위한 직접적인 로비접촉이나 선거 후원, 정치자금 공여, 심지어는 뇌물공여까지를 포함한다.[1]

최근에 '기업시민'(corporate citizenship) 개념이 등장하면서 기업의 사회적 책임이나 기업 윤리의 중요성이 역설되고 있다. 시민은 참정의 주인공을 지칭하는 개념이다. 참정의 주체로서 시민은 정치에 참여하는 권리를 갖는다. 동시에 시민은 의무와 윤리도 짊어지는 존재이다. 기업의 정치관여를 기업시민(corporate citizen) 개념으로 설명하는 학자들도 있다.[2] 이들은 기업정치활동을 기업시민으로서의 역할이라고 설명한다. 기업이 정치과정에 참여하는 것은 사회적 후생증진을 도모하는 기업시민으로서의 역할이라는 것이다.[3] 하지만 일반 시민으로서 지켜야 할 의무와 윤리 도덕률을 '기업시민'에게 현실적으로 강요할 수는 없을 것이다. 기업과 기업인의 일차적 목표는 이익 극대화이기 때문이다. 기업시민이라는 개념도 이익 극대화를 위해서라면 그러한 활동도 수행해 나가야 한다는 경영 논리를 반영한 것이라고 할 수 있다.

기업정치활동은 정부가 그 중심에 있는 정치 영역에서 기업의 비시장적 성과를 설명하기 위한 이론적 개념이다.[4] 정부로부터의 큰 영향권에 놓여 있는 기업일수록 기업정치활동에 적극성을 띠게 된다. 기업의 정치적 활동의 필요성은 기업 활동에 미치는 정부 권력의 크기와 영향력이 커질수록 그만큼 더욱 커지게 된다. 기업 활동에 미치는 정부의 영향력은 다방면에 걸쳐 있다. 기업정치활동은 사익 추구를 목적으로 정부권력을 이용하려 드는 기도로 규정되기도 한다.[5] 기업정치활동의 궁극적 목표는 기업의 생존과 번영에 우호적인 공공정책 성과물을 만들어 내는 것이다.[6] 정부 규제를 많이 받는 업종에 종사하는 기업일수록 '비시장 부문'을 상시적 경영함수로 다루어나가지 않을 수 없는 이유이다. 기업 입장에서 성과를 좌우하는 가장 중요한 대외 환경은 정부조직이고, 그렇기 때문에 기업은 정부 공직자들에 대한 영향력 행사 기회의 획득 및 유지를 위한 활동에 뛰어들게 된다.[7]

2) 기업정치활동과 기업정치전략

게츠(Getz 1997)는 '기업정치활동'을 '기업정치전략'(corporate political strategy)과 구분하고 있다. 기업정치전략은 "기업이 장기적 혹은 단기적인 이득 확보를 목적으로 정치, 사회, 법적인 환경 및 유관 행위자들에게 영향을 미친다는 목표 하에 기업의 자원을 최적으로 활용해 나가는 일관된 행동"이다. 기업정치활동은 이러한 의미에서 기업정치전략의 한 차원으로 이루어지는 것으로도 볼 수 있다. 하지만 기업정치전략이 항상 자원 최적 배분의 합목적적인 활동일 수는 없다.[8] 전략은 특정의 뚜렷한 의도와 목표 하에 추진되는 작위적 행동 조치를 지칭한다. 그것은 드러나지 않게 은밀히 전개하는 일련의 행동 조치를 뜻하는데, 은밀하게 추진될수록 성공 가능성이 커지기 때문이다. 정치전략이 도모하는 목표 성취를 위해 숨기고, 속이고 하는 수(move)의 전개를 필수적인 요소로 포함하는 개념이라면 이는 여기서 말하고 있는 기업정치활동과는 다른 차원의 것이다. 기업정치활동은 그렇게 은밀하게 추진되는 것이어서는 안 된다. 기업정치활동의 법제화가 이루어진 곳에서는 은밀하게 작전을 펴나가듯 전개해 나가는 활동은 모두 불법적인 것으로 규정된다.

3) 기업정치활동의 구성 요소

로비활동(lobbying activity)은 기업정치활동 가운데에서도 정부기관의 공직자를 상대로 영향력을 행사하는 활동이다. 기업정치활동은 경계선이 명확하게 구분되기 어려운 두 가지 활동으로 구성된다. 하나는 정책결정권자들에게 이익과 입장을 담은 정보를 제공하는 활동이고, 다른 하나는 기업의 이익을 관철시키기 위해 영향력을 행사하는 활동이다. 로비활동은 정책결정권자들과 이해관계자들 간에 정책현안에 대한 정보와 지식이 교환되는 과정이며, 동시에 이해관계자들이 자신들의 입장과 요구를 정책결정과정에 반영하려는 영향력 행사과정이다. 그렇기 때문에 정보제공 활동 자체가 곧 영향력 행사과정이라는 설명도 있지만, 개념상으로는 분리 가능한 것으로 볼 수 있다.

정보제공 차원의 로비활동은 정책결정자들에게 절실한 현장의 목소리를 전달하는 과정이기 때문에 정책결정의 질을 높일 수 있는 계기가 된다. 이익 및 입장 전달 차원의 로비활동은 시장에서 활동하는 사람들이 그들의 요구와 필요를 정책결정의 장에 전달하는 통로이다. 로비접촉의 한 당사자가 되는 관료집단이나 의원들은 로비활동의 맞상대 역할을 담당하면서 정책결정의 품질을 높일 수 있는 정보와 통찰력을 제공받을 수도 있다.

기업정치활동을 정책 사안에 대한 지식과 정보의 교환 과정으로 보느냐, 아니면 이익 및 입장을 전달하는 영향력 행사과정으로 보느냐 하는 것은 국가별로, 지역별로도 차이가 있다. 미국에서는 정책결정과정에서 수행되는 기업정치활동이 영향력 행사 차원의 로비활동으로 오랫동안 인식되어 왔다. 유럽 국가들에서는 기업정치활동이 정책 사안에 대한 지식과 정보의 교환 과정으로 받아들여져 왔다. 유럽 국가들에서는 오랫동안 이익집단의 제도화된 정책참여가 보장되어 왔었기 때문일 것이다.

4) 미국의 로비활동과 영국의 정부관계, 한국의 대관업무

○ 미국의 로비활동

기업정치활동이 공개적인 방식으로 가장 활발하게 이루어지고 있는 대표적인 나라가 미국이다. 미국에서는 정부기관을 상대로 이루어지는 정치활동에 대하여 '로비활동'이라는 개념이 널리 통용되고 있다. 미국에서 로비활동은 기업정치활동을 지칭하는 가장 보편화된 용어이기도 하다. 대정부 로비활동이 공공연하게 합법적으로 이루어지고 있는 미국에서는 관련업계 종사자들이 스스로를 로비스트라고 부르며, 명함에도 '등록로비스트'(registered professional lobbyist)임을 떳떳하게 밝히기도 한다. 미국에서는 상시적으로 이루어지는 활발한 기업정치활동을 배경으로 이에 대한 조사연구와 이론적 분석 작업 역시 활발하게 이루어지고 있다. 정책 선호를 달리하는 이익집단 간 정치활동의 경쟁과 대립이 공개적으로 이루어지는 것도 연구에 유리한 환경이다. 경험적 연구에 이용될 수 있는 객관적 기록자료(hard data)가 오랫동안 축적되어 올 수 있었고, 의회와 연방 정부 기관의 기록과 청문회 자료 등 기업정치활동의 영향을 평가할 수 있는 근거자료가 쉽게 가용하기도 하다. 하지만, 로비활동이 합법화되어 있는 미국에서도 로비 개념에 부가되어 있는 부정적 이미지 때문에 기업이나 업계 단체의 공식적인 조직편제 상에는 로비활동 대신 정부관계(government relations) 업무라는 용어를 사용한다. '정부관계'가 좀 더 포괄적인 개념이고, '로비'에 부가되어 있는 부정적 이미지를 배제할 수 있기 때문이다.

미국 외의 지역에서는 로비활동 개념이 기업정치활동을 지칭하는 일반적 용어로 보편적으로 쓰이지는 않는다. '로비스트'라는 말은 미국 이외 지역에서는 사용이 주저되고 회피의 대상이 되는 용어이다. '로비활동'은 뭔가 떳떳치 않은 방식으로 진행하는 영향력 행사 과정이고, 로비스트는 정부기관 종사자를 불러내어 '뒷거래'를 일삼는 영향력 행상(influence peddler)이라는 사회적 인식이 여전하기 때문이다.

○ 영국의 '정부관계'

정부나 국제기구 등 공공 기관을 상대로 영향력을 행사하고자 하는 정치적 활동을 무엇으로 명명하느냐 하는 것부터 국가별로 차이가 있음을 알 수 있다. 실제 이루어지고 있는 활동을 어떠한 개념으로 지칭하느냐 하는 것은 용어 사용법의 단순한 차이만을 나타내는 것이 아니다. 실제 그 일에 종사하는 사람들의 자신이 수행하는 업무에 대한 인식의 차이를 반영하는 것이고, 더 나아가 그와 같은 활동에 대하여 그 사회 구성원들이 공유하고 있는 사회적 인식의 차이를 나타내 주고 있는 것이기도 하다.

영국에서 기업정치활동을 지칭할 때 가장 널리 쓰이는 개념은 대정부 활동에 대한 지원을 뜻하는 '정부관계'(government relations)라는 용어이다. '정부관계'는 대정부 활동 지원 업무를 의미한다. 기업이나 이익단체가 정부 기관을 상대로 정치적 활동을 수행할 때 이것이 원활하게 수행될 수 있도록 이를 지원하는 업무라는 의미이다. 영국에서도 정부관계의 상위

개념으로는 '공공사안관리'(public affairs)라는 개념이 일반화되어 있다. 기업의 정치적 활동의 개념 범주를 확대하여 기업의 '정무사안관리'(governmental affairs)라는 개념을 쓰는 학자들도 있다. 이 경우 '정무사안관리'는 대외이해관계자 집단—주로 정치인과 규제기관 등—에 의해 결정되는 공공정책 결과를 관리해 나가기 위한 '대외협력' 추구 활동으로 규정되기도 한다.[9]

영국에서 일반적으로 쓰이는 '공공사안관리'나 '정부관계' 개념 역시 미국으로부터 들여 온 것이다. '공공사안관리'는 기업이 시장에서의 거래관계에 있는 경제적 이해관계자가 아닌, 공공기관이나 지역사회, 시민단체, 더 광범위하게는 일반 공중들을 상대로 해서 다루어나가야 할 현안들을 관리해 나가는 업무를 통칭하는 개념이다.

○ 한국의 '대관업무'

한국에서는 '기업정치활동'이 다소 생소한 개념으로 받아들여 질 수 있다. 정경유착의 부정적 폐해가 반복적으로 누적되어 온 오랜 역사를 가지고 있는 탓에 그것이 아무리 학술적인 작업이라 하더라도 기업 활동에 정치활동까지를 포함시키려는 시도에 대해서는 부정적일 수 있다. 로비활동 개념 역시 가치중립적인 용어로 쓰이지도 않는다. 로비활동을 수행하는 기업의 입장에서나, 로비접촉의 대상인 정부 공직자 입장에서나 자신들이 로비의 당사자라는 점을 쉽게 받아들이지 않으려 한다. 자신의 활동에 대해 떳떳해 하지 않고, 가능한 한 감추려 든다. 로비활동을 직접 행하거나, 기업 고객의 의뢰를 받아 로비활동을 대행하는 사람들은 자신들이 로비스트로 불리어지는 것에 대해서는 강한 거부감을 갖기도 한다.

한국에서는 정부관계 업무를 지칭하는 개념으로 가장 널리 쓰이고 있는 용어는 '대관업무'이다. 대관업무 개념은 저널리즘 차원에서 거의 정착된 개념이고, 기업이나 업계 단체 등도 대관업무 개념을 폭넓게 받아들이고 있다. 회사 조직 밖의 이해관계자들과 소통과 협력을 추진한다는 취지에서 '대외협력'이라는 개념으로 담당부서를 명명하는 경우가 많다. 이 연구는 자료 수집을 위한 인터뷰와 설문조사 과정에서 응답 회피를 최소화할 수 있을 것이라는 판단에서 정부관계 업무라는 개념을 채택하였다. 정부관계 업무 개념을 사용하여 대관활동 수행 당시 소속 부서의 명칭을 묻고, 소속 부서가 어떠한 업무 부문에 편제되어 있는지를 묻는 방식으로 정부 기관을 상대로 한 활동의 성격을 규명하고 있다.

한국에서 기업정치활동에 관한 관심과 연구는 정경유착에서 비롯된 부패 스캔들 발생과 함께 이슈 현저성이 두드러질 때 한하여 일시적으로, 그리고 매우 제한적으로만 이루어져 오고 있다. 민주정치 과정에서 기업 등 이익집단의 활동은 예외적으로만 진행되는 이벤트가 아니다. 정부의 정책 결정과정에 영향력을 행사하려는 기업정치활동은 일상적으로 진행되는 민주정치 과정의 본질적 한 요소이다. 기업 등 이익집단의 정치활동은 상시적으로 행해지는 것이다. 부패 스캔들 사건으로 표출되는 기업정치활동이 아니고, 정부의 정책결정과정에서 투입부문의 상시적 기능을 수행하는 기업정치활동 연구는 한국에서 큰 연구 공백으로 남아 있다. 정부의 정책 현안에 대해 기업이나 업계 단체가 실제 어떠한 방식으로 결정 과정에서 참여하고, 영향력을 행사하는지에 대한 경험적 연구는 매우 드물다.[10] 이 책에서 담고 있는 연구는 한국에서 기업정치활동의 양상을 경험적 자료 수집을 토대로 객관적으로 분석하기 위한 것이다.

2. 기업정치활동의 동기와 목표

기업은 외부로부터 가해지는 잠재적, 실제적 위협으로부터 자신을 보호하고, 예견되는 기회를 활용하기 위하여 정치적 활동에 뛰어든다. 정치적 사안을 다루어 나가기 위한 기업의 활동목표는 다양할 수 있다.[11] 큰 틀에서 기업정치활동의 목표는 기업이윤을 창출하고 유지하는 것이 될 것이다. 기업정치활동의 초기 학문적 성과는 경영학에서 기업들이 왜 정치활동에 나서는지 그 동기와 목표를 탐구하는 데 모아졌다.

정부 정책이 기업성과를 결정하는 가장 주요한 변인이 될 수 있다는 점은 정부–기업 관계를 연구해 온 많은 학자들에 의해 오랫동안 주장되어 왔다.[12] 정부는 환경과 노동, 소비자 보호 등을 명분으로 다양한 규제권한을 행사함으로써 기업의 비용구조가 결정과정에서 직접적인 영향을 미친다. 정부는 시장경쟁 구도를 좌우할 수도 있는 시장 감시자 역할을 하면서, 시장진입 및 퇴출 요건의 법규화를 통해 시장 구조 형성을 결정지을 수도 있다. 규제 권한 행사로 대체재나 보완재 시장이 새롭게 형성될 수도 있고, 막대한 정부 재원을 배경으로 기업 산출물의 주요한 구매자 역할을 하면서 시장의 크기를 결정지을 수도 한다.[13] 정부의 규제권한이 크면 클수록 기업의 성과는 시장의 힘에 의해서보다는 정부의 힘에 의해서 좌우되기도 한다. 위덴보움(Weidenbaum)은 1970년대 이후 규제 폭증의 시대를 배경으로 정부–기업의 역학관계가 근본적으로 뒤바뀌어지게 되었으며, 이러한 역학관계의 역전 현상을 '제2의 경영혁명(managerial revolution)'에 비견될 수 있는 것으로 설명한다.[14]

기업 간 시장경쟁 과정에서는 정치적 경쟁이 뒤따르기 마련이며, 기업들은 경쟁노력에 우호적인 환경을 만들기 위해 정부를 경쟁도구로 보기 시작한다.[15] 공공정책과정에 대한 기업의 정치적 영향력 행사는 결과적으로 기업의 경쟁 환경을 좌우하는 중요한 하나의 방편이 될 수 있기 때문이다.[16] 기업의 정치적 활동은 기업의 사익증진을 위해 정부의 힘을 이용하려는 행동이며, 그 목표는 기업의 지속적 생존 및 이익창출에 유리한 공공정책의 성과물을 만들어 내는 데 있다.[17] 샤퍼와 힐만(Shaffer & Hillman 2000)은 이러한 의미에서 기업 자산으로서 기업정치활동 역량 구축의 필요성을 말하고 있다. 기업경영 과정에서 시장전략과 정치전략은 별개의 것이 아니고, 통합 경영전략(integrated strategy)으로 이해되어야 한다는 설명이다.[18] 더 나아가 규제환경에 영향을 미칠 수 있는 경영인의 능력이 시장에서의 경쟁우위를 좌우한다고 말하는 학자들까지 있기도 하다.[19]

해외 경영에 치중하는 다국적 기업들로서는 경영 과정에서 일상적으로 불확실성에 노출될 수밖에 없는 탓에 위험요인 감축을 위한 기업정치활동에 나서지 않을 수 없다.[20] 신생 경제개발 국가들에서는 기업 활동을 규율하는 제도적 장치가 제대로 갖추어지지 않기 때문에 이곳에서 활동하는 다국적 기업들은 매우 높은 수준의 정치적 위협에 직면하게 된다.[21] 개발도상 국가들에서만 그러한 것이 아니다. 힐만과 힛(Hillman & Hitt, 1999)에 의하면 정치적 불확실성이 큰 신흥 시장뿐 아니라, 선진 경제권 시장에서도 정치적 불확실성 관리를 위한 기업정치활동의 필요성에 직면하게 된다. 권력 세계에 대한 접근로 확보를 목표로 하는 기업정치활동은 불확실성 감축이라는 기업 본연의 경영전략에도 부합한다는 설명이다.[22]

이 연구의 설문조사에서는 정부관계 업무의 동기 및 목표를 크게 두 가지 설문 항목으로 나누어 묻고 있다. 첫째는 대관업무의 직접적 동기를 묻는 항목이다. 여기에서는 기업 입장과 정보 전달, 정책정보 획득, 정책대안 제시, 경쟁우위 확보, 매출증대 등의 범주로 나누어 직접적 동기에 해당하는 항목에 체크하도록 하고 있다. 둘째는 정부의존도 수준을 주요한 변수로 다루고 있는 문항이다. 이 연구에서는 정부의존성을 정부조달과 정부규제, 재정지원(보조금과 세제혜택 포함), 정보제공, 기업 친화적 환경조성 등의 항목으로 나누어 정부의존도 수준을 묻고 있다.

3. 기업정치활동의 유형들

기업정치활동의 유형은 활동의 특징과 양상이라는 관점에서 다양한 차원으로 분류될 수 있다.

첫째는 이러한 기업정치활동이 개별 기업단위로 이루어지는지 혹은 집단행동으로 나타나는지 하는 것이다.[23] 시장에서의 기업의 경쟁은 일차적으로 동종 업계에 진출해 있는 기업들일 것이다. 그렇기 때문에 기업이 정치적 활동의 유형을 선택하고자 할 때 일차적으로 염두에 두게 되는 것은 정치적 편익을 창출하기 위한 활동을 개별 기업단위로 독자적으로 해 나갈 것인가, 아니면 같은 목표를 공유하고 있는 업계 내 다른 기업들과 연합하여 집단적 차원에서 대응해 나갈 것인가 하는 문제일 것이다. 일반적으로 여유 자원(slack resources)을 가지고 있거나 재계 내 지배적 지위를 가진 대기업들은 단독 정치활동을 선택할 가능성이 크며, 보유 자원과 영향력이 작은 기업들은 집단행동을 선호할 가능성이 큰 것으로 분석되고 있다.[24] 이 연구에서는 연구 대상 집단을 대기업과 중소·중견기업으로 나누어 이러한 설명의 타당성 여부를 검토한다.

이 연구에서는 기업들이 다른 기업들과 연합활동으로 정부관계 업무를 수행하는지의 여부를 묻고, 연합활동의 배경과 이유, 그리고 그 정도를 묻는 설문과 대관활동 착수 시점 등을 묻는 문항 등을 통해서 한국에서의 기업정치활동 유형을 분석하고 있다.

둘째는 기업정치활동이 피동적(reactive)으로 이루어지는지 혹은 적극적-선제적(proactive) 방식으로 진행되는지 하는 차원이다. 기업의 정치적 활동유형에 관한 선행 연구들에서의 가장 일반화되어 있는 설명은 그것이 정부정책형성 과정에 적극적인 방식으로 참여하는 형태인지, 아니면 결정된 정부 정책에 피동적인 방식으로 대응해 나가는 형태인가로 분류하는 설명이다.[25]

대응 활동은 정책형성 과정에 대한 직접적 참여 없이 정부의 결정과 조치에 사후적으로 반응해 나가는 유형이다. 보덴윈과 브루어는 이를 비교섭형(non-bargaining) 정치활동으로 설명하고 있다. 위덴보움은 직접적 참여 없이 정부정책을 미리 예견하여 경영 기획과정에 중요 요소로 반영시켜 나가는 능동적 대처(positive anticipation) 활동까지를 대응 활동유형에 포함시키고 있다. 선제적 정치활동은 특정의 정치적 목표 달성을 성취해내기 위해 기업이 이니셔티브를 취하는 활동유형이다. 위덴보움이 제시한 바 있는 '정책형성 참여'(public policy shaping)는 정부기관의 정책 산출물이 기업이 뚜렷이 목표로 삼고 있는 방향으로 만들어질 수 있도록 정책결정과정에 참여하면서 지속적으로 영향력을 행사하는 활동을 뜻한다. 힐만과 힛이 제시하고 있는 '기업정치전략'(corporate political strategy) 개념은 공공정책형성 과정에의 적극적 참여를 의미한다는 점에서 위덴보움이 제시한 '정책형성 주도'와 같은 범주이다.[26]

셋째는 실행 접근법과 관여 수준, 행사전략의 차이로 나타나는 유형의 차이이다.[27] 실행 접근법에 관한 대표적인 설명은 거래적-일회적 접근을 선호하는지 혹은 장기적 관계 유지 접근법을 선호하는지 하는 것이다. 대관 접근 방식은 정부정책에 의해 영향을 받는 정도에 따라 달라질 수 있고, 사업다각화 정도에 의해 달라질 수 있다. 일반적으로 규제의존도가 높은 기업일수록 장기적 접근법을 선호하고, 단일 업종 또는 연관성이 큰 소수의 다각화 업종 기업은 정책결정자들과 긴밀한 정보교환 및 의사소통을 추구한다. 이 경우에는 돈독한 관계구축이 유리하기 때문에 정치활동의 장기적 접근법을 선택할 가능성이 큰 것으로 설명된다.

기업은 정책 사안에 따라 각기 독립된 대응 방식으로 대정부 활동을 수행해 나갈 수도 있다. 특정 사안과 연계되어 문제가 있을 때 나서다가, 사안이 없으면 거리를 두는 접근법이다. 이러한 접근법은 비용효율성을 가질 수는 있으나, 장기적 안목에서 보면 그리 효과적이지 못할 수도 있다.

거래적 접근법–관계적 접근법의 유형 선택에 영향을 미치는 선행 요인은 다양할 수 있다. 우선 기업이 정부 규제에 얼마나 의존되어 있는가 하는 것이 주요한 변수일 수 있다. 기업이 정부의존도가 높고, 정부 규제에 의해 크게 영향을 받는 규제환경에 놓여 있다면 장기적 접근법을 선택할 수밖에 없다는 설명은 설득력을 가질 수 있다. 사업다각화의 수준도 여기에 영향을 미치는 것으로 알려지고 있다. 단일 업종 혹은 연관성이 큰 제한된 범위 내의 여러 업종에 종사하는 기업은 한정된 범위 내의 주 접촉 정책결정자들과 전문적인 정보를 교환하고, 긴밀하게 의사소통해 나가면서 돈독한 관계를 구축하는 것이 유리할 것이다. 반면, 연계성이 작은 다품종 생산의 사업다각화를 이루고 있는 기업은 정치활동의 거래적 접근법을 선택할 가능성이 큰 것으로 설명된다.

이 연구에서는 대정부 활동이 장기적 안목에서 공직자와의 우호적 관계형성에 초점이 맞추어져 있는지, 아니면 정책결정과정에의 참여나 사후적 대응에 초점이 맞추어져 있는지 묻는 설문을 통해 이를 분석하고 있다.

넷째는 정부관계 활동의 수행 대상에 따라 대관업무의 유형에 차이가 있을 수 있다. 기업이 대관활동을 수행하기 위해서는 구체적으로 어떠한 유형의 행동방안을 수립해서, 정부 기관 내의 누구를 타깃으로 이를 실행에 옮겨 나갈 것인지를 결정해야 한다. 기업이 어떤 유형의 정치적 활동에 뛰어들 것인지 하는 문제는 정책결정자들이 무엇을 필요로 하는지에 따라 달라질 수 있다. 공공정책결정과정은 공공재로서 정부정책의 공급자와 수요자 간의 정치적 거래 시장(political market)이라는 관점에서 다루어지기도 한다.[28]

기업의 대관활동은 정부 정책의 수요자라고 할 수 있는 기업이나 업계단체가 이니셔티브를 갖는다. 기업은 회사에 미치는 영향과 대책 등을 정리하여 유사시 활용 가능한 자료나 문건으로 작성 보관해 둘 수 있다. 더불어 정책결정권을 행사하는 의원이나 관료들을 대상으로 결정과정에 유용하게 활용할 수 있는 전문적인 지식이나 정보를 제공할 수 있다. 정부기관의 요청을 받아들여 해당 정책 사안에 대한 기업 측의 의견이나 입장을 제시할 수 있고, 기업 관계자가 규제기관이나 의회의 공청회에 참석하여 회사의 입장을 밝히는 발언을 하거나 이미 만들어 가지고 온 정책 자료나 문건을 제공할 수도 있다. 업계 단체라면 기자간담회나 회견을 통해 정부 정책을 지지하거나 반대하는 성명을 발표할 수도 있다.

기업이나 단체는 합법적으로 후원금을 모금할 수 있는 의원들에게 선거후원금이나 정치자금을 제공하는 활동을 할 수도 있으며, 의원의 선거활동을 지원하는 등 정치적, 정책적 지지를 표명하는 활동을 할 수도 있다. 기업이 어떤 유형의 정치적 활동에 뛰어들 것인가는 정책결정자들이 무엇을 필요로 하는가에 따라 달라질 수 있다. 힐만과 힛은 정치적 거래 시장에서의 세 유형의 교환품목을 정보, 경제적 유인, 정치적 지지(vote)로 단순하게 유형화하고, 각각의 품목이 거래되는 각 영역에서 정치적 활동을 구체적으로 실행에 옮겨 나가는 개별적인 전술들이 어떤 것들이 있을 수 있는지를 분석하고 있다.[29] 힐만과 힛의 정치전략 및 전술의 유형 분류는 미국 사례에 대한 연구를 통해 제시되는 설명 모델이지만 유사한 정치 제도를 가지고 있는 국가들에도 적용될 수 있을 것이다. 다만, 국가별로 각 항목에서의 합법화 수준이나 제도화 수준에 차이는 있을 수 있다.

이 연구의 설문조사는 응답자가 대관활동을 하면서 실제 수행했던 업무의 구체적 내용을 열거하고, 해당 항목에 모두 체크하도록 하는 문항을 두어 대관업무 유형을 분석하고 있다.

4. 기업정치활동의 선행 요인

어떤 기업들이 정치적으로 적극적인가? 어떤 상황 하에서 기업들은 정부를 상대로 하는 로비 활동에 적극성을 띠는가? 이와 관련해서는 다양한 관점의 설명들이 제시되어 왔다. 기업정치활동의 동기에 관한 많은 설명들은 기업정치활동의 선행 요인(antecedents)을 분석하는 차원에서 제시되었다. 기업의 규모와 연령, 기업성장의 역사, 대관업무 부서의 편제 여부, 사업 다각화의 정도, 업계의 경쟁상황 및 경제 집중도, 정부규제 부담의 정도 등이 이를 설명하기 위한 선행 변수로 제시되기도 하였다. 동기와 유형 등을 포함한 기업 대관활동의 전반적인 특징을 결정하는 요인은 다양할 수 있다. 기업정치활동의 동기와 유형을 결정하는 선행 요인은 크게 두 범주로 나뉘어 설명될 수 있다. 하나는 기업 내적 요인이고, 다른 하나는 외부로부터 기업 조직에 부과되는 대외적 환경 요인이다. 기업 내적 요인 가운데 중요한 요인은 기업의 성장 역사나 기업 조직의 내부적 특성을 반영하는 요인이다. 대외적 요인 가운데 중요한 요인은 기업 조직이 속해 있는 업계의 경쟁상황이나 정부의존도 등이다.

첫째, 기업 규모이다. 기업 규모는 기업의 정치적 활동의 가장 주요한 선행조건으로 설명되어 왔다. 기업 규모가 클수록 기업이 정치적으로 적극성을 띠게 된다.[30] 기업 규모는 자산규모,[31] 종업원 규모,[32] 매출규모,[33] 시장점유율[34] 등의 변수로 설명된다. 인적, 물적 보유 자원의 규모가 큰 기업은 그만큼 정치활동의 효과성을 기대하기가 쉽기 때문에 적극성을 띤다는 것이다.

둘째, 정부관계 업무를 전담하는 부서가 조직편제에 공식적으로 편제되어 활동하는지의 여부이다. 정부기업 관계 업무를 전담하는 내부 조직을 두고 CPA 활동을 위한 제도적 자원을 갖추고 있는 기업일수록 정치적으로 보다 적극적이며, 환경으로부터 가해지는 문제나 위협요인에 대응해 나가기 위해 CPA에 쉽게 의존하려 한다는 설명이다.[35]

셋째, 기업의 연혁—존속기간 등—이나 성장사, 기업문화와 전통, CEO의 경험 등의 변수가 더 영향을 미칠 수 있다.[36] 최고 경영층의 정치적 성향(political orientation), 성공적인 CPA 경험 유무 등은 기업정치활동의 선행 요인으로 설명된다. 기업연혁 요인은 기업의 가시성,[37] 명성,[38] 정치적 경험과 신뢰성[39]의 대행변수로 작동하여 기업정치활동 유형의 선택에 영향을 미치며, 효과성을 결정하는 요인으로도 설명된다. 한국 특유의 정부–기업 관계의 오랜 역사적 경험을 비추어 볼 때 이러한 설명이 갖는 타당성 여부를 검토해 보는 것은 학술적으로 중요한 의미를 갖는다.

넷째, 산업 선행 요인(industry antecedents)으로 동일 업계 내 경쟁관계 양상이나 산업 집중도가 영향을 미치기도 한다. 기업정치활동이 개별 기업 단위로 수행되는지, 아니면 경쟁기업을 포함한 업계의 집단행동 차원에서 진행되는지의 여부는 업계 내 경쟁의 정도나 집중도가 좌우한다는 설명이 있다.

이 연구에서는 대기업과 중견중소기업의 차이, 대관활동 전담부서의 공식적 편제 여부, 최고경영자(CEO)의 대관활동에 대한 관심과 참여의 정도를 묻는 설문을 통해 선행 요인들을 살펴보고자 한다. 선행 요인들을 찾아 분석하는 일이 결정요인을 설명하는 작업인 것은 아니다. 선행 요인 분석은 기업정치활동의 동기와 목표, 활동유형 등의 기업정치활동의 특징을 좌우하는 요인들의 경향성을 파악하는, 일종의 추세 분석일 뿐이다. 이 연구는 어떠한 하나의 또는 몇몇 요인들이 기업정치활동의 특징을 결정하는지 인과관계를 규명하는 목표를 갖지는 않는다. 다양한 관점에서 수행된 선행 요인 분석의 여러 연구들이 축적될 수 있다면 이를 토대로 인과론적 설명도 가능해질 수 있을 것이다. 이러한 의미에서 이 연구는 후속 연구들을 불러들이기 위한 마중물의 성격을 갖는다.[40]

주

1 Hansen, W. L. & N. Mitchell (2000). Disaggregating and explaining corporate political activity: Domestic and foreign corporations in national politics. *American political Science Review,* 94(4): 373-393; Spiller (1990) Yoffie, D. & Bergenstein, S. (1985). Creating political advantage: The rise of the corporate political entrepreneur. *California Management Review*, 28(5): 124-139.

2 Matten, D. & A. Crane. (2005). Corporate citizenship. Toward an extended theoretical conceptualization. *Academy of Management Review* 30(1): 116-179; Wood, D. J. & J. M. Logsdon. (2008). Business citizenship as metaphor and reality. *Business Ethics Quarterly,* 18(1): 51-59.

3 Scherer, A. G. Baumann-Pauly, & Schneider. (2013). Democratizing Corporate Governance: Compensating for the Democratic Deficit of Corporate Political Activity and Corporate Citizenship. *Business & Society,* 52(3): 473-514; Alzola, M. (2013). Corporate dystopia: The ethics of corporate political spending. *Business & Society*, 52(3): 388-426.

4 Hillman et al.. (2004). Corporate political activity; A review and research agenda. *Journal of Management*, 30(6): 837-857.

5 Mitnick. B. M. (1993). *Corporate Political Agency: The Construction of Competition in Public Affairs.* Newbury Park: Sage Publications.

6 Baysinger, B. D. (1984). Domain maintenance as an objective of business political activity: An expended typology. *Academy of Management Review,* 9(2): 248-258; Keim, G & B. Baysinger. (1988). The efficacy of business political activity: Competitive considerations in a principal-agent context. *Journal of Management,* 14(2): 163-180.

7 Doh, J. P., T. Lawton & T. Rajwani. (2014). Why your company may need a

chief external officer: Upgrading external affairs can help align strategy and improve competitive advantage. *Organization Dynamics*, 43(2): 96-104.

8 Getz, K. (1997). Research in corporate political action: Integration and assessment. *Business and Society,* 36(1): 32-72.

9 Pinkham, D. G.. (1998). Corporate public affairs: running faster, jumping higher. *Public Relations Quarterly,* 43(2): 33-37.

10 경험적 조사연구를 바탕으로 한국에서의 기업정치활동을 분석하고 있는 가장 최근의 연구로는 저자가 본서 출간을 준비하는 과정에서 연구성과의 일부를 반영하여 발표한 다음의 연구가 있다: 윤홍근. (2021). "한국의 기업정치활동: 동기와 목표, 유형, 선행 요인 연구." 『현대정치연구』. 제14권 3호: 97-132.

11 De Figueredo, J. & E. Tiller (2001). The structure and conduct of corporate lobbying: An empirical analyzing of corporate lobbying at the federal communications commission. *Journal of Economics and Management Strategy,* 10: 91-122.; Bonardi et al.. (2006). Nonmarket strategy performance: Evidence from U.S. electric utilities. *Academy of Management Journal,* 49(6): 1209-1228; Frynas et al. (2006). First move advantages in international business and firm-specific political resources. *Strategic Management Journal,* 27: 321-145.

12 Weidenbaum, M. L (1980). Public policy: No longer a spectator sport for business. *Journal of Business Strategy,* 1(1): 46-53; Baysinger. B. D. (1984). Domain maintenance as an objective of business political activity: An expended typology. *Academy of Management Review*, 9: 248-258.; Shaffer. B. (1995). Firm-Level Response to Government Regulation: Theoretical and Research Approaches. *Journal of Management,* 21: 495-514.; Schuler, D. A. (1996). Corporate political strategy and foreign competition: The case of the steel industry. *Academy of Management Journal,* 39(3): 720-737; Lux, S, T. R, Crook & D. Woehr. (2011). Mixing business with politics: A metal-analysis activity. *Journal of Management,* 37(1): 223-247.

13 Goldsmith A. (2006). *Business, Government, State: The Global Political Economy*. Thomson South-Western; 3rd edition; 윤홍근. (2009). "한국경제의 성장과 정부-기업 관계의 변화". 이정복 외,『21세기 한국 정치의 발전방향』. 서울: 서울대학교 출판부, pp. 533-566.

14 Weidenbaum, M. L. (1980). *op. cit.*

15 Epstein. E. M. (1969). *The corporation in American politics.* Englewood Cliffs, NJ: Prentice Hall. p. 142.

16 Boddewyn. J. & T. Brewer. (1994). International business political behavior: New theoretical directions. *Academy of Management Review*, 19(1), 119-143; Hillman & Keim. (1995). *op. cit.*; Hillman A. & A. Zarkhoodi. (1999). Corporate political strategies and firm performance: Indications of firm-specific benefits from personal service in the U.S. government. *Strategic Management Journal,* 20(1): 67-81.

17 Mitnick, B. M. (1993). *Corporate Political Agency: The Construction of Competition in Public Affairs* Newbury Park: Sage Publications.; Baysinger. (1984). *op. cit.*; Keim & Baysinger. (1988). *op. cit.*

18 Baron. (1995). *op. cit.*; Lawton T., S. McGuire, & T. Rajwani. (2013). Corporate political activity: A literature review and research agenda. *International Journal of Management Reviews,* 15(1): 86-105.

19 Holburn, G. F. & R. G. Vanden Bergh. (2008). Making friends in hostile environments: Political strategy in regulated industries. *Academy of Management Review,* 33(2): 521-540.; Marsh, S. J. (1998). Creating barriers for foreign competitors: A study of the impact of anti-dumping actions on the performance of US firms. *Strategic Management Journal,* 19(1): 25-37.

20 Frynas, J. G. & K. Mellahi. (2003). Political risks as firm-specific (dis) advantages: Evidence on transnational oil firms in Nigeria. *International Business Review,* 45(5): 541-565.; Keillor, Wilkinson, & Owens. (2005). Threats to international operations: Dealing with political risk at the firm

level. *Journal of Business Reach,* 58(5): 629-635.

21 Henisz, W. & B. Zelner. (2003). The strategic organization of political risks and opportunities. *Strategic Organization,* 1(4): 451-460.; Henisz, W. J. & B. Zelner. (2010). The hidden risks in emerging markets. *Harvard Business Review*, 88(4): 88-95.

22 Hillman & Hitt. *op. cit.* (1999): Schuler, DA. K. Rehbein, & R. Cramer. (2002). Pursuing strategic advantage through political means: A multivariate approach. *Academy of Management Journal*, 45(4): 659-673.

23 Baysinger et al.. (1984). *op. cit.*

24 Hillman & Hitt. (1999) *op. cit.*; Coen. D. (1999). The impact of U.S. lobbying practice on the European business-government relationships. *California Management Review,* 41(4): 27-44.

25 Weidenbaum. (1980). *op. cit.*; Baysinger. (1984). *op. cit.*; Boddenwyn & Brewer. (1994). International-business Political Behavior: New Theoretical Directions. *Academy of Management Review,* 19(1): 119-144.

26 Hillman & Hitt. (1999). *op. cit.*

27 Epstein. E. (1999). *op. cit.*

28 Bonardi, JP. AJ. Hillman, & GD Keim. (2005). The attractiveness of political market: Implications for firm strategies. *Academy of Management Review,* 30: 397-413.; Hillman & Hitt. (1995). *op. cit.*

29 Hillman & Hitt. (1999). *Ibid.*

30 Masters, MF & GD. Keim. (1985). Determinants of PAC participation among large corporations. *Journal of Politics,* 47(4); 1158-1173.; Keim, A. J. & Baysinger. B. (1988). The efficacy of business political activity: competitive considerations in a principal-agent context. *Journal of Management,* 14(2): 163-180.; Boddewyn & Brewer. (1994). *op. cit.*

31 Meznar M. B. & D. Nigh. (1995). Buffer or bridge? Environmental and organization determinants of public affairs activities in American firms.

Academy of Management Journal, 38: 975-996.

32 Hillman. (2003). *op. cit.*; Meznar & Nigh. (1995). *op. cit.*

33 Bhuyan. (2000). *op. cit.*; Hansen W. L. & N. Mitchell (2000). Disaggregating and explaining coporate political activity: Domestic and foreign corporation in national politics. *American Political Science Review,* 94(4): 891-903.; Hart, D. (2001). Why do some firms give? Why do some firms give a lot?: High-Tech PACs, 1997-1996. *Journal of Politics*, 63: 1230-1249.; Martin, C. J. (1995). Nature or nurture? Sources of firm preference for National Health Reform. *American Political Science Review,* 89: 898-931.; Schuler. D. (1999). Corporate political action: Rethinking the economic and organization influences. *Business and politics,* 1(1): 83-97.; Schuler, D. A. Rehbein, K. & Cramer. (2002). Pursuing Strategic Advantage through Political Means: A Multivariate Approach. *Academy of Management Journal,* 25(4): 659-672.

34 Schuler. D. (1996). Corporate political strategy and foreign competition: The case of the steel industry. *Academy of Management Journal*, 39(3): 720-737.

35 Rehbein, K & D. Schuler. (1999). Testing the firm as a filter of corporate political action. *Business and Society,* 38(2): 144-166.; Rehbein, K & DA Schuler. (1995). The firm as a filter: A conceptual framework for corporate political strategies. *Academy of Management Journal,* Best papers proceedings, 406-410.; Lenway, SA & K. Rehbein. (1991). Leaders, followers, and free riders: An empirical test of variation in corporate political involvement. *Academy of Management Journal,* 34(4): 893-905.

36 Hillman. (1995). *op. cit.*; Rehbein & Schuler. (1995). *op. cit.*

37 Hansen & Mitchell. (2001). *op. cit.*

38 Boddewyn, J. & T. Brewer. (1994). International business political behavior: New theoretical directions. *Academy of Management Review,* 19(1), 119-143;

Keim & Baysinger. (1988). *op. cit.*

39 Hillman, A. J. (2003). Determinants of political strategies in U.S. multinationals. *Business & Society*, 42(4): 455-484.; Hillman & Hitt. (1999). *op. cit.*

40 윤홍근. (2021): 127-128.

II.

기업정치활동 연구는 어떻게 진행되어 왔는가?

1. 기업정치활동 연구의 필요성

1) 글로벌화, 정부-기업 관계의 변화, 기업정치활동의 변화

1980년대 이후 여전히 진행되고 있는 글로벌화는 기업정치활동에도 적지 않은 변화를 초래하고 있다. 글로벌화는 각국의 국경선을 뛰어넘는 새로운 정치, 경제, 사회적 네트워크의 생성 및 기존 네트워크의 확충으로 사람들의 활동이 전 지구적 차원으로 크게 확대되어 가고 있는 현상을 지칭한다. 사람들 사이의 상호연계와 상호의존이 심화되고 가속화되는 현상은 물질적·경제적 측면에서만 이루어지는 것이 아니다. 글로벌화는 정도와 속도의 차이가 있긴 하지만, 각국의 정치와 정부 정책에서도 그 변화의 흐름을 읽을 수 있고, 사회적 관계와 문화적 요소들에서도 그 변화를 읽어낼 수 있다. 글로벌화는 이러한 변화들을 배경으로 그 속에서 움직이는 기업 등 시장행위자들의 선택과 행동에도 많은 변화를 초래하고 있다.

글로벌화는 각국의 시장과 경제에 직접적인 변화를 가져올 뿐 아니라, 시장 및 경제에 작용하는 제도와 정책상의 변화를 수반한다.[1] 그런가 하면 글로벌화는 각국의 정부와 기업 관계에도 영향을 미치며, 정치과정과 정치체계에까지 영향을 미친다.[2] 사회적 가치 및 자원을 분배하는 메커니즘으로서 시장은 다양한 제도적 유형을 갖는다. 시장은 특정한 어느 한 규칙체계 위에서만 작동하는 것은 아니다. 시장을 규율하는 제도는 다양할 수 있다.[3] 이를테면 미국형 시장제도가 있고, 유럽형 시장제도가 있으며, 일본이나 한국형의 시장제도가 있을 수 있다. 마찬가지로 유럽형 시장

제도라 하더라도 영국에서의 그것과 프랑스나 독일, 스칸디나비아 국가들의 그것은 차이가 있다. 각국의 시장제도는 그 나라의 특징적인 정부-기업 관계의 성격을 결정한다. 각국에서 기업 활동은 역사적으로 형성되고 국가 법체계에 반영되어 있는 그 나라의 시장제도 안에서 이루어진다. 또한 국가 법체계 위에서 결정되고, 집행되는 공공정책의 직간접적인 영향을 받는다. 국가별로 시장과 기업 활동에 영향을 미치는 제도 및 공공정책의 내용과 형식, 그리고 이러한 공공정책이 결정되는 방식은 각기 다르다.[4]

시장 및 경제에 대한 정부의 역할범위나 개입의 정도는 국가마다 다르고, 그렇기 때문에 시장제도는 다양성을 갖는다. 국가에 따라서 정부의 시장 개입을 위한 제도적 기반이나 공공정책 수단, 정치사회적 관행이 잘 발달되어 있는 나라가 있는가 하면, 그렇지 않은 경우가 있다. 정부의 경제적 역할 유형 여하에 따라 그 나라의 정부-기업 관계의 특징이 결정된다.

기업 활동에 대한 정부의 역할변화 및 정부-기업 간 역학관계의 변화는 기업의 정치적 활동 양식에 변화를 가져오기 마련이다. 기업의 정치적 활동(Corporate Political Activities)은 정치학 분야에서 오랫동안 다루어져 왔던 전통적인 문제영역이었다. 기업의 정치사회적 영향력에 대한 분석은 정치학 연구의 한 주류를 형성해 왔으며, 경험적 자료의 제약 속에서도 이 분야에 대한 정교한 이론적 발전이 이루어져 올 수 있었다. 최근 글로벌화를 배경으로 기업의 정치적 영향력 및 정치활동에 대한 관심과 연구가 새롭게 고조되고 있다. 최근의 기업의 정치적 활동에 대한 관심의 증대는 글로벌 세계경제의 확대로 기업의 규모와 활동영역이 크게 확대되면서 기업이 행사하는 경제 권력이 시장과 경제영역을 뛰어넘어, 정치와 사회문화의 영역까지 뻗치고 있기 때문일 것이다. 오늘날 각국에서 글로벌 기업은 압도적 우위의 자원 확보와 영향력 행사 수단을 가지고 중앙 정부나 노조, 시민단체 등 다른 정치적 행위자들에 대하여 매우 큰 영향력을 행사하고 있다.

오늘날의 글로벌 경제 시대에서는 각국의 중앙 정부를 대신하여, 대규모의 개별 기업이 세계경제의 중심적 행동 단위로 기능한다. 글로벌화된 세계시장을 이끌어 나가는 가장 주요한 행동단위는 각국 고유의 정책적, 제도적 영향력의 범위를 벗어나고자 하는 초국적 기업들이다. 개별 국가의 중앙정부는 국제경제 레짐(international economic regime)의 규칙에 부합하도록 국내의 정부 규제체제를 정비하는 정책추진에 주력한다. 각국에서 글로벌 기업은 글로벌 시장의 힘을 국내 규제체제의 변화로 연계시키는 과정에서 중심적 역할을 수행한다.

한편 글로벌 거버넌스에 관한 최근의 연구들은 비국가–민간부문 행위자로서 글로벌 기업의 역할과 활동에 크게 주목하고 있다.[5] 글로벌 거버넌스 연구가들은 기업이나 업계 단체의 자율규제(self–regulation)와 공사부문 파트너십 (public–private partnership)에 의한 협동 규제에 연구의 초점을 맞추고 있다. 글로벌 거버넌스 연구가들은 기업 활동에 영향을 미치는 정부의 제도나 정책의 변화보다는 정부나 국가 권위와 무관하게 기업 스스로가 자율규제의 룰을 만들고, 이러한 기업이나 업계 단체의 자율규제 코드가 글로벌 차원으로 확대되는 과정에 특히 주목한다.[6]

글로벌화 과정에서의 초국적 기업의 활동에 관한 기존 연구들이나, 혹은 글로벌 거버넌스를 분석하고 있는 기존 연구들은 초국적 기업(transnational corporations)이 글로벌 시장의 힘을 구현하는 주요 행위자로 설명한다.

경제 글로벌화는 경제적 측면에서의 기업의 시장 활동에 변화를 초래할 뿐 아니라, 시장행위자의 정치적 활동 양식에도 많은 변화를 초래하고 있다. 기업의 성패는 시장에서의 경제적 성과뿐 아니라, 시장 외적인 사회적·정치적 성과에 의해 좌우되기도 한다. 기업성과를 좌우하기도 하는 정부의 정책은 모든 기업 활동에 일반적으로 영향을 미치기도 하지만, 특정 업계나 특정 기업군 혹은 특정 기업에 한정적으로 영향을 미치기도 한다. 기업성과가 비시장적 요인(non-market factor)에 의해 더욱 좌우될수록 기업은 '정치적 편익'의 극대화를 위한 적극적인 행동 동기를 가진다. 시장에서 정치적 편익을 극대화하기 위한 기업의 전략적 행동은 기업 단위의 개별적 행동으로 이루어질 수도 있고, 공동의 목표를 추구하는 기업들 간 집단행동을 통해서 이루어질 수도 있다.

경제적 결사체(economic association)는 시장행위자 간 집단행동을 조직화하는 매개체로 기능한다. 시장행위자를 대표하는 경제적 결사체는 크게 노동자들의 이익을 대표하는 노조(trade union)와 기업의 이익을 대표하는 경제단체(business association) 두 유형으로 분류할 수 있다. 경제적 결사체로서 노조는 전국 단위의 정상 조직(peak organization)의 형태를 띠거나 업종, 직종별 산별노조의 형태로 운영될 수 있고, 개별 기업 단위의 기업노조로 조직화될 수도 있다. 재계 단체 역시 업종 혹은 품목별 업계 단체(trade association)로 결성될 수도 있고, 모든 업종을 망라하는 전국 단위의 경제단체로 조직화될 수도 있다.[7]

경제적 결사체의 집단행동 정도와 그 유형, 혹은 경제적 결사체들 간의 교호작용방식, 정부의 공공정책결정과정에 대한 경제적 결사체의 참여의 정도나 유형은 국가별로 큰 차이가 있다. 홀과 사스키스는 기업과 경제단체의 전략적 행동 방식을 기준으로 시장제도를 '자유 시장경제'(liberal market economy)와 '조정된 시장경제'(coordinated market economy)로 구분한 바 있다.[8] 윌슨은 재계 이익(business interest)의 조직화 및 정책참여의 제도화 수준을 기준으로 '시장주도의 경제', '국가주도의 경제', '조합주의 경제'로 시장경제를 유형화하고 있다.[9] 이들 다양한 시장경제 유형에 대해서는

'자본주의의 다양성'(varieties of capitalism)이나 '비교정치경제'(comparative political economy)라는 개념 범주로 비교 분석되기도 한다. 시장제도의 비교유형은 근본적으로 정부의 시장개입 정도 및 그 개입 유형을 기준으로 하는 것이다.[10] 이는 정부정책결정과정에서 정부–기업 간 관계나 정부–경제적 결사체 간의 교호작용 방식에 따른 분류이기도 하다.

글로벌화는 각국에서의 정부–기업 관계에 적지 않은 변화를 가져 왔다. 글로벌 시장통합과 함께 시장과 경제에 대한 중앙정부의 개입 및 규제 방식에 변화가 초래되고 있다. 정부–기업 간 역학관계가 변화하면서 기업의 정치적 활동 양식에도 변화가 나타나고 있다. 오늘날 글로벌 기업은 압도적 우위의 자원보유를 배경으로 각국에서 중앙 정부나 노조, 시민단체 등 다른 사회·정치적 행위자들에 대하여 매우 큰 영향력을 행사한다. 글로벌화 시대의 세계 경제는 '글로벌 시장의 힘'(global market force)에 의해 움직이는 자체의 고유한 작동 메커니즘을 가진다. 그리고 이러한 글로벌 시장의 힘은 각국에서 개별국 고유의 공공정책 및 국내정치 영역의 축소를 초래하고 있다. 각국의 중앙정부는 국제경제 레짐(international economic regime)의 규칙에 부합되도록 국내의 정부 규제체제를 정비하는 정책추진에 주력한다. 글로벌 기업은 글로벌 시장의 힘을 국내 규제체제의 변화로 나타내도록 하는 과정에서 중심적 역할을 수행한다.

오늘날 글로벌 경제 시대의 가장 큰 특징은 그동안 세계경제에서 큰 비중을 차지해 왔던 각국 중앙 정부를 대신해서 대규모의 초국적 기업들이 세계정치경제의 중심적 행동 단위로 활동한다는 점이다. 각국 고유의 정책적, 제도적 영향력의 범위를 벗어나고자 하는 초국적 기업들이 글로벌화된 세계시장을 이끌어 나가는 가장 주요한 행동단위이다. 세계정치경제에 대한 최근의 연구는 글로벌 거버넌스의 한 축을 형성하고 있는 비국가–민간부문 행위자로서 글로벌 기업의 역할과 활동에 크게 주목하고 있다.

이들 연구들의 공통된 특징은 초국적 기업을 중심으로 하는 비국가 행위자 혹은 민간 기관(private authority)이 글로벌 차원에서, 혹은 국내정치 차원에서 그 영향력을 확대해 나감으로써 전통적인 국가부문의 역할이 축소되어 나가고 있다는 점을 부각시킨다. 그렇지만 이들 연구는 초국적 기업이나 초국가 기구의 역할 증대가 각국에서 전통적인 '정치'와 '국가'의 영역을 어떻게 축소시켜 가고 있는지 구체적 설명을 내어놓고 있지는 않다. 글로벌 기업의 역할과 영향력 확대로 중앙 정부의 '선택 폭이 제한되고 있다'는 수준의 해석만을 내놓을 뿐, 실제 각국에서 글로벌 기업들이 어떠한 경로와 수단을 통해, 자신들의 선호와 이익을 중앙 정부의 정책결정과정에 반영하는지에 대한 경험적 연구는 제한되어 있다.

정부–기업 관계 및 기업정치활동에 대한 연구는 경험적 자료의 제약 속에서도 꾸준한 이론적 발전이 이루어져 왔는데, 최근에는 글로벌화를 배경으로 기업의 정치적 영향력 및 정치적 활동에 대한 관심과 연구가 새로운 주목을 받고 있다. 최근 미국 외, 유럽이나 아시아, 중남미 국가들에서도 기업의 정치활동이 활발하게 이루어지고 있으며, 기업정치활동에 관한 연구도 크게 늘어가고 있다. 최근 기업정치활동 연구는 글로벌화 영향에 따른 정부–기업 관계의 변화 및 기업정치활동 방식의 변화를 추적하는 데 초점이 맞추어지고 있다.[11] 글로벌 시장통합은 한국에서도 마찬가지로 기업과 노조, 경제단체 등 시장행위자들에게 변화의 외압으로 작용하고 있다. 한국의 경제단체는 지난 90년대 초중반 이후 그들의 활동양식이나 조직 작동 체계상에 적지 않은 변화를 경험하고 있다. 전경련과 경총 등 한국 경제단체들의 회원사 신규 가입률이 줄어들기 시작한 것은 90년대 중후반의 시기였다. 전경련으로 대표되는 한국의 경제단체들은 90년대 후반 외환위기 이후, 회원사들로부터 회비 수입확보에 어려움을 겪으면서 예산 운용상에 큰 압박을 경험하고 있다. 그런가 하면 대기업 회원사들의 개입 축소와 후임 회장 선임을 둘러싼 리더십 승계 위기, 회원사들 사이의 의사 결집의 어려움 등을 경험하고 있다(윤홍근, 2015: 191−213).

글로벌화 흐름 속에서 비시장적 환경 변화에 기업들이 어떻게 적응해 나가고 있는지에 대한 설명이 있어 왔지만, 여전히 상대적으로 연구가 미진한 영역이다. 이 연구는 서로 다른 유형의 시장 제도를 유지하고 있는 국가들에서 글로벌화가 기업정치활동에 초래하고 있는 변화를 설명하지 못하는 내용을 포함하고 있다. 1980년대 이후 경제 글로벌화를 배경으로 기업정치활동, 특히 기업들의 집단행동에 어떠한 변화가 나타내고 있는지 분석하는 경험적 연구를 포함한다.

2) 미국과 유럽의 이익집단정치 연구

기업정치활동을 정치제도 측면에서 설명하려는 선행 연구들은 미국 사례와 유럽 사례를 다루고 있는 연구들이 압도적으로 많다. 연구의 양적 성과 측면에서 미국 사례에 관한 연구가 주류를 이루고 있다. 미국에서의 기업정치활동에 관한 연구는 미국 정치학계의 오랜 전통으로 이어져 온 이익집단정치의 흐름을 이어가고 있는 것이다. 경영 분야에서의 현실적인 필요성에 더하여 이익집단 정치 현상에 대한 탐구의 전통이 맞아떨어진 것이라고 할 수 있다. 미국에서의 기업정치활동에 관한 연구는 올슨의 집단행동 딜레마 이론 이후, 집단행동 딜레마 개념과 연계된 연구들이 또 하나의 흐름을 형성해 왔다. 집단행동의 딜레마를 극복하고 이익집단들의 정치적 활동을 성공적으로 잘 조직화할 수 있었던 사례들에 관한 연구들이 하나의 연구영역으로 자리를 잡을 수 있었다. 미국에서의 이러한 경험적 연구는 선거 후원금이나 정치자금에 관한 양적 데이터의 축적이 가능했기 때문이다. 미국에서 개별 기업 단위이든 단체 차원의 활동이든 기업정치활동에 쓰이는 '돈' 연구가 가능할 수 있었던 것은 선거자금 및 정치후원금에 관한 법규가 잘 발달해 있고, 이와 관련된 신뢰할 수 있는 공식적 기록이 잘 활용될 수 있기 때문이다. 최근 유럽에서의 이익집단정치 연구는 미국에서의 이러한 흐름을 반영하고 있는 것으로 볼 수 있다.

영국 등 유럽에서의 이익집단 연구는 미국에서의 경험적 연구와는 달리 정치제도가 상이한 다른 국가들에서의 이익집단의 활동방식을 비교하는 연구들이 많다. 유럽 국가의 협의주의(consociationalism) 제도 하에서 이루어지는 이익집단정치가 미국형의 다원주의 정치제도 하에서 이루어지는 이익집단정치와 어떻게 다른지 설명하는 연구들이 많았다. 유럽에서의 이러한 연구 흐름은 EU 통합 이후 빠른 속도로 바뀌어 나가고 있다. 회원국 정부의 규제 권한이 EU 정책결정 기관들로 이양되었기 때문이다. 경쟁정책 사안뿐 아니라, 제품생산, 안전보건 위생, 환경 분야 등에서의 규제 권한이 EU로 넘어가면서 이익집단의 정치활동의 유럽화(Europeanization)가 진행되었고, EU 기관을 상대로 하는 로비스트의 활동이 두드러지게 증가하면서 새로운 변화가 나타나기 시작한 것이다.[12]

앞서 살펴 본 바와 같이, 오늘날 글로벌화는 대부분의 국가들에서 정치제도를 포함한 제도의 변화를 촉발하고 있는 가장 주요한 요인이 되고 있다. 1980년대 후반 이후 국제정치 질서의 급격한 변화에 따라 경제적 변환기를 경험하고 있는 동구권 국가들 뿐 아니라, 대부분의 국가들이 글로벌화 흐름에 속에서 정도 상의 차이는 있지만, 제도의 변환을 경험하고 있다. 유럽의 경우만 하더라도 유럽 통합 이후, EU 출범에 따른 제도변화가 진행되어 왔었다. EU 기관을 상대로 하는 로비활동 과정에서는 회원국들의 국내 정치과정에서와는 달리, 이해관계를 달리하는 이익집단 간 상호 경쟁 양상이 두드러진 새로운 현상으로 나타나고 있다. 유럽에서는 다국적 기업들에 의한 로비활동 체계와 로비활동유형이 어떻게 달라져 왔는지를 연구하면서 CPA 활동에 대한 제도적 특성의 중요성을 나타내주는 연구들이 활발해졌다.[13] 유럽에서의 이익집단정치나 기업정치활동에 관한 최근 연구는 이론적 측면에서보다는 현실적으로 전개되는 현실 세계에서의 변화를 설명해야 할 필요성에 부응하는 것이라고 할 수 있다.[14] 글로벌화가 초래하고 있는 현실 세계에서의 변화를 연구 영역에 끌어들인 것이다.

유럽 기업이나 업계 단체의 로비활동은 정책의제 설정권을 가진 집행위원회(EC)에 집중되었다. 유럽 집행위원회 정책결정과정에서는 기업이나 업계 단체만 참여하는 것이 아니다. 유럽 집행위원회는 시민단체 등 다양한 공익 단체들에게까지 정책 참여의 기회를 제공하고 참여를 독려하기 위한 재정지원까지 해 나가고 있다. 하지만 기업과 이익단체 등 재계의 정치활동이 시민 단체의 활동을 압도하고 있다. 수적인 면에서도 기업 단체가 전체 이익집단의 76% 비중을 차지하고 있다. 로비스트 등록제를 운영하고 있는 유럽의회(European Parliament: EP)에 등록된 단체의 70%는 재계를 대표하거나, 기업 친화적 성향의 단체들인 것으로 조사되고 있다.[15] 기업 등 재계 단체들이 가지고 있는 재정 능력이나 전문성, 정보 우위 등의 기업 조직역량이 결과적으로 유럽 이익집단 정치 지형을 사회적 이해관계자들 간의 협의주의 전통으로부터 벗어나 집단 간 경쟁양상이 두드러지게 나타나는 엘리트 다원주의(elite pluralism) 방향으로 변모시키고 있는 것이다.[16]

유럽 로비의 가장 큰 특징은 로비활동이 실제적으로 광범위하게 이루어지고 있지만, 로비 활동에 대한 사회적 인식이 부정적이라는 것이다. 기업 등 민간부문 행위자들에 의한 로비활동은 유럽에서는 아주 오랫동안 비판적 의혹의 대상이 되어 왔다. 유럽에서는 특수사익을 추구하는 이익집단의 존재와 이들의 활동이 국가와 정치시스템의 정상적인 작동에 장애가 된다는 인식이 오랫동안 지속되었다. 개별 국가 내에서 뿐 아니라 EU에 대해서도 마찬가지이다. 유럽 국가들에서는 기업정치활동을 주도하는 것은 산업부문 별로 활동하는 경제 단체였으며, 특히 전국 단위로 조직화되어 있는 재계 단체의 정상조직(national peak organization)이었다. 중앙의 정상조직들과 정부 정책 당국자 간 정책협의를 통해 임금수준이나 노동조건, 물가상승률 등이 결정되면 업종별 산하 단체들과 기업들은 이를 수용하고 따르는 것이 통상적인 이익집단 정치의 양상이었다. 하지만 1990년대 이후 경제단체 중심의 기업정치활동 방식에 변화가 이루어지기 시작했다.

EU에서 1990년대 이후 이루어지고 있는 기업정치활동의 가장 큰 변화는 경제단체의 정책 참여가 일반화되어 있는 가운데에서도 개별 기업 단위의 정치활동도 두드러지게 눈에 띄고 있다는 점이다.[17] 유럽 국적의 대기업들이나, 미국이나 일본 등지에서 진출해 와 있는 대기업들은 유럽 집행위원회(EC)가 소재하고 있는 브뤼셀에 기업정치활동을 전담하는 사무소를 두고 활동을 늘려가고 있다. 이들의 정치활동을 지원하는 상업 목적의 로비회사들도 크게 번창해 나가고 있다. 브뤼셀에서 로비회사들이 고용하고 있는 로비스트 인력 규모는 15,000여 명에 이르고 있는 것으로 알려지고 있다. 로비스트 등록제를 운영하고 있는 유럽의회 사무처에 공식적으로 등록되어 있는 로비스트 수만 해도 5,000여 명에 달하고 있다.[18]

1990년대까지 유럽에서의 기업정치활동이나 이익집단정치에 관한 연구는 미국에서의 연구 성과에 크게 의존하지 않았던 것으로 알려져 있다. 영어권이 아닌 국가들에서는 물론이고, 영국에서도 미국 학자들의 연구 성과가 크게 영향을 미치지는 않았다. 1990년 후반 이후, 오늘날의 상황은 달라지고 있다. 이익집단정치에 관한 한, 미국에서의 연구와 유럽에서의 연구는 서로의 성과를 공유하면서 크게 수렴되어 가는 방향으로 나아가고 있다.[19] 유럽에서 기업이나 경제단체 등의 기업정치활동에 관한 연구는 분석 단위 면에서 크게 두 가지 방향으로 나누어진다. 하나는 영국 등 로비 정치 현상이 두드러지게 나타나고 있는 개별 국가들에서의 기업정치활동에 관한 연구이고, 다른 하나는 초국가 정책결정 기관으로서 EU를 상대로 이루어지고 있는 기업정치활동에 관한 연구이다.[20] 특히 후자의 연구와 관련해서 최근 집중적인 연구가 이루어지면서 경험적 자료를 기반으로 하는 실증적 연구들도 쌓여 가고 있다.[21]

3) 워싱턴, 런던, 브뤼셀

워싱턴과 런던, 브뤼셀은 세계에서 가장 규모가 큰 로비시장의 소재지이다.[22] 미국에서는 워싱턴에만 연방 정부를 상대로 활동하는 1,500여 명의 로비스트들이 활동하고 있으며, 의회에 공식적으로 등록하고 있는 로비스트의 수가 13,000여 명(2011)에 이른다. 이들 등록 로비스트들이 공개한 자료에 의하면 로비업계에서 1년 동안 쓴 활동비용만 해도 34억 달러(2018/OpenSecrets.org) 이상에 달한다. 미국의 300대 대기업들은 자체적으로 사내 로비조직을 운영하고 있으며, 사내로비스트를 두고 있지 않은 기업들은 로비회사들과 계약을 체결하여 로비활동을 대행시키고 있다.

EU 기관들을 상대로 움직이는 로비스트 수는 27,000여 명에 이르는 것으로 조사되고 있다. 이들 로비스트들이 EU 집행위원회와 유럽의회 등에 소속된 15,000여 명의 공직자를 상대로 활동하는 것으로 알려져 있다.[23] 이 수치는 2000년 초반 20,000여 명으로부터 빠른 속도로 증가하고 있음을 보여 준다.[24] EU를 상대로 움직이는 이익집단의 수는 5,700여 개에 이르고 있는데,[25] 이는 2000년대 초 1,450여 개로부터 매우 빠르게 늘어 왔음을 보여 준다. EU 관련 로비 전담부서를 두고 있는 대기업들이 350여 개에 이르며,[26] 또한 270여 개의 로비회사들이 EU 기관을 상대로 활동하는 것으로 알려져 있다. 국제정치경제의 굵직한 현안들이 워싱턴이나 브뤼셀에 소재하고 있는 정부 기관이나 국제기구에서 다루어지고 있다. 현실 정치적 측면에서도 워싱턴과 런던, 브뤼셀의 로비시장을 살펴보는 것은 중요한 의미가 있다. 이들 세 시장에서 이루어지고 있는 정치적 활동을 살펴볼 필요가 있는 것은 규모 면에서나 실제적 측면에서뿐만 아니라, 학문적 측면에서도 큰 가치가 있다. 세 지역이 이루어지는 정치적 활동 접근법을 비교 연구하는 것이 학문적으로 의미가 있는 것은 기업정치활동의 배경을 이루는 제도적 장치가 특징적으로 다르기 때문이다. 정부 기관을 상대로 하는 정치활동은 모든 민주 국가에서 통상적으로 이루어지고 있다. 하지만 이러한 활동을 규율하는 제도적 장치들이 어떠한 방식으로 얼마나 정교하게 다듬어져 있는가하는 정도에는 적지 않은 차이가 있다. 세 곳의 서로 다른 정치제도를 배경으로 이루어지고 전개되는 정치적 활동방식, 즉 대관업무 접근법을 비교하기 위해서는 우선 각각의 정치제도를 비교의 관점에서 분석하는 것이 필요하다.

영국이나 유럽에서는 대정부 활동으로서 로비활동이 하나의 독립된 전문 직업영역으로 받아들여지고 있지 않다. 영국 등 유럽 국가들에서 대관업무 종사자들은 스스로를 '정치 컨설턴트'(political consultant)라 불리기를 원한다.[27] 영국에서 정치 컨설턴트들은 개인이 단독으로 하는 경우도 있지만, 대다수의 경우 이러한 활동을 전문적으로 수행하는 회사에 소속되어 있는 경우가 많다. 영국에서는 정치 컨설턴트들이 소속되어 있는 회사들은 PR 업계로 일반적으로 분류되는 업계에 소속되어 있다. 영국에서 로비활동은 기업의 PR 활동의 일환으로 행해지는 있는 것임을 보여 준다. 영국에서는 로비스트로서의 활동을 포함한 홍보 업계의 이익을 대표하는 업계 단체로 '정치 컨설턴트 협의회'(The Association of Professional Political Consultants: APPC), '홍보 컨설턴트 협의회'(The Public Relations Consultants Association: PRCA), '공인 홍보전문가협회'(Chartered Institute of Public Relations: CIPR) 등이 결성되어 있다.

영국의 정치 컨설턴트들은 직접적으로 나서 정책결정자들과 접촉하면서 의뢰 고객의 이익을 반영하는 활동을 하기 보다는 의뢰 고객이 정책결정자들과 접촉해서 자신들의 입장과 이익을 반영하는 활동을 어떻게 하는 것이 효과적인지에 대해 자문해 주는 역할을 주된 임무라고 생각한다. 영국에서 정치 컨설턴트의 역할은 정책 사안을 모니터링 하다가, 고객이 나서서 정부 정책결정자들과 접촉을 시작해야 할 시점이 되면 누구와 접촉해야 할 것인지를 알려주는 일로부터 시작해서, 고객이 정부 관계자와 접촉하기 위해 필요한 자료 문건 작성을 지원하는 활동을 수행하는 것이다. 대정부 영향력 행사 활동으로서 로비활동과 개념적으로 구분하여, '정부관계 지원업무'(government relations)라고 명명하는 이유이다.

미국에서도 기업 고객들의 퍼블릭어페어즈 활동을 지원해 주는 컨설턴트와 컨설팅 회사들이 있지만, 이들이 연합체를 이루어 독립된 업계로 조직화되어 있지는 않다. 기업 고객이나 비영리 단체의 관련 업무 수행자를 대상으로 교육서비스를 제공하는 협의체(Public Affairs Council)가 있을 뿐이다. 퍼블릭어페어즈는 가장 광범위한 개념이다. 퍼블릭어페어즈는 기업이 외부의 이해관계자 집단들로부터 일정 수준 이상의 기업 평판을 유지해 나갈 수 있도록 하는 명성 관리(reputation management) 활동을 통칭하는 개념이다. 명성 관리를 말할 때 기업 조직 밖의 이해관계자 집단 범주에는 지역사회와 시민단체, 비영리 단체, 공익단체, 언론 미디어 등이 포함된다. 정부나 규제기관도 기업 조직 밖의 주요 이해관계자 범주에 포함되기 때문에 정부관계 업무는 명성관리 차원에서 다루어지기도 한다.

2. 미국에서의 기업정치활동 연구

70년대 이후 줄곧 미국의 주요한 기업들은 차츰 정치적 영역에서 활동력을 증대해 오고 있으며, 그만큼 많은 자원을 공공정책의 결정에 영향력을 행사하는 데 투입해 오고 있다. 기업이 공공정책결정과정에 영향력을 행사할 수 있는 방식은 다양하게 이루어질 수 있다. 가장 전통적인 로비활동방식은 기업의 최고 경영자나 혹은 기업의 이익을 대변하는 전문 로비스트가 의회나 행정부의 정책결정자와 직접적으로 접촉을 가짐으로써 진행되는 대면 접촉활동이다. 기업이 '정치활동후원회'(PAC)를 운영하거나, 선거 시에 정치자금을 공여하는 것도 고전적인 로비활동의 유형에 속한다. 기업이 TV 방송이나 라디오, 신문 등의 언론매체를 통해 일반 시민을 상대로 특정의 메시지를 전달함으로써 문제의 쟁점에 대하여 여론의 호응을 유도하는 방법도 이미 전통적인 로비유형에 속한다. 미국에서 기업정치활동에 관한 연구는 이러한 기업의 로비활동에 대한 연구가 주류를 이루어 왔다.

1) 미국의 기업정치활동과 기업로비

미국은 직업적 전문 로비스트들이 대가를 지불받아 가며 로비활동을 행하는 오랜 역사를 지니고 있다. 2020년 현재, 미국 전역에는 업종별, 품목별로 업계의 이익을 대변하는 전국 단위의 경제단체 30,000여 개가 활동하고 있다. 지방정부, 주와 카운티, 시 등에 존재하는 지역 단위의 경제단체의 수를 다 합하면 그 수는 64,000여 개에 이르는 것으로 추산되고 있다. 워싱턴에는 개별 기업 단위로 기업정치활동을 행하는 전문 부서 조직을 유지하고 있는 대기업의 수는 1990년대 말 - 미국의 기업들이 개별 기업 단위로 가장 활발하게 로비활동을 펴나갔던 시기 - 현재 600개 이상인 것으로 파악된 바 있다.[28] 기업 단위로 독립된 기업정치활동 전문조직을 유지하는 것은 비용이 매우 크게 들기 때문에 대부분의 기업들은 자신의 이익을 대변해 주는 전문 로비스트들이나 법률회사와 계약하여 일을 맡기고 있다.

미국에서 로비활동에 관한 광범위한 자료를 수집하여 공개하고 있는 '책임정치센터'(The Center for Responsive Politics)의 발표에 의하면 업계 단체와 개별 기업, 로비회사 등에서 연방 정부를 상대로 로비활동을 수행하는 등록 로비스트의 수는 최대 14,000여 명(2007)에 이른다. 이들에 의해 의원 등에게 제공되는 선거 캠페인 등 정치후원금은 매년 그 총액이 조금씩 달라지고 있지만 선거가 있는 해를 전후로 가장 많게는 337억 달러(2017)까지 이르고 있음을 알 수 있다.[29] 2020년 현재 등록 로비스트 수는 11,500여 명으로 줄었으나, 이들에 의해 350억 달러 정도의 총비용이 지출된 것으로 되어 있다. 유럽 등지의 다른 국가들과 비교의 관점에서 직업 로비스트들에 의해 수행되는 기업정치활동은 미국 정치의 가장 큰 특징이면서, 확고한 정치적 전통으로 자리 잡고 있다[30]. 1970년대 이후 줄곧 미국의 주요한 기업들은 정치 영역에서 차츰 활동력을 증대해 오고 있으며, 그만큼 많은 자원을 공공정책의 결정에 영향력을 행사하는 데 투입해 오고 있다. 기업이 공공정책결정과정에 영향력을 행사할 수 있는 방식은 다양하게 이루어질 수 있다.

정보전략형 로비와 압력행사형 로비: 공공정책결정과정에 대한 기업의 영향력 행사활동은 크게 두 차원의 전략적 접근법으로 분류될 수 있다. 하나는 정보전략형이고, 다른 하나는 압력행사형이다[31].

정보전략형은 공공정책결정자가 필요로 하는 정보나 자료를 제공하면서 기업의 이익을 그 속에 반영하는 전략이라고 할 수 있다. 공공정책결정자들은 정책결정과정에서 항상 현장의 생생한 정보와 자료를 필요로 한다. 미국에서는 의회의 결정과정에서 위원회나 소위원회의 비중이 커지면서 의원이나 각종 위원회 활동을 돕는 참모진의 전문적 역할 비중이 커지게 되었다. 의회의 전문 참모진은 위원회의 조사활동이나 청문회 과정에서 실질적으로 중요한 역할을 담당하고 있기 때문에 로비 활동의 주요한 대상이 되고 있다. 현안에 대한 전문성을 가진 이들 집단에 대한 로비는 관련 사안에 대한 연구·분석에 기초한 적절한 정보를 제공하는 일이 로비 성패의 관건이 되고 있다(Berry, 1989). 많은 경우 로비스트들은 정치인들이 갖지 못한 고급의 정보와 전문적 지식을 가진 자들이고, 이러한 전문적 식견expertise을 공직자들과 전략적으로 공유하는 방식으로 영향력을 행사 한다.[32]

의회에서 다루어지는 사안의 기술적 복잡성이 점증함에 따라, 의원들은 더욱 참모진에 의존하게 되고, 생생한 정보를 제공받기 위해 특정의 이익집단에 더 크게 의존하게 된다.[33] 전문 참모진은 표를 계산하고 정치자금을 필요로 하는 의원들과는 달리 시장과 산업에 관한 생생한 현장의 고급정보를 필요로 한다. 따라서 이들에 대한 로비과정에서는 무엇보다도 관련 사안에 관한 기술적 정보의 제공이 중요하다. 기업의 고위 경영층이나 전문 로비스트들이 의원과의 직접적 접촉을 통하여 제공해 주는 정보

가운데에는 압력성의 정보도 포함되기 마련이다. 얼마나 많은 유권자들이 문제의 사안에 대해 관심을 공유하고 있으며, 의원의 입법태도 여하에 따라 이들의 투표결정이 어떻게 달라질 것이라는 정보가 포함될 것이기 때문이다.

하지만 의회의 전문 참모들이나 정부 공직자들이 원하는 정보는 특수이익을 정당화하는 편향된 정보가 아니다. 정보제공은 압력의 한 표현으로서가 아니라, 기술적 의견교환의 성격을 가질 때 보다 효과적인 로비 수단으로 기능할 수 있다. 기술적 정보를 제공하는 가운데 이를 필요로 하는 사람들과 얼마나 신뢰감을 조성할 수 있느냐 하는 것이 중요하다. 기업의 이익을 어떻게 타당한 명분과 논리를 앞세워 설득할 수 있느냐 하는 것이 정보전략형 로비활동의 관건이 된다. 정보전략형 로비 과정에서는 관련 사안에 대하여 철저한 연구조사를 수행할 수 있는 역량이 중요하다. 조사 연구 결과를 정책결정자들이 필요로 하는 고급의 정보로 만들어 낼 수 있는 능력이 관건인 것이다.

미국에서 정보전략형 로비활동의 비중과 중요성이 부각되기 시작한 것은 1970년대 미 의회제도 개혁에 따른 것이었다. 정부의 비공개회의를 투명하게 공개하도록 한 투명공개원칙(sunshine rules)의 채택은 직접적 접촉의 로비방식으로부터 탈피하여, 다양한 방식으로 영향력을 행사하려는 정치적 활동유형의 다양화를 가져왔다. 정책결정과정의 투명화를 위해 도입된 청문회 제도는 기업과 로비스트들의 공공정책결정과정에의 참여를 양성화하고 제도화하였다. 청문회 제도의 확충으로 기업과 각종 단체의 정책참여가 더욱 폭발적으로 증대되었다. 이로써 70년대 이후 미국의 주요 기업과 이익단체들은 워싱턴－K 스트리트－으로 몰려와 사무실을 열고, 관련된 정치적 정보를 수집하거나 청문회에 참여하는 등의 정치적 활동을 전담하는 인력을 유지하기 시작하였다. 워싱턴의 로비전담 사무소는 곧 기업과 이익단체의 운영에서 정치적 활동의 일상화가 초래되었음을 의미하는 것이기도 하다.

정치적 활동의 일상화는 다양한 방식으로 이루어진다. 무엇보다도 정부 내외의 유력한 정책지도자들과 긴밀한 관계를 지속시키는 것이 가장 중요한 정치적 활동이 되겠지만 여기에 그치는 것은 아니다. 대부분의 주요 기업이나 업계 단체는 정부의 결정이 개별 기업이나 업계에 가져오는 충격을 검토하기 위하여 워싱턴의 전문 인력을 활용한다. 이들은 정부기관이나 의회의 정책과정을 모니터링하며, 정가를 떠다니는 소식들을 면밀히 검토하기도 한다. 여기에는 신문이나 방송, 각종 간행물을 분석하여 자료집을 만들고, 해당 이슈의 변화 추이가 장차 자기 기업이나 고객집단에 어떠한 영향을 미치게 될 것인지 전망하는 일이 포함된다.[34]. 고객기업의 의뢰를 받아 로비활동을 대행하는 외부의 전문 로비스트들의 역할 가운데에는 이러한 정보전략적 로비활동이 매우 큰 비중을 차지한다. 미 의회의 1995년 로비공개법 제정과정에서는 이러한 정보전략적 로비의 보편화 현상이 크게 두 방향으로 반영되어 나타났다.

첫째, 1946년 로비규제법과는 달리 로비공개법은 의회의 의원들뿐 아니라 참모진들도 법적용을 받는 로비접촉 대상에 포함되었다.

둘째, 로비활동의 개념에 로비접촉 대상과의 대면 접촉뿐 아니라, 로비활동에 활용되는 조사연구 활동이나 보고서 작성 등의 사전 준비활동까지 포함되어 있다.

정보전략형 로비는 미국에서 누구나 다 수행하는 가장 기본적인 로비활동이 되고 있다. '누구나 다 한다'는 것은 정보제공형 로비만으로 로비활동의 효과성이 보장되지 않으며, 경쟁상대에 대한 차별적 우위가 확보되는 것이 아님을 뜻하는 것이기도 하다. 따라서 기업이나 이익단체들은 정보전략형 로비활동과 병행하여, 공공정책결정자에게 우호적 결정을 내

리도록 외부 청중을 동원하여 정책결정자들을 압박해 나가는 로비활동도 병행한다. 이러한 '외부로부터의' 압박형 로비전략으로 분류될 수 있는 로비활동으로는 신문방송 매체를 활용하는 선전광고(advocacy advertizing), '정치활동 후원회(Political Action Committee: PAC) 운영과 후원행사, 그리고 유권자 규합(constituency building) 활동 등이 포함된다.[35]

PAC 운영과 정치자금 후원이 보다 직접적인 방식으로 의원들에게 접근하여 영향력을 행사하려는 전략이라면, 홍보 후원이나 유권자 규합활동은 간접적인 방식으로 여론형성이나 유권자집단의 동원이라는 우회로를 통해서 의원들에게 압박을 가하는 전략이다.

'정치활동 후원회(Political Action Committee: PAC) 운영과 정치자금 제공: 대부분의 미국 기업이나 업계 단체들은 PAC을 운영하면서, 선거기간 중에 이를 통하여 정치자금을 모아서 의원들에게 전달한다. 특히 기업이 직접 나서는 PAC은 최고경영자나 관리자층뿐 아니라, 주주 및 일반 근로자들도 참여하기도 한다. 어느 하나의 PAC이 특정한 의원에게 기부할 수 있는 한도는 5,000달러이며, 이는 순수한 기부금이어야 하고 기업의 회계 장부에 나타나는 재원이 일체 포함될 수 없다. PAC의 회계와 정치자금 기부활동은 연방선거위원회(Federal Election Commission)에 낱낱이 보고하도록 되어 있다. 미국에서 기업의 로비활동에 관한 많은 경험적 연구는 PAC을 대상으로 하고 있다. PAC의 활동과 관련된 자료가 다 공개하도록 되어 있어서 연구가 상대적으로 용이하게 이루어질 수 있기 때문이다. 저널리즘 차원에서는 PAC 활동에 대해서 '돈과 정치적 편익의 교환'이라는 관점에서 비판적이다. 하지만 PAC에 대한 경험적 연구들은 '우호적 결정의 매입'이라는 일반적 상식과는 달리 PAC 활동의 효과성에 대해 회의적인 연구들도 적지 않다. 돈으로 정치적 편익을 획득하려 한다는 주장이 전적인 설득력을 갖기 어렵다는 것으로 PAC의 효과성이 미미하거나 상황에 따라 성과 여부에 대한 편차가 크다는 점을 지적한 것이다. 지지의 극대화를 도모하는 의원들로서는 자료가 샅샅이 공개되는 후원회 영향력 하의 선택을 노골적으로는 하지 않을 것이기 때문이다. 선거자금의 기여에 의해 의원들의 태도가 결정되기 보다는 의원들의 정책적 입장이나 선호가 정치적 PAC의 기부금 수준을 결정한다는 관점이 제시되기도 한다.[36]

미디어 홍보전략: 기업이나 이익단체는 신문이나 TV 광고를 통해 특정 사안과 관련하여 새로운 정보를 제공하거나 자신들의 입장을 밝히는 방식으로써 여론에 호소하기도 한다. 신문이나 TV 광고 전략은 매우 큰 비용이 들기 때문에 대기업이나 규모가 큰 업계 단체, 전미 총기협회(National Rifle Association of America)나 미국의사협회(American Medical Association) 등과 같은 재정적 여유가 있는 이익집단이 즐겨 활용한다. 홍보후원은 보다 광범위한 대중들의 여론에 영향을 미쳐 간접적이고 우회적인 방식으로 공공정책결정자들의 선택에 제약을 가하려는 전략이다. 홍보후원 활동은 대개 기업이나 업계 단체가 전면에 나서기보다는 전위단체(front group)를 통하여 특정의 정책이슈를 신문이나 방송매체에 홍보하는 활동이다.

미디어 홍보전략은 목적과 성격에 따라 공익광고전략(The Creation of Goodwill), 공세적 홍보전략(Offensive Media Lobbying), 방어적 홍보전략(Defensive Media Lobbying) 등으로 나뉜다. 최근에 들어와 미디어 홍보전략의 가장 큰 특징의 하나는 다중에게 일방적으로 정보를 제공하거나 하소연하는 데 그치는 것이 아니라 다중들로 하여금 특정의 지지행동에 나서도록 촉구한다는 데 있다. 예컨대 TV 광고는 일방적 선전광고에 그치는 것이 아니라 광고를 접한 시청자들이 걸 수 있는 전화번호를 안내하거나, 지지 서명할 수 있는 웹사이트의 주소를 알린다. 그런가 하면 문제의 사안과 관련하여 결정권을 행사하고 있는 의원이나 공직자들과 접촉할 수 있는 접근로 – 전화번호, e메일 주소, 팩스번호 – 를 알려주어, 시청자들로 하여금 해당 결정권자에게 압력을 행사하도록 유도하기도 한다.

이러한 홍보후원활동이 얼마나 효과적인지에 대한 체계적 연구는 없지만, 대체적으로 그 효과가 미미하거나 사안에 따라 큰 차이가 있는 것으로 알려지고 있다. 일반 대중들은 공공정책 사안에 대해 그다지 관심이 없을 뿐만 아니라, 일반대중들이 관심을 갖게 되는 익숙한 사안일수록 후원하는 기업이나 업계 단체의 저의가 쉽게 노출되기 때문일 것이다.

전위단체(front group) 및 전문가 집단의 활용: 여론에 호소하는 간접로비는 로비활동을 조직화하는 집단의 신뢰성과 평판이 문제가 된다. 따라서 오늘날 미국의 기업이나 업계 단체는 자신들의 입장과 이익을 옹호해 줄 수 있는 외곽의 단체나 전문가 집단과 평상시에도 긴밀한 관계를 유지하고자 한다. 가능할 수만 있다면 공익을 표방하는 단체나 조직을 활용하는 것이 효과적일 수 있고, 그 사안과 관련하여 전문성을 인정받고 있는 전문가 집단이나 연구단체를 내세우기도 한다. 때로는 시민단체와 전문가 그룹과의 연합전선 구축에 나서기도 한다.

외곽의 지지 단체를 찾기 어려운 경우에는 홍보전문회사(public relations firm)에 맡겨 이를 새롭게 조직화하도록 요청하기도 한다. 기업이나 업계 단체는 전면에 나서지 않고서도 전위집단을 활용함으로써 공공의 토론과정에 참여하여 자신들의 입장을 반영시킬 수 있다. 전위집단은 미디어를 통해 이루어지는 공공토론이나 정부 청문회 등에 참여하여 배후에 숨어 있는 고객의 이익을 대변하는 활동을 한다.

홍보후원이 무차별하게 광범위한 대중의 여론에 호소함으로써, 의원들을 압박하는 전략이라면, 유권자 동원은 해당 의원에게 영향력 있는 사람들 - 주로 선거구민 - 을 조직화하여 이들로 하여금 의원들을 압박하도록 하는 로비전략이다. 유권자 동원은 기업과 이해관계를 공유하고 있는 이해관계자들(stake—holders) 가운데 문제의 공공정책 사안에 대하여 정치적으로 적극적인 잠재적 지지자들을 식별해내고, 이들로 하여금 의원들을 움직이도록 하는 간접로비 방식이다.[37]

'그래스루츠 로비'(Grassroots Lobby): 미국 로비의 또 하나의 큰 특징은 로비 과정에 유권자집단의 정치적 동원을 통해 정부 기관에 영향력을 행사하는 그래스루츠 로비이다. 유권자를 동원한다는 면에서 '시민로비'라는 개념으로도 불리어질 수 있다. 오늘날 미국에서 그래스루츠 로비는 기업이나 업계 단체가 공공정책에 성공적으로 영향을 미칠 수 있는 가장 주요한 수단 가운데 하나가 되고 있다.

미국 기업의 그래스루츠 로비 활용
Business Week 1,000 Companies

그래스루츠 로비활동의 활용		누가 참여하는가	
빈번한 활용:	82%	피고용자들	80%
간헐적 활용:	10%	지역주민	40%
		주주들	40%
한번도 시도한 적이 없음	18%	납품관계들/대리점관계자들	39%
		노조간부들 혹은 노조원들	27%
		고객들	15%

출처: Lord. (2000).

최근에 실시된 많은 조사연구들은 다른 어떠한 단일의 정치적 활동유형도 잘 조직화된 시민로비만큼 효과적이지 않음을 보여 주고 있다. 그런 만큼 미국에서 적지 않은 대기업들은 시민로비활동을 위해서도 많은 자원을 투자하고 있는 것으로 알려지고 있다. 유권자를 조직화하는 시민로비활동은 의회를 상대로 입법과정에 영향력을 행사하기 위한 수단으로 빈번하게 활용되며, 또 효과적으로 기능하고 있음을 보여 준다.

설문조사: 의회를 움직이는 데에는 무엇이 효과적인가?

	의회핵심 참모진들	정무활동 담당자
Grassroots activism:	60%	49%
Executive lobbying:	28%	40%
PAC contributions	5%	7%
Professional lobbying	4%	4%
Advocacy advertising	2%	2%

출처: Lord. (2000).

이미 1980년대 중반 미국 정유업계 그래스루츠 로비 사례에 대한 실증적 연구를 통하여 의원들의 입법태도를 결정하는 데 있어서 정치자금 제공 등과 같은 재정적 유인보다는 지지기반 확충을 통한 득표유인이 보다 위력적임을 보여 준 바 있다.[38] 다음 선거에서의 승리가 초미의 관심일 수밖에 없는 현직의원들로서는 선거과정에서 곧바로 득표로 연결될 수 있는 지지기반 확충에 관심을 갖지 않을 수 없다. 정치인들에게 가장 크게 영향력을 행사할 수 있는 사람은 지역구의 유권자들이다. 권력을 추구하는 의원들로서는 유권자집단의 여론 향배나 유권자들의 직접적인 압력 행사에 취약할 수밖에 없다. 정치인들로서의 유권자집단을 움직일 수 있는 선거구의 명망가들이나 여론주도층, 선거구에서 많은 유권자들을 고용하고 있는 재계 인사들로부터의 영향력 행사에 민감하게 반응하기 마련이다. 특히 재선을 노리는 현직 의원들은 의정활동 과정에서 될 수 있는 대로 많은 유권자들을 만족시켜 줄 수 있는 정치적 선택에 골몰하게 된다.

유권자 조직화 과정에서 중요한 것은 될 수 있는 대로 다양한 부류의 많은 사람들을 단일 이슈 아래 묶어 그 조직화된 위력을 보여 주는 것이다. 조직화된 유권자들은 엽서나 메일, 전화, 팩스 등을 통해 목표가 되고 있는 의원들에게 문제의 정책 사안과 관련하여 자신들의 관점과 이익을 반영하는 목소리를 전달한다. 오늘날 미국에서 그래스루츠 로비활동의 보편화는 정치인들이 갈수록 보통의 유권자의 목소리에 귀를 기울이지 않을 수 없는 '대중정치'(populist politics) 시대를 배경으로 하고 있는 것이다. 대부분의 정치적, 정책적 현안에 대한 일반 유권자들의 생각이 다른 만큼, 민주·공화 양당의 정치적 입장이 다른 것이고, 의사결정을 둘러싸고서는 서로 승기를 잡기 위하여 시민들은 정치인들에게 영향력을 행사하고자 하며, 정치인들은 정치인들대로 유권자들을 끌어들이려고 한다. 정치적 무관심이 지속되는 가운데에서도 적극적 시민들의 관심과 활동이 더욱 늘어가고 있는 가운데 이들 유권자들의 적극적인 지지나 반대활동이 선거 결과에 큰 영향을 미치기도 한다. 따라서 미국에서는 연방정부 차원에서 뿐 아니라 주 정부나 지방정부 차원에서도 그래스루츠 로비활동의 비중이 갈수록 증대되어 가고 있다.

정부의 정책결정과정에 영향력을 행사하는 로비활동은 오늘날 첨단기술의 활용 덕분에 더욱 저렴한 비용으로, 더욱 효과적이고 신속하게 이루어질 수 있게 되었다. 첨단 통신기술혁명의 산물은 방대한 데이터베이스의 구축 및 관리 능력을 제고시켰으며, 다량의 의사소통이 동시에 이루어질 수 있도록 만들어

줌으로써 양자를 필수조건으로 하는 그래스루츠 로비활동의 효과성을 증대해 주고 있다. 특히 이러한 첨단 기술수단은 다수의 유권자집단의 명의로 정책결정자에게 다량의 메시지를 전달하는 그래스루츠 캠페인을 대행해 주는 로비전문 회사들에 의해 적극 활용되고 있음을 알 수 있다. 인터넷과 e메일은 거의 아무런 비용 없이 사람들 사이의 의사소통을 가능하게 만들어 주고 있다. 인터넷에 기반하고 있는 커뮤니케이션은 통신의 거래비용(transaction cost)을 거의 제로 수준까지 떨어뜨림으로써 의사소통량의 기하급수적 폭증을 초래하고 있다.

오늘날 컴퓨터와 인터넷, 웹의 출현을 가져온 새로운 디지털 혁명은 유권자와 공공정책결정자들 사이의 정치적 커뮤니케이션에도 큰 변화를 야기하고 있다. 특히 인터넷은 정부의 정책결정과정이나 민주정치과정에 시민들의 실시간 참여를 가능하게 만들어 주고 있는 새로운 정치적 커뮤니케이션의 수단으로 자리를 잡아가고 있다.[39] 미국에서 80% 이상의 유권자가 PC나 휴대용 무선기기를 통해 인터넷을 이용하고 있으며, SNS를 통해 정보를 교환한다. 거의 예외 없이 대부분의 상·하원과 그들의 참모들, 그리고 대부분의 행정부 관리들 역시 인터넷을 이용하여 정보를 구하며, 소식을 주고받는다. 특히 컴퓨터의 프로그래밍을 통하여 특정 선거구민과 의원을 곧바로 연결시켜 주는 소프트웨어의 개발로 오늘날 유권자들은 손쉽게 자신이 선출한 의원들에게 메시지를 전달할 수 있다. 그런가 하면 고성능, 대용량 컴퓨터는 한꺼번에 많은 정보를 저장할 수 있을 뿐 아니라, 저장된 정보를 가공·처리하여 다양한 카테고리로 세분류하는 일을 손쉽게 만들어 주고 있다. 오늘날 전문 로비회사는 고객기업이나 단체의 이해관계집단에 대한 방대한 데이터베이스를 구축할 수 있는 소프트웨어의 개발을 통하여, 고객 조직으로 하여금 지지자 집단을 정교하게 선별하고 정확하게 겨냥된 목표 의원에게 정치적 영향력을 행사하는 그래스루

츠 캠페인을 지원하고 있다.[40]

2) 미국 로비의 특징: '돈'과 '법률가', '그래스루츠 로비'

EU나 다른 개별 유럽 국가들과 비교할 때 미국 로비활동의 가장 큰 특징은 다음과 같이 세 가지로 요약될 수 있다.

첫째, '돈', 즉 금전적 대가를 지급하는 로비활동이 일반화되어 있다는 점이다.

둘째, '법률가'들이 로비활동 과정에서 주도적인 역할을 한다는 점이다.

셋째, 일반 유권자집단을 로비활동 과정에 끌어들이는 그래스루츠 로비활동이 흔하게 발견된다는 점이다.

○ 로비활동 과정에서의 '돈'의 위력

미국에서의 로비활동 과정에서 보이는 가장 두드러진 현상은 금전적 대가 지불이다. 로비스트들은 접촉 대상 의원이나 상대하는 공직자들에게 개인 자격으로 일정 규모 이하의 간단한 '선물'을 제공할 수 있고, 식사 초대나 여행 편의 제공 등도 가능하도록 되어 있다. 오랫동안 이러한 관행이 문제로 되어 있었고, 논란이 뒤따랐기 때문에 2007년 추가적으로 '신뢰리더십 및 정부공개법'(Honest Leadership and Open Government Act) 제정을 통해 그 범위를 크게 제한하고, 오랫동안 존재해 왔던 현역 의원에게 제공하는 초청 강의 사례비(honoraria)는 줄 수 없도록 새로운 규제가 가해지게 되었다. 하지만 여전히 개별 정치인들에게 선거후원금을 낼 수 있으며, 정당에 대해서도 일정 규모 이하의 정치자금을 제공할 수 있게 되어 있다. 개개인 별로 직접 의원 후원계좌로 후원금을 제공하는 것은 허용되는 것과는 달리, 기업이나 노조가 후원금이나 정치자금을 조성하여 제공하는 경우에는 반드시 '정치활동 후원회(Political Action Committee: PAC)를 설립해야 한다. 이러한 후원금이나 정치자금에 대해서는 엄격한 감시와 통제 시스템이 작동하고 있으며, 후원자의 모든 후원금 제공 내역이 공개된다. 의원별로는 정치자금 확보 내용을 공개하도록 법제화되어 있다.

○ 로비활동에서의 변호사의 역할

미국에서 특히 수도 워싱턴에서 이루어지는 로비활동 과정에서는 변호사 등 법률가의 역할이 매우 중요하게 등장한다. 로비스트의 일상적 업무 가운데 큰 비중을 차지하는 것은 의회이나 연방 정부 기관에서 진행되고 있는 정책 사안을 모니터링하면서, 필요한 경우 접촉 활동에 활용될 수 있도록 현안에 대한 정교한 분석 및 대책 방안 등을 담은 문건을 작성하는 것이다. 의회에서 다루어지는 법안에 대한 세세한 법률적 지식이 필요한 까닭이다. 실제 로비과정에서 변호사의 역할 비중이 큰 이유는 따로 있다. 실제 로비 활동과정에서 입장과 이익이 달리하는 이해관계자들에 맞서 상충하는 입장을 옹호하고 관철시키기 위한 방편으로 소송절차가 곧잘 이용된다. 미국에서의 로비활동은 이해관계와 입장이 다른 쌍방이 서로 경합하면서 어느 일방의 주장이 받아들여지는 '대심주의 방식'(adversarial process)으로 종결된다. 사법적 절차와 법률가들의 일처리 방식에 친숙한 변호사들이 로비 과정에 투입되는 가장 주요한 이유이다. 이해관계가 다른 상대방으로부터 제기된 소송절차를 염두에 두지 않을 수 없기 때문인 것이다.

○ 대중동원의 그래스루츠 로비

앞서 살펴본 것처럼 1990년대 이후 로비정치의 세계에서 등장한 가장 주목할 만한 변화의 하나는 그래스루츠 로비활동의 보편화라고 할 수 있다. 로비세계의 한 중심에서 활동하고 있는 대부분의 전문 로비스트들은 이구동성으로 이제 바야흐로 그래스루츠 로비의 황금시대에 접어들었다고 보고 있다.[41] 미국 기업들이 공공정책 사안을 다루어 나가기 위해 활동하는 가운데 공통적으로 나타나고 있는 뚜렷한 흐름의 하나는 내부구성원들을 그래스루츠 로비를 위한 주력부대로 끌어들이는 것이다. 기업 조직 내부구성원들과 외부의 이해관계자들을 "교육하고, 자발적으로 움직이도록 동기 부여하는 것"이 그래스루츠 로비의 기본원리이다. 미국 기업이나 업계 단체가 추진하는 그래스루츠 로비는 거의 대부분 기업이나 업계 단체와 긴밀히 이익을 공유하고 있는 이해관계자자들을 대상으로 해서 조직화된다. 그래스루츠 로비활동의 조직화 대상이 되는 집단의 범주는 핵심적 접촉인사, 내부 유권자, 외부유권자 등 세 카테고리로 범주화된다.

그래스루츠 로비가 처음 두드러진 현상으로 나타난 것은 이미 80년대부터였다. 1985년 미 상원에서는 금융기관의 고객들의 이자 및 배당 수익에 대하여 세금을 부과하기 위한 새로운 입법을 추진했다. 은행과 증권거래소 측은 이 새로운 법안에 항의하는 수십만 장의 포스트카드를 제작하여, 고객들에게 배포하였고 고객들은 이를 선거구의 상원 의원들에게 보냈다. 의회에 쏟아져 들어 온 포스트카드 더미를 배경으로 기자회견을 가진 밥 돌(B. Dole) 당시 상원 다수당 원내총무는 "포스트카드를 읽지는 않고, 무게를 달아보고 있다"고 말할 정도였다. 그렇지만 이와 같은 방식으로 대대적으로 이해관계자를 동원하는 그래스루츠 로비활동은 주효하여 상원에서 추진 중이었던 새로운 금융관련 법안의 추진이 무력화되고 말았다. 80년대 중반까지만 하더라도 이러한 방식의 그래스루츠 로비활동은 흔한 일이 아니었고, 이례적인 것으로 받아들여졌다.

1990년대 들어와서 그래스루츠 로비활동이 보편화되기 시작한 것은 1993–1994년에 있었던 클린턴 행정부의 의료개혁 정책 및 NAFTA의 출범, 중국과의 무역정상화를 촉구하는 PNTR 입법추진, 그리고 1998년 신용조합(credit unions) 관련 은행법 개정과 관련해서였다. 90년대 워싱턴의 굵직한 현안들이 관련 이익단체들의 그래스루츠 로비접근에 의해 이들 단체에게 유리한 방향으로 결정될 수 있었다는 인식이 확산됨으로써 다른 많은 기업이나 단체들 역시 그래스루츠 로비활동에 뛰어들게 되었다. 많은 기업이나 단체들은 공공정책결정과정에 효과적으로 참여하기 위해서는 무엇보다도 이익을 공유하고 있는 이해관계자 집단의 구성원들에게 동기를 부여하여 정치적 행동에 나서도록 설득하고, 이들을 교육시키는 일이라고 인식하고 있다.[42]

유권자들을 조직화하여 지역구 의원들에게 우편물을 보내는 이와 같은 방식은 그래스루츠 로비의 고전적인 사례라 할 수 있다. 80년대 중반까지만 하더라도 이러한 메일의 물량공세는 얼마간 효과를 낼 수 있었다. 하지만 오늘날 포스트카드를 집단적으로 쏟아 내는 메일공세는 더 이상 의회를 움직이는 효과적인 로비전략이 될 수 없다. 그래스루츠 로비의 성패는 유권자들의 '강력한 관여의지'(strong commitment)가 얼마만큼 생생하게 정책결정자들에게 전달되느냐에 달려있다. 그래스루츠 로비는 유권자들이 동일 사안에 대하여 매우 관심이 크고, 지속적으로 추이를 살펴보고 있으며, 필요한 경우 자발적이고 적극적인 행동에 돌입할 수 있다는 것을 보여 주어야 성공적일 수 있다. 획일적으로 동일한 천편일률적인 내용의 메일을 의회에 쏟아 부어대는 방식은 동일 사안에 대한 유권자들의 진지함과 적극성을 보여주기에 미흡하다.

포스트카드 공세로 시작된 그래스루츠 로비는 차츰 전신, 팩스, 전화 등의 수단을 이용하면서 동원되는 유권자들의 진지함을 보여주기 위한 다양한 전략들이 병행되어 오고 있다. 그래스루츠 로비활동은 오늘날 대부분의 이익단체나 개별 기업들에 의해서 활용되고 있으며, 다른 로비기법과 병행하여 동시에 이루어지고 있는 보편화된 로비전략이다. 미디어 광고나 로비제휴, 전위집단 활용 등의 새로운 로비기법도 궁극적으로는 일반 유권자나 시민들을 영향력 행사과정에 끌어들이기 위한 그래스루츠 로비활동의 일환으로 행해지는 경우가 많음을 알 수 있다.[43]

인터넷을 로비활동에 활용하는 것은 과거에는 예외적인 일로만 받아들여져 왔다. 하지만 오늘날 인터넷은 다른 분야에서와 마찬가지로 로비방식을 혁명적으로 변화시키고 있으며, 그만큼 오늘날 로비활동의 가장 주요한 수단이 되고 있다. 라디오나 TV, 인쇄매체가 지금까지의 캠페인에서 주로 사용되었던 수단이라면 앞으로는 인터넷에 기반을 둔 선거캠페인이 대세를 이룰 것이다. 전자메일, 전화, 팩스, 그리고 전통적인 우편엽서 등이 그래스루츠 로비회사가 유권자나 시민들에게 행하는 로비활동에 이용되는 다양한 수단들이다. 이 가운데에서도 최근에는 갈수록 컴퓨터 네트워크를 이용하는 전자메일이 주요한 그래스루츠 로비활동의 수단으로 활용되고 있다. 의회에서 다루어지고 있는 특정 법안이나 수정안, 청문회 기록들이 불과 수 시간 만에 관심을 가질만한 시민들이나 유권자들에게 이메일을 통해 전달된다. 이 메일은 즉시성(immediacy), 대용량 전달가능성(volume), 장기 보관가능성(permanence) 등의 장점을 갖는다. 그런가하면 e메일은 어느 한 수신자의 메일 리스트를 통해 신속하게 수많은 다른 사람들에게 동시에 전파될 수 있는 '배가효과'(multiplier effect)의 장점을 갖는다[44].

3) 미국의 로비 경쟁과 로비규제 논의

○ 미국의 로비활동 현황

미국은 로비활동과 관련된 정치제도가 가장 앞서 발전해 왔고, 그런 만큼 가장 오래된 로비규제법의 역사를 가지고 있다. 미국은 로비활동에 대한 규제가 지속적으로 강화되어 온 법 개정의 역사를 통해 로비활동에 대한 가장 강력한 규제시스템이 작동하고 있다.[45] 미국에서는 로비활동이 미국 헌법이 보장하고 있는 시민적 청원권의 한 형태로 인정된다. 청원권은 시민이 정부에 대하여 고통을 덜어주거나 특정의 결정을 내려줄 것을 요구할 수 있는 권리이다. 미국에서는 청원권의 실현이라는 차원에서 로비활동의 자유가 폭넓게 인정되고 있다. 시민 스스로 청원권의 행사 주체로 나설 수도 있고, 시민들이 이러한 권리를 행사할 수 없을 때 대리인을 통해 그 권리를 실현할 수도 있다. 시민을 대신해서 이러한 권리를 실현해 주는 전문 직업인들이 바로 로비스트들이다. 미국에서 로비활동은 미국 정치체제 작동을 위한 본질적 한 구성 요소이며, 민주정치제도의 불가분의 구성절차로까지 이해되고 있다.

그러나 로비가 합법화되어 있는 미국에서도 로비활동에 대한 비판들은 끊이지 않고 지속되고 있다. 비판론자들은 로비활동의 본질이 공공정책 결정과정에 대한 사익의 영향력 침투이기 때문에 결과적으로는 공익이 훼손되고, 정부 결정의 사유화가 초래된다고 비판한다. 힘 있고, 재력이 풍부한 이익집단만이 정부로부터 유리한 결정을 얻어낼 수 있기 때문에, 로비활동은 정부와 민주주의에 대한 공공의 신뢰성을 저하시킨다는 것이다. 특수사익의 영향력 침투로 해석되는 로비활동은 정부가 소수 사익을 위해 기능한다는 인식의 확산을 초래하고, 이로써 궁극적으로는 공직과

정부에 대한 부정적 인식을 확산시킬 수 있다는 비판적 논의가 여전히 설득력을 갖는다.

미국에서 1946년 처음 로비활동을 규제하기 위한 관련법이 제정되었을 때, 당시 이 법의 정식 명칭은 '연방로비활동규제법'(The Federal Regulation of Lobbying Act of 1946)이었다. 반세기만인 1995년 미 의회는 기존의 로비활동규제법을 폐지하는 대신, 새로운 '로비활동공개법'(The Lobbying Disclosure Act)을 탄생시켰다. 1946년 '로비활동규제법'으로부터 '로비활동 공개법'으로 명칭 변경에는 로비에 대한 미국인들의 인식과 관련해서 매우 큰 의미를 담고 있다. 법 명칭의 변경에는 두 가지 큰 함의가 포함되어 있다. 하나는 로비활동은 여전히 헌법이 보장한 권리로 인정한다는 것이며, 다른 하나는 부작용과 폐해를 최소화하기 위해서는 로비활동을 공개하도록 하는 것이 가장 효과적인 방법이라는 것이다. 부작용과 폐해를 우려하여 일체의 로비활동을 아예 불법화하는 것은 헌법정신에 맞지 않고, 강력하게 규제 일변도로 나가는 것은 현실적으로 효과적인 법집행이 어려울 뿐 아니라, 더 큰 부작용이 초래될 수 있다는 생각을 반영하고 있다.

미국의 1995년 로비활동공개법은 공화당과 민주당, 상원과 하원의 정치적 타협의 산물로서 이루어진 것이다. 미국의 하원은 줄곧 로비를 '공공정책결정과정에 대한 특수 사익의 부당한 영향력 침투기도'로 보아, 강력한 규제의 법규화로 문제를 해결하려 했던 반면, 미 상원은 대체로 로비활동의 자유를 시민적 권리로 인정하여 '규제'보다는 '공개'로서 문제를 해결할 수 있도록 해야 한다는 입장이었다. 미국에서 '연방로비규제법'(The Federal Regulation of Lobbying Act of 1946)에 대해서는 거의 반세기 동안 실효성에 대한 논란이 계속 진행되어 왔었다. 누가 등록 의무를 가진 로비스트인지 불분명하고, 로비활동 개념조차 불확실하게 되어 있기에 연방기관에 대하여 실제 로비활동을 행하고 있는 대다수 로비스트들이 법망을 빠져나갈 수 있게 되어 있다는 것이 가장 큰 문제점으로 지적되어 왔다.

1946년 연방로비규제법은 다음과 같은 문제점이 있었다.[46]

첫째, 의회 의원만을 로비 대상으로 삼았기 때문에 실질적으로 의회 입법과정에서 핵심적 역할을 담당해 오고 있던 의회 내 참모진을 대상으로 하는 로비활동을 이 법으로 규제할 수 없었다.

둘째, 로비활동의 범주를 의회 의원을 대상으로 한 것으로 규정하고 있었기 때문에 백악관이나 행정부 공직자들에 대한 로비활동을 규제할 수 없었다.

셋째, 로비를 '주된 목적'(principal purpose)으로 활동하는 사람들에 대해서만 공개의무를 부과하는 애매한 규정 때문에 활동시간의 대부분을 로비접촉에 시간을 쓰는 아주 극소수의 전업 로비스트를 제외하고 대다수의 사실상의 전문 로비스트들이 이 법의 적용을 받지 않아도 되었다.

넷째, 공개하도록 되어있는 로비활동이 주로 금전적 사항, 예컨대 누가 누구로부터 얼마를 받았고, 이 돈을 통신비나 교통비, 식대, 복사비 등 사소한 행정적 잡비를 자세하게 밝히도록 하고 있지만, 정작 중요하다 할 수 있는 로비활동의 목적과 범위(scope and purpose), 즉 누가 누구를 위해, 무슨 목적으로 어떠한 내용의 활동을 했는지에 관한 공개가 실질적으로 이루어지지 않고 있었다.

1995년 미국의 로비공개법은 1946년 연방로비규제법이 로비활동을 규제하는 법으로 실효성을 거두지 못하고 있다는 오랜 비판을 반영하고 있다. 1995년 '로비활동공개법'(Lobbying Disclosure Act)은 등록 및 활동 공개의무를 지는 로비활동의 범위를 확대하고, 보다 구체적으로 등록 요건을 특정화하는 데 초점을 맞추고 있다는 점에서 전혀 새로운 로비법 제정이었다고 할 수 있다.

그렇지만 로비활동 공개법 역시 허점이 있다는 비판에 곧바로 직면하게 되었다. 법에서 규제하고 있지 못하는 공직자들에 대한 선물공세와 향응 접대 문제가 제기되었고, 실제 유력 로비스트 잭 아브라모프(Jack Abramoff)가 일으킨 대형 스캔들이 계기가 되어 연방 의회는 2006년 정책 결정과정의 투명성과 공직자들의 책임성을 강화하는 새로운 '입법 투명성 및 책임성 법'(Legislative Transparency and Accountability Act)을 제정하였다. 로비스트들의 적극적인 로비 활동에 취약성을 가질 수 있는 공직자와 로비스트의 접촉 과정을 좀 더 강력하게 규제하는 법 취지의 '신뢰리더십 및 정부공개법'(The Honest Leadership and Open Government Act of 2007) 제정이 이루어짐으로써 1995년 로비활동 공개법을 보완하는 후속 로비 개혁 과정이 뒤따랐다.

○ 90년대 이후 새로운 로비유형과 규제문제

미국에서는 기업과 이익집단들이 경쟁적으로 공공정책에 영향력을 침투시키기 위한 다양한 노력을 전개해 오고 있다. 영향력 침투의 상호경쟁은 이익집단들로 하여금 보다 효과적으로 공공정책결정권자들을 압박할 수 있는 새로운 전략을 끊임없이 개발하여 나가도록 하였다. 한 집단에 의해 성공적으로 구사된 로비 전략은 곧바로 다른 집단에 의해 그대로 답습되기 마련이다. 서로 이해관계를 달리하는 집단들이 유사한 로비 전략을 구사하게 됨에 따라 한 집단에게 성공을 가져다주었던 전략은 차츰 덜 효과적일 수밖에 없다. 따라서 기업이나 업계 단체 등 이익집단들은 정부의 결정 과정에 보다 효과적으로 영향력을 행사하기 위하여 '첫 시도의 이점'(first−mover advantage)을 그대로 살릴 수 있으면서도 쉽게 모방할 수 없는 로비기법(hard−to−duplicate strategies)을 개발하기 위해 고심하지 않을 수 없다. 갈수록 고도화 되어가는 기업이나 업계 단체의 로비활동을 기존 로비법규가 따라 잡을 수 없다는 지적이 나오고 있는 배경이다.

90년대 이후 미국에서는 기업이나 이익단체의 로비방식에 큰 변화가 일어나고 있다. 가장 큰 변화는 앞서 살펴본 바와 같이 직접 로비방식의 중요성과 비중이 점차 줄어가는 대신 시민이나 유권자들을 끌어들여 특정 방향으로 움직이도록 하는 간접로비(indirect lobby)의 비중이 커지고 있다는 점이다. 로비활동이 합법화되어 있는 미국에서조차 전통적으로 로비활동은 뭔가 석연치 않은 '커튼 뒤의 일'(back−room affairs)로 받아들여져 왔다. 전통적인 로비활동은 직업적으로 로비활동을 행하는 로비스트가 공공정책결정자들을 직접 만나서 들고 온 사안을 설명하거나 고객에 유리한 결정을 청탁하는 일로 인식되었다. 이러한 전통적 방식의 로비활동은 곧잘 잘 차려입은 신사가 온화한 미소를 지으며 의회나 관공서의 장중한 회랑과 사무실을 드나들면서 의원이나 공직자에 가까이 다가가 귓속말을 속삭이고, 눈을 찡긋 감거나 등을 가볍게 두드리는 것으로 희화화되곤 했다. 로비스트와 공공정책결정자가 직접 접촉함으로써 이루어지는 전통적인 직접로비 방식은 여전히 로비활동의 대종을 이루고 있다. 하지만 90년대 이후 한층 강화된 정치개혁 입법은 이러한 직접로비 방식에 큰 제약을 부과하고 있다. '로비활동공개법'으로 로비스트들의 모든 활동이 공개되고, 계속 강화되어 가는 공직자윤리법 및 의원윤리강령으로 공직자나 의원이 로비스트로부터 향응이나 선물을 받는 것을 철저히 규제하고 있다.

○ 그래스루츠 로비의 규제문제

미국의 로비공개법은 그래스루츠 로비활동과 관련되어 별도의 규제장치가 마련되어 있지는 않다. 1995년 로비활동공개법 제정과정에서 가장 뜨거운 쟁점 가운데 하나가 바로 그래스루츠 로비활동과 관련된 규제 조항을 둘 것인지의 문제였다. 그래스 루츠 로비활동의 규제문제는 95년 로비공개법 제정을 위한 로비청문회 및 로비개혁입법과정에서 상원과 하원, 공화당과 민주당, 그리고 입장을 달리하는 시민단체들 사이에 또 공익단체와 이익단체 사이에서 가장 첨예한 논쟁의 대상이었다. 로비개혁론자들은 그래스루츠 로비가 보편화된 추세에 맞추어 이를 로비공개법에 포함시켜야 하는 입장이었던 반면, 로비활동을 헌법이 보장하고 있는 시민의 청원권으로 인정해야 한다고 주장하는 기본권 보장론자들은 그래스루츠 로비를 유권자들의 참정의 한 형태로 보아 이를 규제할 수 없다는 입장을 견지하고 있었다.

95년 로비공개법 제정과정에서는 청원권 차원의 순수한 그래스루츠 활동은 규제할 필요가 없지만, 전문 직업로비스트들에 의해 행해지는 상업적 목적의 그래스루츠 로비활동은 공개의무를 부과해야 한다는 수정안이 유력하게 검토되기도 하였다. 하지만, 로비공개법은 그래스루츠 로비에 관련된 조항을 아예 삭제해 버리는 잠정적 타협안이 최종적으로 채택되었다. 조항삭제라는 '비결정'의 합의는 결코 이를 규제할 수 없다는 방향으로 생각이 모아졌음을 의미하는 것은 아니다.[47]

시민 유권자의 유도된 로비활동 혹은 상업적으로 대행되는 그래스루츠 로비를 시민적 권리의 연장으로 보장되어야 하느냐 아니면 사익의 부당한 영향력 침투로 규제되어야 하는가 하는 문제는 미국의 경우 현행법 체계상 미해결의 과제로 덮어 두고 있는 것이라 할 수 있다.

3. 유럽(EU)에서의 기업정치활동 연구

1) 유럽의 기업정치활동

기업정치활동은 그것이 이루어지는 제도적, 역사적 배경에 따라 적지 않은 차이를 보여 준다. 국가별로 정치사적 전통 속에서 형성되어 온 정치제도와 정치문화가 다르기 때문이다. 최근 기업정치활동에 관한 연구들 가운데 뚜렷한 하나의 흐름으로 자리 잡고 있는 것은 국제 비교의 관점에서 기업정치활동의 특징을 분석해 보려는 연구 노력이다. 국가별로, 지역별로 기업정치활동 방식에 차이를 낳는 배경적 요인들이 무엇인지에 초점을 맞추는 일련의 연구들이 있다.[48]

지리적 근접성에도 불구하고 유럽에 속해 있는 국가들이라 하더라도 기업정치활동 양상에는 국가별로 많은 차이가 있다. 그렇기 때문에 유럽 국가들을 한데 묶어서 특징을 '유럽 스타일'로 유형화하는 일은 학문적으로 적절치 않은 일일 수 있다. 하지만 미국에서의 기업정치활동의 일반적 특징과는 뚜렷하게 구분되는 경향성이 얼마간 공유되어 있다는 점에서 '유럽형'으로 범주화하는 것이 가능할 수 있다. 유럽 국가들 사이에서 오랜 역사 속에서 닮아 온 정치제도 및 정치문화의 유산이기 때문이다. 미국 방식과 특징적으로 구분되며, 유럽국가들 사이에서는 뚜렷한 차이점보다는 공통점이 많다는 측면에서 유럽형으로 범주화할 수 있는 것이다[49]. 여기서는 유럽 국가들 가운데에서 영국과 EU(유럽연합)를 중심으로 기업정치활동의 '유럽형'을 설명한다. 다음과 같은 이유에서다.

첫째, 개별 국가 단위는 아니지만, EU 내에서의 정치과정, 정책결정과정이 유럽의 오랜 정치적 전통을 잘 반영하는 방식으로 이루어지고 있다는 점이다. 유럽의회(EP)나 유럽 집행위원회(European Commission)는 회원국 정부를 포함하여 이해관계자의 정책결정과정에의 참여를 보장하는 제도적 절차를 잘 정비해 놓고 있다. 그러면서도 기업정치활동을 규율하기 위한 로비관계법 개정 필요성이 활발하게 논의되고 있다.

둘째, 영국은 다른 유럽 국가들과는 구분되는 가장 특징적인 정치과정과 제도를 유지하고 있다. 특히 1980년대 이후 영국은 정책결정과정에서 이해관계자의 영향력 행사 기도라는 측면에서 미국에서와 매우 유사한 흐름들을 보여 주고 있다.

셋째, 영국과 EU 정책결정 기관을 상대로 하는 기업정치활동 과정에서는 개별 기업 단위의 로비활동이 활발하게 이루어지고 있다는 점에서 공통점이 발견된다. 전국 단위의 업계 단체의 정책과정 참여의 비중이 줄어가는 대신, 개별 기업 단위—특히 대기업—의 기업정치활동이 두드러지게 나타나고 있다.

넷째, EU와 영국은 최근–지난 30여 년 동안 유럽에서 정책결정과정에서 사기업에 의한 영향력 행사가 큰 사회적 정치적 이슈로 부각되면서 기업정치활동을 규율하기 위한 법제화가 진행되어 온 대표적인 사례들이다.

유럽에서 개별 국가 단위의 로비활동 법제화가 추진된 최근 사례로는 영국과 아일랜드를 들 수 있다. 독일은 유럽 국가들 가운데 유일하게 로비법이 오랫동안 존재해 왔었다. 독일의 로비법(1951)은 정부의 정책결정과정에서의 사익의 영향력 침투를 견제하기 위한 것이었다기보다는 기업이나 업계 단체의 정책과정에의 정례적 참여를 법제화해 놓고 있는 성격이 강하다. EU에서는 출범부터 개별 회원국 정부의 참여와는 별도로 유럽의회(EP)와 유럽 집행위원회(EC) 정책결정과정에서 기업 및 이익단체의 영향력 행사가 큰 쟁점으로 부각되면서 이를 규율하기 위한 제도가 도입되었고, 이를 더욱 강화해야 한다는 논의가 지속적으로 이루어져 오고 있

다. 유럽에서의 로비활동 방식이 미국에서의 그것과는 몇 가지 점에서 특징적으로 구분된다.[50]

첫째, 미국에서의 로비활동에서 '돈'이 중요한 요소인 것과는 달리 유럽의 많은 국가들에서는 로비접촉 과정에서 '돈'의 위력이 그렇게 크게 작용하지 않는다. 미국에서는 로비활동의 일환으로 선거 캠페인의 후원이 일반화되어 행해진다. 하지만 이와 다르게, 유럽의 대부분의 국가들에서와 마찬가지로 EU 차원에서 이루어지는 선거에서는 선거 공영제 원칙이 적용된다. 공공부문에서 일하게 되는 선출직 공직자를 뽑는데, 민간 부문에서 제공되는 금전의 영향력이 크게 미쳐서는 안 된다는 제도적 취지를 반영하고 있다. 유럽 집행위원회는 오히려 선거 과정에서 동원과 조직화가 어려울 수밖에 없는 공익단체의 활동을 재정적으로 지원하기도 한다. 정치적 활동에 필요한 풍부한 자원을 가진 재계와의 영향력 행사 균형이 이루어질 수 있도록 배려한다는 것이다.[51]

둘째, 미국에서 로비스트들의 행태가 이익과 입장이 다른 상대에 대해 대립적이고, 공격적이기까지 한 방식으로 이익을 관철해 나가려 한다면, 유럽 스타일은 덜 공격적이고, 합의를 모색하는 방식으로 활동을 전개해 나간다. EU 기관의 공직자들과 접촉과정에서도 '맞서면서' 입장을 관철하려는 방식보다는 사안에 대한 전문적 지식과 현장 정보를 제공하면서, 자문에 응하는 방식으로 활동한다. 이러한 '부드러운 로비 접근법'이 일반화되어 있을 뿐 아니라, 이렇게 하는 것이 가장 효과적인 방식이라는 인식이 폭넓게 공유되어 있다.

EU에서의 이러한 로비활동 양상은 EU 정치시스템 작동 메커니즘의 산물로서도 설명되기도 한다. EU 기관 내에서의 의사결정권은 집행위원회와 각료회의, 유럽의회 등으로 나누어져 행사된다. 공식적인 기구나 회의체가 아닌, 주요국 수반들의 비공식적 모임에서 중요 사안에 대한 조율과

합의가 이루어지기도 한다. 하나의 정책 사안이 EU 차원의 최종 결정으로 나타나기까지는 많은 단계와 여러 수준의 의사결정 과정을 거치면서 다양한 이해관계자들의 참여가 이루어진다. 경제단체나 노조 등의 이익집단들도 지역 단위, 전국 단위, 전체 유럽 수준 등으로 조직화가 이루어져 있다. 각 단위 수준에서의 이해관계가 상이할 수 있기 때문에 하나의 입장을 처음부터 끝까지 관철해 나가는 것은 거의 불가능한 일이다. 공공정책결정과정에 많은 시간이 소요되며, 결정권 소재 기관이 달라지며 단계가 옮겨지면서 앞선 단계에서 이미 결정된 내용이 바뀌기도 한다. 로비스트들은 단계가 옮겨지면서 새롭게 접촉하게 되는 기관의 공직자들에게 접근하기 위해서는 이들이 필요로 하는 전문적 지식을 '접근재'(access goods)로 제공해야 한다. 이러한 정치 시스템상의 차이는 로비스트들이 활동하면서 이해관계가 다른 상대 진영과 기꺼이 타협하면서 양보의 교환을 통한 합의를 도모해 나가지 않을 수 없도록 만든다.

무엇이 이러한 로비 스타일의 차이를 낳고 있느냐에 대해서 정치 문화적 차이에서 오는 것이라는 설명과 제도적 제약(institutional constraints)에서 기인한다는 설명이 있다.[52] 정치문화의 차이를 드는 설명은 정치적 전통에서 비롯되는 정치적 행동 규범의 차이가 로비 스타일의 차이를 가져오는 것으로 설명한다. 맥그래스는 국가별로 오랜 정치사적 전통 속에서 형성된 문화적 규범과 가치체계가 있는 것이고, 이것이 로비 관행을 형성하는 것으로 설명한다.[53] 마호니[54]는 유럽에서의 로비방식의 특징을 '신중하게 사안에 집중(issue specific)하면서, 합의를 추구해 나가는 방식'으로 규정한다. 마호니는 이러한 EU에서의 로비 스타일이 단순한 문화적 차이에서 오는 것으로 보는 대신, 제도적 차이에서 기인하는 것으로 보고 있다.

월(Woll 2012) 역시 미국과 EU에서의 로비 스타일의 차이는 정치제도의 특성에서 비롯되는 것으로 설명한다. 미국은 오랜 기간 안정적으로 유지되고 있는 연방제 국가이고, 다수결제 의사결정 규칙에 따라 작동되는 시스템이다. 미국 의회와 행정부 등 연방 기관의 정책결정권자들은 선거를 통해 공직에 진출할 수 있었고, 선거를 통해 확인된 다수 유권자집단의 지지가 그들이 행사할 수 있는 권력 행사의 정당성 기반이다. 이전 선거에서 확인된 다수 유권자집단의 정치적, 정책적 선호를 반영하는 정책 산출물로 내어놓으면 된다. 권력의 정당성을 부여받기 위해 '좋은 정책'을 만들어 내야 하는 것이 아니다. 다시 말하자면 좋은 정책을 정부 기관 작동의 결과물로 만들어 내어놓음으로 권력 행사의 정당성이 사후에 보장받는 것이 아니다. 반면 EU는 어느 집단도 정책 투입 부문에서의 유일한 정당성을 주장할 수 있는 위치에 있지 못하며, 최종 산출물이 얼마나 많은 이해 당사자들로부터 환영받을 수 있느냐에 의해 정책의 정당성이 살려질 수 있는 체제이다.

샤프(Scharf 1999)는 '좋은 정책' 산출로 정치적 정당성을 인정받을 수 있는 EU 정치 제제의 이러한 특징을 '산출 정당성'(output legitimacy)이라는 개념으로 부르며, 이를 미국에서의 '투입 정당성' 사례와 대조시켜 설명하고 있다. EU는 초국가 기구로서 집행위원회 중심의 집권화가 이루어져 있으면서도, 회원국 국가들 상호 간 합의를 모색해 나가는 복합적인 정부 간 협의체(intergovernmental system)이다. EU 정책결정과정에서는 회원국 정부와 EU 집행위원회, 소관 분야별 각료들로 구성된 각료회의, 유럽의회(EP) 등 여러 정책결정권자들이 여러 결정 수준(multi–level)을 거치며 합의를 이루어 나간다.[55] 권력분립과 상호견제를 제도적 특징으로 하고 있는 미국에서와 달리, EU는 결정권자들 간의 권력 공유를 특징으로 한다.[56] EU는 한편으로 통합적 정치 질서를 모색하면서도, 다른 한편으로 정부 간 협상을 통해서 정치적 절충을 이루어 나가는 합의제를 지향하고 있다.

민간부문 행위자들로서는 EU 기관을 상대로 처음의 입장을 끝까지 관철해 나가는 자세보다는 입장과 이해관계가 다른 상대방들과 타협하면서 합의를 추진해 나가는 접근법이 바람직하고, 이를 통해서 더 나은 성과를 올릴 수 있다. 월(Woll 2006, 2012)은 미국에서의 떠들썩한 공세적 로비 스타일과는 달리 EU에서는 '부드럽게 말을 건네는 로비 스타일'(soft-spoken lobbying style)과 문제해결에 기여해 나가는 접근법이 성과를 내면서 정치적 전통으로 자리를 잡아 오고 있다고 분석한다.[57]

미국에서의 저돌적 로비 스타일과 EU에서의 신중하면서 온건한 로비 스타일의 차이를 가져온 배경적 요인으로 정부 기관 공직자와 민간부문 행위자 간의 관계유형의 차이에서 비롯된다는 설명도 있다. 보겔(1996)은 미국에서의 정부-기업 관계의 특징을 상호불신의 대립 관계(adversarial relationship)로 규정하고 있다. 정부 기관의 공직자들은 자기 이익 극대화를 도모하는 민간부문 행위자들에 대해 감시의 눈길을 주지 않으면 언제 반칙할지 모르는 존재로 파악하는 반면, 시장행위자들은 정부 공직자들에 대해 현장을 잘 알지도 못하면서 사사건건 끼어들면서 규제나 가하려 든다는 인식을 지니는 것으로 설명된다. 이러한 상호불신의 태도는 미국에서 로비스트들이 정부 기관 공직자를 상대하는 과정에서도 주저함 없이 내 주장을 단호하게 펼쳐 나가며, 상대의 공격에 적극적으로 응수하는 방식의 로비 접근법을 취하는 배경적인 요인이라는 설명이다.

반면 유럽의 국가들에서는 공사 부문의 행위자들이 공공부문의 여러 회의체에서 자리를 같이해온 오랜 역사 속에서 서로를 대화와 협력 관계의 파트너로 간주하는 문화가 자리 잡아 올 수 있었다. 유럽의 로비스트들은 각을 세우고 대립하며, 상대를 무너뜨려 이긴다는 공격적 자세로 대하기보다는 신중하며 겸손하기까지 한 태도로 '표 나지 않게'(low public profile) 움직인다.[58] 상대를 주저앉히려는 것은 EU 로비 스타일이 아니다.[59] 로비스트들은 공직자들에 대해서든, 경합 중인 상대방 로비스트들에 대해서든 상대방에 맞서서 이겨야겠다는 자세로 대하기보다는 좀 더 온건하고 유화적인 자세를 취하며 합의점을 찾아 승리를 나누어 가지려 한다는 것이다.[60]

2) 유럽 기업정치활동의 최근 변화 추세

유럽 국가들은 정부 정책결정과정에서 경제계 인사들의 요구와 기대를 반영한다는 차원에서 이익집단 간의 정책협의 과정이 제도화되어 온 오랜 전통을 가지고 있다. 민간 기업이나 이익집단의 이익을 대표하는 경제계 인사와 다른 한편으로 상반된 이해관계를 가지고 있는 노동조합, 그리고 정부 기관을 대표하는 정부 관료들과 의원들이 서로 원활한 접촉과 소통을 이어 가도록 하는 제도적 장치를 두고 있다. 유럽 국가들의 경우, 특히 EU 회원국들의 경우, 경제발전을 위해 정책결정과정에서 재계 인사들의 요구와 기대를 반영한다는 차원에서 업계 단체를 대표하는 경제계 인사와 의원 등 정부 당국자들 사이 원활한 접촉과 소통을 촉진할 수 있는 제도적 근거로 마련되는 경우가 많았다.

유럽에서의 로비관계법은 미국과 캐나다에서와 같은 투명성 제고, 부패 감축의 도입 목표와는 큰 차이가 있다. 이익당사자 집단과 정부공직자 간의 정책협의를 통해서 주요 정책을 결정해 나가는 조합주의(corporatism)의 오랜 전통 속에서 각계각층의 이익집단의 정책과정 참여가 원활하게 이루어질 수 있도록 배려하는 제도적 장치가 로비 관계법이었다. 유럽 국가들 가운데 이러한 취지의 로비법을 가장 오랫동안 유지하고 있는 독일의 경우에서 그 전형을 읽을 수 있다.[61] 독일에서 로비관계법은 연방 의회와 연방 정부기관의 정책결정과정에 참여해서 의견을 개진하고자 하는 사람들을 사전에 등록하도록 하고, 이들이 의회와 정부 기관의 누구와 접촉했는지 공개한다는 취지의 '이해관계자 등록법'으로서의 성격을 갖는다. 어느 단체나 협회의 이익을 대변하는 이해관계자가 정부의 정책결정과정에 참여해서 의견을 개진하는지 알 수 있게 하자는 취지의 법인 것이다. 정책과정에 참여하는 이해관계자를 영향력을 행사한다는 미국식 '로비스트'로 인식하는 것과는 다르다. 접촉 대상의 공직자도 누구인지 밝힘으로써 공직자의 청렴 윤리 규범을 강화한다는 취지를 일부 반영하고 있는 것이기도 하다.

대부분의 유럽 국가들에서는 시민 개개인들이 정부의 정책결정과정에 직접 영향력을 행사한다는 것은 매우 낯선 일로 받아들여져 왔다. 자신들이 속해 있는 단체나 조합을 통해서 여론이 조직화 되고, 정책협의제(policy concertation)등 이미 제도화 되어 있는 절차적 기제를 통해서 정책적, 정치적 선호를 국정에 반영하는 오랜 전통을 유지해 왔기 때문이다. 경영인과 노조, 정부 관리들이 한자리에 모여 정책을 협의·결정하는 조합주의 전통은 여전히 지속되고 있다. 조합주의 정책결정 양식은 스웨덴과 덴마크 등의 북유럽 국가들에서 전형적으로 나타나고 있는 것이었지만 독일이나 프랑스, 영국 등 중유럽 국가들에서도 폭넓게 공유되어 왔다. 유럽에서는 대정부 영향력 행사활동을 규율하는 로비규제법이 도입되어 있는 국가가 매우 드문 편이다.

유럽의 경우 로비관계법이 처음 도입된 국가들에서도 미국과 캐나다에서와 같은 투명성 제고, 부패감축의 로비규제법 도입 목표와는 큰 차이가 있다. 유럽 국가들에서 로비활동 제도화를 추진한 주요 이유는 투명성 제고나 부패 방지 보다는 경제발전을 촉진하기 위해 재계 인사와 입법부 의원들 간 교류 접촉을 확대한다는 취지를 담고 있다. 이들 국가들에서 로비스트 등록제도는 재계 인사들로 하여금 의원들에게 접근할 수 있는 특별한 권리를 부여하는 것이었다. 로비스트 등록제도는 재계를 대표하는 인사들이 의회를 자유롭게 방문할 수 있도록 의사당 출입패스(hall passes)를 발급하기 위한 것이었다. 따라서 이들 국가에서는 등록 로비스트를 공개하는 등의 제도적 장치가 추가적으로 도입되지는 않았다. 유럽 국가들 가운데 동구권 국가들의 로비법 제정이 2000년 이후 붐을 이루었던 것은 이러한 배경을 가진다(조지아, 리투아니아 2001, 폴란드 2005, 헝가리 2006, 슬로베니아 2010). 유럽의회에서 도입된 로비스트 등록제도 역시 기업 등 이익집단의 대표가 브뤼셀 유럽의회의 의사당을 자유롭게 출입할 수 있도록 증표를 부여하는 출입증 발급을 위한 근거이다. 최근 로비 활동 제도화 이후 정부-경제계 인사들 간의 접촉이 빈번해지면서 나타난 부작용의 여파로 조심스러운 변화가 모색되고 있다. 빈번한 접촉에 따른 부패 우려나 재계 과도한 영향력 행사에 대한 의혹이 일어나고 있고, 정책결정자들에 대한 일반 공중의 의혹과 정부에 대한 불신이 늘어가면서 로비제도를 북미식의 투명 및 책임성 제고, 정치적 공정경쟁 보장을 위한 로비제도 개혁 추진 움직임이 나타나고 있는 것이다.

최근 들어 유럽 국가들에서도 공공정책결정과정에 대한 투명성을 제고를 통해 정부에 대한 신뢰성을 증대해 나간다는 취지 아래서 로비관계법 개혁에 나서고 있는 사례들이 늘어가고 있다. 개별 회원국들 뿐 아니라, EU 차원에서의 로비관련법 개정도 이러한 차원에서 이루어져 있다. 로비관계법 개혁 추진은 각국에서 개별 기업 단위의 정책결정과정에서의 참여가 크게 확대되면서 나타나기 시작한 대형 로비스캔들을 배경으로 한 것이다. 이해관계자들의 정책과정 참여를 제도화한 이후 정부-경제계 인사들 간의 접촉이 빈번해 지면서 공직 부패나 재계 과도한 영향력 행사에 대한 의혹이 일고 있기 때문이다. 정부 정책결정자들에 대한 시민들의 의혹, 그리고 정부에 대한 불신이 크게 늘어 나가면서 로비제도를 북미식의 투명성 및 책임성 제고, 정치적 공정경쟁 보장을 강화하는 방향으로 개혁해 나가야 한다는 목소리가 큰 공감을 사고 있다.

프랑스(2010)에서의 로비활동의 투명성 제고를 위한 법제정 이후, 강력한 조합주의 전통을 가진 오스트리아(2011)와 네덜란드(2012)에 이어서 로비법 제정 여부를 둘러싼 논란이 20년 이상 지속되었던 영국(2014)과 아일랜드(2015)에서 로비법이 제정되었다. 이탈리아(2017)와 벨기에(2018)가 로비스트 등록 및 활동 공개를 목표로 하는 로비법 제정을 완료하였으며, 가장 최근에는 독일(2022)이 연방 의회(Bundestag)에 대해 영향력을 행사하는 로비스트들에 대하여 등록을 의무화하고, 활동을 공개하도록 하는 연방로비법(German Federal Lobbying Act) 시행에 들어갔다. 노르웨이와 스위스에서도 같은 취지의 로비관계법 도입이 추진되고 있다. 유럽에서는 로비개혁이 가장 강력한 정치개혁의 추진 동력원이 되고 있다.[62] 하지만 유럽에서의 이러한 개혁 추진은 사익의 영향력 침투를 차단하기 위한 것이라기보다는 사익 간의 균형 잡힌 참여를 도모한다는 취지가 더욱 강한 것으로 보인다. EU 차원에서도 마찬가지이다. 최근 EU 기관들의 로비개혁 추진은 대기업의 정치적 활동이 두드러진 가운데 경제적으로 부강한 국가들과 대기업들에 의해 시도되는 EU 정부 정책결정과정에서의 강력한 영향력 행사를 견제하기 위한 것이다. 그것은 기본적으로 형편이 좋지 못한 다른 국가들과 중소기업들의 우려와 비판을 반영하는 것이라는 설명이 있다.[63]

3) 영국의 정치개혁과 로비법 제정

유럽 국가들에서 대형 로비스캔들로부터 발단된 정치개혁 논의가 로비법 제정으로 어떻게 이어지게 되었는지는 하는 문제는 영국 사례에서 전형적으로 찾아 볼 수 있다.[64] 영국에서 로비제도 개혁의 추진 배경은 부정부패 스캔들 이후 공공정책결정과정에 대한 투명성 제고, 정책결정자들의 책임성 강화를 통해 정부와 공직자들에 대한 일반 공중의 신뢰성 확보를 도모하자는 목표를 갖는 것이었다.

1980년대 이후 영국에서는 고위 관료들의 정책집행, 그리고 의원들의 의정활동과 관련해서 부패 문제의 심각성이 지적되어 왔다. 정책결정과정의 투명성 결여와 의원들의 책임성 결여, 불균형적인 영향력 침투 문제 등이 영국 민주정치의 전통을 심각하게 위협하고 있다는 비판과 자성의 목소리가 이어졌다.[65] 영국 정치에 대한 이러한 우려의 시선이 특별히 향하고 있는 곳은 다우닝가와 웨스트민스터에서의 정책결정을 좌우하고 있다는 로비스트들의 활동이었다. 영국 정치의 오래된 가장 큰 특징은 '명예로운 기밀유지'(honorable secrecy)였다[66]. 영국에서는 외부로부터의 영향력 행사 및 감시로부터 격리된 채, 엘리트 집단 내의 상호신뢰와 협력에 의해 정부정책이 결정되는 클럽형 정부규제(club regulation)의 오랜 전통을 이어왔다.

하지만 1990년대 들어오면서 전직 의원이나 각료, 고위 공직자 출신들의 회전문 현상과 연계되어 나타나고 있는 공직자 윤리 문제와 책임성 문제가 아주 심각한 수준인 것으로 드러났다.[67] 기업 등 이익집단의 로비활동과 연계되어 나타난 이러한 문제들은 특히 1990년대 중반 이후 영국이 경험하고 있는 제도적 위기의 근원으로 부각되었다.[68] 영국은 1980년대 이후 유럽의 다른 국가들에서와는 다르게 미국식의 이익집단정치 현상이 두드러지게 나타났다. 기업들이 속해 있는 업계 단체와 전국 단위의 경제단체(CBI)를 통해 이익을 표출하는 것과는 별도로 개별 기업 단위로 공공정책결정과정에서의 영향력 행사를 도모하는 기업정치활동이 크게 늘어

갔다. 개별 기업들 간 영향력 행사 경쟁 현상이 나타나기도 하였다.

이와 같은 변화를 배경으로 영국 의회에서는 경쟁적 기업정치활동이 낳는 '특권적 접근과 과도한 영향력 행사'가 큰 정치현안으로 부각되었다. 영국 대기업들은 자체적으로 편제된 로비 전담부서를 통해서든지, 외부의 전문 로비스트(professional political consultants)들을 통해서이든지 정부 기관을 대상으로 하는 로비활동을 적극적으로 전개해나갔다. 영국 대기업들이 업계 단체나 CBI를 통해서보다는 독자적으로 직접 정부 기관을 상대로 로비활동을 전개한다는 점이 정가의 큰 현안으로 대두되었다.[69] 영국의 대기업들이 유력 전직 의원이나 고위 퇴직 공직자를 고용한 전문로비회사의 대행 서비스를 구매하거나 이들을 사내 로비스트로 직접 고용하는 과정에서 생기는 많은 문제점이 폭로되었다. 의회나 정부기관을 상대로 로비활동을 수행하는 과정에서 회전문 현상의 폐해, 은밀하게 이루어지는 과도한 영향력 행사문제가 미디어와 일반 공중의 관심을 끌어왔다.

1990년대 중반 영국 의회는 공직자들의 독직 사건들을 전면적으로 조사하고 공직자들의 청렴과 책임성을 강화할 수 있는 방안을 찾기 위하여 의회 내에 특별 위원회(Nolan Committee)를 구성하였다. 놀란위원회에서는 이들 의원 독직 사건과 연계된 네 가지 중요한 쟁점이 집중적으로 논의되었다.[70]

첫째, 상업목적의 전문로비스트와 로비회사(professional lobbyists or consultant)들에 의한 특권적 접근과 과도한 영향력 행사문제

둘째, 금전적 대가를 지불받는 조건으로 의회 내에서 사익을 대변하는 의원 질의와 의회 내 의원 참모진의 이해충돌 문제

셋째, 의원과 의회 참모진, 전직 관료들의 로비스트 전업과 로비회사 재취업의 회전문 현상

넷째, 영국에서 오랫동안 유지되어 온 로비 업계 단체 스스로의 자율규

제 방식의 문제점

영국 의회는 1990년대 공공정책결정과정에서 사익의 불균형적 영향력 행사가 심각하다는 점을 들추어낼 수 있었다. 하지만 이 문제를 해결하기 위한 해법에 도달하는 데에는 뚜렷한 한계가 있었다. 여전히 로비업계의 자율규제에 맡기면 된다는 식이었기 때문이었다. 2000년대 들어오면서 상하 양원에서 의원들이 연관된 로비스캔들은 더욱 심각한 형태로 지속되었다. 로비 문제가 런던 정가에서 사람들의 이목을 집중시키는 큰 쟁점으로 다시 떠오른 것은 2007년에 들어오면서부터였다. 2007년 미국과 EU에서 로비활동에 대한 규제를 강화하는 법 개정 추진 작업이 미디어에 대대적으로 보도되었다. 미국에서는 로비활동과 관련된 정보의 범위를 크게 확대하는 법 개정이 이루어져 '신뢰리더십 및 정부공개법'(The Honest Leadership and Open Government Act of 2007)이 통과되었다. 1995년 제정된 로비공개법의 법집행의 실효성을 높여야 한다는 논란이 결실을 맺어 '로비 개혁' 차원에서 진행된 것이었다. EU 차원에서도 유럽의회(EP) 및 유럽 집행위원회(EC) 각각의 로비 법규를 통합할 수 있는 입법 조치가 취해졌다.

해외에서의 이러한 로비법 개혁 추진 움직임을 배경으로 영국 의회 내에서도 로비활동과 관련하여 잠복되어 온 문제점을 다시 들추어내는 언론 보도가 나타나기 시작하였다. 대기업들이 막대한 자금 동원력을 무기삼아 전문 로비회사를 통하여 정부의 정책결정과정을 포위하고 있다는 점이 부각 되었다. 전직 의원과 고위 공직자 출신의 로비스트 전업 문제도 큰 쟁점으로 다시 떠올랐다. 의원내각제를 채택하고 있는 영국에서 직전 정부의 각료들이 의원으로 여전히 잔류하면서 주요 정부 기관과 측근 공직자들에게 영향력을 행사하는 문제의 심각성이 지적되었다. 특히 외부 단체나 기관들과 연계되어 교묘하게 사실상 로비스트로 활동하는 의원들 문제가 언론에 대서특필 되었다. 이러한 문제에 대하여 사람들이 다시 주목하기 시작한 것은 2006년 이후 터진 일련의 로비스캔들이 직접적인 계기가 되었다. 기존의 업계 단체 중심의 로비스트 자율등록제가 갖는 한계와 취약성을 악용하는 사례들이 폭로되기도 하였다. 자율 등록 시 의뢰 고객이 누구인지, 무슨 기관을 상대로 로비활동을 하는지 공개할 의무가 없다는 점이 문제점으로 부각 되었다. 유력 대기업들이 금력을 가지고 전문 로비회사를 동원하여 정책결정권자를 볼모로 잡고 있음에도 불구하고, 누가, 무슨 기관을 상대로, 무엇에 대하여 영향력을 행사하고 있는지 일반 공중들이 전혀 알지 못하게 되어있는 업계 자율등록제에 대한 비판이 이어졌다.

영국에서 로비법 제정이 필요하다는 논의가 본격적으로 시작된 것은 퇴직 의원과 관료들이 의회 주변에 남아 상업 목적의 로비스트로 활동하고, 이들의 활동에 의해 대기업 이익이 비대칭적으로 과도하게 의회나 정부의 정책결정 과정에 반영된다는 비판이 제기되면서부터였다. 2007년 영국 의회 내 로비제도 개혁을 주창하고 나선 것은 하원 그로건(John Grogan) 의원이었다. 하원 내에 전문 로비업체들이 수행하고 있는 로비의 문제점들을 파헤치기 위한 행정특별위원회(Public Administration Select Committee: PASC)가 구성되었고, 여기에서는 로비업계가 주도하고 있는 로비활동의 투명성 결여에서 오는 문제점들이 집중적으로 논의되었다. 영국 의회의 공청회에서는 영국 정부의 정책결정과정이 초기 단계에서부터 기업 등 이익집단에 의해 포획당하고 있고, 이해당사자 집단의 고른 참여가 이루어져야 하는 정책협의제 운용이 전문 로비회사를 고용하는 대기업 집단에 유리하게 귀결되고 만다는 점이 부각되었다. 거액의 정치자금을 제공함으로써 의사결정과정에서 특권적 접근성을 확보하고, 이를 통해 정책결정과정에서 불균형적으로 영향력을 침투시키고 있다는 점이 심각하게 논의되었다. 대기업 내부 정무 인력에 의한 선거 캠페인 지원활동(선거후원, 정치자금 제공 등)과 일상적인 정책결정과정에서의 영향력 침투가 서로 맞물려 있다는 점도 큰 쟁점으로 부각되었다. 미국에서와 마찬가지로 선거캠페인 지원이 로비활동의 연장선상에서 이루어지고 있는 것이기 때문에 함께 묶어서 보아야 한다는 주장이 크게 설득력 있게 받아들여졌다.[71]

4) 영국 로비법(2014)과 최소 로비규제 접근법

영국 의회는 2014년 로비활동에 대한 규제를 매우 제한적으로 규제하는 로비법(The Transparency of Lobbying, Non−party Campaigning, and Trade Union Administration Act 2014: 이하 '영국 로비법')을 제정하였다. 미국이나 캐나다와 달리 등록과 활동 공개의무를 지는 로비스트의 범주가 매우 제한적으로 규정되어 있고, 로비활동보고 의무도 최소한으로만 규정되어 있다. 영국 의회에서는 아주 오랫동안 로비활동의 법제화를 반대하는 관점이 지배적이었다. 영국에서 로비법제화 반대론의 논거는 로비스트 등록과 활동 공개를 법적으로 강제하면 유권자들의 정책참여를 가로 막는 결과가 초래되고 말 것이라는, 이른바 '진입장벽론'이었다. 진입장벽론은 로비활동 규제제도를 두고 있지 않은 국가들에서 로비법 제정 반대론자들의 유력한 근거로 채택되어 왔다. 로비규제는 정책결정과정에 대한 이해관계자들의 참여를 제한하는 결과를 초래할 것이기 때문에 아무런 규제를 두지 않는 것이 규제로 기대할 수 있는 이익보다 더 클 것이라는 논리이다.

로비규제 불필요의 이론적 논거는 에인워스(S. H. Ainsworth)등에 의해 제시되었다.[72] 영국의회를 대상으로 한 경험적 사례 연구에 기초한 이들의 연구는 로비규제는 로비 활동을 위해 반드시 거쳐야 하는 새로운 제도의 신설을 의미하는 것이고, 이는 정책참여 과정에 새로운 진입장벽을 세우는 것과 마찬가지라는 논리를 펴 나갔다. 또한 로비스트 등록 의무 부과제도는 등록에 적극적일 수밖에 없는 상업적 로비스트들에게 의회에 접근할 수 있는 특권적 지위를 법적으로 보장해주는 결과만 낳을 것이라는 우려도 제시되었다.[73] 자체 로비 역량을 갖지 못하거나 외부의 전문 상업 로비스트에 로비활동을 의뢰할 재정적 여유가 없는 소규모 기업이나 단체들에게는 등록제도가 오히려 불리하게 작용한다는 것이었다.[74]

2014년 로비법 제정이 완료되기까지 영국 사회와 영국 의회는 찬반 양 진영으로 나뉘어 대립하였다. 캐머런 수상이 이끄는 보수당이 대체로 로비법 제정에 적극적이었던 반면, 노동당은 기본 취지에는 공감하면서 법 제정 과정에 동참하였지만 미온적으로만 대응해 나갔다. 2013–2014 법 제정 과정을 적극적으로 주도한 것은 노동당 의원이었다. 2010년 처음 법제화 추진 단계에서 영국의 로비업계는 자율규제시스템의 실효성 있는 보완이 최선이라는 데 대체적으로 합의를 이루고 있었지만 캐머런 정부의 강력한 로비제도 개혁 추진 속에서 규제 최소화 조건을 내걸며 자율규제시스템의 변화를 수용하는 방향으로 움직였다. 직접적 이해당사자인 로비업계도 입장이 바뀌며 최소 규제접근법을 받아들였다. 자율규제시스템을 지키고자 하는 로비업계의 우려는 투명성 제고를 주장하는 시민단체의 요구와 맞서면서 역시 최소한의 규제만을 법규에 담는다는 해법으로 정리되었다. 2014년 영국 로비법은 의회 내 로비규제 찬성론자들과 반대론자들 사이의 철저한 정치적 절충을 반영하는 것이었음을 알 수 있다.

2014년 영국 로비법은 로비스캔들에서 쟁점화된 이슈들이 로비법 제정 반대론자들과의 정치적 절충을 거치면서 아주 낮은 강도의 '최소 규제'를 해법으로 찾아내었다. 논의과정에서 가장 큰 쟁점으로 문제가 되었던 금전적 대가를 받고 영향력 행사를 대행하는 상업 목적의 전문로비스트들만 규제 대상으로 삼는다는 해법이었다. 2014년 영국 로비법은 찬반양론의 정치적 절충을 통해 우선 최소한의 규제시스템만이라도 도입하고 보자는 정치적 타협의 결과물이었다. 법은 만들어졌지만 실제 로비활동을 수행하는 다수의 로비스트들은 등록하지 않고서도 로비활동을 계속할 수 있게 되었다. 로비법 탄생과 함께 곧바로 법의 실효성에 의문이 제기되고 있고, 다시 로비 제도 개혁론이 영국 의회 내에서 일어나고 있는 이유이다.[75]

4. 기업정치활동 방식의 차이: 정치제도와 정치문화

1) 로비 스타일의 차이: 정치문화 vs. 정치제도

대조적인 두 형의 로비 스타일, 미국에서의 공세적인 로비 스타일과 유럽에서의 점잖고 신중한 로비 스타일의 차이를 가져 온 선행 요인은 무엇인가? 무엇이 어떻게 다르고, 왜 다른가? 세계에서 가장 큰 규모의 로비시장을 형성하고 있는 미국과 EU에서 로비활동 방식의 차이를 가져오고 있는 요인에 대한 연구가 일부 진행되어 오고 있다.[76] 토마스(2002)는 기업정치활동 방식과 관련된 정치·문화적 규범의 차이에 주목하면서 미국 스타일의 로비활동이 유럽 국가들에서 성과를 내기 어려운 이유를 미국 로비스트들이 유럽의 문화 규범을 이해하지 못하고, 제대로 적응하지 못한 탓으로 설명하고 있다. 로비 전략 전술이 해당 지역이나 국가의 정치문화와 부합하는지에 관한 여부가 로비성과를 좌우하는 중요한 변수가 된다는 설명이다.

로비활동 스타일을 문화적 측면에서 설명하고 있는 연구는 제한되어 있는 편이다. 많은 연관된 질문들이 제기될 수 있고, 이에 대한 답도 더 찾아질 필요가 있다. 예컨대 로비스트들이 로비 활동을 수행하면서 보이는 행동 양식이 그 국가의 일반 문화적 규범의 연속성을 갖는 것인가, 아니면 일반 문화적 요소와는 직접적인 관련성은 없고, 로비 정치와 관련해서 드러내는 한정된 정치 문화적 특징으로 보아야 하는가? 그렇다면 각 지역에서 이러한 로비 정치문화를 조성한 선행 요인은 무엇인가? 미국에서와 영국에서의 로비 스타일을 문화의 관점에서 비교 연구한 맥글래스는 정치 문화적 요인과 정치제도적 요인이 별개의 것이 될 수 없다는 설명을 내어놓고 있다.[77] 행동 규범의 문제라 할 수 있는 문화적 요인은 행동에 제약을 가하는 제도와 긴밀하게 연계되어 있다는 것이다.

미국과 EU에서의 서로 다른 로비 스타일을 비교 연구해 볼 필요가 있는 이유는 무엇인가? 그것은 단순히 두 곳이 세계에서 가장 큰 규모의 로비 시장을 형성하고 있기 때문인 것만은 아니다. 두 지역에서 정부–기업 관계를 규율하는 제도상의 특징이, 다른 한편으로 서로 다른 정치 문화적 특징이 서로 다른 기업정치활동 양상에 반영되어 나타나기 때문이다. 미국 스타일과 EU 스타일의 차이에 관한 연구가 한국에서 의미를 갖는 것은 최근 정부–기업 간의 관계변화와 더불어 정책결정과정의 작동 배경이 되는 정치제도의 변화가 지속적으로 이루어지고 있기 때문이다. 정치제도의 차이는 기업이 정치적 활동과정에서 어떠한 전략적 선택을 행할 것인가 하는 것에 직접적으로 영향을 미친다.

로비활동과 관련된 정치문화적 요소는 정치제도 상의 문제들과 긴밀한 관련성을 갖는다. 제도는 행동의 제약 조건이면서, 기회구조(opportunity structure)이다. 정치제도는 특정의 정치적 행동을 선택하도록 만들지만, 어떠한 유형의 정치적 행동은 가능하지 못하도록 제약을 가하기도 한다. 마호니는 워싱턴과 브뤼셀에서의 로비활동 양식을 차이를 비교 설명하면서, 차이를 가져오는 것은 두 정치체제를 작동시키는 정치제도 상의 특징에서 비롯되는 것으로 설명한다. 마호니는 두 지역에서의 정치제도상의 특징적 차이를 가져오는 요인들을 다음으로 제시하고 있다.[78]

첫째, 어떤 하나의 정책제안이 기관의 최종 결정으로 전환될 수 있는 확률이다. 로비스트들은 연방 기관, 특히 의회를 상대로 정치적 활동을 수행하면서 이익을 대변하는 회사나 단체의 입장을 반영하는 엄청난 제안들을 쏟아 놓는다. 로비 활동을 하면서 내어놓은 그 많은 제안이 최종 결정 단계에까지 이를 확률은 아주 희박하다. 워싱턴 연방 의회에서는 매년 수천 건의 법안이 발의되지만, 의사결정의 각 단계를 거치면서 살아남으며, 최종 법안으로 성안되는 것은 아주 극소수이다. 마호니는 2004년 사례를 분석하였는데, 발의된 2,764건의 제안들 가운데, 최종 법안으로 성안된 것은 306건에 불과하다. 마호니는 제안이 의사결정의 최종 단계에 도달할 가능성이 크다면, 로비활동은 내어놓은 제안을 수정하는 일에 초점을 맞출 것으로 보았다. 반면에 끝까지 갈 확률이 크게 떨어진다면, 경합자들과 머리를 맞대며 제안을 수정하는 일에 몰두하기보다는 경합 중인 상대의 제안을 좌절시키는 데 활동의 초점을 맞추는 것이 합리적인 선택이며, 뭔가 성과를 보여 주는 일이 된다고 보았다.

유럽의회에서는 정식 안건으로 발의된 제안은 참석 의원 1/3 이상의 동의가 이루어졌을 때만 기각 결정이 내려진다. 유럽의회에서 공식적으로 발의된 법안은 평균 500여 건에 이르는데, 이 중 기각 결정이 내려진 것은 30건에서 100여 건에 불과하다. 전체 발의된 제안 가운데 80% 이상은 최종 단계까지 도달한다. 유럽의회에서는 경합 중인 제안을 '죽이는' 일에 초점을 맞추는 활동이 이루어지는 것이 아님을 말해준다.

둘째, 여론과 미디어의 관심이다. 로비활동은 종종 일반 공중의 관심을 끌고, 여론의 힘을 빌리는 '아웃사이드 로비 전략'이 채택되기도 한다. 아웃사이드 로비 전략은 로비스트들이 정부 공직자와 직접 접촉해서 로비를 행하는 '인사이드 로비 전략'과는 달리, 정부 정책결정자들에게 직·간접적으로 영향력을 미칠 수 있는 기관 밖의 사람들로 하여금 정부 기관의 공직자들에게 영향력을 행사하도록 유도하는 간접로비 전략이다. 이른바 '외곽을 때리는' 로비 전략으로 유권자집단이나 지역주민, 시민단체, 일반 공중들을 상대로 기업의 입장이나 이익에 우호적인 인식을 함양하도록 하는 활동으로부터 시작된다. 아웃사이드 로비 활동과정에서는 여론향배에 영향이 큰 언론과 미디어를 통해 사람들의 마음을 움직이는 활동이 중요한 비중을 차지하기도 한다.

미국의 로비활동 과정에서는 아웃사이드 로비 전략이 병행되는 경우가 많고, 경우에 따라서 인사이드 로비 전략의 대체물로서 아웃사이드 로비 전략이 행해지기도 한다. 두 로비 전략이 동시에 추진될 때 상승효과를 일으켜 로비 활동의 성과를 높이는 것으로 알려져 있기도 하다. 일반적으로는 재계보다는 공익단체나 시민단체가 아웃사이드 로비 전략을 즐겨 이용하고 있고, 이 점은 유럽에서도 마찬가지이다. 미국의 경우와 비교할 때, 유럽에서는 기업이나 재계 단체가 아웃사이드 로비 전략을 채택하는 일은 극히 이례적이다. 특히 EU 기관들을 상대로 아웃사이드 로비 전략을 채택하는 일은 효과적이지 않다. 아웃사이드 로비 전략은 유권자집단이나 일반 공중들에게 메시지를 반복적으로 전달하여, 사안에 대해 동일한 인식을 갖도록 유인하는 전략이다. 그러나 27개 회원국은 문화적으로 이질적인데다가, EU 차원에서 인정한 23개의 공식 언어를 사용하기 때문에 미디어를 통한 여론조성 전략이 효과적일 수 없다.

셋째, 직접선거제 도입 여부의 차이이다. 로비활동에 영향을 미치는 제도 요인은 우선 민주적 책임성 문제와 직결되어 있다. 조직화된 이익으로서 기업의 이익을 반영하기 위한 것이든, 시민 사회의 요구를 반영하는 것이든 로비가 공공정책결정과정을 겨냥한 영향력 행사과정이라고 한다면 정책결정자들이 로비활동에 얼마나 잘 반응할 것인가 하는 문제는 민주적 책임성 문제와 결부되어 있다. 정부의 정책결정권자들이 얼마나 다음 선거를 의식하느냐 하는 것은 로비 활동유형 문제와도 연관되어 있다. 이는 공공정책결정권자들이 정책 사안을 다루어 나가면서 유권자들의 '표'를 의식하느냐, 아니면 전문·기술적 관점에서 대응해 나가느냐 하는 것에 결정적으로 영향을 미치기 때문이다. 미국 의회의 의원들이나 행정부의 최고위 공직자들은 자신의 공직이 다음 선거에서의 유권자들의 정치적 지지에 전적으로 좌우된다는 점을 무엇보다도 먼저 염두에 두면서 정책 사안을 다루어 나간다. 유권자집단의 정책 선호에 민감하지 않을 수 없고, 유권자집단의 정치적 압력에 취약성을 가질 수밖에 없다.

EU 기관의 공직자들은 이와 달리 상대적으로 유권자집단의 정치적 압력으로부터 차단되어 있는 편이다. 집행위원회 공직자들은 임명직 기술·관료집단이기 때문에 유권자들에 대해서 정치적 책임성을 느끼지 않아도 된다. 유럽의회의 의원들은 회원국 국민들의 선거에 의해 뽑힌 선출직이지만, EU 의회의 표결과정에서 자국 유권자집단의 정책적 선호에 그렇게까지 민감해하지 않아도 된다. EU 집행위원회와 각료회의의 정책결정자들은 지명직이고, 유럽의회 의원들은 실질적으로 유권자집단에 대한 책임성보다는 소속 정당의 정치적 리더십에 대하여 강한 정치적 책임감을 느낀다. EU 정치제도의 특징으로 흔히 '민주성 결핍'(democratic deficit) 개념으로 설명되는 이유이다. '민주성 결핍' 논리는 기관의 정책결정권자들이 유권자들로부터의 피선출직이 아니기 때문에 자신을 뽑아 준 유권자집단에 대해 정치적 책임감을 크게 느끼지 않는다는 것이다.[79]

EU 의회에 속해 있는 의원들은 소속 정당의 노선과 정치적 입장이 이미 국내 정치과정에서 한번 걸러졌기 때문에 자신이 유럽의회 의원으로 선출될 수 있었다고 생각한다. 또한 소속 정당의 정책 노선에 충실을 기하는 것이 그때그때 유권자집단의 정책적 선호에 끌려 다니는 것보다 다음 선거에서 유리할 것이라고 판단한다. 미 의회 의원들은 지역구 유권자들로부터 찬반 선호를 상시적으로, 직접적으로 전달받을 수 있을 만큼 접근이 용이한 위치에 있다. 이와 달리 유럽의회 의원은 자국 선거구의 유권자집단으로부터의 접근성이 좀 떨어지는 위치에 있는 편이다. 유럽의회 의원들은 자신을 선출해 준 유권자집단의 정치적 압력보다는 소속 정당의 정책 선호에 의해 더욱 얽매이게 된다. 미국의 정책결정권자들은, 특히 의원들은 다음 선거를 의식하면서 정치적 지지를 확충해 나간다는 확고한 동기 하에 움직일 수밖에 없다. 재선을 의식하며 의정활동을 해나가는 과정에서는 특수 사익의 입장을 옹호하는 활동이라 하더라도 여기에 민감하게 반응할 수밖에 없다. 유권자집단을 구성하고 있는 이익집단의 대변 활동에 민감하게 반응한다는 것은 로비스트들의 로비활동 성공 가능성을 그만큼 높여 주는 것이 된다. 반면 EU의 공직자들은 유권자집단의 직접 선거에 뽑혀 정책결정권자의 지위를 가지게 된 것이 아니기 때문에 사회적 이익을 정책결정과정에 반영하기 위한 이익 옹호 활동에 의해 그리 큰 압박감을 느끼지 않는 것으로 설명되는 것이다.

실제 EU 국가들에서는 로비스트의 접근법이 미국에서의 그것과는 적지 않은 차이를 갖는다. 그것은 무엇보다도 로비의 접촉 대상인 의원들이 로비활동에 대응하는 방식에 차이가 있기 때문이다. 미국 로비스트들은 유권자집단의 정책적 선호를 앞세우며 로비활동에 뛰어든다. 미국 의원들은 유권자들의 압력에 상시적으로 노출되어 있기 때문에 유권자의 뜻을 명분으로 쉽게 입장을 바꿀 수도 있다. 미국 정책결정자들은 유권자 선호를 앞세우는 로비스트들의 영향력 행사에 취약하고, 따라서 정책결정권자가 유권자집단의 뜻을 들어 같은 사안에 대하여 이전과는 다른 입장의 정책 변화를 추진하기도 한다. 이와는 달리 유럽의회의 의원들은 유권자집단의 선호를 앞세우며 로비활동을 행하는 로비스트의 활동에 의해 크게 영향을 받지 않는다. EU 기관의 정책결정권자들은 유권자의 표심을 들며 접근하는 로비스트의 영향을 받아 쉽게 자신의 정책 선호를 바꾸지 않는다는 설명이 더 큰 설득력을 갖는다.

2) 유럽(EU) 로비 스타일과 제도 요인

이익집단 정치의 오랜 연구 전통을 가진 미국에서와는 달리, 유럽 국가들을 대상으로 한 이익집단 정치연구는 1970년대 이후 활발해지기 시작했다. 유럽 국가들에서는 경제단체나 노조 등 이익집단들이 정부의 정책결정과정에 참여하는 것이 제도화되어 있었기 때문에 이익집단의 정책참여가 미국의 경우처럼 외부로부터의 영향력 행사라는 차원에서 다루어지지 않았다. 이익집단의 정책 참여는 영향력 행사라기보다는 사회적 파트너들 간의 사회적 합의-정책협의제(policy concertation) 과정의 일부로서 받아들여져 왔다. 개별 유럽 국가들에서의 이익집단 정치연구는 정치제도적 측면에서 이러한 조합주의적 정치제도의 특징을 두드러지게 나타내는 것이었다.[80]

정치제도는 시민들의 정치 참여 양식을 규정하고 있는 규칙체계이다. 사람들의 오래된 관행이 굳어지면서 문화의 일부로 정착된다는 면에서 제도는 문화를 반영하고 있는 것이다. 기업과 이익집단을 대표하는 사람이 정부 기관에 접근하는 방식에 가장 크게 영향을 미치는 요인은 그 나라의 정치제도라 할 수 있다. 기업정치활동방식을 결정짓는 정치제도의 유형을 설명할 때 비교의 관점에서 가장 대표적으로 다루어지는 제도의 유형 분류는 조합주의냐 다원주의냐 하는 것이다.[81] 정책결정과정과 정치과정을 규율하는 정치체제의 성격을 조합주의와 다원주의로 크게 분류하는 접근법은 여전히 유효한 것으로 받아들여지고 있다. 예컨대 독자적인 정치활동이냐, 집단행동 방식이냐를 결정하는 중요한 변인은 기업의 규모이지만 기업 규모의 차이와 관계없이 정치제도가 이를 결정하는 선행요인이 되는 것으로 설명된다. 많은 선행연구들에서는 기업의 정치활동이 개별 기업의 단독 활동이냐, 아니면 업계 단위 혹은 재계 단위의 집단행동으로 이루어지느냐를 결정하는 가장 주요한 선행 요인으로 정치제도 변인을 들어 설명한다.

오스트리아나 독일, 스웨덴 등에서 전형적으로 나타나는 조합주의 정치제도 하에서는 정부 기관을 작동시키는 힘이 의회 권력으로 집중화되어 있다. 입법 권력의 집권화 수준이 높은 국가 제도에서는 이익집단들에게 가용한 정치적 활동 대안이 제한되어 있고, 이익집단들이 특성이나 활동성향, 추구하는 이해관계 등이 동질적이다. 또한 합의와 협력의 미덕을 강조하는 정치문화의 영향으로 개별 기업의 정치적 활동보다는 업계를 대표하는 이익집단의 정치적 활동이 두드러지게 나타난다. 정치사적 전통이나 정치 문화적 요인으로 정책결정과정에서 사회적 이익 간의 합의가 강조되어, 이익집단 간의 이해 상충과 경쟁이 크게 나타나지 않기 때문에 집단행동을 통해 정치활동을 전개해 나간다는 것이다.[82] 재계를 대표하는 전국 단위의 경제단체가 한편으로서는 노동자들의 권익을 대표하는 전국노조, 그리고 다른 한편으로 공공정책을 결정하는 국가기관과의 협상을 통해 시장에 영향을 미치는 주요한 정책 수단에 대하여 합의를 진행시켜 나간다. 업계 단위의 기업정치활동이 주류를 이루고 있지만, 업계별로 정치활동방식에 큰 차이가 없고, 대체로 같은 유형과 같은 방식의 정치적 활동이 이루어지고 있다.

반면 미국에서 그 전형을 찾아볼 수 있는 다원주의 정치제도 하에서는 이익집단의 정치적 활동보다는 개별 기업 단위의 정치적 활동이 두드러지게 나타난다. 합의나 협력의 정신이 사회적 규범으로 자리 잡고 있는 조합주의 제도 하에서 와는 다르게 다양성과 경쟁의 가치가 존중되고, 우선시된다. 시장 행위자들 사이의 이익 분절 현상이 특징적으로 나타나며, 기업이든 이익집단이든 공동노력을 통해서보다는 개별적 노력을 통해 각자의 방식으로 이익 극대화를 도모한다. 개별 기업의 특성이나 처해 있는 여건에 따라 아주 다양한 기업정치활동이 이루어지고 있다. 다원주의 정치제도 하의 정책결정과정에서는 상충관계에 있는 다양한 이익들이 서로 경쟁하면서 영향력을 행사하려 든다. 정책을 결정하는 권력 역시 다양한 국가기관에 분산되어 있다. 다원주의 제도 하에서는 정치권력 및 경제권력의 분절화(fragmented)를 특징으로 한다.[83] 기업이나 이익집단들이 경쟁 상대와 타협하려 들지 않고, 정책결정자들은 이익집단들의 합의의 산물을 정책대안으로 채택하지 않는다. 다원주의 제도하에서의 정책결정과정은 다양한 이해관계를 가진 기업이나 단체들이 경쟁적으로 자신들의 이익을 주장하도록 유도하는 방식이 제도화되어 있다.[84] 정치활동의 집단참여보다는 개별적 참여를 선택할 가능성이 큰 이유이다.[85]

EU에서 이익집단 정치의 지형은 변모하고 있다. 하지만 정부 기관을 상대로 이루어지는 로비 방식의 유럽 전통은 여전히 이어지고 있다. 유럽, 특히 EU에서 이익집단정치가 경쟁 베이스의 다원주의적 성격을 띠어 간다고 해서, 로비활동 방식 자체가 변화하고 있다고는 볼 수 없다. 유럽에서 로비 활동의 접근법은 미국의 것과 비교할 때, 몇 가지 두드러진 특성이 나타난다.

첫째, 믿을만한 정보 원천으로서의 명성 유지: 기업이나 이익단체로서는 정책결정자들에게 직접 다가갈 수 있는 접근로를 확보한 것인데, 이때 가장 중요한 것은 정책결정권자들에게 믿을만한 정보 원천이라는 점을 인식시켜 줄 수 있어야 한다. 로비 당사자가 고급의 정보와 사안에 대한 전문지식을 제공해 줄 수 있는 자라는 신뢰감이 중요하다. EU 기관을 상대로 이루어지는 로비활동의 가장 큰 차별적 특징은 '신뢰'와 '유화적 행동(conciliatory behavior)'이다.[86] 미국에서의 로비스트 활동이 공세적인 방식으로 이루어진다면, EU에서의 로비활동은 정보 상호 교환을 토대로 합의를 이루어 나가는 방식으로 이루어진다.

둘째, 승리 공유의 화합적 접근법: 미국에서의 로비활동 방식은 이익집단들이 사안별로 대립하고 경쟁하면서 승리를 독차지하려는 접근법이 일반화되어 있다면, EU 기관을 상대로 이루어지는 로비활동은 개별 사안 하나하나를 다루어가기보다는 사안을 가로질러 정보와 양보를 교환하면서 승리를 함께 공유할 수 있는 접근법이 효과적인 것으로 알려져 있다. EU 로비활동 과정에서는 승리를 나누어 가질 수 있는 우군 세력과 연합세력을 찾아서 협력 방안을 모색해 나가는 접근법이 보다 일반화되어 있다.[87]

두 번째 제도 요인은 정책결정과정에서 적용되는 정책결정 규칙, 즉 법제상의 차이로부터 비롯되는 요인으로 설명된다.[88] 정책결정 규칙은 결정권을 가진 기관을 특정화하고, 결정권이 행사되는 절차를 규정한 것이다. 이러한 결정 규칙은 다루어지는 정책 사안의 처리 과정 및 결과에 직접적으로 영향을 미친다. 또한 결정 규칙은 직접적으로 의사결정 과정에 소요되는 기간을 좌우한다. EU 집행위원회는 EU 기관 가운데 거의 유일하게 기관 단독으로 EU 정책 사안을 결정해 나가는 과정에서 주도권을 행사할 수 있는 기관이다. 집행위원회 의사결정 과정에서는 의사결정 단계별로 적용되는 '시한'(deadlines) 규정이 있다. 그렇지만 이는 반드시 정해진 일정 시한 내에 집행위원회 차원의 최종 결론을 내어놓도록 해야 한다는 '절대적 시한'(absolute limits)을 정해 둔 것은 아니다. 유럽 집행위원회에서는 사안에 대하여 의사결정 절차를 시작하면 정해진 절차에 따라 시간이 아무리 걸린다고 하더라도 끝내 결정의 결과물을 산출해 내야 한다.

EU에서는 긴 기간을 거치며 정책 사안이 다루어지면서 처음 제시되었던 정책이 구성 요소와 형식이 다른 내용으로 변화하기도 한다. 다양한 입장과 의견이 절충을 이루며, 이해관계자들 간 타협의 결과를 반영한 최종 정책 산출물이 나타나기 때문이다. 이는 기업이나 이익집단의 이익을 옹호하는 로비스트들이 처음 견지했던 입장을 아무런 수정 없이 끝까지 관철시켜 나간다는 것이 현실적으로 불가능하다는 것을 의미하는 것이다. 그렇기 때문에 로비스트들의 이익 대변 활동은 이해관계와 입장의 차이가 있는 다른 이익집단들과의 절충의 여지를 찾아가면서 타협안을 만들어 가는 데 초점이 맞추어진다. 이익조정 및 입장조율 과정에서 정책 변화가 이루어지는 것은 불가피한 일이다. 어떤 로비스트도 승리를 독점하는 성과물을 만들어 낼 수 없고, 부분적인 승리를 가질 수 있을 뿐이다. 어느 로비스트도 완전한 승리자이거나 전적인 패배자인 것은 아니라는 것이 EU로비의 가장 큰 특징이다.[89]

미국에서는 개별 의원들에게 특정 정책 사안에 대한 논의를 주도해 나갈 수 있는 권한이 주어져 있다. 미국 의회에서 매년 수천 건의 정책 사안 관련 법안이 발의된다. 그 대부분은 해당 소위원회나, 상임위원회 정식 안건으로 다루어지기 전 단계에서 소멸되고 만다. 상하 양원의 본회의를 거치면 가결된 법안보다 통과하지 못하는 법안들의 수가 압도적으로 많다. 표결 과정을 거쳐 가결된 법안이라고 하더라도 거부권 행사에 가로막히기도 한다. 2년 기간 동안 끝내 살아남지 못하거나, 다음 단계로 넘어가지 못한 법안들은 폐기되고 만다. 미국 의회에서 이익 옹호 활동을 행하는 로비스트들에게는 법안을 작성하여 각 단계의 회의체에 올리는 일 못지않게, 경합 관계에 있는 상대측의 제안이나, 상대가 제출한 법안을 '죽이는'(kill) 일에 초점을 맞추어 활동한다. 미국 의회 내에서 로비스트들은 살아남아 최종 승리를 독식하거나, 아니면 옹호하는 이익이 전적으로 패배하거나이다. 경합 관계에 있는 상대들과 이익 및 입장의 절충을 도모하면서, 승리를 공유하는 방식으로 활동을 전개해 나가는 것은 예외적인 일에 속한다. EU에서의 로비활동과 크게 비교되는 특징이다.

3) EU의 로비규제

EU 차원의 로비규제 역시 미국의 경우와 비교할 때 매우 제한적으로만 이루어지고 있음을 알 수 있다. EU 전체 차원에서 로비스트 등록제도가 처음 도입된 것은 1990년대 후반에 유럽 의회에서였는데, 등록 의무화가 아닌 자율등록제가 도입되었다. 자율등록제는 로비업계 스스로가 자율적으로 로비 활동을 규율해 나간다는 자율규제 원칙에 입각하고 있는 접근방식이었다. 업계의 자율규제는 EU 기관 차원의 규제강화 조치 도입 우려에 대한 선제적 해법이기도 했다. EU 기관을 상대로 로비활동을 행하는 로비업계에서는 EU 차원에서 규제가 강화되는 것을 염려하여, 업계 차원에서 스스로 로비스트 행동강령을 만들어 회원사들과 로비스트들로 하여금 이를 준수하도록 하였다.

자율규제 접근법에 대해서는 법규범 준수 여부가 로비스트 개인의 판단에 맡겨진 만큼 실효성을 거두기가 어렵다는 비판이 제기되어 왔다. 2005년 유럽 집행위원회는 업계 차원의 자율규제 방식으로부터 조금 진전된 새로운 접근법을 담아 '유럽 투명성 이니셔티브'(European Transparency Initiative)를 발표하였다. 로비스트들에 대해서는 등록 및 활동 공개 요건을 강화하는 한편, EU 기관에서 근무하는 공직자들이 따라야 할 윤리적 행동강령을 제정한 것이었다. 공공정책결정과정의 투명성 수준을 높이기 위한 EU 기관들의 개혁 노력은 과거에 비해 크게 진전된 것이기는 하지만 미국의 경우와 비교할 때 로비활동에 대한 규제는 아주 낮은 수준임을 알 수 있다. EU에서 로비활동에 대한 규제접근법 및 규제 강도 차이는 로비활동 방식과 로비 스타일이 다르다는 점에서 비롯된다.

주

1 Braithwaite, J & P. Drahos. (2000). *Global Business Regulation*. Cambridge University Press. pp. 27-33.

2 Held, D & A. McGrew. (2002). *Governing globalization: power, authority and global governance.* Cambridge: Polity Press.

3 Hall P. A. & D. Soskice. (2001). *Varieties of Capitalism: The Institutional Foundations of Comparative Advantage.* Oxford: Oxford University Press; Wilson, G. K.. (2003). *Business & Politics: A Comparative Introduction.* New York: Chatham House Publishers.

4 윤홍근. (2009). "한국경제의 성장과 정부-기업 관계의 변화". 이정복 외,『21세기 한국 정치의 발전방향』. 서울: 서울대학교 출판부, pp. 533-566.

5 Hall, R. B. & Biersteker, T, J. (2002). *The Emergence of Private Authority in Global Governance.* Cambridge: Cambridge University Press.; Haufler. V. (2001). *Public Role for the Private Sector.* Carnegie Endowment for International Peace: Washington, D. C.

6 Cutler, A. C., V. Haufler & T. Porter (1999). *Private Authority and International Affairs.* State of New York University Press; Grande & Pauly. (2005). *Complex Sovereignty: Reconstituting Political Authority in the Twenty-first Century.* University of Toronto Press; Higgott, R, R. Underhill & A. Bieler. (2000). *Non-State Actors and Authority in the Global System.* New York: Routledge.

7 이 범주에 속하는 우리나라의 대표적인 경제단체로는 전경련, 한국경제인총연합, 대한상공회의소, 중소기업협회, 무역협회 등이 있는데 이러한 전국 단위의 경제단체는 흔히 정상조직(peak organization) 혹은 우산조직(umbrella organization)으로 불린다.

8 Hall, P. A & D. Soskice. (2001). *Varieties of Capitalism: Institutional*

Foundations of Comparative Advantage. Oxford: Oxford University Press.

9 Wilson. (2003). *op. cit.*

10 윤홍근. (2013). "한국정부의 경제적 역할변화와 시장제도의 변화: 1980년대 안정화 시책에 대한 담론제도주의 분석." 『한국정치연구』, p. 164.

11 Peng, M. W. et al.. (2009). The institution-based view as a third leg for a strategy tripod. *Academy of Management Perspectives,* 23(3): 63-81.

12 Mahoney, C & Frank Baumgartner. (2008). Converging perspectives on interest group research in Europe and America. *Western European Politics,* 31(6): 1253-1273; Mazey, S & J. Richardson. (2006). Interest groups and EU policy-making in J. Richardson ed. *European Union and Policy-Making.* New York: Routledge. pp. 247-269.

13 Coen. (1997). *op. cit.*; Cowles. (2001). The trasatlantic business dialogue and domestic business-goverment relations. In M. Cowles, J. Caporaso, & T. Risse(Eds.) *Transforming Europe: Europeanization and domestic change*, Ithaca, NY: Cornell University Press Cornell Studies in Political Economy, pp. 159-179.

14 Christine Mahoney & Frank Baumgartner. (2008). *Ibid.*

15 European Parliament. (2003).

16 Coen, D. (1998). The European business interest and the nation state: Large-firm lobbying in the European Union and member states. *Journal of Public Policy,* 18(1): 75-100; Woll, C. (2006b). Lobbying in the European Union: From sui generis to a comparative perspective. *Journal of European Public Policy,* 13(3): 456-469.

17 Coen. D. (1999). The impact of U.S. lobbying practice on the European business-government relationships. *California. Management Review,* 41(4): 27-44.

18 The Association of Accredited Lobbyists to the European Union(www.aalep.eu)

19 Mahoney, C. & Frank Baumgartner. (2008). Converging Perspectives on Interest Group Research in Europe and America, *West European Politics*, 31(6): 1253-1273.

20 Schmitter, P. C. & W. Streeck. (1991). From national corporatism to transnational pluralism: Organized interests in the single European market. *Politics and Society*, 19(2): 133-152.

21 Woll. (2006). *op. cit.*; Coen, D. (2007). Empirical and theoretical studies in EU lobbying. *Journal of European Public Policy*, 14(3): 333-345.; De Biévre & Dür. (2007). Interest group influence on policy-making in Europe and the United States. *Journal of Public Policy*, 27(1): 1-12.

22 McGrath. (2002).

23 European Commission. (2018).

24 Greenwood. (2002a.); European Commission. (2001).

25 European Commission. *op. cit.*; Press Release Database. (2018),

26 Coen. (1999). *op. cit.*

27 McGrath. (2002). *op. cit.*

28 Baumgartner & Leech. (1998). Basic interests: The importance of groups in politics and in political science Princeton University Press. pp. 102-105.; Herrnson et al., *The Interest Group Connection: Electioneering, Lobbying, and Policy Making in Washington*. Washington D. C.: CQ Press. (1998). pp. 7-9.

29 www.opensecrets.org/lobby/index.php.

30 Heinz et al.. (1993). *The Political Influence of Business in the EU*. Ann Arbor: University of Michigan Press; Baumgartner & Leech. (1998). *Ibid.*.

31 Lord. M. D. (2001). Corporate Political Strategy and Legislative Decision Making: The impact of corporate legislative influence activities. *Business & Society*, 39(1): 76-93.

32 Austen-Smith, D., & Wright, J.R. (1994). Counteractive lobbying. *American Journal of Political Science*, 38(1): 25-44.

33 U. S. Senate. (1983). Hearings Record, The Committee on Governmental Affairs, Oversight of the 1946 Federal Regulation of Lobbying Act, 98th Congress, Nov. pp. 15-16.

34 Salisbury, R. H. (1990). The Paradox of Interest Group in Washington-More Groups, Less Clout, *The New American Political System*, Anthony King(Ed.). AEI Press, pp. 203-229.

35 Bennedsen, M., & Feldmann, S. (2006). Informational lobbying and political contributions. *Journal of Public Economics*, 90(4-5): 631-656; Dahm, M., & Porteiro, N. (2006). Informational lobbying under the shadow of political pressure. CMSEMS Discussion Paper 1409. Centre for Mathematical Studies in Economics and Management Science, Evanston, IL: Northwestern University.

36 Austen-Smith. (1995). *op. cit.*

37 Baysinger, B. D., G. D. Keim & C. P. Zeithmal. (1987). Constituency Building as a public Strategy in the Petroleum Industry. in Alfred A. Marcus, Allen M. Kaufman. David R. Beam(Eds.). *Business Strategy and public Policy.* New York: Quorum, pp. 223-238.

38 Baysinger, B. D., Keim, G. D., & Zeithmal, C. P. (1985). An Empirical Evaluation of the Potential for Including Shareholders in Constituency Program, *Academy of Management Journal,* 28(1): 180-200; Constituency Building as a Political Strategy in the Petroleum Industry. In A. A. Marcus, A. M. Kaufman, & D. R. Beam(Eds.). *Business Strategy and Public Policy*, New York: Quorum.

39 David Agnew. (1999). Governance in the Digital Economy, *Finance & Development*, 36(4): 34-37.

40 윤홍근. (2001). 그래스루츠와 인터넷, 한국국제정치학회 2001년도 연례학술대회 발표논문; 윤홍근 · 정재영. (2006), 『유비쿼터스 시대 기업의 로비전략』. 성균관대학교 출판부.

41 Tony Kramer. Manager of Program and Research, Public Affairs Council, Washington, D. C. Interview(2000.8.2).

42 Michael D. (2000). "Grassroots Strategy and Tactics: What Works, What Doesn't, and Why," in Tony Kramer(Ed.). *Winning at the Grassroots: A Comprehensive Manual for Corporations and Associations,* Washington, D. C.; Public Affairs Council.

43 윤홍근. (2003). "미국 기업의 정치활동유형의 최근변화 동향에 관한 연구." 『한국정치연구』, 12(1): 265-291; pp. 272-273.

44 윤홍근. (2003). pp. 265-291.

45 Chari et al.. (2010). *Regulating Lobbying: A Global Comparison.* Manchester: Manchester University Press.

46 윤홍근. (1996). *op. cit.* pp. 276-279.

47 윤홍근. (1996). *op. cit.*

48 Woll. C. (2012). The Brash and the soft-spoken: Lobbying styles in a transatlantic comparison. Interest Group & Advocacy, 1(2): 193-214; McGrath. C. (2006). Lobbying in Washington, London and Brussels: The Persuasive Communication of Political Issues. Society and Business Review. 1(3): 285-288; Schendelen, RV. (2010). *More Machiavelli in Brussels: the Art of Lobbying in the EU.* Amsterdam, The Netherlands: Amsterdam University Press.

49 Woll. (2012). *Ibid.*; McGrath (2005). *Ibid.*

50 Woll. (2012). *op. cit.*

51 Mahoney, C. & M. Beckstrand. (2011). Following the money: European Union funding of civil society organizations. *Journal of Common Market Studies,* 49(6): 1339-1361.

52 Mahoney, C. (2008). *Brussels vs. The Beltway Advocacy in the United States and European Union.* George Town University Press.

53 McGrath. (2005), *op. cit.* p. 149.

54 Mahoney, C. (2008). *Converging perspectives on interest group research in Europe and America. West European Politics,* 31(6): 1253-1273.

55 Eising. R. (2004). Multilevel governance and business interests in the European Union, *International Journal of Policy, Administration, and Institutions,* 17(2): 211-245.

56 Woll. (2012). *op. cit.*

57 Woll. (2012), *Ibid.* pp. 194-95.

58 Coen, D. (1999). *op. cit.* p. 41.

59 Thomas C. S. & Ronald J. Hrebenar. (2009). Comparing lobbying across liberal democracies: Problems, approaches and initial findings. *Journal of Comparative Politics,* 2(1): 131-142.

60 Gardner. J. N. (1991). *Effective Lobbying in the European Community.* Deventer, the Netherlands: Kluwer Law. p. 63.

61 Chari. et al,. (2010). pp. 58-64.

62 Holman, C. & Luneburg, W. (2012). Lobbying and Transparency: A comparative analysis of regulatory reform. *Interest Groups & Advocacy 1.* p. 77.

63 Holman & Luneburg. (2012). *Ibid.*.

64 이하 영국에서의 로비법 제정과정은 윤홍근. (2019). '영국의 로비법제화 과정연구: 초점사건 이후의 제도변화' 『세계지역연구논총』, 37(1): 197-225: pp. 203-213을 요약·정리하면서 수정·보완한 것이다.

65 Transparency International UK. (2011). Corruption in UK Politics: Policy Paper Series No. 3.

66 Vincent, D. (1998). *The Culture of Secrecy: Britain, 1832-1998.* Oxford: Oxford University Press.

67 Fox, R. (2010). *What's Trust Got to Do with it? Public Trust in and Expectations of Politicians and Parliament.* London: Hansard Society,

68 David Judge. (2014), "A Crisis of Parliament." In Richard, D, Smith, M,

& Collin Hay(Eds.)." *Institutional Crisis in Twenty-First Century Britain.* Palgrave Macmillan, pp. 81-100.

69 Wilson, Graham K. (2003). *Business and Politics: A Comparative Introduction.* London: Chatham House Publishers, pp. 58-76.

70 Nolan Committee. (1997). *Standards in Public Life, Third Report of the Committee on Standards in Public Life,* Volume 1: Report on Standards of Conduct in Local Government in England, Scotland, and Wales. Cm 3702-1. London: HMSO.

71 HC PASC. (2009b). pp. 21-37.

72 Ainsworth, Scott H. (2003). Regulating Lobbyists and Interest Group Influence. *Journal of Politics,* 55(1): 41-56; Brinig, M. F., Randall G. Holcomb & Linda Schwartzstein. (1993). The Regulation of Lobbyists. *Public Choice*, 77(2): 377-384.

73 Dinan, W. & Miller, D. (2012), Sledgehammers, Nuts and Rotten Apples: Reassessing the Case for Lobbying Self-regulation in the United Kingdom. *Interest Groups and Advocacy,* 1(1): 105-114.

74 Brinig et al. (1993). The regulation of lobbyists" Public Choice, 77(2): 377-384: p. 383.

75 윤홍근. (2019). 영국의 로비법제화 과정 연구: 초점사건 이후의 제도변화. 『세계지역연구논총』, 37(1): 197-225.

76 Thomas. (2004). *op. cit.*; McGrath. (2005). *op. cit.*; Mahoney. (2008). *op. cit.*; Mahoney & Baumgartner. (2008). *op. cit.*

77 McGrath. (2002). *op. cit.*

78 Mahoney. (2008). *op. cit.*

79 Scharpf, F. W. (1999). *Governing in Europe: Effective and Democratic?.* Oxford: Oxford University Press.; Follesdal & Hix. (2006). Why there is a democratic deficit in the EU: A response to Majone and Moravcsik. *Journal of Common Market Studies*, 44(3): 533-562.

80 Schmitter & Lehmbruch. (1979).; Berger. (1981).; Wilson. (1990). *op. cit.*; Richardson. (1993).

81 Murtha, T. P. & S. A. Lenway. (1994). Country capabilities and the strategic state: How national political institutions affect multinational corporations' strategies. *Strategic Management Journal* (15 Special issue): 113-129.

82 Hillman & Keim. (1995). *op. cit.*

83 Vogel, D. J. (1996). The study of business and politics. *California Management Review,* 38(3): 146-165.

84 Murtha & Lenway. (1994). *op. cit.*

85 Hillman & Keim. (1995). *op. cit.*

86 Coen. D. (2007). Empirical and theoretical studies in EU lobbying. *Journal of European Public Policy,* 14(3): 333-345: Coen. D. A. Katsaitis & M. Vannoni. (2021). *Business lobbying in the European Union* CPI Group: UK.

87 Mahoney. C. (2007). Lobbying success in the United States and the European Union. *Journal of Public Policy,* 27(1): 35-56.

88 Mahoney. C. (2008). *op. cit.*

89 Mahoney. (2008). *Ibid.*

III.

기업정치활동 연구를 위한 이론적 분석틀

기업은 일차적으로 시장의 힘(market force)의 절대적인 영향력 아래 있다. 그러나 기업 활동은 정부의 정책과 결정으로부터 자유로울 수 없다. 정부 정책은 일반 유권자집단에 영향을 미치기도 하지만, 크기나 직접성이라는 측면에서 기업에 미치는 범위가 훨씬 크다고 할 수 있다. 정부의 정책이 기업 활동 및 기업의 시장성과에 아주 크게 영향을 미친다는 점은 많은 학자들에 의해 다양한 관점에서 강조되어 왔다.

기업은 시장에서만 전략적으로 행동하는 것이 아니다. 공공부문에서도 이익의 극대화를 도모하는 전략적 행위자로서 나선다. 기업 활동의 성과가 순수 경영 외적, 비시장적 요인에 의해 결정적으로 좌우되기도 하기 때문이다. 시장적 요인이 생산과 판매, R&D 등 기업 본연의 경영활동에 직접 관련된 요소들이라면, 비시장적 요인은 정부의 정책이나 공공 여론, 유력자의 권력 행사나 영향력 게임 등 정치적, 사회적 요소에 의해 결정되는 요인들이다. 시장행위자로서 기업은 다양한 비시장 행위자(non-market actor)를 상대로 영리 극대화를 위한 활동을 전개하기도 한다. 비시장 행위자의 범주에는 정부 기관이나 시민단체, 지역사회, 미디어, 국제기구, 일반 공중 등 다양한 유형이 포함될 수 있다. 이러한 비시장 행위자 가운데 기업의 수익성에 직접적으로 가장 큰 영향을 미치는 것은 정부기관이다.

정부 정책이 기업성과를 결정하는 가장 주요한 변인이 될 수 있다는 점은 정부-기업 관계를 연구해 온 많은 학자에 의해 오랫동안 주장되어 왔다.[1] 정치적 경쟁 시장에서의 승리 여부가 시장성과의 관건이 될수록 기업은 시장성과 향상을 위한 정치적 활동에 더욱 치중하게 된다. 공공정책 등 비시장적 요인이 기업의 시장성과에 크게 영향을 미친다는 점은 많은 학자에 의해 다양한 관점에서 강조되어져 왔다.

정부–기업 관계에 관한 연구나, 기업의 정치적 활동에 대한 연구는 경영학·정치학·경제학·사회학 분야에서 오랫동안 연구되어 왔다. 1960년대 이후 1980년대까지 연구 소재라는 측면에서 이들 각 학문 분야에서 전통적으로 다루어져 왔던 연구 대상들과는 차별화된 새로운 연구로 서서히 자리 잡아 왔다. 일부 연구자들에 의해 연구의 중요성을 지적되고 여기에 초점을 맞춘 연구 활동이 부분적으로 행해져 왔다. 정치학과 경영학 분야에서 기업정치활동에 대한 집중 연구의 필요성과 중요성을 역설되기 시작하였고, 이러한 논의는 기성 학계 내에서 얼마간의 설득력을 가질 수 있었다. 이들 초기 연구자들의 기업정치활동에 초점을 맞춘 새로운 연구가 크게 주목을 끈 것은 아니었다. 다만 각 분과영역에서 축적되어 온 연구 성과물과의 연계성 속에서 기존 설명 체계를 보완할 수 있는 학술적 가치를 갖는 것으로 인정되기 시작하였다. 기존 연구자들이 충분히 설명하지 못하고 있는 연구 공백을 채워줄 수 있는 것으로 인식되었고, 각 학문 분야에서의 고유한 방법론과 설명의 틀을 원용하여 기업정치활동을 다각적인 관점에서 설명하려는 시도들도 줄지어 이어졌다.

예컨대 경제학자들은 산업계의 변수, 예컨대 정치활동을 유인하는 선행 변수로서 업계 내의 경쟁기업의 숫자나 경쟁 구도에 초점을 맞춘 설명을 내어놓고 있다,[2] 정치학 분야에서는 제도적, 정치적 변수, 예컨대 정치인들이 기업의 정치적 활동에 대하여 어떠한 정책결정으로 반응하는가에 초점을 맞추어 오고 있다.[3] 경영학 분야에서도 전략경영·마케팅·재무관리 분야에서 집중적으로 연구되어 왔다.[4]

경영학에서의 대표적 연구 성과들은 크게 두 가지의 주요한 관점을 중심으로 이루어져 왔다. 첫째는 경영활동이나 기업성과에 미치는 기업의 정치활동의 영향력이 점차 커져 오고 있다는 설명이고,[5] 둘째는 기업이 정치활동에 왜 갈수록 뛰어들게 되는지 그 배경과 이유를 추적하는 설명이다.[6] 기업성과 향상을 위한 비시장 전략의 중요성을 강조하든지 혹은 그 효과성을 분석하는 연구들이다.

90년대 이전까지 기업정치활동 연구가 각 분과 영역에서 중심적 연구 주제영역으로 자리잡은 것으로 볼 수 없다. 각 학문 분야에서의 연구 활동이나 연구 성과가 유기적으로 서로 연결되어 있거나 결합된 성과가 이루어진 것으로 보기도 어렵다. 아주 드물게 다른 분과영역에서의 문제 제기를 인용하고, 그 연구 성과를 차용하기도 하였으나, 분과 영역에서의 개별적인 탐구 노력이 유기적으로 결합되어 갔다고 볼 수는 없다. 기업정치활동이 독립된 분과영역으로 자리잡았다고 평가할 수 있는 수준은 아니었다.[7] 사회적 행동단위로서 기업의 정치적 활동에 대한 연구 필요성을 주장하면서 여기에 초점을 맞추어 기업 활동을 체계적으로 연구하려는 활동은 90년대 이후 경영학자들에 의해 본격적으로 이루어지기 시작하였다. 90년대 기업정치활동을 연구해 온 각 학문 분야에서의 연구 성과와 이론적 설명들을 연구 성과를 일정한 이론적 프레임워크를 가지고 체계적으로 비교 분석한 연구들도 나타나기 시작하였다.[8]

기업 입장에서 보면, 정부와 공공정책은 관리의 필요성이 있는 불확실성의 원천이다. 아무리 시장경제가 잘 발달되어 있다고 하더라도 해마다 공공정책의 영역에서 수백 수천 건의 정책적 쟁점이 제기되고, 이와 관련된 결정이 이루어진다. 정부의 공공정책결정자들은 구매정책이나 규제정책을 통해 시장의 규모를 변경시킬 수 있는 능력을 가지고 있으며, 진입장벽의 설치나 폐지, 혹은 독과점 규제를 통하여 시장의 구조를 변화시킬 수 있다. 그런가 하면 소비자 보호나 산업재해, 환경에 대한 기준을 달리 설정함으로써 기업의 비용구조를 크게 바꿀 수도 있다. 위덴보움은 특히 1970년대 정부 규제의 폭증 시대를 배경으로 기업활동에 대한 정부의 영향력 증대현상을 놓고, "미국의 정부-기업 관계에 근본적 변화가 초래되기 시작했으며…기업의 의사결정권이 기업인의 손을 떠나 정부 규제자에게로 옮겨 가게 되었다"라고까지 주장하고 있다.[9]

일찍이 엡스타인은 시장에서의 경제적 경쟁은 급기야 정치적 경쟁으로 이어지게 마련이며, 정부는 어느 한 기업의 경쟁노력에 우호적 환경을 조성해 줄 수 있는 시장경쟁력의 창출도구로 기능할 수 있다고 내다보았다.[10] 이러한 관점은 보다 최근에 배런(D. Baron)이나 보겔(D. Vogel)에 의해 체계적으로 재정비되고 있다. 이들에 의하면 시장에서의 경합관계는 정치적 영역으로 파급되어, 많은 최고경영자들은 경쟁우위를 획득, 유지, 제고하거나, 혹은 경쟁 상대방의 경쟁우위를 삭감하기 위해서 공공정책 수단을 활용하려 든다는 것이다.[11] 기업으로서는 시장전략과 함께, 비시장 전략으로서 정치적 전략이 중요해졌다는 설명이다.

공공정책 영역에서의 정치적 승리 여부가 시장성패의 관건이기 되어갈수록, 기업으로서는 성과 향상을 위한 정치적 전략의 개발문제가 더 한층 긴요해지지 않을 수 없다.[12] 정부가 기업의 경쟁력을 좌우할수록 정치적 활동은 기업의 우선적 관심사가 되지 않을 수 없는 것이다. 그러나 기업의 정치적 활동의 비중이나, 활동양식 및 방법은 나라마다 정부–기업 관계의 성격에 따라 달라지기 마련이다. 정부와 기업이 오랫동안 상호불신의 대립적 관계를 유지해 온 나라에서와 상호조정의 협력적 관계를 잘 발전시켜 온 나라에서의 그것이 같을 수는 없다. 개별 기업 단위의 정치적 활동이 보편화된 나라가 있는가 하면, 공동의 이익을 추구하는 기업들이 모인 업계 단체나 연합체 중심으로 정치활동을 행하는 나라들도 있다. 기업의 정치적 활동에 관한 규범과 제도가 잘 발달한 나라도 있고, 비공식적인 사실상의 활동만이 관행적으로 행해지는 국가들도 있다. 대체적으로 전자의 유형이 미국에서 전형적으로 나타나고 있다면, 후자의 유형은 일본이나 한국 등 아시아 국가나 독일, 스웨덴 등 유럽 국가들에서 전형적으로 찾아볼 수 있다.

1. 기업정치활동의 동기 및 목표

1) 정부의 경제적 역할과 기업의 경쟁지위

골드스미스(Arthur A. Goldsmith)는 정부의 경제적 역할을 크게 9가지로 세분하고 있다.[13]순수한 자본주의 시장경제를 유지하고 있는 국가에서도 기업의 성과는 정부의 경제적 역할에 의해 크게 영향을 받지 않을 수 없다.[14]

첫째는 규칙제정자(rule maker)로서의 역할이다. 정부는 기업이라는 시장 선수들이 경기를 해나가는 과정에서 지켜야 할 시장규칙을 만들고, 집행해 나간다. 여기서 시장 규칙은 사유재산권과 그 거래를 규정하고 있는 헌법이나 민법, 상법이 그 대표적인 것이 될 것이다. 미국의 연방거래법(Federal Trade Commission Act)이나 한국의 공정거래법 등과 같이 기업 활동이나 기업 간 시장경쟁 관계를 규율하고 있는 법규도 여기에 속한다. 시장 규칙의 성격에 따라 소비자 권익보다는 기업의 이익이 더 잘 지켜질 수 있고, 중소기업의 이익이 대기업 이익보다 더 잘 보호될 수 있다. 특히 기업 간 경쟁관계를 규율하고 있는 법규는 기업의 시장성과에 직접적으로 영향을 미친다.

둘째, 심판관(umpire)으로서의 역할이다. 선수들이 시장 규칙에 따라 플레이를 하는 과정에서는 심판관의 역할 여하에 따라 경기의 승패가 달라질 수도 있다. 심판의 역할은 중립적 위치에서 경기 규칙에 위배되는 반칙이 있는지 등을 지켜보는 경기 집행관의 역할을 수행하는 것이다. 그렇지만 많은 경우에 선수들이 명백하게 고의적으로 반칙을 범하는 것이 아니기 때문에 서로의 주장이 다를 수 있고, 분쟁이 있기 마련이다. 기업 선수들 간에 분쟁이 있고, 이 경우 누구의 손을 들어 주느냐 하는 것은 시합의 결과까지를 좌우한다. 시장에서 심판관의 역할은 직접적으로 기업의 승패를 결정할 수 있는 것이다.

셋째, 규제자(regulator)로서의 역할이다. 기업들이 시장에서 생산과 판매 활동을 하는 과정에서는 정해져 있는 시장 규칙에 따라 움직인다 해도 많은 사회적 폐해가 발생할 수 있다. 기업의 목표는 영리 극대화이기 때문에 비용을 최소화하기 위한 경영전략을 채택하기 마련이고, 거래 관계에 있는 다른 기업들이나 지역주민들에게 발생시킨 악영향에 대해서는 모른 체할 수 있다. 그렇기 때문에 기업 활동 과정에서 기업이 발생시킨 사회적 폐해를 예방하거나 최소화시키기 위해서는 이를 사전에 또는 사후에 규제해 나가야 하는 규제자로서의 정부의 역할이 필요하다.

규제자로서의 또 하나의 중요한 역할은 시장이 시장경쟁 법칙에 내맡겨졌을 때 생길 수 있는 사회적 폐해를 예방하거나 사후에 교정하는 일이다. 경쟁 법칙에 따라 기업들이 플레이한다고 하더라도 경쟁이 거듭되고 반복되다 보면 승자의 수는 점점 줄어들게 된다. 시장경쟁 법칙의 아이러니는 경쟁 법칙은 시장에서 끝내 경쟁이 사라지도록 만들 수 있다는 것이다. 경쟁이 거듭되면 시장은 차츰 소수의 승자가 지배하게 된다. 어느 한 승자가 시장을 전적으로 좌지우지할 수 있는 지배력을 행사할 수도 있고, 시장에서 끝내 경쟁이 사라지고 말 수도 있다. 시장 경제의 장점과 미덕은 시장에서 기업 선수들 간 경쟁이 활발하게 이루어질 때 최대화될 수 있다. 정부의 주요한 경제적 역할 가운데 하나는 시장에서 기업들 간의 유효한 경쟁 관계가 지속적으로 유지되도록 경쟁관계를 규율해 나가는 규제자로서의 역할이다.

넷째, 구매자(buyer)로서의 역할이다. 시장 경제를 유지하고 있는 거의 모든 국가에서 정부 기관은 기업 활동의 산물을 사들이는 최대 구매 고객이다. 기업이 올리는 매출의 상당 부분은 정부와의 구매 계약을 통해서 달성되기도 한다. 고객으로서 정부는 기업 입장에서 보면 매우 매력적인 거래 상대가 아닐 수 없다. 정부와의 거래는 현금 결제가 원칙이며, 정부가 외상을 요구하지도 않는다. 정부는 거래 상대에게 어음을 끊어 주며 할인을 요구하는 법도 없다. 한국의 많은 대기업들은 정부를 상대로 올린 매출 실적을 기반으로 기업성장을 이룩한 역사를 가지고 있다. 예컨대 한국의 대표적인 건설사인 현대건설은 아파트 건설 붐이 일기 전이 80년대 초까지 매출 실적의 50~60% 정도를 정부가 발주한 토목 공사 등을 수주하여 이룩한 것으로 알려졌다. 한국도 그렇지만 대부분의 국가에서 국방 예산 가운데 가장 큰 비중을 차지하는 것은 주요 방산 기업들을 통해 국방 물자를 사들이는 데 쓰인다. 정부 기관이 움직이는 데 필요한 모든 물자를 사들이는 것, 그리고 정부가 발주하는 모든 사업은 민간 부문에서 이루어지는 어떤 거래보다도 훨씬 덩치가 큰 규모이다. 대부분의 기업에게 정부기관은 가장 선호하는 구매 고객이 아닐 수 없는 것이다.

다섯째, 촉진자(promoter)로서의 역할이다. 정부는 기업 활동이 활발하게 이루어지도록 정책적으로, 제도적으로 뒷받침해 주는 역할을 한다. 유권자들의 정부에 대한 평가는 먹고사는 문제를 얼마나 잘 해결해 주고 있느냐 하는 것이 가장 기본이 되는 평가 척도일 것이다. 시장 경제를 유지하고 있는 국가들에서 사람들이 먹고 사는 문제를 직접적으로 담당하는 것은 사기업들이다. 경기가 침체되지 않고, 시장 경제가 왕성하게 잘 돌아갈 때 기업성과도 좋아지는 것이고, 유권자들로부터 정부에 대한 평가도 좋아진다. 정부는 시장경제가 가라앉지 않고, 지속적인 성장을 해나가도록 기업 활동을 촉진하고 조장하는 역할을 해나가야 한다. 기업 활동이 왕성하게 이루어지도록 금융혜택이나 세제혜택을 주기도 하고, 경우에 따라서는 국가 경제발전을 주도해 나갈 것으로 기대되는 특정 산업부문을 타깃팅하여 정부예산으로 보조금을 지급하기도 한다. 촉진자로서의 역할을 수행하는 과정에서 정부는 특정 산업이나 특정 업계에 대해 정치적으로 승자를 골라내는(picking winner) 역할을 하게 된다.

여섯째, 생산자(producer)로서의 역할이다. 정부는 사회 전체적으로 꼭 필요한 재화이지만, 시장 법칙에 따라 원활하게 생산되어 충분한 공급이 잘 이루어지지 않는 공공재와 가치재(public goods, merit goods)를 직접 생산하여 공급하는 활동에 뛰어들기도 한다. 많은 사람들이 공짜로 이용하려 드는 도로나 공원, 항만과 같은 공공시설이나 주택과 의료, 학교 등과 같은 공공성이 매우 큰 시장재화가 여기에 포함된다. 소비과정에서 경합성 수준이 낮고, 대가를 지불하지 않고 공짜로 그것을 쓰려고 하는 무임승차자(free-rider)를 배제하는 것이 마땅치 않은 재화들에 대해서는 시장에만 맡겨두지 않고, 정부가 생산주체로 나설 필요가 있다. 정부가 어떤 품목을 직접 공급해 나가는 생산 주체로 나서느냐 하는 것에 따라 산업부문과 업계 내의 판도에도 크게 영향을 미칠 수 있다.

일곱째, 보증자(guarantor)로서의 역할이다. 국가경제 발전의 지속을 위해서는 시장에서 새로운 기술 발전이 이루어질 수 있어야 하고, 이를 기반으로 신상품 개발이나 신산업 출현이 지속적으로 이루어져야 한다. 최첨단의 과학기술 가운데에는 범용성과 확산성 측면에서 세상을 획기적으로 변화시키는 전혀 새로운 차원의 원천 신기술이 있다. 예컨대 20세기 후반 이후 개인용 컴퓨터(PC)나 인터넷, 무선휴대전화, 클라우딩 컴퓨팅, 3D 프린팅 등의 원천기술 개발이 산업과 시장을 어떻게 변화시켜 오고 있는지를 보면 안다. 이들 획기적인 신기술 개발의 보급과 확산으로 새로운 시장이 출현하고, 새로운 세상이 열리게 되었다. 신기술 개발과 새로운 시장의 개척은 민간 기업이 자율적으로 나서야 하는 일들이다. 그러나 이러한 활동은 성공이 보장되지 않는 불확실성 속에서 이루어지기 때문에 기업인들은 크게 투자를 꺼려할 수 있다. 기업하는 사람들이 싫어하는 것은 리스크 요인과 추가로 돈 들어가는 일이 생기는 것이다. 정부는 이러한 활동에 수반되는 리스크 요인을 공동으로 짊어지는 역할을 하거나, 리스크 요인이 현실화되었을 때 직면하게 되는 비용을 일부 부담하는 보증자 역할을 맡기도 한다. 상용화가 가능하기 이전까지의 기초과학 발전이나 원천기술 개발 과정에서는 정부는 R&D 재원으로 실패를 뒷받침하는 역할을 맡는다.

여덟째, 중개자(broker)로서의 역할이다. 시장의 미덕은 기업들이 활발히 경쟁하는 것으로부터 발현된다. 기업들 간 경쟁이 치열하게 이루어질 때 질 좋은 상품이 갈수록 저렴한 가격으로 시장에 공급될 수 있다. 하지만 경쟁해야 하는 기업들이 경우에 따라서는 협동할 때 기업들에게도 좋고, 사회 전체적으로도 바람직할 때가 있다. 경쟁 관계에 있는 민간 기업들이 서로를 불신하면서 공동으로 사업을 추진하는 것을 꺼려할 때 정부는 민간 부문 내에서의 협력이 가능하도록 중재자의 역할을 맡거나 사업 추진의 한 당사자로 나설 수도 있다. 경쟁 관계에 있는 기업들 간 협동 관계가 성립될 수 있도록 중간에서 조정자의 역할을 맡기도 한다. 정부 기관이 하나의 협력 파트너로서 참여하면서 민간 기업들과 공동으로 기술 개발 등의 사업을 추진해 갈 수도 있다. 원천기술 개발을 위한 기업 간 협동이 대표적인 사례가 될 수 있다. 국책 연구기관에서 보유하고 있는 신기술 제공을 내세워 민간 기업 연구소들이 공동으로 연구개발에 나서도록 하는 제휴 촉매자의 역할(catalyst role)을 맡는 것이다.

아홉째, 경제관리자(economic manager)로서의 역할이다. 자본주의 시장

경제 원리에 따라 충실하게 작동되는 사회라 하더라도 시장의 모든 것이 자유방임적으로 돌아가도록 내맡겨져 있을 수는 없다. 모든 국가들에서 정부는 시장경제를 관리해 나가는 경제관리자 역할을 맡고 있다. 시중에 화폐를 공급하는 중앙은행을 통해 금리를 조정해 나가는 금융통화 정책을 펴나감으로써 거시경제 상황을 조율해 나가는 거시경제 관리자 역할은 모든 국가가 공통적으로 맡고 있다. 사람들에게 일정 수준 이상으로 일자리를 유지할 수 있도록 고용 정책을 펴 나간다든지, 물가 상승이 급격하게 지나치게 높은 수준으로 형성되지 않도록 하는 정책을 펴 나가는 경제 관리자의 역할을 맡기도 한다.

2) 불확실성 관리를 위한 기업정치활동

위에서 살펴본 바와 같이 정부의 경제적 역할은 기업의 성과에 직·간접적으로 영향을 미칠 수 있으며, 기업들 간 경쟁 관계에도 크게 영향을 미칠 수 있다. 기업이 정치활동에 관심을 갖는 것은 시장성과와 경쟁 지위가 정부의 결정에 따라 달라질 수 있기 때문이다. 시장과 경제의 흐름에 직접적으로 영향을 미치는 정부 기관의 결정에 의해 기업은 새로운 사업 기회를 가지게 됨으로써 경쟁 지위에 변화가 초래될 수도 있다. 정부는 기회의 선별적 제공자로, 때로는 자원의 제공권자로 기능함으로써 기업의 경쟁 지위에 매우 큰 영향을 미칠 수 있다. 정부의 결정은 기업의 경쟁관계에 영향을 미치고, 이는 다시 기업성과를 결정짓기도 한다.

정부 정책의 기업성과에 대한 직접적 영향은 역설적이게도 기업이 직면하게 되는 불확실성의 가장 중요한 원천이 정부부문으로부터 비롯된다는 논리로 이어진다. 정부와 정부 정책은 기업이 직면하게 되는 불확실성 중

대의 주요 원천으로 설명된다.[15] 정부 정책결정과정에서 교차적으로 다루어지는 무수히 많은 쟁점과 사안들, 그리고 결정 과정에 작용하는 많은 상황적 변수들 때문에 정책결정과정 그 자체는 불확실성을 내포하기 때문이다. 정부 정책은 경기상황에 따라, 때로는 집권층의 정치적 신념에 따라, 경우에 따라서는 선거정치의 영향 등으로 일관성을 유지할 수 없게 되는 경우가 많다. 정부 정책이 기업경영의 성과에 미치는 영향은 사전에 쉽게 예측될 수 없고, 사후적으로만 추정 가능해질 수 있는 것들이다. 그리고 대부분의 경우 정부 정책은 기업활동 과정에서 거래비용을 증대시키는 결과를 낳는다. 기업의 정치활동은 기업들이 직면하게 되는 이러한 불확실성을 감축하기 위한 목표 하에서 이루어지기도 한다.

정부에서 논의되거나 결정이 이루어지는 정책 사안과 관련된 조치들은 기업 활동에 불확실성을 생성하는 것이며, 기업 활동 과정에 상당한 수준의 거래비용 증대의 원천이 되는 것이다.[16] 공공정책 영역에서 시장영역에 못지않게 기업의 정치적 성과가 중요해짐에 따라, 기업 전략의 일환으로 정치전략을 개발하는 것이 중요한 과제로 떠오르기도 한다.[17] 불확실성 관리를 위한 기업정치활동은 기업 본연의 경영전략에 부합하는 일이다. 특히 해외 경영에 치중하는 다국적 기업들은 경영 과정에서 일상적으로 불확실성에 노출될 수밖에 없기 때문에 기업정치활동의 주된 동기를 위험요인 감축에 두지 않을 수 없다.[18] 신생 경제개발 국가들이나 개발도상 국가들은 기업활동을 규율하는 제도적 장치가 제대로 갖추어지지 않은 규제 취약체제이기 때문에 매우 높은 수준의 정치적 위협에 직면하게 된다.[19] 시장 안팎의 위협요인을 관리해 나가는 일은 기업경영 본연의 활동인 것이다.

3) 경쟁도구로서 기업정치활동

정치적 사안을 다뤄가기 위한 기업의 정치적 활동은 다양한 활동목표와 동기를 갖는다. 기업은 기업경영 과정에서 초래될 수 있는 잠재적 혹은 실제적 위협으로부터 보호받을 수 있는 여지를 확보하기 위해서, 또한 다른 차원에서 정부와의 접촉 과정에서 예견되거나 기대되는 기회를 활용할 목표를 가지고 정치적 활동에 임한다. 전자의 경우가 환경적 불확실성이나 거래비용을 감축하기 위한 목표라면, 후자는 장기지속 가능성 증대를 목표로 한 것이다.[20] 정부정책결정과정에서의 기업의 정치적 영향력 행사는 그것이 대응 차원의 소극적 활동이든, 경쟁우위 확보를 위한 적극적 차원의 것이든 경쟁 환경을 좌우하는 중요한 도구인 것은 분명하다.[21]

기업정치활동의 주된 목적은 기업성과 향상을 위한 것이다. 기업정치활동은 기업성과를 좌우할 수 있는 권력의 세계에 대한 접근로 마련을 위한 목적에서 행해진다. 문제는 기업정치활동이 단순히 정부정책에 대한 대응 과정으로서 이루어지는 것인가, 아니면 그 이상의 적극적인 정치적 활동인가 하는 것이다. 기업은 정부정책이 불리하게 돌아갈 때 목소리를 낸다. 정부 기관들에 대해 목소리를 내기 위한 접근로를 확보해 두고 있는 기업은 유리한 경쟁 지위를 가진 것이 된다. 끊임없이 변화하는 기업환경 속에서 공공정책결정자들에 대한 접근로를 가진 기업일수록 경쟁우위를 훨씬 쉽게 향유할 수 있다.[22] 기업 경쟁력의 일차적 원천은 시장에서 창출되는 재무적 성과일 것이다. 하지만 정부 정책은 기업 경쟁력의 또 다른 차원의 주요 원천이 될 수 있다.[23] 기업들 사이에는 정부 정책을 둘러싼 경쟁 관계에 놓일 수도 있다. 경영학에서는 오랫동안 정부정책을 일종의 공공재로서 성격을 규정하고, 이러한 공공재 생산 및 공급자로서 정부와 그 수요자로서 기업 간의 거래가 이루어지는 정치적 시장(political markets) 개념을

설명해 오고 있다.[24]

불확실성 관리 차원의 대응이냐, 유리한 환경 조성을 위한 적극적 활동이냐 하는 것에 따라 기업정치활동의 성격과 유형이 달라진다. 정부와 정부 정책은 기업 조직의 행태나 효과성 증대에 조건을 부여하는 요인이나 제약요인으로 작용할 수 있다. 기업 조직이 정부를 성과 창출의 조건부여 원천이나 제약요인으로 인식할 때 정부와 기업 간에는 의존관계가 나타난다. 정부정책이라는 것이 기업 활동의 외생적 변수이고 기업은 기업정치활동을 통해서 여기에 반응하는 것으로만 보는 것은 사안을 아주 단순화시킨 것일 수 있다. 왜냐하면 정치제도의 환경이 독재체제가 아니라면 정부의 정책결정과정은 다양한 이익들이 경쟁적으로 집약되어 가는 과정이기 때문이다. 정부의 정책결정과정은 서로 이해관계를 달리하는 이익집단들이 정부의 정책형성에 영향을 미치기 위해 경쟁적으로 노력하는 과정이고, 민주적 정부일수록 많은 이익집단들이 이 과정에 참여할 수 있도록 공개적 절차를 두고 있다. 민주정부 하에서 기업은 정부의 정책결정과정이 자신들에게 유리해질 수 있도록 영향력을 행사할 수 있는 제도적 기회를 갖는다. 기업들이 시장성과 못지않게 공공정책 영역에서 기업의 정치적 성과 향상을 도모하는 정치전략에 보다 적극성을 띠는 이유이다.[25]

기업들 간 시장경쟁 과정에서는 정치적 경쟁이 뒤따르기 마련이며, 기업들은 경쟁 노력에 우호적인 환경을 만들기 위해 정부를 경쟁 도구로 보기 시작한다. 이러한 의미에서 샤퍼와 힐만(Shaffer & Hillman, 2000)은 기업 자산으로서 CPA 역량 구축의 필요성을 역설하고 있다. 이들은 재무적 자산과 구분되는 '정치적 자산'(political assets)을 개념화하고 있다. 정치적 자산이란 정부 정책에 영향을 미칠 수 있는 능력으로 규정되며, CPA 역량이 기업 경쟁력의 핵심적 원천으로 설명되기도 한다.[26] 기업의 정치적 활동 역량이 기업 경쟁력의 핵심적 원천이라는 연구도 있다.[27] 보겔(D. Vogel)

과 배런(D. Baren)은 시장에서의 경쟁 관계는 정치적 영역으로 파급되어, 많은 CEO로 하여금 자신의 경쟁우위를 획득, 유지, 제고하거나 혹은 경쟁상황에 놓인 상대의 경쟁우위를 삭감하기 위해서 공공정책 수단을 활용하려 든다는 설명을 내놓고 있다.[28]

포터는 1970년대 후반 이후 미국 기업의 대외 경쟁력 약화를 연방 정부의 경제정책 실패로 설명하며, 미국 기업의 경쟁력 제고를 위한 연방 정부의 역할을 강조하고 있다. 엡스타인(E. Epstein)에 의하면, 시장에서의 기업 경쟁은 쉽게 정치적 경쟁으로 이어지기 마련이며, 정부는 어느 한 기업의 경쟁 노력에 우호적 환경을 조성해 줄 수 있는 시장경쟁력의 창출 도구로서 기능할 수 있다고 말한다(Epstein, 1969: 142). 엡스타인의 이러한 설명은 이후 여러 산업 분야에 걸쳐 있는 경험적 사례 연구로 뒷받침되기도 했다. 여피와 버겐스틴(Yoffie & Bergenstein, 1985)은 1980년대 초, 장거리 통신 시장에서 탈규제 조치를 이끌어낸 MCI 사례를 들고 있다. 라이트(Light, 1988)는 코카콜라와의 치열한 국제경쟁 과정에서 베네수엘라, 프랑스, 인도, 이어 미국 시장에서 시장점유율을 규제하는 조치를 도입하도록 정부에 영향력을 행사한 펩시콜라(Pepsi Co, Inc) 사례를 들고 있다. 1990년대 미국 철강업계가 해외 철강 기업들의 미국 시장 접근성 차단을 목표로 미국 정부에 대대적인 정치적 영향력을 행사했던 사례도 마찬가지이다. 사양 산업이지만, 미국의 철강 산업은 보호무역조치를 이끌어내는 로비활동을 통해 다운사이징 과정에서 일시적인 구제조치를 얻어내기도 했다. 또한 미국 시장에 수출 증대를 위해서 해외 철강업계는 반드시 행정부와 의회의 통제 장치를 거쳐 승인을 받도록 하는 정치적 영향력 행사하는데 성공할 수 있었다. 결국, 이는 미국 철강업계가 정치적 영향력 행사를 토대로 시장에서 안정적 가격형성과 기업이윤 확보를 지속해 나갈 수 있었다는 설명이다. 정치적 영향력 행사를 통한 기업 경쟁력 강화 사례 연구는 미국에서 담배업계를 대상으로 이루어지기도 했다. 미국 담배업계는 미국 시장에서의 위협과 위기 상황을 로비 등으로 돌파해 나갔던 것처럼, 유럽과 아시아 시장에서의 위협 요인들을 정치전략의 구사를 통해서 헤쳐나갈 수 있었다는 것이다.

기업경영에서 정부는 오랫동안 기업 활동에 제약을 가하는 비용변수로 다루어져 왔지만 최근에는 기업의 성과 향상을 위한 전략적 자산으로 인식하는 연구들이 더 많다. 이들 연구들은 정치적으로 피동적이거나 무능한 기업보다는 정치적으로 적극적인 기업들이 그렇지 않은 기업들에 비해 확고한 경쟁우위를 지켜나가고 있다는 연구 결과를 내어 놓고 있다. 기업의 정치적 역량이 기업성과 향상을 위해 가치 창출의 역동적인 전략적 도구가 될 수 있다는 것이다.[29] 이들 연구들의 함의는 기업이 정치전략을 구사할 수 있는 의지와 능력을 지닐 필요가 있음을 강조하는 것이다. 외부적 요인들이 기업으로 하여금 정치적 행동을 하도록 부추길 수 있지만, 기업 스스로, 경영층이 나서서 정치전략을 구사하겠다는 결정적인 선택을 할 수 있어야 한다는 주장으로까지 이어지고 있다. 1980년대 이미 여피(Yoffi, 1988)는 정부가 미래에 있을 기업들의 경쟁 지위에 중요한 요소인 한, 기업정치활동은 기업의 우선적 관심 사항이어야 한다는 점을 역설한 바 있다. 기업의 시장성과 못지않게, 정치적 성과가 중요해짐에 따라, 전반적인 기업 전략의 일환으로 정치전략을 개발하는 것이 중요해지고 있다는 점을 강조하는 경영학자들이 늘어 왔음을 알 수 있다.

지난 30여 년 동안 급속하게 진행되어 온 디지털 기술혁명과 기업경영의 글로벌화를 배경으로 특히 다국적 기업들로서는 진출해 있는 국가들의 정부 정책을 잘 알고 대비해 나가는 것이 세계시장에서 경쟁우위의 원천이 된다는 설명을 내어놓고 있다.[30] 슐러 등은 글로벌마켓을 위한 CPA의 중요성을 역설하고 있다. 프리너스 등은 개발도상 국가들에서의 선행자 이득(first-mover advantage) 획득을 위한 CPA 활동의 중요성을 강조한다.[31] 이들은 "글로벌화와 디지털 기술혁명의 재촉으로 기업은 경쟁우위의 원천을 줄기차게 찾아 나서지 않을 수 없는데, 경쟁우위의 원천 가운데 하나가 정부 정책이다. 이 점은 오랫동안 인정되어 오면서도 좀처럼 크게 강조되지 못해 왔다"라고 설명하고 있다. 경험적 자료를 가지고 국제경영 전략 차원에서의 CPA의 중요성을 분석하는 연구들이 이어지고 있다.[32]

2. 기업정치활동의 유형들

기업 CPA의 목표는 궁극적으로 기업이윤을 창출하고 유지하는 것이다. 기업의 시장 선택은 비용-편익 대비의 가장 효율적인 대안을 연쇄적으로 이어 가는 것이다. 정치적 시장에서 기업의 선택 역시 비용대비 성과 창출에 가장 효율적으로 기여할 수 있는 대안들을 선택해 나가는 것이 될 것이다. 기업이 어떠한 유형의 정치적 활동을 선택할 것인가 하는 문제에 관하여 일차적으로 고려하는 것은 어떤 유형의 정치적 활동을 어느 수준으로 행할 것인가 하는 문제이다.[33]

기업 정치활동이 정치적 편익 창출을 위한 활동이라 한다면, 우선 고려하는 문제는 경쟁기업들과의 관계일 것이다.[34] 경쟁관계에 있는 다른 기업들과 떨어져 독자적으로 수행할 것인지, 아니면 협력 관계를 형성하여 집단적 노력으로 수행할 것인지 하는 문제를 우선 고려한다. 다음으로 고려하는 문제는 아주 적극적인 방식으로 전개해 나갈 것인지, 최소한으로만 대응하는 방식으로 해 나갈 것인지 하는 것이다. 기업은 정부의 공공정책이나 결정이 경영성과에 우호적일 수 있도록 선제적으로 대처해 나가는 방식을 취할 수 있다. 그런가하면 정부의 결정이 먼저 있고, 조치가 취해지고 난 후 여기에 대응해 나가는 방식을 취할 수도 있다.

기업은 정치적 활동에 뛰어들기로 결정한 다음에는 구체적으로 어떠한 유형의 행동방안을 수립해서, 정부 기관 내의 누구를 타깃으로 이를 실행에 옮겨 나갈 것인지를 결정해야 한다. 타깃 선정과 함께 거의 동시적으로 이루어지는 선택은 어떤 유형의 활동을 펴나갈 것인가 하는 문제이다. 기업정치활동은 단기적 안목에서 개별적 사안에 대응해 나가는 일회적 접근법을 취할 수도 있고, 장기적 안목에서 정책결정권자와의 관계를 지속적으로 유지·관리해 나가는 관계 지속형의 접근법을 취할 수도 있다. 기업의 입장과 형편을 알리는 정보제공에 초점을 맞추는 활동 방식을 선택할 수도 있고, 정책결정 및 집행과정에 기업의 입장을 관철시키기 위한 구체적인 영향력 행사 활동을 선택할 수도 있다. 정부공직자들에게 정치자금을 제공하거나 선거활동을 지원하는 등의 매우 특정화된 행동을 선택할 수도 있다.

1) 유형 선택 1: 독자적 활동 vs. 집단행동

시장에서의 기업의 경쟁은 일차적으로 동종 업계에 진출해 있는 기업들일 것이다. 그렇기에 기업이 정치적 활동의 유형을 선택하고자 할 때 일차적으로 염두에 두는 것은 정치적 편익을 창출하기 위한 활동을 개별 기업 단위로 독자적으로 해나갈 것인가, 아니면 같은 목표를 공유하고 있는 업계 내 다른 기업들과 연합하여 집단적 차원에서 대응해 나갈 것인가 하는 문제일 것이다.[35] 개별적 행동이냐 집단행동이냐 하는 선택은 '집단행동의 딜레마'의 극복 가능성 문제와 연계되어 있다. 집단행동의 딜레마는 업계 내 기업들 간 신뢰 문제에 관한 것이지만, 정치제도 문제와도 연결되어 있다.[36] 미국의 경우, 업계 내의 기업들이 치열하게 경쟁하면서 정치활동도 개별 기업 단위로 행하는 것이 일반화되어 있다. 유럽의 많은 국가들이나 한국, 그리고 일본 등에서는 동종업계를 대표하는 업종별 정상조직이 있다. 더하여 경제계를 대표하는 우산조직(umbrella organization)과 동일한 위상의 경제단체가 있어서, 이들 정상조직(peak organization)의 대관 활동 수행의 성과를 공유한다.

기업 행태적 측면에서 자원이 풍부한 대규모 기업은 독자적 활동을 선택하고, 가용 자원이 부족한 소규모 기업들은 집단행동의 의존도가 큰 것으로 설명된다.[37] 느슨한 재원 관리가 어느 정도까지 용인될 수 있는 여유자원(slack resources)을 가지고 있거나, 업계 지배적 지위를 가진 대기업들은 단독 정치활동을 선택할 가능성이 크다. 정치활동에 드는 모든 비용의 전적인 부담을 감수하면서까지 개별적인 독립적인 행동을 통해서 정부 정책이 회사에 가장 우호적인 방향으로 내려지도록 영향력 행사하려 들 것이기 때문이다. 특히 해당 정책 사안에 대한 전문지식을 많이 보유하고 있거나 과거 정책 참여 경험을 가진 전문 인력을 보유하고 있는 대기업은 독자적인 정치활동을 선택할 가능성이 매우 큰 것으로 설명된다.[38] 반면에 독자적 행동을 전개해 나갈 수 있을 만큼의 여유 자원을 갖지 못한 작은 기업들은 각기 최소한만을 부담하는 제한된 자원의 풀을 만들어 공동으로 대응하는 집단행동을 선호할 것이다. 업계 내 집단행동의 경우 업종별 혹은 품목별 별 경제단체(trade association)를 통해 기업정치활동을 해 나간다. 정부 정책결정자들에게는 보유 자원의 크기 못지않게 참여 회사의 수가 중요한 판단 요소이기 때문에 집단행동을 통한 정치활동이 위력적일 수 있다.

개별 기업 단위의 독자적인 정치적 활동 위주인지, 아니면 업계 차원의 집단행동 위주인지의 여부를 결정하는 또 하나의 중요 변인은 정치제도의 성격이다. 정치제도 변수는 기업의 정책결정자들에 대한 접근 가능성이 얼마나 제도화되어 있느냐 하는 문제와 관련되어 있다. 정부 공직자에 대한 기업의 접근 가능성 문제는 양자 간 협력 가능한 관계인지의 여부를 좌우하기도 한다.[39] 조합주의 정치제도의 오랜 전통을 가지고 있는 국가들—오스트리아, 독일, 스웨덴 등—에서 나타나는 정부-기업 관계의 공통된 특징은 다음과 같다.

첫째, 의회를 중심으로 작동하는 입법 권력의 집권화 수준이 높고, 정책결정 과정에서 공공부문 행위자들—의원, 관료집단, 이익집단 등—간의 협력 관계와 합의가 강조된다. 이익집단 간 이해관계 상충이나 집단 간 경쟁 관계가 뚜렷하게 나타나지 않는다.

둘째, 이익집단의 정책 결정 참여가 제도화되어 있고, 정책 결정 과정의 참여는 집단행동을 통해 이루어진다. 업계 내 기업들을 대표하는 경제단체가 이러한 집단행동을 조직화한다.

셋째, 경제단체에 소속된 기업들은 단체의 정치적 활동의 결과물을 공유하며, 단체의 결정을 존중한다.

반면, 다원주의 제도 아래에서의 정책결정 과정은 다양한 이해관계를 가진 기업이나 단체들이 경쟁적으로 자신들의 이익을 주장하며, 개별적으로 사안을 다루어 나가는 방식이 관례화되어 있다.[40] 이해관계를 달리하는 다양한 이익들이 서로 경쟁하면서 경쟁 관계에 있는 상대와 타협하려 하지 않는다. 정책결정자들은 다양한 이익을 만족시킬 수 있는 정책대안을 모색하려 하지만, 이익 집단들 간의 합의의 산물을 정책대안으로 채택하는 것은 아니다.[41]

2) 유형 선택 2: 선제적(proactive) vs. 대응적(reactive) 활동

기업의 정치적 활동유형에 관한 선행 연구들에서 가장 흔하게 찾아볼 수 있는 설명은 능동형이냐 피동형이냐 하는 것이다. 기업정치활동은 정부의 조치가 취해지고 난 이후의 단계에서 여기에 반응하는 방식으로 이루어질 수도 있고, 결정 과정에 선제적으로 영향을 미치려 드는 방식으로 이루어질 수도 있다. 기업정치활동은 정부의 정책형성 과정부터 관여하는 적극적 참여 형태를 띨 수도 있고, 이미 결정된 정부 정책에 순응하면서 문제를 제기하거나 개선책을 요구하는 등의 피동적인 방식으로 행해질 수도 있다.[42] 위덴보움은 공공정책에 대한 기업의 대응법을 세 가지로 분류하고 있다.[43]

첫째, 피동적 반응(passive reaction)이다. 공공정책형성 및 집행과정에 참여 없이, 내려진 결정과 조치에 대한 사후적 대응법을 모색한다.

둘째, 예견적 대처(positive anticipation)이다. 공공정책과정에 대한 참여는 없지만, 정부정책을 미리 예견하여 기업경영 결정의 한 요소로 기획 과정에 내부화해 나가는 접근법이다. 정부의 새로운 결정이나 조치를 예견해서 여기에 상응하는 적응 방안을 기업 내부의 의사결정 과정에 반영해 나가는 것을 의미한다.

셋째, 정책형성 참여(public policy shaping)이다. 앞의 두 접근법이 사후적으로 조치를 취해 나가는 과정이라면 정책형성 참여는 정부조직 내에서 새로운 법규가 만들어지거나 정책변경이 추진되는 과정에 직접 참여하여 영향력을 행사하는 과정을 말한다. 특정의 정치적 목표 성취를 위해 기업들이 선제적 행동(proactive behavior)을 취해 나가는 접근법을 의미한다. 정책형성 과정에 대한 직접적 참여 없이 정부의 결정과 조치에 사후적으로만 반응해 나가는 대응적 활동을 보덴윈과 브루어는 비교섭적(non-bargaining) 접근법의 정치활동으로 명명하고 있다. 위덴보움은 직접적 참여 없이 정부 정책을 미리 예견하여 기업의 경영 기획 과정에 중요 요소로 반영시켜 나가는 능동적 대처(positive anticipation)까지를 대응적 활동유형에 포함시키고 있다.

첫째와 둘째 접근법은 공공정책 과정에 대한 직접 참여 없이 결정된 정부 조치에 사후적으로 대응해 나가는 방식이다. 정부의 규제, 새로운 조치, 결정 등에 의해서 기업이 직면하게 되는 새로운 문제를 예견해서 이를 해결하기 위한 대응책을 미리 모색해 나가는 것은 오늘날의 경쟁 환경을 감안할 때 기업경영의 필수적인 일이 아닐 수 없다. 경쟁기업의 동향을 읽고 이를 모방하려 든다든가 문제 발생 이후 사후적으로만 대응책을 모색하려는 것은 대정부 관련 업무를 다뤄가는 최소한만의 '빈곤한 접근법'인 것이다.[44] 공공정책은 기업 입장에서 더 이상 관중으로만 지켜보는 스포츠(spectator sport for business)가 아니다.[45] 위덴보움에 의하면 입법 조치 이후 사후적으로만 대응하는 것으로 더 이상 충분치 않다.

선제적 정치활동은 특정의 정치적 목표 달성을 성취해 내기 위해 도모해 나가는 정치적 활동유형이다. 위덴보움이 제시한 바 있는 '정책형성 참여'(public policy shaping)는 정부 기관의 정책 산출물이 기업이 뚜렷이 목표로 삼고 있는 방향으로 유리하게 결정될 수 있도록 지속적으로 참여하면서 영향력을 행사하는 활동을 뜻한다. 힐만과 힛이 제시하고 있는 '기업정치전략'(corporate political strategy) 개념은 공공정책형성과정에서의 적극적 참여를 의미한다는 점에서 위덴보움이 제시한 '정책형성 참여'와 같은 범주이다.[46]

유사한 관점에서 기업정치활동을 완충형(buffering) 정치활동과 가교형(bridging) 정치활동으로 구분하는 설명도 있다. 메즈나와 나이(Meznar & Nigh, 1995)는 환경적 변수에 대한 대응방식이 어떠하냐를 기준으로 이와 같이 분류한다. 완충형 활동은 외부 환경적 요소에 적극적으로 영향을 미치거나 환경적 요소로부터 스스로를 격리시키기 위한 활동유형이다. 가교형 활동은 외부로부터 가해지는 압력이나 기대에 맞추어 가며 외부 환경 변화에 기업조직을 적응시켜 나가는 활동유형이다. 메즈나와 나이가 말하고 있는 완충형 정치활동은 기업 활동에 대한 정부의 영향을 축소시키기 위한 목표를 갖는다. 반면 가교형 활동은 정부와의 우호적인 관계를 유지해 나가기 위해 정부로부터의 요구를 받아들여 기업경영 과정을 여기에 적극적으로 적응시켜 나가는 활동이다.

기업정치활동의 동기 및 유형 분류법은 갈수록 보다 세분화되는 방식으로 정교하게 다듬어져 나가게 되었다. 위덴보움이 제시하고 있는 위의 세 유형의 분류법은 다른 경영학자들에 의해 유사하지만 좀 더 개념적으로 정교화되는 방식으로 다듬어지기도 하였다. 예컨대, 베이싱어(Baysinger, 1984)는 기업의 정치적 활동을 기업이 추구하는 3가지 근본적인 동기와 목표 유형으로 분류하고 있다.

첫째, 영역 비교우위(domain advantage) 창출 동기이다. 기업은 경쟁 관계에 있는 다른 기업들과의 차별적 이익을 향유하고자 하는 명백한 사익증진 동기를 가지고 움직인다.

둘째, 영역수호(domain defence) 동기이다. 기업은 경영전략 목표와 상치될 수 있는 공공정책의 작용 범위를 최소한으로 묶어 두려는 동기를 갖는다.

셋째, 영역 유지(domain maintenance) 동기이다. 기업은 전략목표 달성 수단에 위협이 될 수 있는 개별 구체적인 정책 사안에 변화를 초래할 목적으로 영향력을 행사하려 한다.

베인스와 비니(Baines & Viney, 2010)는 정부 기관이나 규제기관을 상대로 이루어지는 기업정치활동의 동기 및 여기에 상응하는 유형을 크게 다섯 단계로 분류하고 있다. 베인스와 비니는 '정치적 시장전략'(political-market strategy: PMS)이라는 개념을 사용하고 있다. '정치적 시장전략'은 기업의 로비활동을 포함한 기업정치활동(corporate political activity)보다 더 포괄적인 개념으로 일체의 공공사안관리 업무(public affairs management)를 주요 내용으로 한다. 정부의 규제정책 사안을 다루는 활동이 여기에 포함되어 있는 가장 중요한 요소 가운데 하나가 된다.

베인스와 비니의 설명은 정책결정권의 수준과 정책결정 단계에 따른 기업정치활동의 동기와 목표를 5단계로 나누어 거시적 안목에서 설명하고 있다. 5단계 동기와 목표에 관한 설명은 정부 정책의 형성 단계에 상응하여 기업이 어떠한 방식으로 단계별로 대응해 나가느냐 하는 설명이다. 정책형성 및 집행 단계에 따라 기업정치활동 내용의 포괄성-구체성 수준이 달라지며, 접촉 대상이나 참여 방식도 달라지는 것으로 설명된다.

제5단계: 기업경영 활동에 우호적인 법규나 규제조치 신설에 영향을 미치기 위해 노력하는 과정이다. 이 단계에서는 기업의 관련 부서 책임자나 혹은 최고경영자가 정부 기관이나 규제기관의 조력자로서 참여하여 관련 법규나 규제가 만들어지는 과정에서 일익을 담당한다. 이러한 단계에서 이루어지는 기업의 정치활동은 의회 의원을 포함한 고위 정책결정자들과의 교호작용과정 속에서 진행되는 대정부 활동 위주로 이루어진다.

제4단계: 제안된 법규나 규제조치로 겪게 되는 직접적인 영향이나 여파가 기업 조직에 유리하게 작용하도록 구성 요소들의 수정과 변화를 도모하기 위해 노력하는 과정이다. 기업 관련 부서의 책임자나 최고경영자들이 구체적인 정책 내용을 다듬어 가는 회의체에 참여하여 업계 동향이나 시장 상황에 대한 매우 세세한 정보를 제공함으로써 불리함을 최소화하든지, 유리함을 최대화하는 방식으로 영향력을 행사하고자 하는 동기를 갖는다. 4단계에서의 기업정치활동은 집행을 전제로 정책의 세부적 구성 요소들이 결정되는 과정에 직접 참여하여 정책결정권자들과 소통을 해나가는 방식으로 이루어진다.

제3단계: 법규나 규제조치의 집행과정 혹은 집행을 앞두고 진행되는 법규 해석 과정에서 기업에 유리한 방향으로 변화를 이끌어내기 위해 관여하는 단계로서, 많은 경우 이의를 제기하면서 재심의나 수정을 요구하는 과정이다. 이 과정은 기업이 법규형성이나 정책결정과정에 직접 관여하는 것은 아니며, 정책의 집행 단계에서 기업에게 유리한 결과가 나타나도록 직접적인 영향력을 행사하는 것이다.

제2단계: 새로운 법규나 규제조치의 산물로서 이루어지는 변화가 기업 조직에 어떻게 영향을 미치는지를 이해하고, 회사 내에서 필요한 구체적인 반응 조치들을 취해 나가는 과정이다. 이 과정에서는 기업의 관련 부서 실무책임자들이 정책결정자들이나 규제권자들과 접촉하여 신설 혹은 수정되는 법규에 효과적으로 대응해 나가기 위한 기술적 정보를 획득하기 위해 노력한다. 2단계에서 나타나는 기업의 정치활동은 기업이 '형성과정에 관여하지 않은 외부적 변화조치'에 효과적으로 대응해 나가기 위한 노력 과정이다. 정부 기관을 상대로 하는 영향력 행사과정이라기보다, 기업 내부의 경영전략 과정의 일환으로 다루어진다. 기업을 에워싸고 있는 정치적 환경 변화를 감지해 나가면서 기업 내부에 작동할 대응책을 모색하는 것이다.

제1단계: 새로운 법규나 규제조치의 이행으로 나타나는 변화들에 대하여 이해관계자들이나 일반 공중들이 기업에 대하여 우호적인 인식을 갖도록 관리해 나가는 과정이다. 주된 기업정치활동은 정부 기관을 상대로 이루어지는 것이지만, 경우에 따라서는 정부 기관 외, 다양한 이해관계자 집단을 겨냥하여 이루어지기도 한다. 1단계 기업 정치전략은 기업이 정부 정책을 잘 이행하여 사회 전체적으로 바람직한 사회적 성과를 내고 있는

'착한 기업'이라는 기업 이미지와 이와 결부된 기업 명성을 관리해 나가는 과정이다.

3) 유형 선택 3: 거래적 vs. 관계적 접근법

기업정치활동은 단기적 안목에서 일회적 접근법을 취할 수도 있고, 장기적 안목에서 관계 지속형의 접근법을 취할 수도 있다. 초기 기업의 정치적 활동을 다룬 문헌은 기업들이 현저한 이슈에 대해 사후적으로 대응해 나간다는 관점에서 일회적 접근법의 기업정치활동 유형에 주목하였다.[47] 이슈 관리 차원의 모니터링 업무 수행 중 기업이 직접 나설 필요가 있는 사안이 발생하는 경우, 일회적으로 여기에 대응하는 활동을 수행해 간다는 것이었다. 정부 정책이나 공공의 여론을 지켜보다가 '이슈 현저성'(issue salience)이 두드러진 특정 사안에 대해서만 대응한다는 것인데, 단기적 안목에서 일회적인 거래 관계로 대정부 사안을 관리해 나간다는 접근법을 말하는 것이었다.

이와 대조되는 접근법이 장기적 안목에서의 관계 지속형 접근법이다. 기업은 사안별로 서로 독립된 대응법으로 대정부 활동을 수행해가는 것이 아니라, 긴 시간적 안목 속에서 돈독한 관계 형성에 보다 신경쓰는 접근법을 취하는 것이 효과적이라고 판단할 수도 있다. 특정 사안과 연계되어 문제가 있을 때 나서다가, 사안이 없으면 거리를 두는 접근법은 비용 효율성을 가질 수는 있으나, 장기적 안목에서 보면 그렇게 효과적인 성과를 낼 수는 없다.

거래적 접근법–관계적 접근법의 유형 선택에 영향을 미치는 선행 요인은 다양할 수 있다. 우선 기업이 정부규제에 얼마나 의존되어 있는지가 주요한 변수일 수 있다. 기업이 정부 의존도가 높고, 정부규제에 의해 크게 영향을 받는 규제환경에 놓여 있다면 장기적 접근법을 선택할 수밖에 없다는 설명이 설득력을 갖는다.

또한 사업 다각화의 수준도 여기에 영향을 미치는 것으로 알려져 있다. 단일 업종 혹은 연관성이 큰 제한된 범위 내의 여러 업종에 종사하는 기업은 한정된 범위 내의 주요한 정책결정자들과 전문적인 정보를 교환하고, 긴밀하게 의사소통해 나가면서 돈독한 관계를 구축하는 것이 유리할 것이다. 반면, 연계성이 작은 다품종 생산의 사업 다각화를 이루고 있는 기업은 정치활동의 거래적 접근법을 선택할 가능성이 큰 것으로 설명된다.

더불어 거래적 접근법이냐, 관계적 접근법이냐를 좌우하는 주요한 선행변수는 정치제도의 유형과도 맞물려 있다. 여기에 가장 큰 영향을 미치고 있는 제도의 변수는 조합주의의 제도적 특성이 강한가? 아니면 다원주의의 제도적 특성이 강하냐 하는 것이다. 조합주의의 제도적 특성이 강한 국가에서의 정치활동은 관계적 접근법을 활용할 가능성이 크고, 반면 다원주의적 경향이 강한 국가에서는 정치활동의 거래적 접근법을 선택할 가능성이 큰 것으로 설명된다.

4) 유형 선택 4: 정보제공, 경제적 유인제공, 정치적 후원

기업이 정치적 활동을 수행하기 위해서는 구체적으로 어떠한 유형의 행동방안을 수립해서, 정부 기관 내의 누구를 타깃으로 이를 실행에 옮겨 나갈 것인지를 결정해야 한다. 기업이 어떤 유형의 정치적 활동에 뛰어들 것인가 하는 문제는 정책결정자들이 무엇을 필요로 하는가에 따라 달라질 수 있다. 공공정책결정 과정은 공공재로서 정부정책의 공급자와 수요자 간의 정치적 거래 시장(political market)이다.[48] 기업정치활동은 정부 정책의 수요자라고 할 수 있는 기업이나 업계 단체가 이니셔티브를 갖는다.

기업이나 단체는 정부 정책이나 공공여론을 지켜보다가 관심 있는 특정 사안이 다루어지면 내외의 전문 인력을 활용하여 이를 심층적으로 분석한다. 회사에 미치는 영향과 대책 등을 정리하여 유사한 상황일 때 활용 가능한 자료나 문건으로 작성 보관해 둘 수 있다. 기업은 정책결정권을 행사하는 의원이나 관료들을 대상으로 결정 과정에 유용하게 활용할 수 있는 전문적인 지식이나 정보를 제공할 수 있다. 정부 기관의 요청을 받아들여 해당 정책 사안에 대하여 기업 측의 의견이나 입장을 제시할 수 있고, 기업 관계자가 규제기관이나 의회의 공청회에 참석하여 회사의 입장을 표명하는 발언을 하거나 이미 만들어 가지고 온 정책 자료나 문건을 제공할 수도 있다. 업계 단체라면 기자간담회나 회견을 통해 정부 정책을 지지하거나 반대하는 성명을 발표할 수도 있다.

기업이나 단체는 합법적으로 후원금을 모금할 수 있는 의원들에게 선거 후원금이나 정치자금을 제공하는 활동을 할 수도 있으며, 의원들이 원하는 정치적, 정책적 지지를 표명하는 활동을 할 수도 있다. 선거 시에는 회사 내외로부터 정치적 지지를 조직화하는 활동에 나설 수도 있다. 기업이 어떤 유형의 정치적 활동에 뛰어들 것인가는 정책결정자들이 무엇을 필요로 하는가에 따라 달라질 수 있다. 힐만과 힛은 정치적 거래 시장에서의 세 유형의 교환품목을 정보, 돈, 정치적 지지(vote)로 단순하게 유형화하고, 각각의 품목이 거래되는 영역에서 기업정치활동을 구체적으로 실행에 옮겨 나가는 개별적인 전술들이 어떤 것들이 있을 수 있는지를 분석하고 있다.[49] 힐만과 힛의 정치전략 및 전술의 유형 분류는 미국 사례에 관한 연구를 통해 제시되는 설명 모델이지만 유사한 정치제도를 가지고 있는 국가들에도 적용될 수 있다. 국가별로 각 항목에서의 합법화 수준이나 제도화 수준에 차이가 있을 수는 있다.

첫째, 정보전략이다. 정책 사안에 대한 전문적 지식, 정책 선호, 기업의 입장 등을 기업 내부 인사나 외부 전문가들을 동원하여 정책결정자들에게 제공하는 로비활동이다. 해당 정책 사안에 관한 조사연구 결과의 발표, 공청회나 청문회 등에서의 전문가 증언, 입장표명문(position papers) 발표, 기술적 보고서 발표 등이 이 범주에서 활용되는 정보 전술 기법들이다.

둘째, 경제적 유인 전략(financial incentive strategy)이다. 의원 등 정책결정권자들이나 소속 정당에 대해 정치후원금을 제공하거나 의원 개개인들에 대한 후원회(PAC) 운영이 대표적인 유형이다. 관료나 의원들을 초청하여 사례비(honorarium)를 주거나 여행을 주선하고 여비 등을 제공하는 것, 퇴직 후 고용기회 제공, 친인척들에 대한 고용 등의 경제적 편의 제공 등이 이 범주에 포함된다.

셋째, 유권자집단 규합전략(constituency building strategy)이다. 정책결정자들이 추진하는 정책들에 대한 유권자집단의 지지를 조직화하고, 유권자나 일반 공중들로부터의 우호적인 지지세 확충을 도모하는 전략이다, 유권자집단 규합 전략의 주된 동원 대상은 회사 안팎의 이해관계자 집단이다. 필요에 따라서는 직접적인 이해관계자가 아닌 일반 공중이 규합 대상이 되기도 한다. 동원된 유권자집단의 정치적 사회적 선호에 영향을 미쳐 정부 정책결정자들에게 다가가도록 하고, 회사가 원하는 정책을 지지하는 의사를 표명하도록 유도하는 전략이다.[50] 공공정책결정자들로서는 '주인'인 유권자집단의 '대리인' 위치이기 때문에 정책 사안에 대한 유권자집단의 선호를 정확히 읽어낼 수 있어야 한다. 추진하고 있는 특정 정책 사안에 대하여 정치적 지지를 획득하기 위한 전제 조건으로서, 그리고 지지세 확충을 위한 새로운 정책대안을 개발을 위해서도 유권자집단의 선호를 지속적으로 확인할 필요가 있다.

유권자집단의 정치적, 정책적 선호를 정확히 파악해 내기 위해서는 선거구에 사업 기반을 두고 있는 기업의 도움이 절실할 때가 많다. 기업은 내부 이해관계자로서 회사의 사원들이나 임직원, 퇴직자들, 고객집단, 공급자, 기타 이해관계자들을 조직화하는 그래스루츠 로비활동(grassroots lobbying activity)을 전개해 가기에 유리한 조건을 갖추고 있다. 특정 정책에 관한 입장을 공개적으로 표명하는 주창광고(Advocacy Advertising)나 PR 홍보, 명성 관리, 정책 사안에 대한 기자회견, 정치 경제교육프로그램 운용 등도 이러한 유권자집단 규합 전략 차원에서 이루어지기도 한다.

3. 기업정치활동 유형 결정요인

기업이나 업계 단체가 수행하는 정치활동의 동기나 목표, 유형, 착수 시점 등을 결정하는 과정에서 가장 크게 영향을 미치는 요인들은 무엇인가? 재계 일반 혹은 속해 있는 업계가 직면해 있는 경제적, 산업적 요인들이 중요하게 작용하는가? 아니면 기업 내부의 조직요인이 더 중요하게 영향을 미치는 것인가? 기업이나 업계 단체는 왜 정치활동에 뛰어드는가 하는 기업정치활동의 동기 문제로부터 시작해서, 어떠한 특징적 면모를 지니고 있는 기업이 어떠한 유형의 정치활동에 나서는가 하는 문제는 기업정치활동을 결정하는 선행 요인들(antecedents)을 분석·설명하는 것이다.

선행 요인 분석은 어떠한 기업들이 정치활동에 나설 가능성이 큰가 하는 점을 말해 준다는 점에서 실제 기업정치활동이 이루어지기까지 나타나는 여러 가지 조짐들을 발견하는 것이라 할 수 있다. 그것은 또한 기업정치활동의 원인이나 동기를 설명해 줄 수 있는 선행변수를 찾는 것이기도 하며, 어떠한 상황적 여건이나 필요에 놓여 있는 기업이 정치적으로 적극적인지를 분석할 수 있는 설명 변수를 추적하는 것이기도 하다.

1) 기업정치활동의 선행 요인과 결정요인

기업 수준의 기업정치활동의 선행 요인에 관한 연구는 기업의 의사결정 과정에 대한 두 가지 서로 다른 가정에 기초하고 있는 학술적 연구에 초점이 맞추어지고 있다. 선행 연구들은 크게 두 방향으로 나누어진다.

첫째, 정치학자 및 경제학자들이 중심이 되어 제시하고 있는 이윤 극대화 접근법이다. 기업을 이익 극대화를 추구하는 사회적 조직으로 전제한 다음, 일정한 특징적 면모를 갖춘 기업은 CPA 활동에 뛰어드는 것으로 설명한다.

둘째, 경영학에서의 경영전략론적 관점의 접근법이다. 경영자들은 오랫동안 기업은 기업가치 향상을 위해 CPA 활동에 뛰어들기로 전략적으로 선택한다는 관점을 제시해 왔다. 기업의 전략적 선택 과정에서 영향을 미치는 변수로는 기업 규모, 가용 자원의 크기, 정부의존성 등을 선행 요인으로 제시했다.

기업의 정치적 활동을 결정하는 선행 요인들은 크게 둘로 나눌 수 있다. 하나는 기업 조직 외부로부터 발단되어 기업에 영향을 미치는 외생적 요인이고, 다른 하나는 기업 내부로부터 발생되는 내생적 요인이다. 외생적 요인은 다시 정치적, 경제적, 산업적 요인들로 분류될 수 있다. 기업은 '전략경영' 차원에서 이러한 외생적 요인들을 관리해 나가야 한다. 외생적, 내생적 요인을 설명하는 이론적 관점의 차이는 경영층이 가질 수 있는 선택 재량권의 수준 문제이다. 경영학자 등은 전략경영 차원의 경영재량권 발휘 여지를 폭넓게 인정하고 있다. 반면, 정치학자 등은 기업 조직의 특성 변수를 부각시키면서 상대적으로 정치활동을 선택하는 과정에서 경영재량권의 폭이 제한된다는 측면에 주목하고 있다.

○ 일반론으로서 편익–비용 설명모델

기업정치활동의 선행 요인들에 대해서는 오랫동안 서로 다른 관점과 이론적 설명의 틀을 제시해 왔다. 선행 요인들이 이론적으로 검토되는 초기 단계에서는 정치학자들과 경제학자들은 거시적이고, 일반론적인 큰 틀의 이론적 설명을 내어놓았다. 경제적 편익–비용 모델(economic benefit–cost model)이 그 대표적인 것이다. 이는 기업을 가치 극대화를 위한 블랙박스(black–box value maximizer) 조직으로 전제하고, 일정한 여건에 놓여 있거나 특정 속성을 갖춘 기업은 자동으로 CPA 활동에 뛰어드는 것으로 설명한다. 가장 중요한 선행조건은 기업이나 단체가 정치활동의 기대 편익이 예견되는 비용보다 크다고 판단하느냐 하는 것이다. 다만 이 경우에도 기업은 정치적 활동을 선택하는 과정에서 상당한 수준의 재량권을 갖는 것으로 설명한다.[51]

편익–비용 모델은 매우 단순한 설명 모델이다. 실제 복합적인 동기와 요인들이 작용하는 기업의 정치적 활동을 분석하고, 설명하는데 실질적으로 큰 도움이 되지 않는다는 비판에 직면하게 되었다. 편익–비용 모델의 한계로는 크게 두 가지 문제점이 지적되었다.

첫째, 정치적 활동을 행사하는데 비용을 들인 만큼 정치적 편익이 창출될 것이라고 보는 단순한 설명 모델이라는 점이다. 기업이 정치활동의 기대 편익과 비용을 정확하게 판단하는 것은 현실적으로 어렵다. 특히 정치적 기대 편익을 계산할 수 있는 적절한 정치적 정보를 획득하는 데 현실적인 어려움이 있을 수밖에 없다.

둘째, 기업들은 획득 가능한 정치적 정보를 토대로 최선의 정치적 편익을 창출할 수 있는 최선의 정치적 전략을 수립하기에 충분할 만큼의 역량과 자원을 가진 것으로 전제한다는 것이다. 그렇지만 기업정치활동에 나서는 모든 기업들이 구체적인 전략과 전술을 수립해 나갈 수 있을 만큼의 역량과 자원을 가지고 있다고 전제해 버릴 수는 없다.

현실적으로 기업에서 정치적 전략을 수립하는 대관업무 종사자들은 정치적 환경에 대한 제한된 정보만을 가질 수 있을 뿐이고, 어떠한 행동을 선택할 것인가에 대해서도 제한된 합리성을 가질 수밖에 없다. 편익–비용 모델은 기업정치활동을 설명하는 일반론 수준의 설명일 뿐, 실제 현상을 분석 설명하는 데 큰 도움은 되지 못한다는 한계가 지적되어 왔다.

○ 기업 내부조직 요인–'필터 모델'

기업은 외생적 요인들을 관리해 나가기 위한 의사결정 과정에서 '내부로부터의' 기업 조직요인의 영향력으로부터 자유로울 수 없다. 슐러와 레빈(Schuler & Rehbein, 1997, 1999)은 외생적 요인 관리를 위한 기업정치활동 대안을 선택해 나가는 과정에서는 기업 내부의 조직 및 작동체계, 축적된 경험과 노하우, 보유하고 있는 가용자원 등이 매개변수가 되어 선택을 결정하는 것으로 설명한다.

기업 내부조직 요인이 외부로부터 가해지는 요인을 선별적으로 '걸러내는'(filtering) 역할을 한다는 것이다. 기업마다 직면해 있는 상황이나 여건은 다르기 때문에 기업정치활동의 유형은 다양성을 띠게 된다. 기업경영 과정에서 정부규제의 영향을 직접적으로 받지 않을 수 없는 기업이 있는가 하면, 자원과 기회를 정부에 크게 의존하고 있는 기업들도 있다. 업계 내의 경쟁상황이나 경제적 집중도의 정도, 업계 내에서 차지하고 있는 경쟁력 지위 등이 기업마다 다 다르다. 사업 다각화의 정도가 다르기 때문에 생산 품목의 종류나 업종 범위, 진출 업계와 시장 규모도 각기 다르다. 해외 시장에 대한 수출에 주력하고 있는 기업이 있을 수 있고, 생산 공장이 국내보다는 해외 곳곳에 진출해 있는 기업이 있을 수 있다. 기업마다의 내부적 조직요인에 의해 기업이 선택하는 정치활동의 특징이 다양하게 나타나는 것이다.

○ 정책이슈 라이프사이클

정책 사안의 생애주기(issue life cycle)가 어느 단계냐에 따라 누구를 대상으로 어떠한 유형의 기업정치활동을 선택할 것인가 하는 점이 달라지기도 한다. 이슈라이프 사이클은 단순하게 여론형성단계—공공정책형성단계—정책집행단계로 나뉘어 설명될 수 있다.[52]

첫째, 여론형성 단계는 기업에 이해득실이 예상되는 사안들이 생성되고, 이에 대한 일반 공중의 관심이 커지는 단계이다. 쟁점 사안이 부각되며 정책 필요성 등이 논의되기 시작하면서 일부 이해관계자들로부터 이런저런 요구가 제시되는 단계이다. 이 단계는 해당 사안에 대한 일반 공중들의 선호가 형성되기 시작되기 때문에 이 단계에서 기업은 일반 공중의 여론 형성과정에 참여할 기회를 가질 수 있다. 이 단계에서 기업정치활동은 일반 공중과의 커뮤니케이션 활동이다. 여론형성단계는 베인스와 비니(Baines & Viney, 2010)가 말한 제 1단계의 기업정치활동 유형과 같은 차원의 것이다. 여론형성 단계의 기업정치전략은 기업이 정부 정책을 잘 이행하여 사회 전체적으로 바람직한 사회적 성과를 내고 있는 '착한 기업'이라는 이미지를 심는데 초점이 맞추어진다.

둘째, 공공정책형성단계는 정부 내에서 대응책이 논의되고, 정책적 대응이 이루어지는 단계이다. 정부의 정책결정 기구 내에서 기업 활동에 크게 영향을 미칠 수 있는 규제조치나 정책들이 도입되는 단계에서는 정부입법(government enactments)을 둘러싼 사안을 중심으로 기업정치활동이 이루어진다. 기업이나 업계 단체의 전략적 대응 행동은 정부입법 등에 대한 찬성과 반대, 혹은 구체적인 법규 문안 등에 초점을 맞추어 진행된다. 이 단계에서 기업이나 업계 단체, 또는 단체 협의체는 정책결정자들을 대상으로 해당 사안에 대한 지지와 찬성의 정책적 선호, 해당 사안 관련 전문 기술적 지식과 정보 등을 제공하는 정보전략적 대응을 서둘게 된다. 선거 시점이 맞물려 있는 경우에는 기업이나 재계의 선호를 수용하도록 영향력을 행사하는 차원에서 재정적 인센티브를 제공하는 전략적 행동도 모색할 수 있다. 여기에서의 공공정책형성 단계는 베인스와 비니(Baines & Viney, 2010)가 말한 제4단계에서 5단계까지의 기업정치활동 유형을 포괄한 것이다.

셋째, 정책집행단계는 법에 의거해 집행을 전제로 구체적인 정책 대안이 마련되고, 집행이 이루어지는 단계이다. 여론형성단계나 정책형성단계가 선제적 정치전략(proactive political strategy)이 구사될 필요가 있는 단계라 한다면, 정책집행 단계는 정부 정책을 기업경영 과정에 수용하는 반응적 접근법, 즉 대응전략이 일반적으로 채택된다. 정책집행단계에서는 구체적인 조치들을 취할 근거로써 하위법규가 제정되기도 한다. 기업이나 업계 단체가 가지고 있는 세세한 기술적인 전문지식이나 정보를 정책집행자들이 필요로 하는 단계이기 때문에 작은 범위 내의 정책 변화를 추진하기 위한 전략도 모색될 여지가 있다. 여기에서의 공공정책형성단계는 베인스와 비니가 말한 제2단계–3단계에서의 기업정치활동 유형과 같은 맥락의 것이다.

국가별로 정부의 정책결정과정과 단계가 각기 다르고, 이해관계자 집단의 참여가 얼마나 제도화되어 있느냐 하는 것이 각기 다르다. 기업이나 업계 단체의 정책참여의 방식과 참여의 정도도 다를 것이다. 기업정치활동 유형이 정책 사안의 성격에 따라 달라진다는 것은 기본적으로 정부의 정책결정이 어느 단계에서 진행이 이루어지고 있느냐 하는 것을 말한다. 기업정치활동은 그것이 정책이슈 사이클에 맞추어져 진행될 때 효과적일 수 있다. 대정부 관계 활동에 숙련된 인사일수록 이슈라이프 사이클에 맞추어 기업정치활동 유형을 선택한다.

2) 기업정치활동과 정치제도

기업은 국가별로 다른 사회적, 정치적 제도의 틀 안에서 움직인다. 시장제도 외, 기업 활동에 가장 직접적으로 영향을 미치는 것은 정치제도이다. 제도는 법규화되어 있는 공식적 규칙뿐만 아니라, 비공식적인 문화 규범과 가치관 등을 포함한다. 국가의 공식적, 비공식적 제도는 정부–기업 관계 교호작용 접면을 구성하고 있는 함수로 설명될 수 있다.[53] 기업정치활동은 기업 활동을 에워싸고 있는 정치제도의 영향으로부터 자유로울 수 없다. 정치제도는 기업정치활동에 아주 크게, 경우에 따라서는 결정적인 영향을 미치는 환경적 선행 요인이다(Lord, 2000). 각국에서 기업 활동은 역사적으로 형성되고 정치적으로 선택된 그 나라의 시장제도 안에서 이루어지며, 시장과 경제에 작동하는 공공정책의 직간접적인 영향을 받는다. 시장과 기업 활동에 영향을 미치는 제도 및 공공정책의 내용과 형식, 그리고 이러한 공공정책이 결정되는 방식은 국가별로 각기 다르다.[54]

정치제도는 기업의 조직구조와 활동, 이익 극대화를 위한 경영전략의 선택에 영향을 미친다. 그렇기 때문에 정부 기관을 상대로 하는 기업의 정치적 활동에도 직접적으로 영향을 미친다. 정치제도는 기업정치활동의 유형과 참여 수준, 구체적인 전략 전술의 선택을 좌우한다.[55] 기업이 국가별로 특정화된 정치적 활동전략을 수립하여 움직여 나갈 수밖에 없는 이유이다. 정치제도는 특히 본국과 다른 정치제도를 배경으로 활동하는 다국적 기업들의 경영성과를 좌우하기도 한다. 정치제도의 차이는 기업–정부 관계의 차이를 가져올 뿐 아니라, 규제환경의 차이를 가져온다. 다국적 기업으로서는 본국의 정치제도와 전혀 다른 국가들을 옮겨 다니면서 비즈니스를 해야하므로 상이한 정치제도는 기업으로서는 '숨겨져 있는 위험 요인'이 아닐 수 없다.[56]

정치제도를 기업정치활동의 선행 요인으로 설명하는 최근 연구는 글로벌화 이후 활발해진 기업들의 해외 시장 진출을 배경으로 하고 있다. 특히 안정된 정치제도를 배경으로 활동해 온 미국이나 유럽 국가들의 기업들이 상대적으로 정치적으로 불안정 요소를 가지고 있는 아시아나 중남미, 중동지역에서 비즈니스 활동을 해가면서 겪게 되는 정치적 어려움을 설명하려는 연구들이 많다. 정치제도나 정치적 환경이 불안정할수록 기업들은 정치적 책략(political maneuvers)을 구사할 가능성이 커진다는 것이다.[57] 공식적 규칙체계가 잘 확립되어 있고, 법·제도적 집행이 엄격한 곳에서는 기업정치활동의 유인이 크게 작용하지 않는다. 하지만 동구권 국가들에서와 같이, 정치·경제적 제도의 전환이 이루어져 오고 있는 국가들은 정치적 활동 수요가 클 수밖에 없다. 동구권 국가가 아니라 하더라도 글로벌화의 영향으로 법·제도의 급격한 변화가 이루어지는 사회에서 비즈니스를 해나가야 하는 기업들로서는 기업정치활동의 유인이 커진다.

3) 기업 규모(Firm-size)

기업 규모는 오랫동안 기업이 CPA 활동을 선택할 것인지를 좌우하는 가장 중요한 변수로 설명되어 왔다.[58] 기업 규모를 기업정치활동의 가장 주요한 선행변수로 설명하는 연구자들은 대기업이 정치적으로 보다 적극적이라는 설명을 내놓는다. 기업 규모가 크면 클수록 더욱 정치적으로 적극적이라는 것이다. 그 이유에 대해서는 연구자마다 설명이 조금씩 다르다.

기업 규모는 기업정치활동에 적극적일 수 있는 기업의 능력을 보여주는 가장 설명력이 큰 지표가 될 수 있다. 규모는 기업이 보유하고 있는 정치력과 경제력의 크기를 가장 단적으로 나타내고 있는 대리 변수이다. 대기업이 보유하고 있는 내부의 종업원 수나 내외의 이해관계자 집단의 규모는 정부 기관 행위자들을 움직일 수 있는 힘의 원천이 될 수 있다. 또한 공공정책결정과정에서 정책결정권자들을 포획(capture)하여, 지대를 획득할 수 있는 역량의 크기를 보여 준다.

기업 규모의 대리 변수들로는 매출량,[59] 자산규모,[60] 시장점유율,[61] 종업원 규모[62] 등으로 설명되고 있다. 기업의 시장점유율이나 연간 매출의 크기, 자산규모는 기업이 가진 경제적 자원의 규모를 나타내 준다. 기업이 보유하고 있는 경제적 자원의 규모는 기업으로서 정치적 활동에 동원 가능한 재정적 여유 상태를 나타내 주는 지표들이다. 대기업들은 기업이 보유하고 있는 재정적 여유 측면에서 뿐 아니라, 고용인력 규모 면에서도 기업정치활동에 유리한 조건을 갖추고 있다. 기업의 가장 주요한 내부적 이해관계자이면서, 동시에 유권자집단이기도 한 종업원 수는 필요한 경우 직접적으로 활용 가능한 잠재적인 정치권력의 크기를 나타내 주는 지표이기 때문이다.

한편, 기업 규모는 기업정치활동의 유형 가운데, 단독활동이냐, 집단행동이냐를 결정하는 주요한 선행 요인으로 설명되기도 한다(Hillman & Hitt, 1999). 큰 규모의 재정적 혹은 무형의 자산을 보유한 대기업은 단독으로 CPA 활동을 수행할 수 있는 반면, 그렇지 못한 중소기업들은 집단행동에 의존할 수밖에 없다. 대부분의 중소기업들은 제한된 현실 여건 아래에서 정치적으로도 집단행동을 통해서 공동으로 직면하고 있는 정책적, 정치적 난관을 극복해 나가고자 하는 동기를 공유하고 있다.

선행 요인들로서 기업의 연혁(firm age)과 기업 조직 여유(firm slack) 변수가 있다. 기업 존속 연수는 기업의 가시성 수준이나, 명성[63]의 대리변수로 설명될 수 있을 것이기 때문이다. 오랜 역사를 통해서 기업 명성을 쌓아온 기업들이라면 정치활동 경험과 정책결정권자들로부터의 신뢰성 측면에서 그만큼 유리한 위치에 있다.

기업이 정치활동에 나설 가능성을 나타내주는 또 다른 역량 지표로는 가용한 여유 자원(firm slack)의 보유 정도이다. 조직여유 요인은 기업 규모와 연계되어 있는 것이기도 하다. 기업은 보유하고 있는 여유 역량 덕분에 정치적으로 적극적일 수 있다.[64] 기업경영은 매우 엄격한 회계 처리 기준이나 재무관리 기법이 적용되기 때문에 가장 효율적인 방식으로 경제적 자원을 운용하기 위한 해법 찾기에 골몰한다. 기업 조직이 보유하고 있는 여유 자원은 이러한 최적의 해법에서 벗어나 있는 가용 여유 자원을 의미한다. 여유 자원은 외부로부터의 충격을 완충시킬 수 있는 기업의 능력을 뒷받침할 수 있으며, 경쟁자들에 맞서 재량권과 신축성을 발휘할 수 있는 자원으로 활용될 수 있다.[65]

기업 조직의 가용 여유 자원의 크기를 보여 주는 대리 변수들로는 부채 대비 자산비율, 현금 유동성(free cash flow) 등이 될 수 있다. 대기업들이 이런 측면에서 유리한 조건 아래에 놓여 있다고 할 수 있다.[66] 여유 자원을 가진 대기업들이 여유 자원을 활용하여, 보다 적극적으로 선제적 정치활동에 나설 수 있다는 것이다. 물론 이와 상반된 다른 설명도 존재한다. 매우 낮은 수준의 재정적, 조직적 여유를 가진 기업들도 오히려 재정적 우려를 타개할 수 있는 유일한 방편으로 기업정치활동을 선택할 수 있기 때문이다. 양자 간의 엄격한 상관관계를 정확하게 파악하는 일은 쉽지 않을 수 있다. 여유 자원과 기업정치활동의 상관성에 관한 경험적 연구도 매우 제한되어 있다.

4) 정부의존성

시장 경제 사회에서 사기업의 시장 활동은 자유이다. 법으로 금지되어 있거나 규제되어 있지 않는 한, 모든 수단과 방법을 자유롭게 선택할 수 있다. 그렇지만 경영활동 각 단계에서 기업은 각종 법규와 정부의 결정에 크게 영향을 받는다. 기업은 상품의 제조·생산을 위한 기계적 장치를 도입하는 과정에서 일정 기준과 규격을 충족시킬 수 있는지의 여부를 살펴야 한다. 내가 원하는 인력을 내 마음대로 뽑아 쓰다가 필요가 없어지면 잘라버리고 마는 식의 기업경영은 어렵게 되어 있다. 고용할 인력을 선발하고, 퇴직시키는 과정에서도 반드시 따라야 할 법규의 규제를 받는다. 공장을 건설하거나 생산 설비를 돌리는 과정에서도 환경오염 규제 등 근로인력과 지역민을 보호해야 하는 사회적 규제를 받는다. 생산된 제품을 판매하는 영업 활동 과정에서도 소비자의 권익이 침해되지 않도록 규정해 놓고 있는 법규의 지배를 받는다.

정부의존성은 금지하거나 규제하고 있는 법규에 대한 예측성만을 말하는 것이 아니다. 기업 활동 과정에서는 정부로부터의 실질적 도움을 필요로 하거나 기대할 수밖에 없는 의존관계에 놓이기도 한다. 기업 활동의 성과는 정부 정책에 의존되어 있다. 기업의 경제적, 경쟁적 환경과 정부 정책 간에는 상당한 수준의 상호관련성을 갖는다. 이 점은 다양한 논거 위에서 설명될 수 있다. 정부는 기업의 경쟁 환경을 형성하는 주요 자원에 대한 통제권을 행사할 수 있는 위치에 있다.[67]

첫째, 정부는 시장에 대하여 진입 및 퇴출의 시장 규칙의 작성자로서 역할을 하며, 반독점 정책 등을 통해 시장에서의 경쟁 구조를 결정하는 역할도 할 수 있다. 통신업 등의 공익재 산업, 운송 산업 등은 정부의 우호적인 경제적 규제정책을 통해 기업성과를 향상시켜 갈 수 있다. 이들 업계내의 기업 활동은 직접적으로 정부의 의존관계 하에서 이루어지기 때문이다.

둘째, 정부는 시장 산출물의 가장 큰 고객이다. 조달사업을 통해 진행되는 정부 구매는 시장의 규모를 변경시킬 만큼의 큰 영향력을 갖는다.

셋째, 정부 정책은 대체제와 보완제 생산에 영향을 미치기도 하며, 소비세 부과, 소비패턴에 영향을 미치는 규제조치 등으로 제품이나 서비스에 대한 수요의 크기를 결정하기도 한다.

넷째, 정부 정책은 고용 관행이나 오염기준 등과 같은 사회적 규제정책의 요소들을 변경시킴으로써 기업의 비용구조에 직접적으로 영향을 미치기도 한다.

정부는 기본적으로 시장거래 규칙의 제정자이면서, 기업의 비용구조를 좌우할 수 있는 정부규제의 설계자이다. 시장에 대하여 진입장벽을 설치하거나 해제하여 기업의 시장 활동에 결정적으로 영향을 미치기도 하며, 다양한 유형의 경제적, 사회적 규제정책 수단을 통해 기업의 비용구조를 바꾸어 나갈 수 있다. 정부 보조금 정책이나 조세정책의 변화를 통해 기업 활동을 돕기도 하고, 기업에 추가적인 부담을 안겨 주기도 한다. 정부는 시장에서 기업의 가장 주요한 고객이며, 경우에 따라서는 독점적 지위를 가지고 있는 고객이기도 하다. 정부 기관이 시장을 통해 조달하는 물품의 규모는 시장 고객 가운데 최대 대규일 가능성이 크며, 민간 기업들로부터 사들이는 방위산업 물자는 정부가 독점수요자이다. 방위산업에 투입되는 재정 규모는 기업들로서는 기업성과를 좌우할 만큼의 재정적 의존관계에 놓일 수밖에 없다.

기업의 정부에 대한 가장 직접적인 의존성은 자원의존 관계에서 발생한다. '자원의존'의 관점에서 기업정치활동을 설명하는 이론은 기업이 정부 기관에 대하여 우호적인 규제나 매출 증대 등의 보호적 규제에 의존되어 있다고 설명한다. 이와 같은 정부의존성 때문에 정부로부터 정치적 편익 창출을 위한 정치활동에 적극성을 띤다고 설명한다. 의존관계에서 오는 불확실성을 축소하거나 의존관계로부터 비롯되는 부정적 영향을 감축하기 위한 목적으로 정부를 겨냥한 정치적 활동에 뛰어든다는 것이다.

정부로부터의 의존도 감소를 위해 기업정치활동에 나선다는 설명은 많은 경험적 연구에 의해 뒷받침 되어 왔다. 예컨대 1980년대 중반 PAC 조성을 통해 기부에 적극성을 띠었던 기업들은 기부금 수혜 의원들이 기업에 유리한 결정을 내려 줄 것이라는 기대에 토대를 두고 있음을 밝혔다. 통신, 공익재 산업, 운송산업 등 전통적인 보호적 규제정책의 혜택을 누려온 기업들이 우호적인 경제적 규제정책의 지속을 목표로 기업정치활동에 적극적이었고, 그만큼 유리한 정부 결정의 수혜자가 될 수 있었다는 연구들도 있다.[68]

정부에 대한 의존도가 높을수록 기업은 정부를 상대로 하는 접촉 활동을 늘려나갈 것이다. 정부의존성의 정도는 기업들이 정치적으로 적극적인지의 여부를 말해지는 유력한 선행 요인이다. 기업들이 정부에 대해서 갖는 의존관계의 원천은 다양할 수 있다. 기업으로서 정부는 획득 가능한 자원과 기회의 제공자이면서, 짊어져야 하는 비용과 부담의 원천이기 때문이다. 정부는 기본적으로 시장거래 규칙의 제정자이면서, 기업의 비용

구조를 좌우할 수 있는 정부규제의 설계자이다. 시장에 대하여 진입장벽을 설치하거나 해제하여 기업의 시장 활동에 결정적으로 영향을 미치기도 하며, 다양한 유형의 경제적, 사회적 규제정책 수단을 통해 기업의 비용구조를 바꾸어 나갈 수 있다. 정부 보조금 정책이나 조세정책의 변화를 통해 기업 활동을 돕기도 하고, 기업에 추가적인 부담을 안겨 주기도 한다.

기업입장에서 정부는 편익 증진의 기회를 제공하는 역할만을 하는 것은 아니다. 정부는 기업이 감당해야 하는 경제적, 사회적 규제정책의 입안 집행자이다. 기업 정치활동은 정부규제로 떠안게 되는 비용 증가에 얼마나 큰 부담을 느끼느냐에 달려 있다. 규제 부담과 관련하여 정부 정책에 실제적 의존도가 높은 기업일수록 CPA 활동에 적극적이며, 이 경우 기업 정치활동의 유형이 상시적, 장기적 안목의 관계 접근법(on-going, long-term relational approach)을 선호할 가능성이 큰 것으로 설명된다.[69]

정부–기업 간 의존성 문제를 일방적 관계가 아닌 쌍방 의존관계로 설명하는 이론들도 있다. 기업이 약자의 지위에서 정부에 대하여 의존관계에 놓여있는 일방적 의존 관계가 아니라는 것이다. 기업의 정치적 활동이 기업의 약자 지위에서만 이루어지는 것은 아니다. 정부–기업 관계의 역학관계를 결정하는 변수는 크게 두 가지로 나누어 생각할 수 있다. 하나는 정치제도의 성격에 따라 달라지는 경우이다. 정부 주도의 산업화 및 경제성장이 이루어진 발전국가 하에서, 또한 민간 부문에 비하여 정부가 압도적인 힘의 우위를 가지고 있는 권위주의 정부 하에서는 기업이 약자의 지위를 가질 수밖에 없다. 이러한 정치제도 하에서 기업은 정부에 대하여 자원과 기회의 의존도가 높을 수밖에 없다.

정부–기업 간 역학관계는 민주화 수준에 따라 달라지기도 한다. 정부의 정책결정과정이 얼마나 투명하게 공개되어 있고, 이해관계자의 정책 참여가 얼마나 제도화되어 있느냐에 따라 정부–기업 간 역학관계는 달라지기도 한다. 정부의 정책결정이 집권세력의 정치적, 정책적 선호에 의해 전적으로 좌우되지 않고, 시장에서 움직이는 경제적 이해관계자의 선호에 크게 영향을 받게 될 때, 기업은 정부에 대해 힘의 우위를 향유할 수 있게 된다. 그런가 하면, 기업은 정부조직과 정부 행위자들이 필요로 하는 정보와 자원을 제공해 줄 수 있는 지위를 가지고 있기도 하다.

기업이 정부에 대하여 일방적인 의존관계에 놓여 있는 것은 아니며, 정부–기업 간에는 호혜적 관계를 유지할 수도 있다. 정부가 기업이 제공할 수 있는 자원을 필요로 하거나 이를 원하는 경우에는 기업의 힘이 상대적으로 우위를 가질 수도 있다. 교환이론은 정부–기업의 상호 의존 및 호혜적 교환 관계를 부각시키는 설명을 제시한다. 정부–기업 어느 일방의 힘의 우위로 귀결되는 것이 아니라, 서로에 대해서 의존관계에 놓여 있다는 설명이다. 정부 부문의 행위자 – 의원, 관료집단 등 – 들은 기업에 대하여 시장 정보와 정책에 대한 지지, 금전적 지원 등을 기대한다. 정부–기업 간 불균형 교환 관계에서 오는 이득을 기업은 CPA를 통해서 최대한 확보하려 한다는 것이다.[70]

5) 대관 조직의 편제(formalized firm structure)

기업정치활동의 동기와 연관된 기업의 행태적인 특징 가운데 또 하나의 중요한 선행조건은 대관활동을 전담하는 정무부서(public affairs office)가 공식적으로 편제되어 있느냐의 여부이다. 대관업무 조직이 기업구조로 공식적으로 편제(formalized firm structure)되어 있느냐 하는 것은 두 측면에서 기업정치활동에 긴밀한 상관성을 갖는 것으로 설명된다.

첫째, 특정 기능을 수행하는 단위 부서의 편제는 전문적 역량의 조직화와 집중화를 통해 업무 수행의 효율성을 증대할 수 있다는 것이다. 대관업무가 한 단위의 완결성을 갖는 직무로 편성되어 있을 때 정치적으로 가용한 전문 인력과 자원을 한데 모아 운용함으로써 관련 업무를 조직화하는 데 유리할 수 있다. 마틴(Martin, 1995)은 미국에서 대기업들 가운데 워싱턴 사무소와 내부 정무부서를 가진 기업들이 그렇지 않은 기업들에 비해서 정치적으로 적극적이라는 점을 의료개혁 정책 사례를 통해서 설명하고 있다.

둘째, 공식구조는 기업정치활동을 전개해 나가는 과정에서 다른 선행조건들의 영향을 매개하는 역할을 할 수 있다는 것이다. 기업이 외부 환경으로부터 전달되는 신호들을 걸러내고 취사·선택하여 여기에 반응해 나가는 과정에서는 이에 필요한 의사결정 구조를 상시적으로 운영하고 있을 때 보다 효과적으로 움직여 나갈 수 있다는 설명이다.[71]

대관업무를 전담하는 단위 부서가 공식적으로 편제되어 있는 경우 기업정치활동의 효과성을 높인다는 설명은 경험적 연구에 의해 뒷받침되고 있다.[72] 대관 정무부서를 가지고 있는 기업이 정치적으로 보다 적극적이라는 연구들도 있다.[73] 별도의 워싱턴 사무실을 유지한다는 것은 가용자원을 별도로 운용할 수 있는 조직 여유분(organizational slack)이 있다는 것을 의미한다. 가용자원을 활용하여 새롭게 편제된 조직은 존재의의를 살리기 위해서 그만큼 열심히 뛰어다닐 것이기 때문이다. 대관업무 조직이 공식적으로 편제되어 있는 경우, 기업은 이 조직을 통해서 정부 기관의 움직임이나 인물 동향 등에 관한 정치적 정보를 체계적으로 축적해 나갈 수 있다.

정치적 정보와 더불어 전문화된 내부 인사들의 경험이 축적되어 있는 경우, 필요한 상황에 이를 즉시 활용해가기 유리하다. 기업의 정치활동은 과거의 경험에 의해 영향을 받기 마련이고, 따라서 축적된 정치적 경험을 가진 기업들이 보다 정치적으로 적극성을 띤다는 설명도 있다.[74] 미국의 대기업들은 로비활동을 수행하는 대관업무조직이 단위 부서로 공식적으로 설치되어 활동하는 사례들이 많다. 연방 정부 기관이 가까이 모여 있는 수도 워싱턴의 K 스트리트는 미국 대기업들의 이익을 대변하는 로비전문 조직들이 밀집되어 있는 것으로 유명하다.

6) 산업 선행 요인(Industry Antecedents)

기업정치활동의 선행 요인으로서 업계 내의 산업 요인으로는 첫째, 산업의 경제적 집중도, 둘째, 업계 규모, 셋째, 업계가 직면하고 있는 정부규제의 강도, 넷째, 업계 내의 동질성 수준 등이 다루어진다.[75]

우선 업계에 진입해 있는 기업의 수가 작고, 경제적 집중도가 높은 산업에 속해 있는 기업들은 집단행동의 딜레마를 극복하기 유리한 조건에 놓여 있기 때문에 기업정치활동을 상대적으로 손쉽게 전개해 나갈 수 있다. 업계 내 진입해 있는 기업의 규모가 이질적이라 하더라도, 규모가 큰 대기업이 무임승차 비용을 다 감당하면서도 업계를 끌어가는 위치에서 기업정치활동을 주도해 나갈 수 있기 때문이다. 업계를 리드하는 대기업들이 의회 청문회나 정부 기관의 공청회에서 주도적 역할을 하고 있다는 경험적 자료 분석을 통해 이를 설명하는 연구도 있다. 업계에 진출해 있는 기업들이 동질적일수록 업계 단체를 이용하여 집단행동을 조직화해 나가는 데 유리할 수 있다.

정부규제에 일상적으로 노출될 수밖에 없는 산업에 속해 있는 기업들은 규제 의존성을 관리해 나가기 위한 목적으로 기업정치활동에 쉽게 뛰어든다. 이를 경험적 자료를 토대로 설명하고 있는 연구들도 있다. 하지만

이 문제는 이슈생애주기 문제와 연계되어 있기 때문에 단정적으로 그렇다고 말할 수는 없다. 이는 기업정치활동의 타이밍 문제와 맞물려 있다. 업계 내의 산업 선행 요인의 주요 변수인 경제적 집중도 및 업계 규모 변수는 이슈생애주기에 따라 달라질 수 있다. 초기 단계에서는 대기업 주도로 업계 차원의 기업정치활동이 쉽게 조직화될 수 있지만, 이슈 사이클의 후기단계에 접어들게 되면 CPA 편익의 분배 문제가 대두될 수 있기때문에 업계 차원의 집단행동보다는 개별 기업 단위의 활동으로 전환될 수도 있다. 개별 기업 단위의 기업정치활동은 업계 내 다른 경쟁기업들로부터도 영향을 받는다.

개별 기업 수준의 기업정치활동은 업계 전반의 정치활동과 연계되어 있다.[76] 업계 내의 시장경쟁상황이나 경제적 집중도 같은 구조적 변수가 기업정치활동에 영향을 미치는 이유는 두 가지로 설명될 수 있다. 첫째, 정치적 행동을 조직화할 수 있는 능력에 영향을 미칠 수 있기 때문이다.[77] 둘째, 업계 내 다른 경쟁기업들의 정치활동 여부에 의해 영향을 받기 때문이다.[78]

일반론적으로 말한다면 동종업계 내에 경쟁자가 많아 치열한 경쟁 관계에 놓여 있는 기업들은 정치활동에 뛰어들 인센티브가 크지 않다. 동일 업계 기업들이 공동으로 직면하고 있는 문제와 이와 연계된 정부 정책은 공공재적 성격을 가지기 때문이다, 반면 업계 내의 경제적 집중도 수준이 높아, 경쟁 관계의 우위와 열위가 확연히 구분되는 경우 확연한 경쟁우위에 있는 큰 규모의 기업들은 집단행동 딜레마 상황 하에서 무임승차 문제가 있더라도 단독으로 정치적 활동에 나서기도 한다. 집중도가 높은 산업 내부에서는 정치활동을 전개해 나가는 과정에서 무임승차 문제를 상대적으로 쉽게 극복할 수 있다는 것이다.[79]

슐러(1996)는 업계 내에서 상대적으로 큰 규모의 기업들이 정치적으로 보다 적극적일 수 있다는 설명을 내어 놓고 있다. 예컨대, 업계 내 매출액의 가장 큰 몫을 차지하고 있는 대기업이 청문회에서 증언하고, 불공정 무역을 제소할 가능성이 큰 것으로 분석한다. 다른 작은 기업들이 무임승차할 수 있음에도 불구하고, 업계 내에서 중심적 지위를 차지하고 있는 대기업이 앞장서며 정치적으로 적극성을 띤다는 것이다. 이는 경제적 집중도가 높은 산업은 그렇지 않은 산업(fragmented industries)에 비해 로비활동이나 선거 후원을 할 가능성이 크다는 다른 연구와 일맥상통한다고 할 수 있다.[80]

기업이 생산하는 품목 다변화 수준(firm diversification level)은 기업정치활동에도 영향을 미친다. 기업이 생산하는 재화나 서비스의 품목은 다양하다. 기업에 따라서는 어느 한 품목의 생산에 집중하기도 하지만, 적지 않은 기업들이 위험분산의 전략경영 차원에서 사업 다각화를 추진하기도 한다. 기업이 단일 업종에 종사하고 있느냐, 아니면 다품종 생산의 사업 다각화를 이루고 있느냐에 따라 기업정치활동의 적극성 여부나 그 활동 유형이 달라지기도 한다. 단일 업종 혹은 연관성이 큰 한정된 범위 내의 소수의 업종에 종사하는 기업은 당해 산업을 관장하는 정책결정자들과 긴밀한 정보교환 및 의사소통 등의 돈독한 관계를 구축해 두는 것이 유리하다. 단일 업종의 기업 혹은 연관성이 큰 소수의 제한된 품목을 생산하는 기업은 관련 산업을 다루는 정책결정권자들과 사안에 대한 전문적인 정보를 교류하면서 긴 시간적 안목 하에서 관계의 질을 관리해 나가는 접근법이 바람직할 것이기 때문이다. 반면, 연관성이 크지 않은 다품종 생산의 사업 다각화를 이루고 있는 기업은 현안이 발생하면 그때그때 사안별로 개별적으로 대처해 나가는 거래적 접근법을 채택할 가능성이 큰 것으로 설명된다.

주

1 Epstein. (1969). *op. cit.*; Weidenbaum. (1980). *op. cit.*; Baysinger. (1984). *op. cit.*; Keim & Baysinger. (1988). *op. cit.*; Schuler. (1996). *op. cit.*; Shaffer. (1995). *op. cit.*; Schuler, Rehbein, and Cramer. (2002).; Mahoney. (2007). *op. cit.*; Oliver & Holzinger. (2008).

2 Salamon L. M. & J. J. Siegried. (1977). Economic power and political influence: Impact of structure on public policy. *American Political Science Review,* 71(3): 1026-1043.

3 Grier, K. B. & M. C. Munger. (1993). Comparing interest group PAC contributions to House and Senate incumbents, 1980-1986. *Journal of Politics,* 55(3): 615-643.

4 Hillman. et al.. (2004). *op. cit.*

5 Lenway & Rehbein. (1991). *op. cit.*; Keim & Baysinger. (1988). *op. cit.*

6 Bonardi, J. P., A. J. Hillman & G. D. Keim. (2005). The attractiveness of political market: Implications for firm strategies. *Academy of Management Review,* 30: 397-413.; Getz. (1997). *op. cit.*; Hillman & Keim. (1995). *op. cit.*; Schaffer. (1995). Firm-Level Response to Government Regulation: Theoretical and Research Approaches. *Journal of Management*, 21(3): 495-514.

7 Schuler, Rehbein & Green. (2019).

8 Getz. (1997). *op. cit.*; Hillman, Keim & Schuler. (2004). *op. cit.*: Oliver, C. & I. Holzinzer. (2008). The effectiveness of startegic political management: Dynamic capabilities framework. *Academy of Management Review*, 33(2): 496-520.; Lawton, McGuire, & Rajwani. (2013). Corporate political activity: A literature review and research agenda. *International Journal of Management Review*, 15(1): 86-105.; Lux, S. TR Crook & D. Woehr. (2011).

Mixing Business With Politics: A Meta-Analysis of the Antecedents and Outcomes of Corporate Political Activity. *Journal of Management,* 37(1): 223-247.

9 Weidenbaum. (1980). *op. cit.*

10 Epstein. (1969). *op. cit.*

11 Baron. (1995). *op. cit.*; Vogel. (1996).

12 Keim. (2001). *op. cit.*; Baron. (1995). *op. cit.*; Oberman. (1993). "Strategy and tactic choice in an institutional resource context." In B. M. Mitnick(Ed.), *Corporate political agency: The construction of competition in public affairs.* Newbury Park, CA: Sage.; Yoffie & Bergenstein. (1985). *op. cit.*

13 Goldsmith. (2008). *Business, Government, State: The Global Political Economy.* Thomson South-Western; 3rd edition.

14 '국가'의 경제적 역할은 국가 권력을 운용하는 '정부' 기관에 의해 실제 행사된다는 면에서 여기서는 정부의 경제적 역할과 국가의 경제적 역할 개념을 혼용한다. 골드스미스 역시 두 개념을 혼용해가며 설명하고 있다(Goldsmith, 위의 책, pp. 40-42).

15 Boddewyn. (1988). *op. cit.*; Jacobson. Lenway, & Ring. (1993). *op. cit.*

16 Jacobson et al.. (1993). The Political Embeddedness of Private Economic Transactions. *Journal of Management Studies,* 30(3): 453-478.

17 Baron. (1995). *op. cit.*; Oberman. (1993).; Yoffi, D. & S. Bergenstein. (1985). Creating political advantage: The rise of the corporate political entrepreneur. *California Management Review*, 28(5): 124-139.

18 Keillor, B., T. Wilkinson & D. Owens. (2005). Threat to international operations: Dealing with political risk at the firm level. *Journal of Business Research,* 58(5): 629-635.

19 Henisz, W. & B. Zelner. (2003). The strategic organization of political risks and opportunities. *Strategic Organization,* 1(4): 451-460.; Henisz & Zelner. (2010). The hidden risks in emerging markets. *Harvard Business Review,*

88(4): 88-95.

20 Hillman & Hitt. (1999). *op. cit.*

21 Boddewyn & Brewer. (1994). *op. cit.*; Hillman & Keim. (1995). *op. cit.*; Hillman, Zarkhoodi, & Bierman. (1999). *op. cit.*

22 Schuler, Rehbein & Cramer. (2002). *op. cit.*

23 Mahon & McGowan. (1998). *op. cit.*; Shaffer, *op. cit.*

24 Boddewyn & Brewer. (1994). *op. cit.*; Hillman & Keim. (1995). *op. cit.*; Pfeffer & Salancik. (1978). *The external control of organization.* New York: Harper and Row. p. 203.

25 Baron. (1995). *op. cit.*; Berman.(1993).

26 Boddewyn & Brewer. (1994). *op. cit.*; Rehbein & Schuler. (1995). *op. cit.*; Shaffer & Hillman. (2000). *op. cit.*

27 Frynas et al.. (2006). *op. cit.*; Lord. (1995). *op. cit.*

28 Vogel, D. J. (1996). The study of business and politics. *California Management Review*, 38(3): 146-165; Baron(1995), *op. cit.*

29 Oliver & Holzinger. (2008). *op. cit.*

30 Schuler, Rehbein & Cramer. (2002). *op. cit.*

31 Frynas, Mellahi, & Pigman. (2006). *op. cit.*

32 Murtha & Lenway. (1994). *op. cit.*; Ring, P. S. S. Lenway & M. Govekar. (1990). Management of the political imperative in international business. *Strategic Management Journal*, 11(2): 141-151; Hillman, Zardkoohi & Bierman. (1999). *op. cit.*; Marsh. (1998). *op. cit.*

33 Boddewyn & Brewer. (1994). *op. cit.*; Hillman & Hitt. (1999). *op. cit.*; Oliver & Holzinger. (2008). *op. cit.*: 윤홍근(2021), pp. 101-105.

34 Baysinger. (1984). *op. cit.*; Keillor et al.. (2005). *op. cit.*

35 Baysinger et al.. (1985). *op. cit.*

36 Bendor J. & D. Mookherjee. (1987). Institutional structure and the logic of ongoing collective action. *American Political Science Review* , 81(1): 129-

154.; Lenway & Rehbein. (1991). *op. cit.*

37 Coen. (1997, 1999). *op. cit.*

38 Hillman & Hitt. (1999). *op. cit.*

39 Windsor, D. (2007). Toward a global theory of cross-border and multi-level corporate political activity. *Business and Politics*, 46(2): 253-278.

40 Murtha, TP & S. Lenway. (1994). Country capabilities and the strategic state: How national political institutions affect multinational corporations' strategies. *Strategic Management Journal*, 15(1): 113-129.

41 Weaver & Rockman. (1993). "Assessing the effects of institutions," In Weaver & Rockman(Eds.). *Do Institutions Matter?* Washington D. C.: Brookings Institute, pp. 2-18.

42 Weidenbaum. (1980). *op. cit.*; Baysinger. (1984). *op. cit.*; Boddenwyn & Brewer. (1994). *op. cit.*

43 Weidenbaum. (1980). *op. cit.*

44 Keim. (1981). *op. cit.*; Boddenwyn. (1993). *op. cit.*

45 Weidenbaum. (1980). *op. cit.* p. 46.

46 Hillman & Hitt. (1999). *op. cit.*

47 Yoffi. (1987). *op. cit.*

48 Bonardi, Hillman & Keom. (2005). *op. cit.*; Hillman & Hitt. (1995). *op. cit.*

49 Hillman & Hitt. (1999). *op. cit.*

50 Hillman & Hitt. (1999). *Ibid.* pp. 827-828.

51 Calderia, G. A. Hojnacki & J. R. Wright. (2000). The lobbying activities of organized interests in federal judicial nominations. *Journal of Politics*, 62(1): 51-69.

52 Swanson & Buchholz. (1987). Corporate Strategy, Public Policy and the Fortune 500, New York: Basil Blackwell.

53 Hillman & Keim. (1995). *op. cit.*

54 윤홍근. (2009). *op. cit.* p. 538.

55 Hillman. (2003). *op. cit.*; Hillman & Hitt. (1999). *op. cit.*; Murtha & Lenway. (1994). *op. cit.*

56 Henis & Zelner. (2010). *op. cit.*

57 Lamberg, Skippari, Eloranta & Makinen. (2004). The evolution of corporate political action: A framework for processual analysis. *Business & Society*, 43(4): 335-365.

58 Masters & Keim. (1985). *op. cit.*; Boddewyn & Brewer. (1994). *op. cit.*

59 Hansen & Mitchell. (2000). *op. cit.*; Hart. (2001). *op. cit.*; Martin. (1995). *op. cit.*; Schuler, Rehbein & Cramer. (2002a). *op. cit.*

60 Meznar & Nigh. (1995). *op. cit.*

61 Schuler. (1996). *op. cit.*

62 Bhuyan. (2000). *op. cit.*; Hillman. (2003). *op. cit.*; Meznar & Nigh. (1995). *op. cit.*

63 Baron. (1995a). *op. cit.*; Boddewyn & Brewer. (1994). *op. cit.*; Keim & Baysinger. (1988). *op. cit.*

64 Meznar & Nigh. (1995). *op. cit.*; Schular. (1996). *op. cit.*; Schuler & Rehbein. (1997). *op. cit.*; Schuler et al.. (2002). *op. cit.*

65 George, G. (2005). Slack resources and the performance of privately held firms. *Academy of Management Journal*, 48(4): 661-676.; Daniel, F., Lohrke, F. T., Fornaciari. C. J. & Tuner Jr., R. A. (2004). Slack resources and firm performance: a meta-analysis. *Journal of Business Research*, 57(6): 565-574.

66 Meznar & Nigh. (1995). *op. cit.*

67 Goldsmith. (2006).; Steiner. (2011).; Lehne. (2001).

68 Andre. (1985). *op. cit.*; Master & Baysinger. (1985). *op. cit.*; Masters & Keim. (1985, 1986). *op. cit.*

69 Hillman & Hitt. (1999). *op. cit.*

70 Mitnick. B. M. (1993). *Corporate Political Agency: The Construction of Competition in Public Affairs.* Newbury Park: Sage Publications.

71 Schuler & Rehbein. (1997), *op. cit.* p. 126; Schuler. (1999). *op. cit.*

72 Hansen, W. L. & N. Mitchell. (2001). Globalization or national capitalism: Large firms, national strategies, and political activities. *Business and Politics*, 3(1): 5-19; Schuler. (1999). *op. cit.*; Schuler & Rehbein. (1997). The filtering role of the firm in corporate political environment. *Business and Society,* 36(2): 116-139.; Martin. (1995). *op. cit.*

73 Lenway & Rehbein. (1991). *op. cit.*; Schuler. (1996). *op. cit.*; Schuler et al.. (2002). Public affairs, issues management, and political strategies: Methodological approaches that count. *Journal of Public Affairs,* 1(4)/2(1): 336-355.

74 Lamberg et al.. (2004). p. 343.

75 Getz. (1997). *op. cit.*

76 Schuler et al.. (2002a). *op. cit.*

77 Hillman. (2003). *op. cit.*; Schuler. (1999). *op. cit.*; Getz. (1997). *op. cit.*

78 Grier. KB. M. C. Munger & Roberts. (1994). The determinants of industry political activity, 1978-1986. *American Political Science Review*, 88(4): 911-926.

79 Lenway & Rehbein. (1991). *op. cit.*; Masters & Keim. (1986). *op. cit.*; Salomon & Siegfried. (1977). *op. cit.*

80 Schuler et al.. (2002a). *op. cit.*

IV.

한국의 기업정치활동 현황분석

1. 한국 기업의 대관업무 현황조사

1) 경험적 조사연구의 의의

한국에서 기업의 정치활동이 실제 어떠한 방식으로 진행되고 있는지에 대한 경험적 연구는 거의 없다. 저널리즘 차원에서 다루어진 신문기사나 저널리즘 성격의 글은 더러 있어 왔지만 경험적 데이터를 가지고 현황을 조사한 연구는 거의 없다. 여기의 경험적 연구에 포함되는 주요한 문제 영역은 크게 셋이다.

첫째, 한국 기업의 정치활동의 동기와 목표를 규명하는 일이다. 여기서는 미국이나 유럽 국가들에서의 사례를 바탕으로 한 설명이 한국 기업의 정치활동을 해석하는 데 얼마나 적실성과 타당성을 가질 수 있는지 다룬다.

둘째, 한국 기업은 어떠한 유형의 정치활동에 치중하는가 하는 것이다. 정부와의 정치적 교환 시장에서 기업은 정부부문 행위자들에게 정책결정과정에서 필요한 정보를 제공하거나, 경제적 유인 또는 정치적 지지를 제공한다. 이러한 정치활동은 개별 기업 단위로 혹은, 집단행동으로 나타날 수 있다. 그런가 하면 피동적인 형태로 이루어지기도 하고, 혹은 선제적-적극적 방식으로 이루어지기도 한다.

셋째, 정치활동유형의 차이를 가져오는 주요 변인이 무엇인가 하는 것이다. 기업 정치활동의 방식이나 그 유형을 결정하는 변인은 다양할 수 있다. 기업의 규모나 존속 연한, 속해 있는 업계의 규모나 업계 내 경쟁 정도 및 집중도에 의해 달라질 수 있고, 정치적 정책적 현안의 이슈라이프 사이클이나 정책결정 단계에 따라 달라질 수도 있다. 그런가 하면 기업 정치활동의 배경적 요인으로서 한국에서의 정치제도적 변수가 작동한 결과로 나타나는 것일 수도 있다.

기업정치활동에 관한 연구의 가장 큰 제약은 실제 이루어지고 있는 기업이나 이익집단의 정치적 활동 현황을 파악할 수 있는 경험적 자료를 쉽게 확보할 수 없다는 데에서 기인한다. 기업정치활동이 음성적인 방법, 익명성의 활동으로 진행되는 경우가 많고, 직접적인 유경험자들이 서약이나 직업 윤리의식의 발동으로 침묵을 지키는 경우가 많기 때문이다. 특히 한국에서와 같이 정부기관이나 정치인과의 접촉 활동을 규율하는 법제화가 이루어지지 않은 사회에서는 기업의 정치적 활동, 특히 대관 접촉 활동에 관한 경험적 자료를 수집하는 것이 매우 어렵다.

연구의 가장 큰 관건은 이 같은 제약에도 불구하고, 얼마나 많은 적실성 있는 연구 자료를 확보할 수 있느냐에 달려 있다. 이 연구에서는 연구에 필요한 기초 자료 수집을 위해 대상 기업이나 단체의 유관업무 종사자들에 대한 설문조사를 실시하고, 그 결과를 분석하였다. 또한 선별된 업무 유경험자들을 대상으로 표적집단 인터뷰(Focus Group Interview)와 심층면접을 실시하여 적실성 있는 정보를 최대한 확보하고자 하였다.[1]

2) 자료수집: 표적집단 인터뷰(focus group interview)와 설문조사

○ 질적 연구방법론으로서 표적집단 인터뷰(FGI)

사회과학 분야에서 데이터 획득을 위한 방법론으로 표적집단 인터뷰

기법이 이용되기 시작한 것은 거의 100여 년에 이른다. 1926년 사회심리학자 에모리 보가더스(Emory Bogardus)가 사람들 간의 사회적 거리 측정을 위한 척도 개발을 목적으로 소수의 참여적 관찰자들과의 집단인터뷰를 통해 자료를 수집한 것이 공식적인 기원으로 인정되고 있다(Wilkinson, 2004). 표적집단 인터뷰는 1950년대 이후 시장조사를 위한 대표적인 기법으로 자리를 잡아가고 있다. 특히 군경험자나 혁명참가자, 페미니스트 등 사회운동가들을 대상으로 경험적 자료를 모을 수 있는 질적 연구방법론의 일환으로 광범위하게 활용되고 있다.

표적집단 인터뷰는 1980년대 이후, 보건위생 분야에서 질병 유경험자를 상대로 증상이나 심리적인 영향을 분석하여 자료를 모으는 효과적인 기법으로 활용되었다. 사회과학 분야에서도 특정 사안 관련 유경험자나 전문가 집단을 상대로 경험적 자료를 모을 수 있는 방법론으로 환영을 받기 시작하였다. FGI는 성, 사회 계급, 인종, 종교, 교육 등의 사회적 문화적 배경을 공유하고 있는 사람들이나 이혼이나 결혼, 임신 출산, 육아, 정신질환이나 HIV/AIDS 등 특정 질환 등 특정 사안에 대한 유경험자나 특별한 수준의 관심 공유자들을 대상으로 적용되어 왔다. 관련 사안에 대해 그 사람들이 무엇을 어떻게 생각하며, 왜 그러한 생각을 가지게 되었는지를 조사하는 데 유용하게 활용되어 왔다.

1980년대 이후 FGI는 사회과학의 다양한 분야에서 사람들의 다양한 관점과 견해를 모으는 질적 연구 방법으로서 광범위하게 이용되기 시작하였다. 예컨대 정치학 분야에서 특정의 정치적 사안에 대한 사람들의 견해와 판단을 모으는 방법으로 이용되기도 했고, 선거 과정에서 특정 후보나 특정 이슈에 대한 여론을 수집하는 방법으로 활용되었다. 질적 연구 방법으로써 FGI의 확산은 무엇보다도 그것이 저렴하면서 비교적 쉽게, 신속하게 양질의 경험적 자료를 확보할 수 있는 비용 효율성을 갖는 방법론

이라는 점에서 연구자들의 관심을 끌어왔기 때문이다.[2]

○ FGI의 절차상의 특징

표적집단 인터뷰는 유사한 사회적 배경이나 경험, 유사한 관심사를 공유하고 있는 6–8명 정도의 피면접자 집단을 대상으로 조사연구를 진행하는 연구방법이다. 표적 집단 참가자들은 조사연구자의 도움을 받아가며, 1–2시간 정도 특정 사안에 대해 함께 토의를 진행하는데, 조사연구자의 역할이 중요한 것은 참가자들이 편안한 분위기를 느끼며 활발하게 자신의 경험과 생각을 말하고, 다른 참가자들과 함께 즐거운 마음으로 토의를 이어가도록 배려해야 하기 때문이다. 자신이 그룹 내 다른 참가자에 의해 평가되고 있다고 느낀다거나 자칫 조롱거리가 될 수 있다고 느끼지 않도록 하는 것이 중요하다. 조사연구자는 참가자들 각자의 경험의 내용과 깊이는 조금씩 다를 수 있지만, 같은 경험을 공유했다는 동류의식을 갖고 주저 없이 참여할 수 있어야 한다.[3] 참여자들은 연구 질문에 귀중한 공헌을 할 수 있다고 기대되었기 때문에 초대된 것이다. 같은 경험을 공유하고 있지만, 경험에 대한 해석이나 판단은 얼마든지 다를 수 있다. 참여자들이 이 점에 대해서 공감하도록 하는 것이 연구 성과를 좌우하기도 한다.

표적집단 인터뷰는 경험을 공유하고 있는 사람들로부터 경험의 내용과 경험에 관한 생각을 모으는 것이다. 연구자의 관점을 주입하지 않고, 참여자의 생각과 경험을 모으는데 중점을 두어야 한다. 경험을 공유하고 있는 사람들끼리 생생한 경험의 내용을 꺼리지 않고 이야기하도록 유도하는 것이 중요하다. 토의진행자의 역할을 맡은 조사연구자가 어떻게 분위기를 끌어가느냐 하는 것이 관건이다.[4] 조사연구자가 더 잘 알고 있다는 식으로 끼어드는 일은 바람직하지 않다. 오히려 참가자들한테 대화를 주도하게 하고, 조사연구자는 현장에서의 목소리를 귀담아듣는 자세를 취하는 것이 바람직하다. 조사연구자가 주제 영역을 개괄적으로 제시한 다음, 어떠한 이슈가 적실성 있고 중요한지에 관해서도 참여자들한테 맡겨 놓는 것이 필요하다. 조사연구자의 관점에서 참가자들이 자신의 경험을 설명하도록 하는 것이 아니라, 스스로 직접 경험한 현실의 내용을 자신들의 관점에서 해석하도록 할 때 연구자는 경험의 실체에 다가갈 수 있다.

표적집단 인터뷰는 다음과 같은 절차상의 특징을 갖는다.[5]

첫째, 표적집단 인터뷰의 참여자들은 사회문화적 경험을 공유하고 있거나, 특정의 관심사를 공유하고 있는 사람들이다. 소규모의 유경험자를 한자리에 모아 그들이 경험한 내용을 깊이 있게 토의할 수 있는 분위기를 조성한다.

둘째, 참여자들이 공유하고 있는 특정의 관심사에 초점을 맞추어 서로의 경험 내용을 보다 구체적으로 토의하도록 한다.

셋째, 집단 면접은 경험 공유자들끼리 경험을 상호 반추하는 토의 과정을 통해 경험에 대한 서로의 기억을 재정리하는 데 도움을 주고받도록 하는 상호작용 과정이다. 표적집단 인터뷰는 '집단효과'(group effect)를 도모한다는 점에서 면접자와 피면접자의 심층적인 개별 인터뷰와는 구분된다.

넷째, 조사연구자의 가장 중요한 역할은 활발한 토의 과정에서 표적 집단 참여자들로부터 구체적이고, 생생한 정보를 획득하는 것이다. 이를 위해 토의를 주관하는 조사연구자는 토의가 원활하게 진행되어 나갈 수 있도록 주제 영역을 제시하고, 참여자들이 토의에 적극적으로 임하도록 분위기를 이끌어 나가는 등의 조력자 및 토의 촉진자의 역할을 수행한다.

표적집단 인터뷰에서 조사연구자는 토의진행자 역할을 맡는다. 이는 집단 토의 주도자의 역할과 구분된다. 토의 주도자로서의 역할은 오히려 최소화되어야 함을 뜻한다. FGI 참여자들에게 대화 및 토의 진행의 이니셔티브를 갖게 하는 것이 원칙이다. 사안에 대해 무엇이 중요하고, 어떤 관점에서 그 사안을 다뤄나가는 것이 필요한 지에 대해 참여자들이 토의를 진행해가면서 자율적으로 정해 나가도록 하는 접근법이 필요하다. 조사연구자가 사안을 보는 관점이나 접근법, 인식의 틀을 강요해서는 안 되며, 집단 토론자들 간 합의점을 찾도록 유도하는 것도 바람직하지 않다.

표적집단 인터뷰는 조사방식의 유형에 따라 크게 두 가지 접근법으로 분류된다. 하나는 정형화된 설문지를 가지고 엄정한 절차에 따라 진행되는 구조화된 접근법이고, 다른 하나는 참가자끼리의 자유로운 토의를 유도해 가며 조사연구를 진행하는 '덜 구조화된' 접근법이다. 전자가 시장조사에 이용되는 접근법이라면, 후자는 사회과학 일반에서 이용되는 접근법이다. 구조화된 접근법에서는 조사연구자(moderator)의 적극적인 개입이 필요한 경우도 있다. 조사연구자는 표적집단 참여자들을 상대로 설문지 문항에 기초하여 정형화되어 있는 질문을 던지고, 의견을 나누어가며 한 사람 한 사람들로부터 대답을 얻는다. 반면 덜 구조화된 접근법에서는 참여자들로부터 동일 문항에 대한 개별적인 답을 모아가는 것이 아니라, 참여자들 간의 대화와 토의를 자연스럽게 유도해 나가는 역할을 해야 한다. 참여자들이 공유하고 있는 경험을 서로 다른 참여자들이 어떻게 해석하고 있고, 어떠한 의미를 부여하고 있는지 다양한 생각을 모아야 하기 때문이다.

FGI는 현장에서의 일을 심층적으로 정확하게 파악하기 어려운 연구자로서 현장에 대한 실체적 진실에 다가갈 수 있는 유용한 방법이다. 현장에 있거나 혹은 현장 경험이 있는 사람들로부터 깊이 있는 정보와 지식을 획득할 수 있을 뿐 아니라, 그들이 가지고 있는 사안에 대한 같은 또는 다른 다양한 생각들—이해, 인식, 가치판단, 인상, 느낌 등—에 직접적으로 접할 수 있는 기회를 갖는 것이기 때문이다. 더불어 FGI는 면접 과정에서 참여자들이 왜 그러한 생각을 가지게 되었는지에 관해서도 이해할 수 있는 기회로 활용될 수 있다. FGI는 전문적 식견과 경험을 공유하고 있는 사람들로부터 그들의 관점에서, 그들의 이야기를 듣는 방법론이라는 점에서 다른 조사방법으로 획득하기 어려운 연구 자료를 획득할 수 있다는 평가를 받기도 한다.

이 연구는 기업정치활동 유경험자를 대상으로 표적집단 인터뷰 방법을 활용하여 연구 데이터를 수집하였다. 인터뷰는 사회 현상에 대한 자료를 모으는 방법으로 오랫동안 이용되어 왔다. 일반적으로 인터뷰 상대는 특정 사안에 대한 전문가일 수도 있고, 오랫동안 체계적인 관찰자로서 그 사안에 대한 풍부한 지식을 가진 사람일 수도 있다. 또한 사안과 관련된 직접적인 체험을 통해서 동일 사안에 대해 일가견을 가진 사람일 수 있다. 표적 집단 인터뷰(FGI)는 특정 사안과 관련하여 오랫동안 직접 경험을 통해서 그 사안에 대해 풍부한 지식을 가진 전문가 그룹을 대상으로 집단 면접을 통해서 자료를 수집하는 조사 방법이다.[6] 사회과학적 조사연구 방법으로 표적 집단 면접은 특정 경험 및 관심사 공유자들로부터 직접 경험했거나 알고 있는 이야기를 서로 나누면서, 왜 그들이 그러한 기억이나 인식, 지식을 갖게 되었는지를 탐구해 나가는 연구 작업이다. 표적 집단 면접은 경험이나 관심을 공유하고 있는 사람들이 가지고 있는 다양한 생각을 그들의 관점에서, 그들의 언술로 직접 전해 듣기 위한 것이다.[7]

한국에서 로비활동은 합법적인 직업 활동으로 인정되지 않기 때문에 로비활동 유경험자들은 자신의 경력을 가능한 숨기려 든다. 자신의 경험을 당당하게 다른 사람들과 공유하려 들지 않는다. FGI 환경은 경험을 공유하고 있거나, 공유한 적이 있는 사람들과 자리를 같이 하며 서로의 유사한 경험에 대한 의견을 교환하는 자리이다. 경험을 공유하고 있는 다른 사람들과 동류의식을 가질 수도 있고, 심리적으로 편안한 분위기를 느낄 수도 있다. 대화가 이어지고, 시간이 지나면서 직업윤리나 서약에 의한 제약감도 다소 완화될 수 있다. 한국에서 로비활동 경험은 적법과 불법 사이의 한계선상에서의 경험일 수 있다. FGI는 한계선상의 예외적 경험 소유자들에게 목소리를 내도록 돕는 방법이다. FGI 환경은 경험을 공유하고 있되, 유사한 경험에 대하여 기억과 인식이 서로 다른 사람들 사이에서 서로 다른 견해를 교차 체크할 수 있는 장점이 있다. 독특한 경험에서 오는 왜곡된 인식이나 독단적인 판단, 극단적인 견해는 의견 교환의 교차 검토 과정에서 걸러질 수 있기 때문이다.

FGI는 피면접자를 한 사람씩 상대하면서 진행되는 개별 인터뷰와 다르며, 그룹을 모아 놓고 동일한 질문에 대한 반응을 모으는 집단 면접과도 구분된다. FGI는 소규모 집단의 피면접자들을 상대로 진행된다는 면에서 겉모습은 집단 면접이지만 통상적인 그룹인터뷰와는 성격이 다르고, 취지도 다르다. 개별 인터뷰나 그룹 인터뷰에서는 면접자가 사전에 정형화되어 있는 질문 문항을 활용하여 면접 과정을 주도한다. 피면접자들에게 같은 질문을 던지고, 이에 대한 반응으로서 답들을 모으는 방식으로 연구 자료를 수집하는 것이다. FGI는 면접대상자들로부터 정보를 모으기 위한 간편한 수단으로 이용되는 것이 아니다. 이는 면접 참여자들이 전체적으로 참여하는 그룹 토의, 혹은 경우에 따라서는 참여자들 간 상호 토의를 통해서 공유되고 있거나 차별화되어 있는 인식이 무엇인지를 확인하면서 사안에 대한 실체적 진실을 포착하기 위한 목표를 갖는다. 그렇기에 FGI 진행 과정에서는 참여자들 간의 교호작용이 긴요하게 작동한다.

이 연구는 한국 기업정치활동에 관한 경험적 자료를 수집하기 위하여 기업정치활동 유경험자를 대상으로 인터뷰를 진행하였다. 연구자는 개별 기업이나 업계 단체에서의 대관업무 유경험자(현직자 또는 퇴직자), 한국 기업의 정치활동을 체계적으로 관찰할 수 있었던 사람(전·현직 관료, 언론인, 연구자 등)들을 대상으로 개별적 심층면접을 실시하였다. 또한 이 가운데 동의를 구할 수 있었던 인사들로 학회 패널을 구성하여 표적집단 인터뷰를 진행하였다. 유경험자 인터뷰 과정은 예상했던 것보다 많은 시간과 노력을 필요로 하였다. 개별 심층면담 대상자는 대기업을 대표하여 H그룹 임원 출신 2인(자동차, 기계), C그룹 임원출신(그룹총괄) 1인, S그룹(건설) 1인, S사 임원출신(전기전자) 2인, S사 임원출신(금융), H그룹 임원 출신으로 전경련 임원을 역임한 인사, H사 임원출신 인사, D사 임원출신으로 관련 협회의 임원을 역임한 1인, W은행 임원 1인, 중견기업 임원 2인(건설, 바이오), 업계 협회 인사 3인, 경제 5단체 대관업무부서 총괄 담당자 5인, 학계인사 3인(정치학, 경영학 관련 분야 연구자), 현직 관료 및 관료출신 2인 등 26명이다. 이들 중 연구자를 포함하여 8인으로 패널을 구성하여 한국정치학회 학술회의(2020년 동계학술회의) 패널 구성을 통해 표적집단 인터뷰와 집중토의시간을 가졌다.

3) 대관업무 현황 설문조사

이 연구는 한국에서 기업의 정치활동이 실제 어떠한 방식으로 이루어지고 있는지를 분석하기 위해 대관업무 유경험자를 상대로 설문조사를 실시하였다. 설문조사를 위한 준비과정과 실제 설문조사 과정에서 설문대상자 가운데 일부 인사를 타깃팅하는 작업을 병행하였다. 이후 이들 인사를 직접 방문하여 심층 인터뷰를 실시함으로써, 이들로부터 경험과 지혜를 직접 구하는 작업을 진행하였다.

설문조사 기간	2019년 10월 7일 ~ 2020년 1월 30일 (116일간)
설문지 배부 수	292부
회수 설문지 수	131부
응답률	44.86%

파일럿 서베이: 2019년 10월 2일-10월 5일(4일)

1차 서베이 기간: 2019년 10월 7일부터 2019년 11월 2일(27일)

2차 서베이 기간: 2019년 12월 11일부터 2020년 1월 30일(51일)

○ 설문조사 대상 선정

대기업(공기업 포함)과 중소기업, 업계 단체 및 경제단체 비율을 5:3:2 비율로 정한다는 목표에 따라 접촉 가능한 대상 기업들의 리스트를 작성하였다. 이 비율은 한국에서의 실제 이루어지고 있는 기업정치활동의 비중과 대관담당자의 중요도 인식 정도, 저널리즘 기사 비중의 정도를 종합적으로 고려하여 추정한 수치이다.

특히 대기업의 경우는 건설·건축, 기계·자동차, 통신, 전기·전자 업종이 고르게 포함될 수 있도록 하였으며, 나머지 업종을 기타 제조업과 서비스 업종으로 분류하였다. 대상자 선별 과정에서는 각 업종을 대표하는 대기업이 포함될 수 있도록 대상자를 타깃팅하였다. 또한 접근이 용이한 특정 업종에 치우치지 않도록 업종별 균형에도 신경을 썼다. 회수된 응답지를 기준으로 기업의 업종별 분포는 건설·건축 10%, 기계·자동차 13.3%, 전기·전자 10.67%, 기타 제조업 6.67%, 통신 등 기타 서비스 40%의 분포이다. 리스트에 포함되어 있는 1, 2차 설문지 배포 가능한 대상자는 모두 292명이었다. 이 가운데 모두 131개의 설문지가 회수되어 응답율은

44.86%이다.

○ 설문조사 방법

설문조사는 스마트폰을 이용한 온라인 설문조사와 전통적인 설문방식을 병행하였다. 온라인 설문조사는 세베이몽키 온라인 조사 프로그램이 이용되었다. 설문대상인 기업의 대관업무 유경험자(현직포함)들에게 스마트폰을 이용하여 설문참여용 링크를 전송하여, 바로 응답지에 체크하거나 간략하게 응답을 기술하도록 하는 방식으로 실시되었다. 온라인 응답보다 종이 설문지를 선호하는 대상자에게는 종이 설문지를 배포하여 응답하도록 하였다. 경제 5단체를 포함한 경제단체와 일부 업계 단체에 대해서는 종이설문지를 배포하여 응답지를 회수하였다. 단체의 대상자 가운데 일부 응답자는 설문지의 QR 코드를 이용하여, 서베이몽키 사이트에 들어와 응답하기도 하였다.

○ 응답지 수거율

배포된 질문지 가운데 최종적으로 회수된 응답지는 131부로 회수율은 44.86%이다.

회수율은 연구결과의 타당성을 담보할 수 있는 수준의 응답률이다.* 전

---

* 일반적으로 설문 응답율은 e메일의 경우 25~30%, 일반 우편에 의한 조사는 20~40%, 무응답자의 대체가 가장 쉬운 전화조사의 경우 60%로 알려져 있다(남궁근, 2021). 본 연구에서는 기본적으로 응답자에게 설문지를 e메일로 송부하는 방식을 사용하였고, 서베이몽키 사이트에 들어오도록 초대하는 방식과 직접 교부하는 방식을 병행하기도 하였다.

체 응답지 가운데 민간 대기업의 비율이 39.52%의 비중을 차지하고 있다. 이는 한국에서 기업정치활동 현상의 가장 큰 비중은 대기업에 의한 것이라는 판단에서 대기업 조사대상자들을 상대로 회수를 위한 노력에 치중했던 결과이다. 대기업과는 달리 중견중소기업의 경우는 대관업무 전담자를 타깃팅하여 접근로를 찾기가 어려웠고, 응답지 작성과정에서 중도에 응답을 포기하는 경우도 적지 않았다. 질문지 자체가 대기업에서의 대관활동을 염두에 두고 작성한 이유도 크게 작용한 것으로 조사되었다. 따라서 2차 설문조사는 1차 회수율이 저조한 중견중소기업군을 대상으로 실시한 것이다.

설문: 귀하가 정부 관계 업무를 수행할 때(수행했을 때) 속한(속했던) 기업(단체)의 유형은 무엇입니까?

기업 유형	빈도(%)
사기업(대기업)	49 (39.52)
사기업(중견기업/ 중소기업)	32 (25.81)
공기업(정부출연기관, 준정부기관 등 포함)	19 (15.32)
협회(단체)	24 (19.35)
합 계	124 (100)

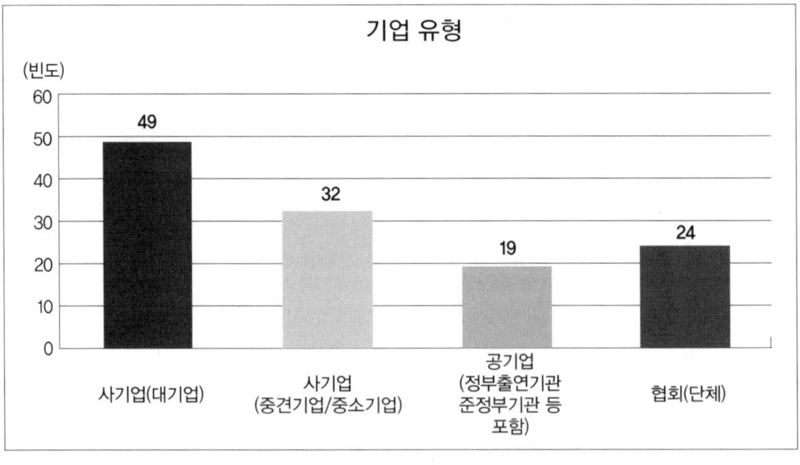

○ 설문대상 업종별 분포

정부 관계 업무를 수행하고 있거나 수행했던 당시 응답자가 속해있던 기업의 업종은 서비스(40.0%), 건설·건축(13.33%), 기계·자동차(13.33%), 전기·전자(10.67%)의 순으로 관찰되었다.

설문: 귀하가 정부 관계 업무를 수행할 때(수행했을 때) 속한(속했던) 기업(단체)의 업종은 무엇입니까?

기업 업종	빈도(%)	상세 항목
건설/건축	10 (13.33)	
기계/자동차	10 (13.33)	
전기/전자	8 (10.67)	
기타 제조업	5 (6.67)	
서비스 (연구용역 포함)	30 (40.00)	
기타	12 (16.00)	경제단체, 금융업, 방송광고, 지주회사
합계	75 (100)	

응답자가 소속되어있는 조직의 대략적 특징은 다음과 같다. 기업의 평균 종업원 수는 6,432명이었으며, 매출규모는 평균 8조 2,844억 원, 평균 자산규모는 14조 154억 원, 그리고 업종 내 평균 시장점유율은 28.02%인 것으로 조사되었다. 응답자 소속기관의 본사 소재지는 대부분 서울특별시(66.09%)였으며, 경기도(20.0%), 경상남도(5.22%), 부산광역시(4.35%) 순이었다. 응답자 소속기관의 평균 연혁은 약 39년 3개월로 관찰되었다.

설문: 귀하가 정부 관계 업무를 수행할 때(수행했을 때) 속한(속했던) 기업(단체)의 규모 및 본사에 대해 알려주십시오.

	평균		
(1) 종업원	6,432명		
(2) 매출규모	8조 2,844억 원		
(3) 자산규모	14조 154억 원		
(4) 업종 내 시장점유율	28.02%		
(5) 본사 소재지	서울특별시	76	66.09%
	경기도	23	20.00%
	경상남도	6	5.22%
	경상북도	1	0.87%
	부산광역시	5	4.35%
	세종특별자치시	1	0.87%
	인천광역시	1	0.87%
	전라남도	1	0.87%
	충청북도	1	0.87%
	합계	115	100%
(6) 연혁	39년 3개월		

응답자 인적사항

정부 관계 업무 담당자의 인구학적 특성과 업무경험을 알아보기 위해 분석을 수행하였다. 평균적으로 정부 관계 업무 담당자들은 9.70년 혹은 9년 9개월 동안 소속 부서에서 정부 관계 업무를 수행한 것으로 관찰되었다. 중소기업 내 정부 관계 업무 담당자의 평균 근속 기간은 10년 4개월로 나타났고, 이는 대기업 내 정부 관계 업무 담당자의 평균 10년보다 조금 더 오래 근속한 것으로 파악할 수 있다.

1. 귀하가 정부 관계 업무를 수행할 때(수행했었던) 소속 부서에서 근무하신 지 몇 년 되었습니까?

→ 평균 9.79년(9년 9개월)

정부 관계 업무만을 전문적으로 수행한 기간을 묻는 질문에서, 전체 응답자의 정부 관계 업무 평균 종사 기간은 8년 5개월인 것으로 나타났다.

2. 정부 관계 업무에 종사한 기간은 얼마나 되었습니까?

→ 평균 8.40년 (8년 5개월)

정부 관계 업무 담당자 중 임원급은 38.39%, 비임원은 61.6%인 것으로 나타났다.

3. 귀하의 직급은 무엇입니까(무엇이었습니까)?

직급	빈도(%)
임원	43 (38.39%)
비임원	69 (61.61%)
합계	112 (100%)

정부 관계 업무 담당자의 정부기관 근무 경험을 조사한 결과 응답자의 대부분(77.8%)은 정부기관 근무 경험이 없는 것으로 나타났다. 대기업 내 정부 관계 업무 담당자들이 정부기관에 종사했던 경험이 더 많은 것으로 나타났으며(평균 1.93), 대기업과 중소기업 간 정부 관계 업무 담당자의 정부기관 근무 경험 여부의 차이는 통계적으로 유의미한 것으로 나타났다 ($p < .05$).

4. 정부기관에 근무한 적이 있습니까?

정부기관 근무 경험	빈도(%)
예	25 (22.12%)
아니오	88 (77.88%)
합계	113 (100%)

집단	관측치	평균[1]	t[2]	p[3]
중소기업	29	1.7586	−2.1431	0.0355*
대기업	44	1.9318		

일반적으로 t−test는 상이한 특성을 갖는 두 집단 간 차이가 통계적으로 유의미한지를 검증하기 위해 사용하는 통계기법이다. 본 연구조사에서는 기업 규모가 다른 중소기업과 대기업 간 정부 관계 업무 동기나 전략, 목적 등에서 차이점이 존재하는지, 이러한 차이점이 통계적으로 유의미한

지를 통계적으로 검증하기 위해 t-test를 수행하였다.

이하 도표 상에 표기된 t-test 결과를 해석할 때 위첨자상의 평균값과 t값, p값은 다음과 같은 의미를 반영하고 있는 것이다.

1) 평균: 중소기업과 대기업 소속 종사자의 질문에 대한 평균값이다. 즉, 중소기업 집단과 대기업 집단의 평균 응답값이다. 여기서는 정부기관에 근무한 경험(0: 없음, 1: 있음)을 묻고 있으므로, 중소기업보다는 대기업의 경우 정부기관에 근무한 경험을 갖고 있는 종사자가 더 많음을 알 수 있다.

2) t값: t값은 두 집단의 차이의 평균을 표준오차로 나눈 값으로서, 표준오차와 표본평균값 차이의 비율을 나타내는 검정통계량이다.

3) p값(p value): p값은 유의확률로서 일반적으로 p값이 0.05보다 작을 경우 두 집단 간 평균 차이가 유의미한 것으로 해석되어 귀무가설을 기각한다. 반면 p값이 0.05보다 클 경우, 두 집단 간 평균 차이가 유의미하지 않으므로 귀무가설을 수용한다. 여기서는 중소기업과 대기업 종사자의 정부기관 근무경험의 차이에 대한 t값의 유의확률이 0.05보다 작으므로 두 집단 간 차이가 통계적으로 유의미하다고 볼 수 있다.

과거 정부기관 근무 경험이 있는 대관업무 담당자들은 주로 중앙행정기관(36.0%)이나 행정기관 산하 단체(36.0%)에 근무했었던 것으로 나타났다. 그 외에도 국회(16.0%)와 지방자치단체(12.0%)에 근무했던 경험이 있는 것으로 관찰되었다.

※ 위 항목(4번)에서 '예'라고 응답하신 경우에만 아래 항목(4-1번, 4-2번)을 대답해 주십시오.

4-1. 근무했던 정부기관에 체크해 주십시오.

근무했던 정부기관 유형	빈도(%)
중앙행정기관	9 (36.00%)
지방자치단체	3 (12.00%)
국회	4 (16.00%)
지방의회	0 (0.00%)
행정기관 산하 단체	9 (36.00%)
기타	0 (0.00%)
합계	25 (100%)

또한 과거 정부기관 근무 기간은 평균 11.98년 혹은 11년 11개월로 나타났다.

4-2. 정부기관에 몇 년 동안 근무하셨습니까?

→ 평균 11.98년 (11년 11개월)

정부 관계 업무를 담당하고 있는 부서 내 응답자 본인 이외에도 과거 정부기관 근무 경험이 있는 동료의 여부를 묻는 질문에서 전체 중 52.0%의 응답자가 '그렇다'라고 응답하였다. 이는 과거 정부기관 근무 경험이 있어 정부기관의 특성을 잘 이해하고, 공무원들과의 네트워크를 갖고 있는 것이 우리나라 기업에서 정부 관계 업무를 수행하는 데 장점으로 작용하고 있다는 것을 보여 준다.

5. 같은 부서에서 근무하는(했던) 동료들 중, 과거 정부기관에서 근무 경험이 있는 직원이 있(었)습니까?

정부기관 근무 경험이 있는 직원	빈도(%)
예	52 (52.00%)
아니오	48 (48.00%)
합계	100 (100%)

응답자의 89.9%는 남성인 것으로 나타났으며, 평균 연령은 만 49.8세인 것으로 관찰되었다. 종합하여볼 때, 정부 관계 업무 담당자는 주로 대관 업무나 정부기관 근무 경험이 있는 경력직의 남성인 것을 추론해볼 수 있다.

6. 귀하의 성별은?

성별	빈도(%)
남	98 (89.91%)
여	11 (10.09%)
합계	109 (100%)

7. 귀하의 연령은?

→ **평균 만 49.88세**

4) 한국 기업의 대관활동 현황

본 설문조사는 현재 대관업무를 직접 수행하고 있거나, 재직 중 대관업무를 수행했던 유경험자를 대상으로 진행되었다. 수거된 설문지 응답 분석 결과, 대관업무를 수행할 때 소속되었던 부서의 명칭은 조직별로 차이가 있다. 대관업무를 전담하는 부서에 소속되었다는 응답이 전체 30.3%로 가장 많다. 이는 전체 응답자 가운데 대기업 소속 응답자의 비중이 가장 큰 이유이다. 기획·전략 부문에 속한다는 응답이 26.2%로 그 다음이고, 임원실·비서실과 재무관리부서가 11.4%로 그 뒤를 이었다. 홍보부문(9%)에서도 관련 업무를 수행하는 것으로 조사되었다. 정부기관을 대상으로 수주업무를 맡고 있는 현업 사업부서(9%)에서 대관활동을 하는 경우도 적지 않았다. 영업부 등 사업부서 소속이 적지 않은 비중을 차지하는 것은 기업의 대관업무가 대관전담부서에 의해서만 이루어지는 것이 아니라, 일상 경영활동 과정에서 다방면에 걸쳐 진행되고 있다는 것을 보여주는 것이라고 할 수 있다. 예컨대 건설·건축업종에 속한 기업의 응답자들은 정부기관을 상대로 하는 수주 경영업무의 일환으로 대관활동이 이루어지고 있음을 보여 주고 있다.

1. 귀하가 정부 관계 업무를 수행할 때(수행했을 때) 속한(속했던) 부서는 무엇입니까? 수행 당시 소속 부서 한 개를 선택해 주십시오.

소속 부서	빈도(%)
홍보부문	11 (9.02)
대관업무 부서	37 (30.33)
임원실·비서실	14 (11.48)
기획·전략 부문 부서	32 (26.23)
재무관리 부서	14 (11.48)
영업부 등 사업 부서	9 (7.38)
총무·인사 부서	4 (3.28)
기타	1 (0.82)
합계	122 (100)

○ 대관업무 전담부서의 명칭

대관업무 전담부서의 명칭으로는 대외협력실(팀)과 전략경영, 전략기획의 명칭이 많다. 대기업들이 대외협력실 명칭을 사용하고 있고, 협회나 단체는 '전략' '기획'의 명칭이 포함된 경우가 다수임을 알 수 있다. 대관담당자가 소속되어 있거나 실제 근무하는 부서 조직의 명칭은 조금씩 차이가 있다. 삼성그룹에서 전형적으로 찾아볼 수 있듯이 실제로는 별도의 조직으로 따로 움직이면서 실제 인사 대장상으로는 어느 계열사 소속인 경우도 있었다.

설문: 귀하의 기업(단체)에서 정부 관계 업무를 담당하는 부서가 따로 있는(있었던) 경우 부서 명칭은 무엇입니까?

대외협력부
경영관리부 (경영지원팀, 총무부)
정책실 (정책기획팀, 정책조정팀, 정책분석센터, 정책협력실)
기획실 (기획예산팀, 기획조정실, 종합기획부)
미래전략실 (미래협력실)
법무팀 (법령제도팀)
의정협력팀
전략기획팀 (전략경영팀)
홍보실 (홍보부 대관담당, 홍보담당관실, 커뮤니케이션팀)
CR (Corporation Relation)팀 (SK)
업무팀(삼성)

한국에서는 기업정치활동이 대관업무 담당자들에 의해 집중적으로 행해지고 있음을 알 수 있다. 로비 관련 법제화가 이루어져 있지 않은 한국에서는 공식적으로는 로비활동이라는 것이 존재할 수가 없다. 그렇지만

합법성 여부를 떠나서 로비활동은 사실상 행해지고 있으며, 일상화되어 있다고까지 말할 수 있다. 엄격하게 말하자면 사실상으로만 존재하고 있는 거의 대부분의 로비활동은 불법적인 것이다. 한국 기업들의 대관업무는 정부공직자를 상대로 한 영향력 행사 활동으로서 로비활동이 한국식으로 변형되어 정착해 온 것임을 알 수 있다.

한국에서 대관활동은 조직 밖 이해관계자와의 소통을 통해 우호적인 결정을 획득하기 위한 목적 하에 수행되는 전략경영 차원의 활동임을 알 수 있다.

"국내 대기업 대다수는 대관 조직을 거느리고 있다. 10대 그룹과 주요 계열사들은 수십 명에 이르는 방대한 조직을 꾸린다. 삼성전자는 '업무팀'이라 불리는 대관 조직을 운영한다. 현대자동차 역시 삼성에 맞먹는 대관팀이 활동하고 있다. LG전자의 경우 대외협력담당 상무가 대관 조직을 이끈다. SK 그룹과 KT 조직 내에서는 CR(Corporate Relation · 대관)팀이 대관업무를 담당한다. 20대 그룹 이하 주요 계열사도 다수의 대관 담당자를 두고 있다."[8]

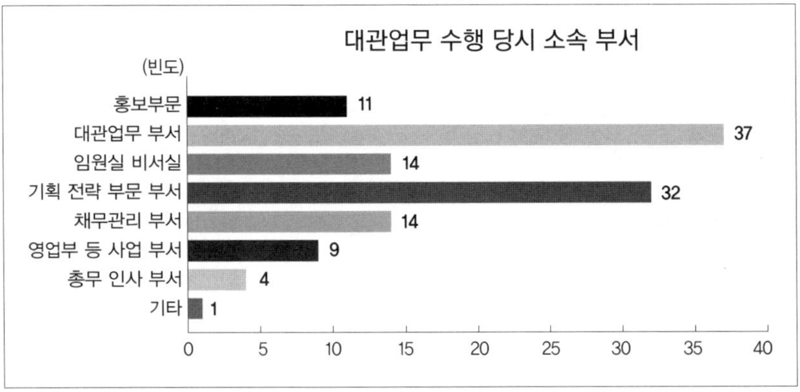

"대관 조직은 기획·마케팅·영업·서비스 등 다른 부서가 해결할 수 없는 업무를 은밀히 처리한다. 대관팀 구성과 역할을 살펴보면 해당 기업이 안고 있는 고민과 해결해야 할 과제가 무엇인지 알 수 있다. 특히 총수 일가가 기업경영에 간여하고 규제 관련 이슈가 많은 기업일수록 대관 조직이 크다."[9]

대관업무 담당자의 공식적인 업무는 기업과 정부기관 사이에서 소통을 맡고 있는 대화의 창구이다. 대관업무 담당자들 사이에서는 국회 담당, 행정부 주요 부처 및 규제기관 담당, 법원 담당 등으로 담당 업무가 구분되어 있는 경우가 많다. 특히 대관조직이 큰 대기업들에서는 대관업무 담당자들 간 이러한 기관별 접촉 창구가 특정화되어 있는 경우가 많다. "한국 대기업의 대관업무는 부서 조직별로 다방면에 걸쳐 있으며, 기능조직 부문별로, 사업조직 부서별로 접촉 대상과 대관업무 수행자가 다르다."[10]

대관업무 담당자들이 수행하는 또 하나의 중요한 역할은 정부공직자들과의 친분관계를 만들어 이를 관리 유지하는 일이다. 친분관계 구축 및 유지는 현안이 발생했을 때를 미리 대비해 두는 대관업무 수행자의 일상적 활동에 속한다. 대관담당자는 회사 경영에 영향을 줄 수 있는 정부기관, 국회 의원실이나 주요 행정부기관 등에 연줄을 찾아 인맥을 만들고 관리해 나가는 활동을 맡는다. 대관 조직이 큰 대기업들은 정부, 국회, 검찰 등 출입처마다 담당 직원을 배치하기도 한다. 정부와 국회를 동시에 접근 대상으로 활동하다 보면 대관업무의 효과성을 높이는 데 도움이 되기 때문이다. 예컨대 국회 내 인맥을 통해 해당상임위 관할 정부 부처에 대해 압력 행사를 동원할 수 있다. 그렇기 때문에 대관 담당자를 아예 정부 공직자 출신으로 채용하는 경우도 적지 않다.[11] SK와 KT처럼 행정부처 공무원을 대관 담당 임원으로 영입하거나, 국회의원 보좌관 출신을 대관 담당자로 채용하는 사례도 늘고 있다.[12] 정부부처를 두루 출입한 언론인 출신에 대관업무를 맡기는 사례가 있기도 하다. 삼성과 LG 그룹의 경우 내부 대관활동 담당 직원이 승진해 대관업무를 총괄하는 임원이 되는 경우가 많은 것으로 알려지고 있다.

삼성이나 현대 등 오랜 역사를 가진 한국 대기업의 경우, 대관업무 담당자들이 맡고 있는 중요한 핵심적 역할은 총수 일가의 그룹 지배체제를 공고화하는 일이다. 예컨대 해체되기 이전 삼성 그룹의 비서실이나 구조조정본부, 이어지는 미래전략실은 그룹 차원의 대관업무의 담당 조직이기도 했는데, 가장 핵심적인 역할은 '총수와 총수 일가보호를 위한 지배구조 관리 지휘본부'로서의 일이었다. 따라서 이들이 맡고 있는 주요한 업무는 이와 직접 관련되어 있는 공정거래위원회와 국세청을 대상으로 진행되는 대관활동 비중이 가장 컸다.[13]

2. 한국 기업의 정치활동의 동기와 목표

1) 정보전략형 대관업무

설문조사 결과 한국 기업의 대관업무는 정부 관료들에게 회사나 업계의 입장과 현황을 담은 정보를 제공하는 데 초점이 맞춰져 있음이 드러났다. 행정기관이나 국회에서 추진 사업과 관련하여 새로운 정책이 다루어지거나 관련 법안이 논의되는 과정에서 기업 입장을 반영하는 정보를 제공한다. 기업이 보유하고 있는 지식과 정보를 제공하며, 기업의 이익을 관철시키기 위한 입장이나 요구를 담은 문건이나 관련 자료를 제출한다. 이러한 정보와 자료는 정책 사안을 다루는 담당 관료들의 요청에 의해 제공되는 경우도 있다.

기업의 대관업무 동기는 다양하게 나타났다. 응답자의 대부분이 '기업의 특정 정책에 대한 입장·의견·애로사항을 전달(90명)'하거나 '정책결정에 필요한 일반적 기업 정보 전달(77명)'과 같이 정책결정에 영향을 미치는 것을 주요 정부 관계 업무 동기로 지적하였다. 다음으로는 '정부기관으로부터의 질의 및 자문요청에 응함(64명)', '정책 사안에 대해 정부로부터의 추가적인 정보 획득(54명)', '구체적인 정책대안(법안 작성 도움) 제시(54명)'이 기업의 주요 대관업무 동기로 나타났다.

관료들 입장에서는 시장이나 산업 현장에 관한 적실성 있는 구체적 정보가 주어질 때 정책의 품질이 높아질 수 있다. 특정 정책이나 법안의 구체적 내용이나 기술적 사안에 대해서는 정부 공직자보다 기업이 보유한 정보나 자료가 양적인 측면에서나 질적인 측면에서 우위에 있는 경우가 많기 때문이다.

> "대기업 대관담당 임원은 "1~2년마다 보직이 바뀌는 행정부 공무원이나 4년 임기 국회의원보다 시장 상황에 대한 정보는 기업이 한 수 위"라며 "입법부나 행정부 정책 담당자에게 정확한 정보를 제공해 제대로 된 정책이 나오게끔 돕는 게 우리의 역할"이라고 말했다."[14]

정책이나 법안을 다루는 공직자가 해당 사안에 대해 좀 더 적실성을 갖는 구체적인 정보와 전문 지식을 필요로 하는 경우 대관업무 담당자들이 기업 실무 담당자와의 접촉을 중개하기도 한다.

정책결정권자들에게 영향력을 행사함으로써 경쟁사들에 비해 경쟁우위를 확보하기 위해 대관업무를 수행한다는 응답은 매우 적은 비중을 차지하고 있다. 전체 응답자 중 '다른 경쟁사들보다 유리한 결정 획득(25명)'하기 위함이라고 응답한 사람은 소수에 불과했다. 실제를 감추고 눈치 보아가며 점잖게 응답한 결과라고는 할 수 없다. 정부에 기대어 자원이나 기회를 추가로 얻기 위한 대관 동기는 크게 축소되고 있다는 최근의 상황 변화를 반영하는 것일 수는 있다. 이 점은 인터뷰에 응한 일부 대관 담당 인사들의 진술에서도 확인할 수 있었다.

> "더욱 최근 들어와 대기업의 정부관계 업무는 정부의 결정 및 정책변화로부터 기인하는 영향력을 차단하거나 최소화하는 데 초점이 맞추어져 있다. 정부에 의존하여 자원과 기회를 획득하려는 대관업무는 거의 이루어지지 않고 있다고까지 말할 수 있다."[15]

정부 관계 업무동기로서 경쟁우위 확보보다는 규제 철폐, 시장 친화적 정책 요구, 정치적 중립 등과 같은 '정치적 의견 개진(48명)'의 빈도가 훨씬 높았다. 정부를 상대로 뭔가를 얻어 내기 위한 기업정치활동과 일반 공중을 대상으로 하는 활동을 의미하는 '사회적으로 긍정적인 평판 획득이나 유리한 여론 조성(23명)' 응답이 거의 같은 수준인 것으로 관찰된다. '정부기관을 상대로 한 매출 증대(18명)' 응답은 아주 적은 수준임을 보여 주고 있다.

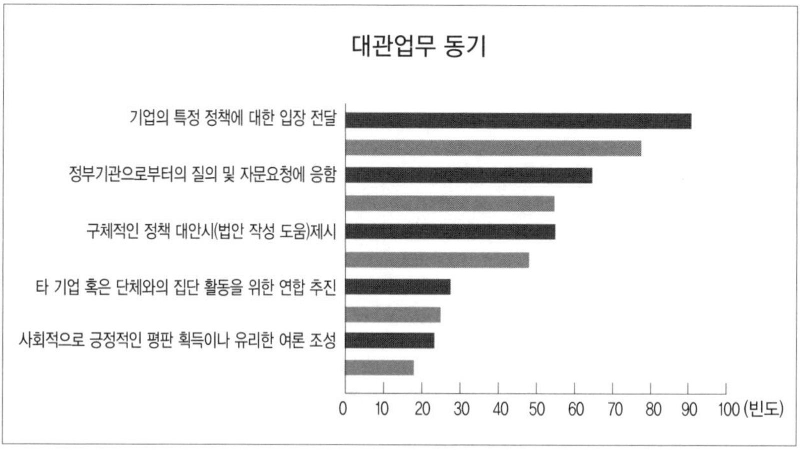

요컨대, 한국의 기업정치활동은 정부기관과의 소통이 주목적인 정보전략적 접근법에 치중하고 있으며, 정부기관의 힘을 빌려 경쟁우위를 확보하려는 동기가 그리 크게 작용하지 않는 것으로 나타나고 있다. 한국 기업들의 대관업무가 정책결정자들과의 해당 현안에 대하여 정보를 주고받는 소통에 초점이 맞추어져 있다는 점은 대관업무의 성공 요인을 묻는 질문에 대한 응답에도 잘 반영되어 있다. 응답자들의 압도적 다수가 정책 사안이나 업계 및 시장 동향에 대한 전문적인 지식과 정보의 보유 여부가 관건이라고 응답하고 있다. 경제적 인센티브 제공이나 선거 지원 등의 요소가 중요하다는 주장은 극소수임을 보여 주고 있다.

2) 대관활동 동기로서 정부의존도

자원과 기회 획득을 통해 경쟁우위를 확보하기 위한 대관활동이 크게 축소되어 있다는 설문조사의 결과는 한국 기업들의 정부의존도가 크게 줄어들었다는 다른 설문 문항의 응답과 조화를 이루고 있음을 알 수 있다. 이 연구는 기업의 정부 관련 업무의 구체적인 동기를 알아보고자 대관업무를 수행하고 있는 기업 및 단체의 정부정책 의존도를 조사하였다. 의존도가 높은 정부정책은 규제 부문과 정부가 제공하고 있는 정보 부문인 것으로 나타났다. 그에 반해 정부 조달, 보조금, 세제 혜택과 같은 재정지원부문의 의존도가 상대적으로 낮은 것으로 조사되었다.

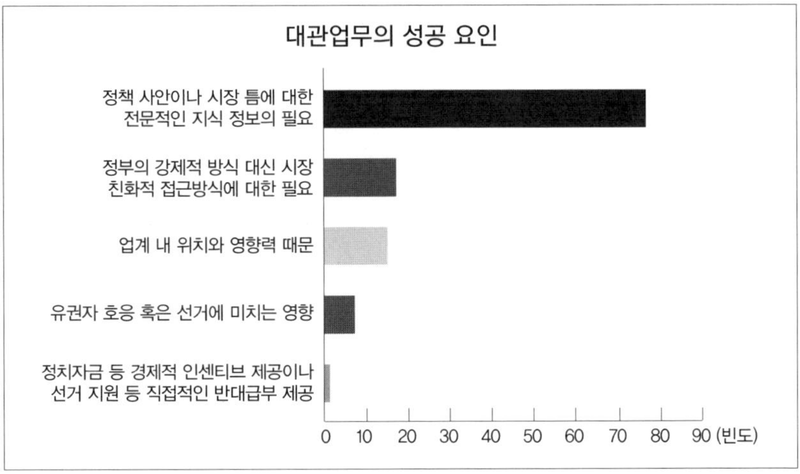

설문: 귀하의 기업(단체) 성과는 다음의 정부정책에 의존하고 있다고 생각하십니까?

	전혀 의존하고 있지 않다	크게 의존하고 있지 않다	다소 의존되어 있다	크게 의존하고 있다	전적으로 의존하고 있다	합계
(1) 정부 조달	33 (27.27%)	31 (25.62%)	35 (28.93%)	17 (14.05%)	5 (4.13%)	121 (100%)
(2) 정부규제	3 (2.46%)	14 (11.48%)	47 (38.52%)	44 (36.07%)	14 (11.48%)	122 (100%)
(3) 재정 지원 (보조금, 세제 혜택 포함)	37 (30.08%)	35 (28.46%)	30 (24.39%)	13 (10.57%)	8 (6.50%)	123 (100%)
(4) 기업(단체) 친화적 환경 조성	4 (3.31%)	17 (14.05%)	65 (53.72%)	27 (22.31%)	8 (6.61%)	121 (100%)
(5) 관련 정부 정책 정보제공	2 (1.64%)	23 (18.85%)	55 (45.08%)	36 (29.51%)	6 (4.92%)	122 (100%)

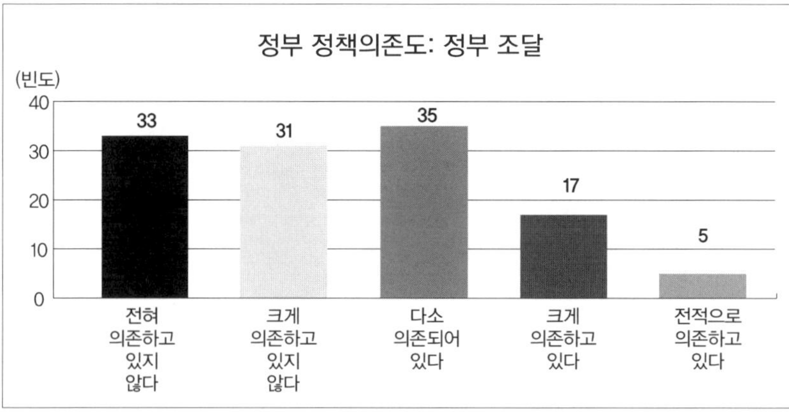

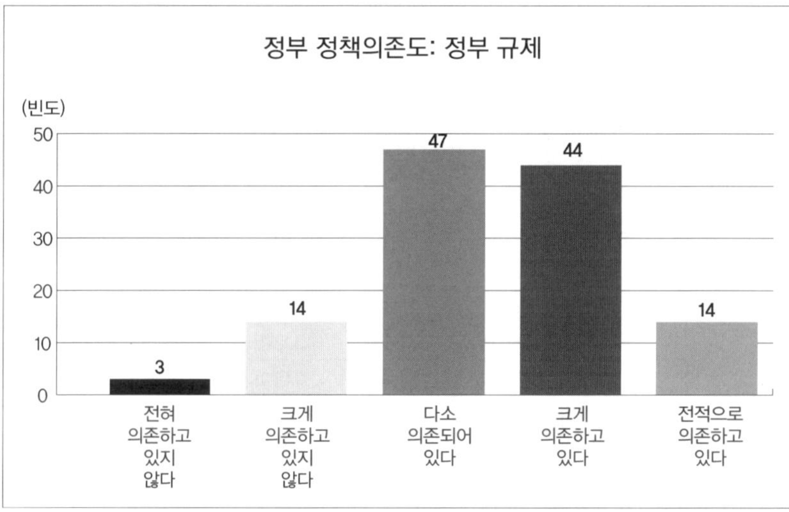

정부의존도는 기업 규모와 상관없이 크게 줄어든 것으로 나타나고 있다. 이 연구는 기업의 규모 차이에 따라 정부정책의 의존도가 다른지를 검증하였다. 검증 결과 대기업과 중소기업 간 정부정책의 의존도 차이는 통계적으로 유의미하지 않은 것으로 나타났다. 세부적으로 살펴보면 대기업은 정부규제에 대한 의존도가 높은 편이나 정부 조달 항목에서는 의존도가 가장 낮았다. 중소기업의 경우 정부규제 항목에서 정부에 대한 의존도가 높았고, 조세감면과 같은 재정지원 항목에서 정부에 대한 의존도가 가장 낮은 것으로 나타났다.

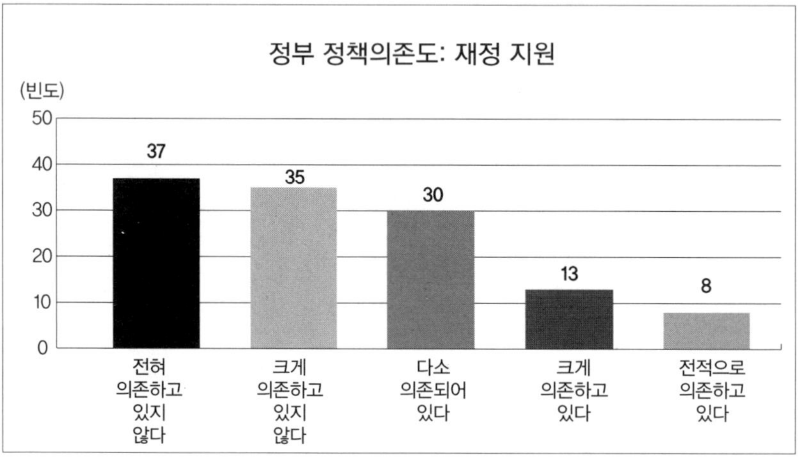

설문: 귀하의 기업(단체) 성과는 다음의 정부정책에 의존하고 있다고 생각하십니까?

정부정책	집단	관측치	평균	t	*p*
정부 조달	중소기업	32	2.3125	−0.2442	0.8077
	대기업	48	2.3750		
정부규제	중소기업	32	3.1875	−1.8187	0.0728
	대기업	48	3.5146		
재정지원	중소기업	32	2.2500	−0.7137	0.4775
	대기업	48	2.4166		
기업친화적 환경 조성	중소기업	31	3.000	−0.8190	0.4153
	대기업	48	3.1458		
관련 정부정책 정보제공	중소기업	31	3.0645	0.1233	0.9022
	대기업	48	3.0416		

한국 기업, 특히 대기업들의 정부의존도는 김영삼 정부 이후 크게 줄어들게 되었다. 대기업매출의 70−80%가 해외부문에서 이루어지고 있다는 것이 가장 주요한 기본 배경적 요인이라 할 수 있다. 가장 큰 직접적인 이유는 정치자금 기여를 통한 유착 구조가 기능을 잃어 가기 시작했기 때문이다.[16] 정치자금을 받지 않겠다는 김영삼 대통령의 선언은 상징적인 것

이상의 실제적인 효과가 있었다. 박정희로부터 노태우 정부에 이르기까지 한국에서 정부와 기업관계의 가장 큰 특징은 '수직적인 갑을관계'의 성격을 가진 것으로 평가할 수 있다.[17]

> "한국 정부는 대기업들에 대한 정책적 지원 및 각종의 특혜 제공을 대가로 정부 정책과 권력에 대한 순응을 요구하였다. 특히 대기업들을 상대로 정치자금을 모으는 과정에서는 권력기관을 통해 적나라한 회유와 협박이 동원되기도 하였다. 정치자금의 모금이 그 대표적인 사례였다. 최고 권력층이 특혜제공의 반대급부로 전경련을 매개체로 교환받고자 한 것은 정치자금이었다. 전경련을 매개로 진행된 재계 집단행동의 가장 대표적 사안은 정치자금 조성 문제였던 것이다. 정치자금의 기업별 배당과 갹출 사안은 회장단 회의의 가장 미묘한 의사결정 사안이었다. 그때그때의 필요와 상황에 따라 전경련 회장의 리더십 아래 정치권에 전달되는 정치자금의 총액과 분담금 수준이 결정되었다. 각양각색의 정치자금 조성 과정에서는 정부기관의 공식적인 라인이 개입하기도 하였다. 정치자금 갹출을 위한 집합행동 변화의 단초를 연 것은 전경련 스스로에 의해 이루어진 것이 아니었고, 문민정부를 출범시킨 김영삼 대통령의 '정치자금 수수 거부' 선언이었다. 정치자금 거부선언은 금융실명제와 함께 한국 정부와 재계 간의 획기적인 관계 변화를 재촉한 것이었다."[18]

전경련은 한국 정부와 재계 사이의 '정치자금–정책특혜'의 정치적 교환을 주도한 집단행동 견인자의 역할을 맡았다. 하지만 문민정부의 정치자금 거절 선언 이후 김대중 정부의 빅딜정책, 이어지는 노무현 정부의 중소기업 우대정책의 영향이 누적적으로 겹치게 됨으로써 더 이상 대기업들 간 집단행동을 위한 조직체로서 역할을 담당해 나갈 수 없었다. 한국의 대기업들은 전경련을 통한 집단행동보다는 개별 기업 단위의 기업정치활동에 나서지 않을 수 없는 단계에 이르게 되었다. 정부로부터 특혜를 얻어내기 위한 기업들 간 집단행동은 중소기업 중앙회를 통해 이루어지게 되었다. 대기업들은 갈수록 "우리 스스로가 알아서 잘할 테니, 제발 '내버려 두라'는 입장을 견지하고 있다".[19]

대기업 중소기업 모두 정부에 대해 의존하고 있는 것은 정부정책에 대한 정보제공을 기대하는 것이다.

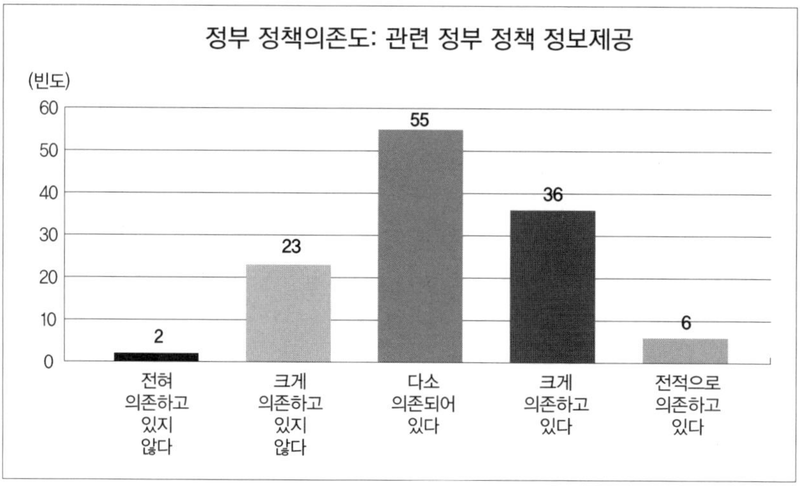

3) 대관업무 비중의 변화

한국에서 정부-기업 관계는 큰 틀에서 봤을 때 다른 방향으로 나아가고 있다. 대기업들은 전경련을 통해서 집단행동을 통한 기업정치활동을 행하는 방식으로부터 크게 탈피하여 개별 기업 단위의 대관활동에 치중하고 있다. 정부–기업 관계가 큰 틀에서 달라지고 있다고 해서 기업 단위의 정치활동이 축소되는 방향으로 변화가 병행되는 것은 아니다. 한국 기업들의 기업정치활동은 여전히 적극적으로 이루어지고 있다. 설문조사에서 기업 및 단체에서 정부 관계 업무 담당자들은 과거에 비해 현재 정부 관계 업무가 큰 변화를 보이고 있지는 않다고 응답했다(45.13%). 더욱 활발하게 진행되고 있다는 응답비율을 합하면 전체 60% 정도의 비중을 차지하고 있다.

최근에 정부 관계 업무가 큰 폭으로 축소되었다고 답한 비율은 8% 수준이 머물고 있고, 과거에 비해 조심스러워지고 있다고 보는 담당자는 전체 응답자의 31.86%에 달했다. 이전과 비교할 때 현재 한국의 기업 및 단체의 대관활동은 큰 변화는 없이 다소 움츠러든 경향이 있는 것으로 결론지을 수 있다.

설문: 기업(단체)의 정부 관계 업무는 이전과 비교했을 때(예컨대 문재인 정부 출범 이후), 어떠한 변화를 보이고 있다고 생각합니까?

대관업무의 변화	빈도(%)
더욱 활발하게 이루어지고 있다	17 (15.04%)
크게 달라진 게 없다	51 (45.13%)
매우 조심스러워지고 있다	36 (31.86%)
매우 큰 폭으로 축소되고 있다	9 (7.96%)
합계	113 (100%)
평균	2.32

이 연구는 기업 규모의 차이에 따라 정부 관계 업무 변화를 다르게 인식하고 있는지 여부를 통계적으로 검증하였다. 검증 결과, 중소기업과 대기업은 이전과 비교했을 때 현재 정부 관계 업무에 변화가 있다고 인식하

는 정도의 차이가 있었다. 대관업무의 중요성이 문재인 정부 출범 이후, 최근에 들어와 어떻게 변화해 가고 있느냐는 질문에 대하여서는 대기업과 중견·중소기업, 단체 사이에 차이가 발견된다. 대기업은 그대로이거나 축소되었다는 응답이 많은 반면, 중견·중소기업과 협회 단체는 확대되었다는 응답이 많았다.

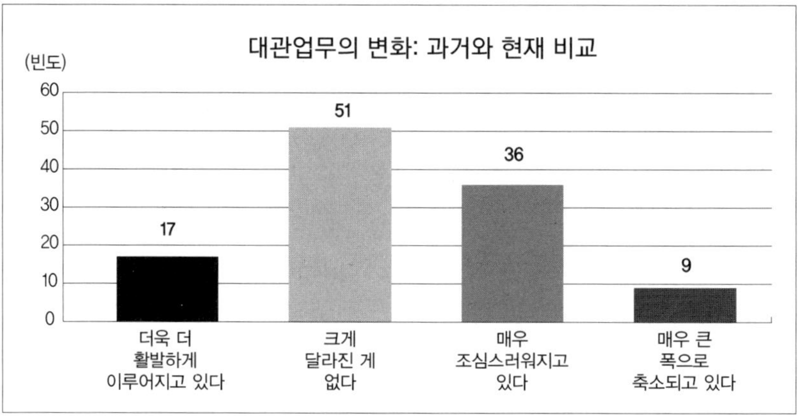

대기업은 최근 제도 개혁이나 로비스캔들의 영향을 크게 받고 있는 반면, 중소중견기업이나 협회 단체가 그렇지 않은 편이라는 응답이 많은 것은 두 가지 이유로 추정된다. 하나는 중소기업을 우대한다는 정부정책의 변화에 따라 자원획득에 대한 기대감이 반영되어 있다는 점이다. 둘째로는 정부정책 결정 과정에 대한 중소기업들의 제도적 참여기회가 확대되었기 때문이다. 문재인 정부 출범 이후, 정부기관 내에 기업인과의 직접적인 접촉은 반드시 이를 보고하도록 하는 지침이 전달되었고, 기업과의 소통은 업계 단체나 경제단체를 통해서 이루어지도록 한다는 정책 변화가 영향을 미친 것으로 보인다.[20] 대관업무 종사자들은 문재인 정부 출범 이후 새롭게 나타난 가장 큰 변화는 정부 관료들을 만나고 싶어도 접촉을 의도적으로 회피한다는 인상을 받는다고 말하고 있다. 최근 대관활동이 조심스러워졌거나, 축소되었다는 응답자 가운데에는 그 이유로 정경유착 현상을 억제해 나가기 위한 제도 개혁과 대기업이 연루된 로비스캔들 때문인 것으로 지적하고 있다. 대관활동의 성과가 그리 크지 않아서라는 이유가 바로 뒤를 잇고 있다는 점도 눈에 띈다.

특히 대기업의 경우 정부 관계 업무가 과거에 비해 조심스러워지고 있다고 인식하는 경향이 있었으나(평균 2.6279), 중소기업의 경우 크게 달라진 것이 없다고 인식(평균 2.0344)하고 있는 것으로 나타났다. 중소기업과 대기업의 정부 관계 업무 변화에 대한 인식의 차이는 통계적으로 유의미한 것으로 나타났다($p < 0.05$).

설문: 기업(단체)의 정부 관계 업무는 이전과 비교했을 때(예컨대 문재인 정부 출범 이후), 어떠한 변화를 보이고 있다고 생각합니까?

집단	관측치	평균	t	p
중소기업	29	2.0344	−2.9514	0.0043*
대기업	43	2.6279		

과거에 비해 현재 정부 관계 업무가 더 활발해지고 있다고 응답한 응답자를 대상으로 그 이유를 조사하였다. 응답자들은 정부 관계 업무가 활발해지고 있는 이유로 정부의 규제 권한이 강화되었기 때문이라는 응답의 비중이 가장 컸다. 정부기관의 요구가 과거에 비해 더 커져가고 있기 때문이라는 응답과 정부 정책의 변화를 요청해야 할 필요성이 커졌기 때문이라는 응답이 다음을 잇고 있다. 그 외에도 기업의 입장에서 정부지원에 대한 기대감이 커졌고, 정책결정 및 집행 과정에서 기업의 참여 기회가 늘어났으며, 기업의 정부 관계 업무의 필요성에 대한 사회적 인식 변화로 인해 과거에 비해 현재 정부 관계 업무가 다소 활발해지고 있다는 응답도 있었다.

설문: 최근 들어와 정부 관계 업무가 더욱 활발해지고 있는 가장 중요한 이유는 무엇이라고 생각합니까? 중요한 이유 1위부터 3위까지 선택하여 주십시오.

순위	최근 들어 대관업무가 더욱 활발해지고 있는 이유
1	정부의 규제 권한이 강화되었기 때문
2	정부기관의 요구가 커져가고 있기 때문
3	정부정책 변화를 요청해야 할 필요성이 커졌기 때문
4	정부지원(재정적, 정책적 지원확대)에 대한 기대감이 커졌기 때문
5	정책결정 및 집행 과정에 대한 참여 기회가 늘어났기 때문
6	기업(단체)의 정부 관계 업무의 필요성에 대한 사회적 인식의 변화 때문

위의 설문 항목에서 최근 대관업무가 과거에 비해 더 활발하게 이루어지고 있다고 응답한 경우, 대관업무의 활성화 이유를 물었다. 대기업의 경우, 정부의 규제 권한의 강화, 정부정책 변화를 요청해야 할 필요성의 증가, 정부기관의 요구 증대, 정부지원에 대한 기대감 증가, 정부결정 및 집행과정에 대한 참여 기회의 증가, 기업의 정부 관계 업무의 필요성에 대한 사회적 인식의 변화 등의 순으로 최근 정부 관계 업무 활성화의 이유로 응답하였다.

중소기업의 경우는 대기업과는 조금 다르게 인식하고 있는 것으로 나타났다. 최근 정부 관계 업무 활성화의 이유로서 중소기업은 정부의 규제 권한 강화, 정부기관의 요구 증대, 정부정책 변화를 요청해야 할 필요성 증가, 정책결정 및 집행과정에 대한 참여 기회의 증가, 정부지원에 대한 기대감 증가, 기업의 정부 관계 업무의 필요성에 대한 사회적 인식의 변화의 순서대로 응답하였다. 대기업과 중소기업 간 최근 정부 관계 업무 활성화의 이유에 대한 인식 차이는 통계적으로 유의미하지 않은 것으로 나타났다.

설문: 최근 들어와 정부 관계 업무가 더욱 활발해지고 있는 가장 중요한 이유는 무엇이라고 생각합니까? 중요한 이유 1위부터 3위까지 선택하여 주십시오.

순위	정부 관계 업무가 활발해지고 있는 이유	집단	관측치	평균	t	*p*
1	정부의 규제 권한이 강화되었기 때문	중소기업	11	1.9090	0.2012	0.8423
		대기업	14	1.7857		
2	정부기관의 요구가 커져가고 있기 때문	중소기업	12	2.5833	−0.2653	0.7930
		대기업	14	2.7142		
3	정부정책 변화를 요청해야 할 필요성이 커졌기 때문	중소기업	11	2.9090	0.5630	0.5787
		대기업	15	2.6666		
4	정부지원에 대한 기대감이 커졌기 때문	중소기업	11	4.0000	0.7569	0.4568
		대기업	14	3.5714		
5	정책결정 및 집행 과정에 대한 참여 기회가 늘어났기 때문	중소기업	13	3.8461	−0.8926	0.3809
		대기업	13	4.3846		
6	기업의 정부 관계 업무의 필요성에 대한 사회적 인식의 변화 때문	중소기업	11	4.5454	−1.3954	0.1762
		대기업	14	5.3571		

현재 정부 관계 업무가 과거에 비해 조심스러워졌거나 혹은 큰 폭으로 축소되었다고 응답한 응답자들을 대상으로 주요 이유를 조사하였다. 응답자들은 최근 기업인 연루 로비스캔들, 민주화 및 선거법 등 정치제도 개혁, 김영란법 등 로비활동 규제강화 등에 따른 정부 관계 업무에 대한 부정적 인식 확산과 법령 변화를 정부 관계 업무의 주요 축소 원인으로 지적하였다. 그 외에도 정부 관계 업무의 성과에 대한 부정적 경험, 기업의 정부정책에 대해 미치는 영향력의 약화, 정부정책의 긍정적 변화, 타기업의 정부 관계 업무 축소 경향 등도 정부 관계 업무 축소의 주요 요인으로 지적하였다.

설문: 최근 들어와 정부 관계 업무가 매우 조심스러워졌거나 큰 폭으로 축소되고 있는 가장 중요한 이유는 무엇이라고 생각합니까? 중요한 이유 1위부터 3위까지 선택하여 주십시오.

순위	최근 들어 대관업무가 조심스러워졌거나 큰 폭으로 축소되고 있는 이유
1	최근의 기업(단체)인 연루 로비스캔들
2	민주화 및 선거법 등 정치제도 개혁
3	정부 관계 업무 성과가 별로 없다는 이전의 경험
4	김영란법 등 로비활동 규제 강화
5	기업(단체)에 미치는 정부정책의 영향력 약화
6	정부 정책의 긍정적 변화
7	다른 기업(단체)들도 그러는 것 같아서

앞선 설문 항목에서 최근 정부 관계 업무가 과거에 비해 더 축소되고 있다고 응답한 경우, 그렇게 인식한 이유를 물었다. 대기업의 경우 정부 관계 업무의 축소화 원인으로서 민주화 및 선거법 개정 등 정치개혁, 기업인 연루 로비스캔들, 정부 관계 업무 성과가 별로 없다는 이전의 경험, 김영란법 등 로비활동 규제강화, 기업에 미치는 정부정책의 영향력 약화, 정부 정책의 긍정적 변화, 다른 기업의 행태 등을 지적하였다.

중소기업의 경우, 기업인 연루 로비스캔들, 민주화 및 선거법 등 정치제도 개혁, 정부 관계 업무 성과가 별로 없다는 이전의 경험, 정부 정책의 긍정적 변화, 다른 기업들의 행태, 김영란법 등 로비활동 규제강화, 기업에 미치는 정부정책의 영향력 약화의 순서대로 최근 정부 관계 업무 축소의 원인을 지적하였다. 문재인 정부의 기본 대관업무 대응 방향이 개별 기업보다는 협회를 통한 간접적인 대화만 유지한다는 것이고, 따라서 직접 접촉 창구는 거의 막혔다고 봐야 한다는 것이다.[21] 공직자들은 기업인들과의 접촉을 보고하도록 지침이 내려져 있는 탓에 공직자와 기업인 간의 접촉은 거의 이루어지지 않고 있는 것으로 보인다. 이 점은 중소기업 우대정책을 펴나가고 있는 문재인 정부 하에서 중소기업들에게도 공통적으로 적용되는 정부의 대관업무 대응정책이다. 대기업과 중소기업 간 최근 정부 관계 업무 축소 이유에 대한 인식 차이는 통계적으로 유의미하지 않은 것으로 나타났다.

설문: 최근 들어와 정부 관계 업무가 매우 조심스러워졌거나 큰 폭으로 축소되고 있는 가장 중요한 이유는 무엇이라고 생각합니까? 중요한 이유 1위부터 3위까지 선택하여 주십시오.

순위	정부 관계 업무가 축소되고 있는 이유	집단	관측치	평균	t	*p*
1	최근의 기업(단체)인 연루 로비스캔들	중소기업	12	2.8333	1.0559	0.2978
		대기업	27	2.2592		
2	민주화 및 선거법 등 정치제도 개혁	중소기업	12	3.1666	1.5416	0.1324
		대기업	24	2.2500		
3	정부 관계 업무 성과가 별로 없다는 이전의 경험	중소기업	11	3.6363	0.8907	0.3797
		대기업	23	3.0434		
4	김영란법 등 로비활동 규제 강화	중소기업	12	4.5000	1.2742	0.2096
		대기업	32	3.4375		
5	기업(단체)에 미치는 정부정책의 영향력 약화	중소기업	11	5.0909	1.2546	0.2182
		대기업	25	4.2400		
6	정부 정책의 긍정적 변화	중소기업	12	4.0000	−1.3169	0.1975
		대기업	21	4.6666		
7	다른 기업(단체)들도 그러는 것 같아서	중소기업	11	4.0909	−1.7563	0.0889
		대기업	22	5.0000		

3. 한국의 기업정치활동 유형

앞에서 살펴 본 바와 같이, 우리나라 기업이나 단체는 대관활동으로서 주로 정부기관이 주최하는 회의체에 참석하거나 공직자를 공식적인 통로로 접촉하는 것으로 나타났다. 언론인·언론기관을 접촉하거나 공청회·청문회에 참석, 공직자를 비공식적으로 접촉하는 방법도 주로 사용하는 대관업무의 일환으로 이루어지는 것으로 조사되었다. 반면 한국 기업이나 단체는 시위 참여, 선거 지원이나 후원, 지역주민을 동원하는 대민 풀뿌리 로비(grass−roots lobby) 활동과 같은 일반 공중을 대상으로 하는 기업정치 활동은 매우 비중이 낮은 것으로 조사되었다.

1) 활동유형

설문: 다음에 기술된 정부 관계 업무 중 귀하가 속한(속했던) 기업(단체)의 활동에 모두 체크해 주십시오.

순위	활동 내용	활동 여부
1	정부기관이 주최하는 각종 회의체 참석	91
2	공직자 공식 접촉	90
3	언론인·언론기관 접촉	87
4	공청회·청문회 참석	81
5	공직자 비공식 접촉	78
6	타기업·단체와의 연합 정부 관계 업무 활동	72
7	정책대안·법안 제시	65
8	미디어 광고·홍보	64
9	정부기관 정책형성과정 지원	58
10	입장표명문·연구보고서 작성 제출	55
11	서한 작성 및 발송	49
12	정부공직자 자문	31
13	공청회·청문회 증언	30
14	지역주민을 동원하는 대민 그래스루츠 로비 활동	10
15	선거 지원·후원	7
16	시위 참여	5

한국 기업과 비즈니스 단체의 대관활동은 정책결정권자들과의 정보제공 및 정보교환에 초점이 맞추어져 있는 것으로 조사되었다. 힐만과 힛(Hillman & Hitt)이 설명하고 있는 기업인과 공직자 간의 정치적 거래 시장에서의 세 가지 유형의 교환품목 정보, 돈, 정치적 지지(vote) 가운데 한국에서는 정치적 거래 시장에서 정보 비중이 가장 큰 것으로 드러났다. 기업정치활동 과정에서는 다양한 기업정치활동 유형들이 혼합적으로, 그리고 동시적으로 활용될 수 있다.[22] 힐만과 힛이 제시하고 있는 정치전략 유형에 포함된 다양한 전술적 활동 요소들은 어느 하나에만 의존하지 않고, 적정한 배합과 혼용을 통해서 효과의 상승작용을 도모할 수 있다. 실제 미국의 많은 대기업들은 정보와 돈, 정치적 후원 등의 정치적 전략 전술의 요소를 적절히 배합하는 정치적 활동을 수행해가고 있는 것으로 조사되고 있다. 개별 기업단위의 정치활동을 선호하는 미국의 대기업들은 정부기관과 접촉하여 정보를 제공하는 로비활동과 정치권을 향해 지지를 표하고, 후원금 등을 제공하는 캠페인 활동을 병행하고 있다. 세 요소 모두 정책결정자들에 대한 접근로(access)를 확보하고, 이를 유지해 나가기 위한 정치전략으로 이루어지는 활동이다.[23] 미국에서는 기업 등 전체 이익집단이 지출하는 기업정치활동 비용의 70% 이상, 모든 PAC 후원의 86% 이상이 로비활동과 PAC 운영을 동시에 하고 있는 기업 및 업계 단체로부터 지출되었다는 연구도 있다.[24]

반면 한국 기업은 '돈'과 '정치적 지지'보다는 '정보전략'에 중점을 두고 있다. 정보전략은 정책 사안에 대한 전문적 지식, 정책 선호, 기업의 입장 등을 기업 내부 인사나 외부 전문가들을 동원하여 정책결정자들에게 제공하는 활동이다. 해당 정책 사안에 관련한 조사연구 결과 발표, 공청회나 청문회 등에서의 전문가 증언, 입장표명문(position papers) 발표, 기술적 보고서 발표 등이 이 범주에서 활용되는 대관활동 유형들에 속한다. 이 연구에서는 '돈' 즉, 경제적 유인전략이나 '정치적 지지'를 뜻하는 유권자 집단 규합 전략은 상대적으로 드문 편인 것으로 조사되었다. 여기에는 이 연구의 한계가 작용하고 있었는지도 모른다. 미국에서의 경우는 정치자금의 제공이나 로비활동의 비용 내역을 공개하도록 되어 있어서 이를 토대로 한 연구에서는 '돈'과 '정치적 지지'에 대한 객관적 조사가 가능할 수 있지만, 한국에서는 현행법상으로 이를 기대할 수 없다. '돈'과 '정치적 지지'에 관한 설문 문항에 대해서는 응답자들이 침묵을 지켰거나, 있는 사실 그대로를 답하지 않았을 가능성이 크다고 볼 수 있을 것이다.

대관활동 유형은 대관활동 수행 시점과 맞물려 있다. 연구조사에서 우리나라 기업 및 단체가 정부 관계 업무를 수행하는 시점은 특정 정책과정에 집중하기보다는 정책과정 전반에 걸쳐 일상적으로 수행하고 있는 것으로 드러나고 있다. 정책과정으로 나누어 살펴보면, 의제설정 과정과 정책결정이 이루어지는 단계에서 정부의 결정에 영향을 미치기 위해 대관활동을 수행하는 것으로 나타났다. 또한 정책집행 단계에서도 대관업무가 활발하게 수행하고 있는 것으로 조사되었다. 반면 정책이 결정된 이후 정책 수정이나 보완 요구 등과 같은 사후 대응으로서 정부 관계 업무를 수행하는 기업이나 단체는 상대적으로 적었다.

한국 기업정치활동의 주된 유형은 위덴보움이 제시하고 있는 피동적 반응이나 예견적 대처보다는 정책형성 참여의 비중이 큰 것으로 관찰된다. 정책형성 참여는 정부조직이나 규제기관 내에서 새로운 법규가 만들어지거나 정책변경이 추진되는 과정에 참여하여 기업정보를 제공하거나 회사의 입장을 전달하는 활동을 말한다. 위덴보움이 제시한 바 있는 '정책형성 참여'(public policy shaping)는 정부기관의 정책 산출물이 목표하는 방향으로 유리하게 결정될 수 있도록 지속적으로 참여하면서 영향력을 행사하는 기업정치활동을 의미한다. 이는 한국 기업들이 특정의 정치적 목표 성취를 위해 선제적 행동(proactive behavior)을 취해 나가는 데에도 적극적임을 보여 주는 것이다. 이는 베인스와 비니가 말하는 제 4–5단계의 활동을 말하는 것이기도 한데, 기업의 관련 부서 책임자나 혹은 최고경영자가 정부기관이나 규제기관의 조력자로 참여하여 관련 법규나 규제가 만들어지는 과정에서 일익을 담당하는 방식을 뜻한다. 기업정치활동 유형이라는 측면에서 한국 기업들은 여기서의 4–5단계의 정책형성 참여 비중이 가장 큰 것으로 조사되고 있다.

설문: 귀하가 속한(속했던) 기업(단체)이 정부 관계 업무를 수행하는 시점은 언제입니까? 해당되는 항목에 모두 체크해 주십시오.

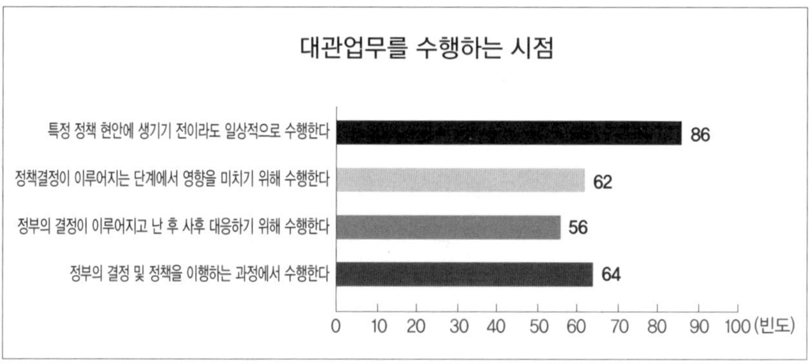

우리나라 기업이나 단체는 정부 관계 업무 활동에서 주로 정부기관이 주최하는 회의체에 참석하거나 공직자를 공식적인 통로로 접촉하는 것으로 나타났다. 언론인·언론기관을 접촉하거나 공청회·청문회에 참석, 공직자를 비공식적으로 접촉하는 방법도 주로 사용하는 정부 관계 업무 활동으로 나타났다. 한편 기업이나 단체는 시위 참여, 선거 지원이나 후원, 지역주민을 동원하는 그래스루츠 로비 활동과 같은 시민사회 활동은 자주 하지 않는 것으로 나타났다.

2) 접촉대상

한국 기업들의 대관활동의 상시화는 대관활동 접촉 대상의 다변화와 연계되어 있다. 한국 기업의 대관활동 수행과정에서의 접촉 대상은 거의 대부분의 정부기관을 상대로 이루어지고 있음을 알 수 있다. 기업이나 단체가 정부 관계 업무를 수행하는 데 있어 주로 비중을 두고 있는 정부기관을 조사하였다. 한국 기업 및 단체는 정부 관계 업무를 수행할 때 행정부, 국회, 지방자치단체, 언론기관, 청와대, 공공기관, 지방의회, 사법기관의 순으로 비중을 배분하며 정부 관계 업무를 수행하고 있는 것으로 나타났다.

중앙행정기관과 국회가 주요한 대상인 것은 물론이고, 지자체와 지방의회도 주요한 접촉 대상이다. 사법기관과 언론기관도 포함되어 있다. 접촉 대상 한 기관 내에서도 다양한 유형의 정책결정권자들이 대관활동의 접근 대상임을 알 수 있다. 행정부 내에서도 중앙행정기관뿐 아니라, 외청과 독립규제 기관들도 대관활동 범위에 포함되며, 국회 내에서도 개별 의원뿐 아니라, 상임위원회와 입법조사관들도 접촉 대상이다. 이 점은 대기업들의 경우 전형적으로 나타나고 있는 현상이다. 설문조사 결과 기업의 규모나 소재지, 업종 등에 상관없이 대관활동의 접촉 대상 기관의 범위는 거의 같았다.

설문: 귀하가 속한(속했던) 기업(단체)의 정부 관계 업무 대상 중 현재 활동 비중이 큰 순서대로 순위를 매겨주십시오(1위-8위).

순위	현재 대관업무 비중이 큰 대상
1	행정부 (중앙행정기관)
2	국회
3	지방자치단체

4	언론기관
5	청와대
6	그 밖의 공공기관
7	지방의회 (시의회, 도의회 등)
8	사법기관

설문: 귀하가 속한(속했던) 기업(단체)의 정부 관계 업무 대상 중 현재 활동 비중이 큰 순서대로 순위를 매겨주십시오(1위-8위).

순위	수행 대상	집단	관측치	평균	t	p
1	행정부 (중앙행정기관, 독립 규제기관 포함)	중소기업	30	1.6666	−0.1982	0.8434
		대기업	46	1.7173		
2	국회 (개별 국회의원, 상임위원회, 입법조사관 등)	중소기업	30	4.8000	4.4273	0.0000*
		대기업	44	2.8181		
3	지방자치단체	중소기업	30	3.6666	−0.4186	0.6768
		대기업	44	3.8409		
4	언론기관	중소기업	30	4.8333	1.2842	0.2032
		대기업	44	4.2954		
5	청와대	중소기업	30	6.4000	3.4083	0.0011*
		대기업	44	4.6590		
6	그 밖의 공공기관	중소기업	30	4.0000	−3.9618	0.0002*
		대기업	42	6.1904		
7	지방의회 (시의회, 도의회 등)	중소기업	30	4.9333	−1.5709	0.1206
		대기업	43	5.5581		
8	사법기관	중소기업	30	5.7000	−2.7831	0.0069*
		대기업	41	6.5600		

대관접촉 대상의 범위는 거의 동일하지만, 기업별로 대관접촉 대상 우선순위에 차이는 있음을 알 수 있다. 그리고 최근에 들어오면서 접촉 대상 우선순위에도 변화가 나타나기 시작했음을 보여 주고 있다.

설문: 귀하가 속한(속했던) 기업(단체)의 정부 관계 업무 대상 중 지난 10년 동안 활동 비중이 컸던 순서대로 순위를 매겨주십시오(1위-8위).

순위	지난 10년 동안 대관업무 비중이 컸던 대상
1	행정부 (중앙행정기관)
2	국회
3	지방자치단체
4	언론기관
5	그 밖의 공공기관
6	청와대
7	지방의회 (시의회, 도의회 등)
8	사법기관

이 연구 설문조사에서는 기업이 정부 관계 업무를 수행하는 주요 대상을 알아보기 위하여 정부의 어느 기관에 비중을 두고 정부 관계 업무를 수행하는지 질문하였다. 지난 10년간 정부 관계 업무 활동 비중이 컸던 정부기관의 순위를 조사하였다. 한국 기업과 단체는 과거 10년 동안 주로 행정부, 국회, 지방자치단체, 언론기관, 공공기관, 청와대, 지방의회, 사법기관 순으로 정부 관계 업무를 집중적으로 수행하고 있는 것으로 나타났다.

설문: 귀하가 속한(속했던) 기업(단체)의 정부 관계 업무 대상 중, 어느 정부기관에 비중을 두고 있는지 순위를 매겨주십시오(1위-5위).

순위	수행 대상	집단	관측치	평균	t	*p*
1	행정부 (중앙행정기관, 독립 규제기관 포함)	중소기업	31	1.6129	1.5054	0.1363
		대기업	48	1.3333		
2	국회 (개별 국회의원, 상임위원회, 입법조사관 등)	중소기업	30	3.4666	3.4502	0.0009*
		대기업	48	2.5208		
3	지방자치단체	중소기업	31	2.8709	0.3143	0.7542
		대기업	44	2.7954		

4	그 밖의 공공기관	중소기업	31	2.7419	−4.7677	0.0000*
		대기업	44	4.0681		
5	지방의회 (시의회, 도의회 등)	중소기업	30	4.2666	0.7230	0.4721
		대기업	43	4.1162		

이 연구에서는 기업이 어느 정부기관에 비중을 두고 정부 관계 업무를 수행하는지, 기업 규모의 차이에 따라 정부 관계 업무의 주요 목표 기관이 다른지를 검증하였다. 한국 기업의 대관활동 접촉 대상은 정부–기업 관계의 변화에도 불구하고, 큰 차이가 없었다.

한국의 기업과 단체는 주로 행정부(중앙행정기관, 독립 규제기관 포함), 국회(개별 국회의원, 상임위원회, 입법조사관 등), 지방자치단체, 공공기관, 지방의회(시의회, 도의회 등)의 순으로 비중을 두고 대관업무를 수행하고 있는 것으로 나타났다. 다만 대기업과 중소기업 간에는 약간의 차이가 있음을 알 수 있다. 대기업과 중소기업이 지난 10년 동안 정부 관계 업무를 수행하는 데 있어 업무 추진 대상의 비중을 비교하였다. 대기업의 경우, 중앙행정기관과 독립 규제기관을 포함한 행정부, 국회, 지방자치단체, 그 밖의 공공기관, 지방의회의 순으로 정부 관계 업무 수행 비중을 두고 있는 것으로 나타났다. 중소기업의 경우는 대기업과는 다른 행태가 관찰되었다. 중소기업은 행정부, 그 밖의 공공기관, 지방자치단체, 국회, 지방의회의 순으로 정부 관계 업무 비중을 두고 있는 것으로 관찰되었다. 대기업과 중소기업은 과거 10년간 정부 관계 업무 수행 시 비중을 배분하는 데 있어 우선순위에 차이를 두고 있었는데, 우선순위 결정에서 국회($p < 0.05$)와 그 밖의 공공기관($p < 0.05$)에 차이를 두고 있는 것으로 나타났다. 통계적으로 유의미한 차이가 있는 것임을 알 수 있다.

설문: 귀하가 속한(속했던) 기업(단체)의 정부 관계 업무 대상 중 지난 10년 동안 활동 비중이 컸던 순서대로 순위를 매겨주십시오(1위-8위).

순위	수행 대상	집단	관측치	평균	t	*p*
1	행정부 (중앙행정기관, 독립 규제기관 포함)	중소기업	31	1.6451	0.4434	0.6587
		대기업	48	1.5416		
2	국회 (개별 국회의원, 상임위원회, 입법조사관 등)	중소기업	31	4.4516	3.1148	0.0026*
		대기업	46	3.0000		
3	지방자치단체	중소기업	31	3.7419	−0.7909	0.4316
		대기업	41	4.0731		
4	언론기관	중소기업	31	4.7741	0.8117	0.4196
		대기업	44	4.4318		
5	그 밖의 공공기관	중소기업	31	3.5806	−3.9125	0.0002*
		대기업	41	5.9024		
6	청와대	중소기업	30	6.8000	5.1622	0.0000*
		대기업	45	4.6444		
7	지방의회(시의회, 도의회 등)	중소기업	31	5.2580	−1.2333	0.2216
		대기업	41	5.7560		
8	사법기관	중소기업	31	5.7419	−1.7185	0.0901
		대기업	42	6.2380		

지난 10년 동안 한국 기업 대관활동 대상의 변화는 크지 않다. 중앙행정기관과 국회가 가장 중요한 대상이었다는 점은 여전하다. 다만 두드러지게 눈에 띄는 변화라 할 수 있는 것은 국회와 지방의회가 견고한 순위를 유지하고 있다는 점이다. 최근에 들어와 국회가 기업들의 우선적 접촉 대상 기관으로 우선순위를 유지하고 있는 것은 특히 대기업 총수들이 국회의원들의 청문회 대상이 되었다는 점과 직접적으로 관련되어 있는 것으로 보인다. 의원입법이 크게 늘어난 것도 주요한 이유 가운데 하나이다.

"10−20여 년 전까지만 해도 국회는 대관업무 수행을 위한 직접적 접촉 대상 기관이 아니었다. 국회가 대관업무의 주요 상대가 된 것은 총수들이 국회에 불려 나가기 시작한 이후 그렇게 되었다. 의원들이 이것저것 문제 삼으면서 관련 법안을 상정하고, 입법추진에 적극성을 띠고 있는 것도 주요한 배경이다."[25]

지방의회의 역할과 사안에 대한 개입이 커지면서 지방의회의 대관 비중이 커지고 있다는 점도 두드러지게 나타나고 있다. 지방자치제도가 자리를 잡아 가고 있으며, 안정화되어 가고 있다는 점을 보여주는 변화라고 할 수 있다.

→ 지난 10년부터 현재까지 대관업무 중요 대상 변화

순위	지난 10년 동안 대관업무 비중이 컸던 대상	현재 대관업무 비중이 큰 대상
1	행정부 (중앙행정기관)	행정부 (중앙행정기관)
2	국회	국회
3	언론기관	언론기관
4	지방자치단체	지방의회 (시의회, 도의회 등)
5	사법기관	사법기관
6	그 밖의 공공기관	그 밖의 공공기관

3) 최고경영층의 관여

한국 기업들은 대관업무를 실무 담당자들에게만 맡겨두지 않고, 최고경영층이 큰 관심을 가지고 진두지휘한다는 점이 연구조사에서 밝혀졌다. 최고경영층이 정부 관계 업무에 대한 관심과 지원의 정도는 높은 편으로 나타났다. 응답자의 54.95%가 최고경영층이 정부 관계 업무에 대해 큰 관심을 가지고 있으며 적극적으로 지원하는 편이라고 응답하였다. 매우 그렇다고 응답한 비율도 33.33%에 이르는 것으로 조사되었다. 우리나라

기업의 최고경영층 대부분은 정부 관계 업무에 관심을 갖고서 정부 관계 업무의 효과성을 위해 적극적으로 지원하고 있음을 알 수 있다.

설문: 기업(단체)의 최고경영층은 정부 관계 업무에 대한 큰 관심을 가지고 있으며 적극적으로 지원하는 편입니까?

최고경영층의 대관업무 지원 정도	빈도(%)
매우 그렇지 않다	4 (3.60%)
그렇지 않다	8 (7.21%)
그런 편이다	61 (54.95%)
매우 그렇다	37 (33.33%)
모르겠다	1 (0.90%)
합계	111 (100%)
평균	3.20

기업의 규모 차이에 따라 기업 최고경영층의 정부 관계 업무에 대한 관심과 지원 여부에도 차이가 있는지를 통계적으로 검증하였다. 대기업의 최고경영층(평균 3.2093)은 중소기업의 최고경영층(평균 2.9285)보다는 정부 관계 업무에 대한 관심과 지원을 보이는 경향이 더 높았다. 그러나 중소기업과 대기업 최고경영층의 정부 관계 업무에 대한 관심과 지원의 차이는 통계적으로 유의미하지는 않았다.

설문: 기업(단체)의 최고경영층은 정부 관계 업무에 대한 큰 관심을 가지고 있으며 적극적으로 지원하는 편입니까?

집단	관측치	평균	t	p
중소기업	28	2.9285	-1.7255	0.0889
대기업	43	3.2093		

우리나라 기업의 최고경영층 대부분은 중요 사안에 대해서만 직접 정부 관계 업무에 관여하며(70.18%), 직접 자주 관여하는 경우도 19.30%에 이르는 것으로 조사되었다. 그러나 정부 관계 업무에 전혀 관여하지 않는 최고경영층도 8.77%로 나타났다.

설문: 기업(단체)의 최고경영층이 직접 정부 관계 업무에 관여하기도 합니까?

최고경영층의 대관업무 직접 수행 여부	빈도(%)
전혀 관여하지 않는다	10 (8.77%)
중요 사안에 대해서만 관여 한다	80 (70.18%)
직접 자주 관여하는 편이다	22 (19.30%)
대개의 경우 직접 수행한다	2 (1.75%)
항상 직접 수행한다	0 (0.00%)
합계	114 (100%)

기업의 규모 차이에 따라 기업 최고경영층의 정부 관계 업무에 직접 관여 여부에도 차이가 있는지를 통계적으로 검증하였다. 중소기업의 최고경영층(평균 2.1034)은 대기업의 최고경영층(평균 2.0681)보다는 정부 관계 업무에 직접 관여하는 경향이 더 높았다. 그러나 중소기업과 대기업 최고경영층 간 정부 관계 업무 직접 관여 여부의 차이는 통계적으로 유의미하지는 않았다.

설문: 기업(단체)의 최고경영층이 직접 정부 관계 업무에 관여하기도 합니까?

집단	관측치	평균	t	p
중소기업	29	2.1034	0.2370	0.8134
대기업	44	2.0681		

4) 독자적 활동보다는 연합활동

기업은 정치활동 방식을 선택할 때 우선 단독으로 나설 것인지, 아니면 비슷한 형편과 입장에 처해 있는 다른 기업들과 함께 해 나갈 것인지를 고려한다. 경쟁기업들은 어떻게 하고 있는지 먼저 따져 보기도 한다. 일반론적으로는 생산에 가용자원을 모두 투입하지 않아도 되는 대규모 기업은 독자적 활동을 선택하고, 가용자원이 부족한 소규모 기업들은 집단행동의 의존도가 높은 것으로 설명된다.[26] 해당 정책 사안에 대한 풍부한 정보가 축적되어 있고, 정책사안과 관련하여 사내에 경험이 풍부한 전문 인력이 있는 경우는 경쟁기업들의 눈치를 보지 않고, 독자적으로 기업정치활동에 뛰어들 것으로 설명된다.[27] 독자적으로 정치행동을 조직화해 나가기 어려울 만큼의 여유 자원을 갖지 못한 중소기업들은 각자 비용을 최소한으로만 부담하는 집단행동을 선호한다는 논지이다. 미국에서의 경험적 사례 연구는 이러한 논지를 뒷받침하고 있다.

미국의 정치제도는 기업 단위의 개별적 기업정치활동을 불러일으키는 환경적 요소이다. 정치제도 환경은 정책결정자들에 대한 이익집단의 접근 가능성 및 이익집단 간 협력 가능한 관계인지의 여부를 좌우한다.[28] 미국에서는 서로 다른 이해관계를 가진 기업이나 단체들이 정부의 정책결정 과정에서 경쟁적으로 자신들의 입장과 이익을 주장할 수 있는 다원주의적 채널이 제도화되어 있다.[29] 미국에서는 기업이나 이익집단들이 쉽게 타협하려 들지 않고, 상대를 이기기 위해 안간힘을 쓴다. 정책결정권자 역시 이익집단들 간의 합의의 산물을 정책대안으로 채택하는 것도 아니다.[30]

강력한 조합주의적 정치제도의 배경을 오랫동안 유지해 왔던 유럽에서는 전국 단위의 경제단체나 업종별, 품목별 업계 단체를 통해서 기업정치활동이 집단적으로 이루어진다. 정부 정책결정자들로서는 업계 단위, 혹은 전국적 경제단체의 정치적 권위를 무시하지 못한다. 정부기관의 정책 결정과정에 이익집단의 참여가 제도화되어 있기 때문이다.

한국 기업들은 대관활동 과정에서 다른 기업들과의 연합을 추진하는 데 큰 관심을 가지고 있다. 설문조사 결과 한국에서는 중소기업은 물론이거니와 대기업들도 연합을 추진하는 편이라는 응답이 많다. 기업 및 단체 단독으로 정부 관계 업무를 수행하는 경우도 있지만, 동종 분야의 다른 기업과 공동으로 정부 관계 업무를 수행하는 경우도 있는 것으로 나타났다.

설문: 우리 기업(단체)은 동종 분야의 다른 기업(단체)과 연합·협조 등을 통해 공동으로 정부 관계 업무를 하고 있다.

연합활동 정도	빈도(%)
매우 그렇지 않다	3 (2.46)
그렇지 않다	30 (24.59)
그런 편이다	58 (47.54)
자주 그렇다	26 (21.31)
항상 그렇다	5 (4.10)
합계	122 (100)
평균	3.00

설문조사에서 "다른 기업과의 연합활동이나 협조를 통해 정부 관계 업무를 하는 편이다"라고 응답한 기업 및 단체는 47.54%에 이르렀으며, 자주 그렇다(21.31%), 항상 그렇다(4.10%)고 응답한 기업도 전체의 25.41%에 해당하는 것으로 나타났다. 한편 동종 분야의 다른 기업과 공동으로 정부 관계 업무를 수행하지 않는 경우도 조사되었는데, 연합활동을 하지 않는 편이거나(24.59%), 아예 하지 않는(2.46%) 기업 및 단체도 있었다.

설문: 우리 기업(단체)은 동종 분야의 다른 기업(단체)과 연합·협조 등을 통해 공동으로 정부 관계 업무를 하고 있다.

집단	관측치	평균	t	*p*
중소기업	32	2.9687	0.8527	0.3964
대기업	48	2.8125		

한국 기업들은 대기업이나 중소기업이나 할 것 없이 단체를 통한 연합활동에 적극적이다. 이는 경제단체를 통해 대관활동을 수행해 오던 역사적 전통이 여전히 남아 있음을 보여 준다. 전경련의 부침에도 불구하고, 대한상공회의소나 무역협회, 경총 등 나머지 네 경제단체에서 대기업 회원사의 역할 비중이 여전히 큰 비중을 차지한다. 이 연구는 기업 규모 차이에 따라 대관업무를 위한 연합활동 방식이 다르게 나타나는지를 검증하였다. 검증 결과, 연합활동을 통한 대관업무 수행은 중소기업과 대기업 간 차이가 없었다. 다만, 문재인 정부 출범 이후 "대기업은 알아서 해라, 우리는 중소기업만 신경 쓰겠다"라는 중소기업 친화정책이 채택된 이후 중소기업 중앙회를 중심으로 하는 중소기업들의 연합활동은 더욱 적극성을 띠고 있음을 알 수 있다.[31]

중소기업의 경우 정부 관계 업무를 타기업이나 단체와 연합으로 추진하는 경우 가장 선호하는 방식은 업계 단체에 전적으로 의존하는 경우가 가장 많이 관찰되었다(42.22%). 그러나 대기업과는 달리 몇몇 기업들과 별도의 협의체를 구성하여 연합활동을 하거나(33.65%), 기업이 소재한 지역의 관계자들과 연합활동(17.89%)을 하는 것을 전국 단위의 경제단체 활동에 참여하는 방식(17.00%)보다 더 선호하는 것으로 관찰되었다. 기업의 규모에 따른 각 연합활동 유형별 차이는 통계적으로 유의미하지 않은 것으로 나타났다.

설문: 기업(단체)의 연합활동 차원의 정부 관계 업무는 어떠한 방식으로 이루어지고 있습니까? 총 100%를 할당한다면 다음 각항에는 얼마씩 할당할 수 있습니까?

연합활동의 방식	집단	관측치	평균	t	p
전국 단위의 경제단체 활동에 적극 참여한다	중소기업	25	17.0000	-1.7879	0.0797
	대기업	28	24.2857		
소속되어 있는 업계(상위단체) 단체에 전적으로 의존한다	중소기업	27	42.2222	-1.3353	0.1867
	대기업	37	50.9459		
몇몇 기업(단체)들과 별도의 협의체를 구성하여 활동한다	중소기업	26	33.6538	1.7869	0.0796
	대기업	30	23.5000		
기업(단체)이 소재한 지역의 관계자들과 연합활동을 한다	중소기업	19	17.8947	0.0176	0.9860
	대기업	26	17.8076		

한편 이 연구는 단체의 대관활동을 동종업계 타기업이나 단체와 연합으로 수행하는 경우 어떠한 방식으로 수행하는지를 조사하였다. 가장 많이 활용하는 연합활동의 방법은 주로 소속되어 있는 업계 단체(상위단체)에 전적으로 의존하는 것이었다(평균 44.29%). 다음으로는 몇몇 기업들과 별도의 협의체를 구성하여 공동으로 정부 관계 업무를 수행하거나(평균 31.30%), 전국 단위의 경제단체(예: 전경련, 중소기업 중앙회 등) 활동에 적극 참여하는 경우(평균 23.14%), 그리고 기업이 소재한 지역의 관계자들과 연합활동을 하는 경우(평균 18.81%)도 있었다.

설문: 기업(단체)의 연합활동 차원의 정부 관계 업무는 어떠한 방식으로 이루어지고 있습니까? 총 100%를 할당한다면 다음 각항에는 얼마씩 할당할 수 있습니까?

전국 단위의 경제단체(전경련이나 중소기업 중앙회 등) 활동에 적극 참여한다.	(평균) 23.14%
소속되어 있는 업계(상위단체)단체에 전적으로 의존한다.	(평균) 44.29%
몇몇 기업(단체)들과 별도의 협의체를 구성하여 활동한다.	(평균) 31.30%
기업(단체)이 소재한 지역의 관계자들과 연합활동을 한다.	(평균) 18.81%

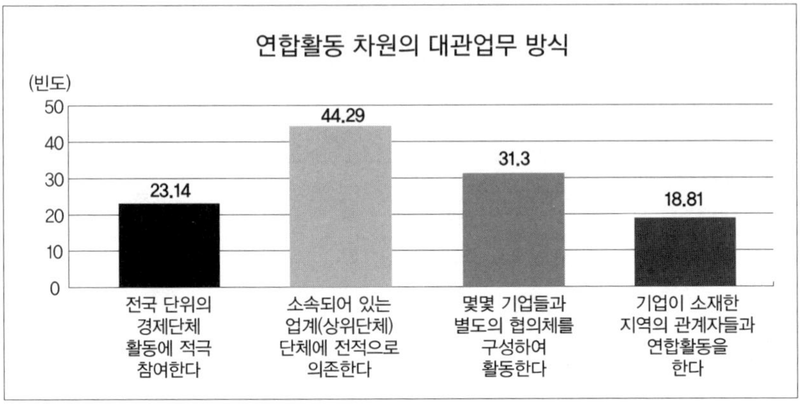

다른 기업이나 단체와 연합하여 정부관계 업무를 수행하는 기업을 대상으로 연합활동을 하는 이유를 조사하였다. 가장 큰 비중을 차지하고 있는 이유는 직면하고 있는 애로사항을 정부에 알리기 위해 연합활동을 한다는 것이었다. 다음으로 정부의 결정과 정책의 문제점을 알리기 위해서, 정부정책에 관한 추가적인 정보를 획득하기 위해 연합활동을 하고 있는 것으로 나타났다. 그 외에도 업계 현황과 시장에 대한 전문적인 정보를 정부에 전달하기 위해서, 정책 변화나 관련 법규 개정 추진을 위해서, 그리고 업계 공동의 우호적인 이미지나 여론 형성을 위해 연합활동을 한다는 응답이 이어졌다. 기업뿐 아니라, 경제 단체들에서도 정보전략적 목적하의 기업정치활동이 전형적으로 이루어지고 있음을 보여 준다.

설문: 기업(단체)이 정부 관계 업무 시 연합활동을 추구하는 주요한 이유는 무엇입니까? 주요한 이유 1위부터 3위까지 선택하여 체크해 주십시오.

순위	연합활동을 추구하는 이유
1	기업(단체)과 업계(관련 산업)가 직면하고 있는 애로사항을 알리기 위해
2	정부의 결정과 정책의 문제점을 알리기 위해
3	정부정책에 관한 추가적인 정보획득을 위해

4	업계(관련 산업) 현황과 시장에 대한 전문적인 정보를 전달하기 위해
5	정책 변화와 관련 법규 개정 추진을 위해
6	업계(관련 산업) 공동의 우호적인 이미지나 여론 형성을 위해

기업 규모에 따라 정부 관계 업무 시 연합활동을 추구하는 목적에도 차이가 존재하는지를 검증하였다. 검증 결과, 중소기업과 대기업은 연합활동을 추구하는 목적에는 차이가 없었다. 중소기업의 경우 연합활동을 추구하는 주요 이유가 기업과 업계가 직면하고 있는 애로사항을 알리고, 정부정책에 관한 추가적인 정보획득을 위해 연합활동을 추구하는 것으로 나타났다. 대기업의 경우는 기업과 업계가 직면하고 있는 애로사항을 알리기 위해서 연합활동을 추구하는 데에는 중소기업과 이견이 없었으나 그 다음 목적으로 주로 정부의 결정과 정책의 문제점을 알리기 위해 연합활동을 추구하는 것으로 조사되었다.

설문: 기업(단체)이 정부 관계 업무 시 연합활동을 추구하는 주요한 이유는 무엇입니까? 주요한 이유 1위부터 3위까지 선택하여 체크해 주십시오.

순위	연합활동을 추구하는 이유	집단	관측치	평균	t	*p*
1	기업과 업계가 직면하고 있는 애로사항을 알리기 위해	중소기업	27	1.5925	0.4069	0.6854
		대기업	42	1.5000		
2	정부의 결정과 정책의 문제점을 알리기 위해	중소기업	17	2.7058	1.4712	0.1474
		대기업	36	2.1944		
3	정부정책에 관한 추가적인 정보획득을 위해	중소기업	23	2.6956	−1.9598	0.0555
		대기업	30	3.3666		
4	업계 현황과 시장에 대한 전문적인 정보를 전달하기 위해	중소기업	23	3.0000	−1.5522	0.1261
		대기업	36	3.5000		
5	정책 변화와 관련 법규 개정 추진을 위해	중소기업	18	4.0555	0.9777	0.3324
		대기업	41	3.5853		
6	업계 공동의 우호적인 이미지나 여론 형성을 위해	중소기업	23	5.1304	−0.2328	0.8168
		대기업	33	5.2121		

○ 연합활동 만족도

이 연구는 정부 관계 업무 수행을 위해 타기업 및 단체와 연합활동을 한 경험이 있는 기업을 대상으로 연합활동 성과에 대한 만족도를 조사하였다. 응답자의 53.40%가 연합활동 성과에 대해 보통 수준으로 만족한다고 응답하였다. 연합활동 성과에 대한 만족도가 높은 편이라고 응답한 비율도 26.21%로 나타났다. 그러나 연합활동 성과에 대해 매우 높은 수준으로 만족한 경우는 없는 것으로 조사되었으며, 오히려 연합활동 성과에 대한 만족도가 낮거나(17.48%), 매우 낮다(2.91%)고 응답한 경우도 있었다.

설문: 본사 및 귀하가 속한(속했던) 부서의 연합활동 성과에 대한 만족도는 어느 정도입니까?

연합활동 성과에 대한 만족도	빈도(%)
매우 낮다	3 (2.91%)
낮은 편이다	18 (17.48%)
보통이다	55 (53.40%)
높은 편이다	27 (26.21%)
매우 높다	0 (0.00%)
합계	103 (100.00%)
평균	3.02

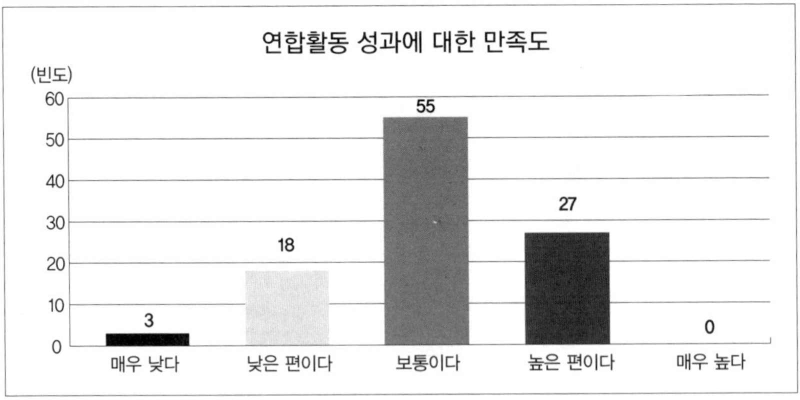

기업 규모의 차이에 따른 연합활동 성과에 대한 만족도 차이를 통계적으로 검증하였다. 중소기업은 대기업에 비해 타기업이나 단체와의 연합활동을 통한 정부 관계 업무 성과에 대해 더 만족하는 것으로(평균 3.0000) 나타났다(대기업 평균 2.7804). 그러나 중소기업과 대기업 간 연합활동 성과에 대한 만족도의 차이는 통계적으로 유의미하지 않은 것으로 나타났다. 설문조사 결과 한국 기업의 연합활동 상과에 대한 만족도는 전반적으로 보통 이하의 수준임을 보여 주고 있다.

설문: 본사 및 귀하가 속한(속했던) 부서의 연합활동 성과에 대한 만족도는 어느 정도입니까?

집단	관측치	평균	t	*p*
중소기업	28	3.0000	1.1443	0.2566
대기업	41	2.7804		

4. 대관활동의 효과성 및 만족도

기업정치활동이 기업성과에 영향을 미치는가? 어느 정도로 영향을 미치는가? 등에 대한 경험적 연구는 많지 않은 편이다. 기업정치활동이 기업성과에 직접적으로 연계되어 있다는 경험적 증거는 뚜렷하지 않고, 연구에 따라서는 연계성을 확인하는 연구와 그렇지 못하다는 연구 결과가 혼재되어 있다. 미국 등지의 사례 연구에서는 긍정적으로 영향을 미친다는 설명이 있는 반면,[32] 그렇게 직접적으로 영향을 미치는 것 같지 않다거나, 기업성과에 미치는 영향의 정도는 무시할 수 있는 정도라는 연구 결과도 있다.[33] 기업정치활동의 효과성 여부와 효과성 결정 요인이 무엇인가에 대한 연구는 거의 없다. 이 연구는 제한된 경험적 자료이지만 한국에서의 대관활동 효과성에 대한 인식을 묻는 설문 조항을 포함시켰다.

1) 대관업무 효과성 인식

기업이나 단체가 수행하고 있는 정부 관계 업무의 효과성에 대해 어떻게 인식하고 있는지를 조사하였다. 먼저 정부 관계 업무를 효과적으로 수행하는 데 영향을 미치는 중요한 요인을 무엇으로 인식하고 있는지 조사하였다. 기업이나 단체가 보유하고 있는 축적된 전문 지식과 기술이라는 응답 비중이 가장 컸고, 기업의 신뢰도나 평판, 기업 대표 혹은 핵심 경영층의 사회적 지명도가 정부 관계 업무를 효과적으로 수행하는 데 영향을 미치는 중요한 요인으로 인식하고 있음을 보여 준다. 그에 반해 연합활동을 할 수 있는 다른 기업이나 단체의 존재 그 자체가 정부 관계 업무를 효과적으로 수행하는 데 결정적으로 영향을 미치는 것은 아니며, 명분의 호소력 여부 그 자체도 상대적으로 영향력이 큰 것은 아니라는 인식이었다.

설문: 정부 관계 업무를 효과적으로 할 수 있는(있었던) 자산 중 일반적으로 중요하다고 생각하는 1위부터 3위까지 선택하여 주십시오.

순위	효과적인 대관업무에 영향을 미치는 중요 요인
1	축적된 전문 지식과 기술
2	신뢰도 혹은 평판
3	기업(단체) 대표 혹은 리더의 사회적 지명도
4	여유 재원 확보
5	대규모 인력보유
6	호소력 있는 명분

7	연합할 수 있는 타기업(단체)의 존재

설문: 기업(단체)의 정부 관계 업무의 성공 여부를 결정하는 요인은 무엇이라고 생각하십니까? 가장 효과적인 요인이라고 생각하는 항목을 한 개만 선택해 주십시오.

순위	대관업무의 성공 여부를 결정하는 요인	빈도(%)
1	정책 사안이나 시장 등에 대한 전문적인 지식·정보의 필요	77 (65.81%)
2	정부의 강제적 방식 (예: 법령, 규제) 대신 시장 친화적 접근방식에 대한 필요	17 (14.53%)
3	업계 내 위치와 영향력 때문	15 (12.82%)
4	유권자 호응 혹은 선거에 미치는 영향	7 (5.98%)
5	정치자금 등 경제적 인센티브 제공이나 선거 지원 등 직접적인 반대급부 제공	1 (0.85%)
	합계	117 (100%)

기업 규모 차이에 따라 정부 관계 업무 수행 시 효과가 있었던 자산의 중요성에 대한 인식 차이가 있는지를 검증하였다. 대기업과 중소기업은 정부 관계 업무의 효과성에 영향을 미치는 요인으로 축적된 전문지식 및 기술을 들고 있다. 이 점은 한국 기업들의 대관활동이 정부 공직자와의 정보전달 및 정보 교류에 중점을 두고 있다는 점과 상응한다. 하지만 다음 순위에서는 대기업과 중소기업의 인식에 차이가 있음을 보여 준다. 대기업은 정부 관계 업무 효과성에 영향을 미치는 요인으로서 축적된 전문지식과 기술 외, 기업의 신뢰도 혹은 평판, 대규모 인력 보유, 기업 단체대표 혹은 핵심 경영층의 사회적 지명도, 호소력 있는 명분, 여유 재원 확보, 연합할 수 있는 타기업 단체의 존재 등의 순서대로 그 중요성을 인식하고 있다.

중소기업의 경우, 축적된 전문 지식과 기술 다음 순위로 호소력 있는 명분, 기업의 신뢰도 혹은 평판, 연합할 수 있는 타기업 및 단체의 존재, 여유 재원 확보, 기업 단체대표의 사회적 지명도, 고용규모 등의 순서대로 효과적인 정부 관계 업무에 영향을 미치는 요인으로 인식하고 있는 것으로 나타났다.

설문: 귀하가 속한(속했던) 기업(단체)의 정부 관계 업무에 효과가 있었던 자산의 순위를 매겨주십시오(1위-7위).

순위	효과적인 대관업무에 영향을 미치는 중요 요인	집단	관측치	평균	t	*p*
1	축적된 전문 지식과 기술	중소기업	27	2.5185	−0.0083	0.9934
		대기업	46	2.5217		
2	신뢰도 혹은 평판	중소기업	22	3.9090	2.2717	0.0265*
		대기업	44	2.9545		
3	기업 단체대표 혹은 리더의 사회적 지명도	중소기업	22	4.3181	0.8275	0.4111
		대기업	43	3.9069		
4	여유 재원 확보	중소기업	25	3.4400	−1.6508	0.1037
		대기업	41	4.2439		
5	대규모 인력 보유	중소기업	23	4.3043	0.2992	0.7659
		대기업	37	4.1351		
6	연합할 수 있는 타기업 단체의 존재	중소기업	25	3.6000	−2.5607	0.0129*
		대기업	39	4.7692		
7	호소력 있는 명분	중소기업	24	4.4166	0.0202	0.9840
		대기업	42	4.4047		

설문: 귀하가 속한(속했던) 기업(단체)의 정부 관계 업무에 효과가 있었던 자산의 순위를 매겨주십시오(1위-7위).

순위	대관업무에 효과가 있었던 요인
1	축적된 전문 지식과 기술
2	신뢰도 혹은 평판
3	기업(단체) 대표 혹은 리더의 사회적 지명도
4	여유 재원 확보
5	대규모 인력보유
6	연합할 수 있는 타기업(단체)의 존재
7	호소력 있는 명분

기업의 정부 관계 업무의 성공 여부를 결정하는 요인으로서 응답자의 65.81%가 정책 사안이나 시장 등에 대한 전문적인 지식·정보라고 답하였다. 한국 기업들은 대관업무가 의도했던 결과를 획득하기 위해서는 전문적인 지식이나 기술을 보유하고 있어야 한다고 인식하고 있다. 전문적인 지식과 정보의 범주에는 정책 사안이나 시장 변화에 대한 이해와 예측 능력을 포함한다. 정부 관계 업무의 효과성에 영향을 미치는 자산의 중요성에 대해서 대기업과 중소기업 모두 비슷하게 인식하고 있었다. 하지만 '연합할 수 있는 타기업 단체의 존재'에 대한 중요성 인식의 차이가 뚜렷하게 관찰되었는데, 중소기업이 대기업에 비해 연합할 수 있는 타기업의 존재에 대해 더 중요하게 생각하는 것으로 나타났다. 이러한 인식 차이는 통계적으로 유의미한 것으로 나타났다($p < 0.05$).

설문: 정부 관계 업무를 효과적으로 할 수 있는(있었던) 자산 중 일반적으로 중요하다고 생각하는 1위부터 3위까지 선택하여 주십시오.

순위	효과적인 대관업무에 영향을 미치는 중요 요인	집단	관측치	평균	t	*p*
1	축적된 전문 지식과 기술	중소기업	24	2.2083	−1.4176	0.1609
		대기업	45	2.7555		
2	신뢰도 혹은 평판	중소기업	16	3.0625	−0.5411	0.5905
		대기업	46	3.3260		
3	기업 단체대표 혹은 리더의 사회적 지명도	중소기업	14	3.7857	0.0439	0.9652
		대기업	38	3.7631		
4	여유 재원 확보	중소기업	20	3.4500	−1.2272	0.2254
		대기업	33	4.1818		
5	대규모 인력 보유	중소기업	15	4.0000	0.8189	0.4170
		대기업	34	3.4705		
6	호소력 있는 명분	중소기업	18	3.0000	−1.5075	0.1374
		대기업	39	3.9743		
7	연합할 수 있는 타기업 단체의 존재	중소기업	21	3.4285	−2.4274	0.0185*
		대기업	36	4.7777		

정부 관계 업무의 효과성에 있어 일반적으로 중요하다고 인식하는 요인과 실제 영향을 미치는 요인 간 차이가 있는지를 비교하였다. 한국 기업이나 단체의 정부 관계 업무 담당자들이 중요하다고 인식하는 요인과 실제 정부 관계 업무를 수행하면서 효과성이 입증되었던 요인 간에는 차이가 없었다. 또한 인식 요인과 실제 요인 간 중요성에 있어서도 동일한 결과가 도출되었다.

→ 정부 관계 업무를 수행하는 데 있어 일반적으로 중요하다고 생각하는 요인과 실제 효과가 있었던 요인 비교

순위	일반적으로 중요하다고 생각하는 요인	실제 효과가 있었던 요인
1	축적된 전문 지식과 기술	축적된 전문 지식과 기술
2	신뢰도 혹은 평판	신뢰도 혹은 평판
3	기업(단체) 대표 혹은 리더의 사회적 지명도	기업(단체) 대표 혹은 리더의 사회적 지명도
4	여유 재원 확보	여유 재원 확보
5	대규모 인력보유	대규모 인력보유
6	호소력 있는 명분	연합할 수 있는 타기업(단체)의 존재
7	연합할 수 있는 타기업(단체)의 존재	호소력 있는 명분

2) 대관활동 효능성 인식

과거 기업정치활동의 수행 결과에 대한 경험적 인식을 알아보는 것도 의미 있는 일이다. 기업이나 단체가 수행했던 정부 관계 업무가 실제로 정부의 정책수립에 끼친 영향력의 정도에 대한 인식 여부를 조사하였다. 설문대상이었던 대관업무 담당자들의 절반 정도(49.13%)가 기업의 정부 관계 업무 활동이 정부정책에 영향을 미친 것으로 인식하고 있는 것으로 조사되었다. 그중에서도 '매우 그렇다'고 응답한 비율도 6.03%로 나타났다. 기업의 정부 관계 업무 활동이 정부의 정책수립에 미치는 영향이 보통이라고 인식하고 있는 응답자는 32.76%였다. 한편 기업의 정부 관계 업무가 정부정책에 미친 영향력이 없다고 응답한 비율도 18.1%로 나타났다.

설문: 귀하가 속한(속했던) 기업(단체)의 정부 관계 업무가 정부의 정책수립에 영향을 끼친다고 생각하십니까?

대관업무의 효능성	빈도(%)
매우 그렇지 않다	1 (0.86%)
그렇지 않다	20 (17.24%)
그저 그렇다	38 (32.76%)
그런 편이다	50 (43.10%)
매우 그렇다	7 (6.03%)
합계	116 (100%)
평균	3.36

이 연구는 기업 규모의 차이에 따라 실제 정부 관계 업무의 효능성을 다르게 인식하고 있는지 여부를 검증하였다. 검증 결과 중소기업과 대기업 간 정부 관계 업무의 효능성 인식에는 차이가 거의 없는 것으로 나타났다.

설문: 귀하가 속한(속했던) 기업(단체)의 정부 관계 업무가 정부의 정책 수립에 영향을 끼친다고 생각하십니까?

집단	관측치	평균	t	*p*
중소기업	29	3.1724	−0.2340	0.8156
대기업	46	3.2173		

3) 대관업무 만족도 평가

기업에서 수행하고 있는 정부 관계 업무의 성과에 대해 응답자의

46.15%가 그저 그렇다고 인식하는 것으로 나타났다. 그러나 '만족한다'(37.61%), '매우 만족한다'(2.56%)고 응답한 기업이 총 40.17%로 조사되어 정부 관계 업무의 성과에 대한 만족도는 보통 수준보다는 조금 더 높은 것으로 나타났다(평균 3.26).

설문: 기업(단체) 전체적인 차원에서 정부 관계 업무의 성과에 대한 만족도는 어느 정도입니까?

대관업무 성과에 대한 만족도	빈도(%)
매우 불만족한다	3 (2.56%)
불만족한다	13 (11.11%)
그저 그렇다	54 (46.15%)
만족한다	44 (37.61%)
매우 만족한다	3 (2.56%)
합계	117 (100%)
평균	3.26

기업 규모의 차이에 따라 정부 관계 업무 성과에 대한 만족도의 차이가 있는지 검증하였다. 중소기업과 대기업 간 정부 관계 업무 성과에 대한 만족도 차이는 미미했으며, 기업 규모 차이에 따른 만족도의 차이는 통계적으로도 유의미하지 않았다.

설문: 기업(단체) 전체적인 차원에서 정부 관계 업무의 성과에 대한 만족도는 어느 정도입니까?

집단	관측치	평균	t	*p*
중소기업	29	3.3103	1.1374	0.2590
대기업	47	3.1063		

5. 한국 기업의 정치활동: 성격과 특징

한국 기업의 대관활동 유형과 방식, 채택하는 전략적 접근법 등을 결정하는 요인은 무엇인가? 기업정치활동 과정에서는 다양한 정치전략이 혼합적으로, 그리고 동시적으로 활용될 수 있다. 힐만과 힛이 제시하고 있는 정치전략 유형에 포함된 다양한 전술적 활동 요소들은 배합과 혼용을 통해서 그 효과의 상승작용을 도모할 수 있다.[34] 실제 미국의 많은 대기업들은 정보와 돈, 지지 등의 정치전략 및 전술 요소들을 적절히 배합하는 기업정치활동을 수행하고 있는 것으로 조사되고 있다. 개별 기업 단위로 독자적인 기업정치활동을 수행하는 미국의 대기업들은 정부기관과 접촉하여 정보를 제공하는 로비활동과 정치권을 향해 지지를 표하고, 후원금 등을 제공하는 캠페인 활동을 병행하고 있다. 세 요소 모두 정책결정자들에 대한 접근로(access)를 확보하고, 이를 유지해 나가기 위한 정치전략으로 이루어지는 활동이다.[35] 미국 사례를 통해서는 정보제공 차원의 로비활동과 선거 후원(campaign contribution) 사이에 강한 상관성이 있음을 밝히는 경험적 연구도 있다. 전체 이익집단이 지출하는 CPA 비용의 70% 이상이, 모든 PAC 후원의 86% 이상이 로비활동과 PAC 운영을 동시에 진행하고 있는 기업 및 업계 단체로부터 지출되었다는 연구도 있다.[36]

이 연구에서는 대관업무 동기에 관한 질문으로부터 한국 기업의 대관활동의 유형을 추론하고 있다. 한국 기업의 대관활동은 '돈'과 '표'보다는 '정보'에 치중하고 있음이 드러나고 있다. 선거법 등 실정법에 저촉될 우려를 불러일으킬 수 있는 '돈'과 '표'에 관한 의사표시가 제대로 반영되기 어려웠을 것이라는 설문조사의 한계에도 불구하고, 이 점이 두드러지게 나타나고 있음을 알 수 있다.[37]

1) 정보전략형 기업정치활동

앞서 설명한 바와 같이, 힐만과 힛은 기업정치활동의 유형으로서 정치전략을 세 가지 범주로 유형화하고 있다.[38] 정보전략(information strategy)과 경제적 유인 제공전략(financial incentive strategy), 유권자집단 규합 전략(constituency-building strategy)이 그것이다. '정보'와 '돈', '표' 등 세 가지 전략 가운데 한국 기업정치활동에서 가장 두드러진 유형은 '정보'임이 설문조사에서 밝혀졌다. 정보전략은 정책사안에 대한 전문 지식과 정보, 정책선호, 기업의 입장 등을 기업 내부 인사나 외부 전문가들을 동원하여 정책결정자들에게 제공하는 로비활동을 의미한다. 이 과정에서는 사안에 대한 조사결과나 보고서, 전문가들의 연구물 제공, 공청회를 비롯한 정부회의체에서의 전문가 진술, 회사의 입장표명이나 기술적 보고서 제출 등이 전술적 수단으로 활용된다.[39]

경우에 따라서는 기업에 영향이 큰 특정의 규제조치나 정책들이 도입되는 정부 입법 과정에서 개별 기업 단위로 또는 단체나 협의체를 통한 집단적 대응이 이루어지기도 한다. 기업이나 업계 단체 등 집단행동 협의체의 전략적 대응 행동은 이러한 입법 조치 등에 대한 찬성과 반대, 혹은 구체적인 법규 문안 등에 초점을 맞추어지기도 한다. 기업이나 기업 간 협의체, 관련 단체 등은 정책결정자들을 대상으로 해당 사안에 대한 지지와 찬성의 정책적 선호, 해당 사안 관련 전문 기술적 지식과 정보 등을 제공하는 정보전략적 대응에 나선다. 설문조사 결과 한국의 기업과 단체는 특정 정책 사안에 관한 입장이나 의견, 관련된 애로사항을 제공하는 활동 비중이 가장 큰 것으로 밝혀지고 있다. 정책결정에 필요한 기업(단체)이나 업계 전반에 관한 정보를 전달하는 활동, 정부기관으로부터의 질의에 대한 응답이나 자문제공이 바로 그 뒤를 잇고 있다. 정부기관으로부터 해당 정책 사항에 대한 추가 정보를 획득하기 위한 활동도 큰 비중을 차지하고 있으며, 이에 못지않게 법규작성 과정에서의 의견제시 등 정부기관에 대하여 정책대안을 제시하는 활동도 잦은 빈도임을 알 수 있다.

순위	대관업무 동기는 무엇입니까(복수응답 허용)	빈도
1	기업(단체)의 특정 정책에 대한 입장·의견·애로사항 전달	90
2	정책결정에 필요한 일반적 기업(단체)(산업계 전반 포함) 정보 전달	77
3	정부기관으로부터의 질의 및 자문요청에 응함	64
4	정책 사안에 대해 정부로부터 추가적인 정보 획득	54
5	구체적인 정책대안(법안 작성 도움) 제시	54
6	정치적 의견 개진(예: 규제 철폐, 시장 친화적 정책 요구, 정치적 중립 등)	48
7	타기업 혹은 단체와의 집단 활동을 위한 연합 추진	27
8	다른 경쟁사들보다 유리한 결정 획득	25
9	사회적으로 긍정적인 평판 획득이나 유리한 여론 조성	23
10	정부기관을 상대로 한 매출 증대 (수익재원 포함)	18

이러한 대관업무 동기에 대한 응답은 한국 기업들의 대관 활동이 일상적으로 이루어지고 있다는 응답과 조화를 이루고 있다. 이러한 응답은 또한 정부 관계 업무의 주요 목적이 정부 공직자들과의 우호적인 관계 형성에 초점이 맞추어져 있다는 조사결과와 상응하는 것이기도 하다.

2) 관계구축형 기업정치활동

기업이나 업계 단체는 정책결정권자들과 정책 사안별로 거래형의 접근법을 택할 수도 있고, 장기적 관점에서 관계구축 접근법을 택할 수도 있다.[40] 거래형의 접근법은 정책 사안별로 개별적으로 대응해 나가는 접근법을 뜻한다. 거래적 접근법은 정책 사안별로 관련 부서들이 부서 내의 업무 – 산업안전, 환경, 금융 재정 등 – 수행 차원에서 일회적, 단기적 안목으로 정책 사안을 관리해 나가는 접근법을 의미한다. '거래형 접근법'은 기업정치활동을 전담하는 단위 부서가 따로 존재하여 여기서 기업정치활동을 총괄적으로 관리해 나가는 접근법이 아니다. 세세한 정책 사안별로 관련 부서가 처리해 나가면서, 동시에 총괄 전담부서까지를 두는 것은 비용 효율적이지 않기 때문이다. 하지만 정책 사안 관련 불확실성의 정도가 크며, 경제적·인적 자원의 자산 특정성(asset specificity) 수준이 높은 경우라면 기업정치활동을 총괄적으로 수행하는 내부조직을 편제해 두는 것이 효율적이라는 설명도 있다.[41]

조사연구에서 한국 기업들은 대관활동에 매우 적극적이고, 일상적으로 행하고 있음이 밝혀졌다. 한국 기업의 대관업무 수행자의 30% 이상은 대관업무 부서를 전담하는 부서에 소속되어 있다. 한국의 대기업들은 거의 대부분 대관활동을 전담하는 단위 조직을 가지고 있다. 대관활동 전담부서가 아니라도 임원실, 비서실, 기획전략실 등 대관활동을 병행하는 부서에 소속되어 있으면서 대관활동을 수행하는 것으로 조사되었다. 이를 통해서 한국 기업들의 대관활동, 즉 기업정치활동이 얼마나 일상화되어 있고, 상시적인 업무 활동으로 수행되고 있는지를 알 수 있다. 대관활동의 상시적 조직편제는 한국 기업들의 대관활동이 어떠한 유형으로 행해지고 있는지를 쉽게 짐작할 수 있게 해준다. 한국 기업의 정치활동이 일상적으로 진행되고 있다는 점은 채택하고 있는 대관활동 유형이 긴 시간적 안목 속에서 돈돈한 관계 형성에 보다 초점을 맞추고 있음을 말해 준다.

한국 기업의 대관활동은 현안 발생 이후 대응활동 차원으로 이루어지기도 하지만 이보다는 현안 발생 이전 단계에서 일상적으로 이루어지고 있다. 이 점은 대관활동이 정부 공직자들과의 우호적인 관계형성에 초점이 맞추어지고 있다는 응답 비율이 매우 높다는 점과 직접적으로 연계되어 있다고 할 수 있다. 대기업이나 중소기업이나 정책결정권자들과의 우호적인 관계형성에 초점이 맞추어진 대관업무가 수행된다는 응답이 가장 많다. 대기업과 마찬가지로 중소중견기업들도 그러한 경향성이 발견된다. 여기서 기업 규모라는 변수는 크게 작용하지 않는 것으로 보인다. 다만 우호적 관계형성 다음 순위의 응답에는 대기업과 중소기업 간에 차이가 나타난다. 대기업의 2순위 응답은 정부의 결정이 이루어지고 난 이후, 대응활동의 일환으로 대관활동이 이루어지는 것이라면, 중견중소기업들의 경우 다음 순위의 응답은 결정된 정책을 이행해나가는 과정에서 대관업무가 이루어지는 것으로 나타나고 있다. 대기업의 대응활동이 정책의 수정과 보완을 요구하는 활동에 초점이 맞추어져 있다면, 중견중소기업은 정책 이행과정에서 관련 기업 정보를 정부기관에 제공하는 업무의 비중이 크다는 것을 나타내주는 것이다.

설문: 다음 중 귀하가 속한(속했던) 기업(단체)의 정부 관계 업무와 부합하는 사항을 모두 체크해 주십시오.

	대기업	중견·중소	공기업	협회(단체)	합계
정부 공직자들과의 우호적인 관계 형성에 초점이 맞추어진다.	33 (43.42%)	11 (14.47%)	14 (18.42%)	18 (23.68%)	76 (100%)
현안이 발생한 후 사후적으로 대응하기 위한 것이다.	21 (44.68%)	7 (14.89%)	7 (14.89%)	12 (25.53%)	47 (100%)
정부의 정책결정과정에 참여하기 위한 것이다.	19 (29.67%)	10 (15.63%)	14 (21.88%)	21 (32.81%)	64 (100%)
정부기관의 정책집행 단계에서 주로 이루어진다.	22 (51.16%)	6 (13.95%)	8 (18.60%)	7 (16.28%)	43 (100%)
언론이나 여론의 우호적인 지지를 획득하기 위한 활동도 병행한다.	20 (45.45%)	6 (13.64%)	5 (11.36%)	13 (29.55%)	44 (100%)

한국 기업들의 기업정치활동은 관계구축형 대관활동에 치중되어 있다. 정보전달이든 압력행사이든 기업정치활동의 효과성은 접촉 상대와의 신

뢰관계 형성여부에 따라 달려 있다. 미국이나 유럽에서도 마찬가지인데, 특히 한국에서는 사인관계를 중요시하는 온정주의적 문화 때문에 더욱 그러한 경향을 띠고 있다고 할 수 있다. 기업은 정책결정자들과의 정치적 거래비용의 크기를 고려하여 비용대비 성과 수준이 높을 때 기업정치활동을 선택한다. 정부규제에 의해 크게 영향을 받는 규제환경에 놓여 있는 한국 기업들로서는 장기적 접근법을 선택하고 있음을 알 수 있다. 단일 업종 혹은 연관성이 큰 제한된 범위 내의 여러 업종에 종사하는 한국의 대기업들은 한정된 범위 내의 접촉 정책결정자들과 전문적인 정보를 교환하고, 긴밀하게 의사소통해 나가면서 돈독한 관계를 구축하는 것이 유리할 것이라는 점을 추론할 수 있다.

기업정치활동이 상시적으로 수행될 필요가 있는 경우는 공직자와의 접촉을 뒷받침할 수 있는 상시적 관리체계 구축이 필요해진다.[42] 대관업무의 착수 시점은 실제 진행되고 있는 대관업무의 유형과 밀접하게 연관되어 있다. 설문대상 기업들에게 실제 수행한 적이 있는 대관업무의 항목에 모두 체크하도록 한 질문에 대하여 응답한 대기업과 중견중소기업들은 모두 공직자와의 우호적인 관계 형성 및 유지에 대관활동의 초점을 두고 있다는 점을 보여 주고 있다. 다음 순위를 잇고 있는 것은 대기업의 경우는 정책집행 결정 및 집행 단계에서의 의견 투입을, 중견중소기업은 정책결정과정에의 참여를 위한 대관활동 비중이 큼을 보여 준다.

관계적 접근법은 사안에 따른 개별적 대응을 모색하는 것이 아니고, 이슈와 시간을 관통하여 정책결정자들과의 지속적, 안정적 접촉과 우호적 관계유지를 도모하는 기업정치활동 유형이다. 따라서 어떤 특정 유형의 기업정치활동 유형을 선택할 것인가에 가장 크게 영향을 미치는 변수는 가용자원의 크기이다. 또한 정보전략, 재정유인 전략, 유권자집단 규합 전략의 선택, 그리고 각각의 전략을 구현할 수 있는 전술적 활동유형의 선택에 영향을 미치는 두 가지 변수는 첫째, 신뢰성 변수, 둘째는 기업이나 업계 단체의 고용규모이다.

관계구축 접근법은 이슈와 시간을 관통하여 정책결정자들과의 지속적, 안정적 접촉 및 우호적 관계유지를 도모하는 정치전략을 의미한다. 사사건건으로 별개로 대응하는 것이 아니라, 장기적 안목에서 지속적인 관계형성을 염두에 두고 돈독한 관계 구축에 보다 집중하는 기업정치활동이다. 특히 정책결정권자들과 지속적인 거래 촉진에 기여할 수 있는 '사회적 자본'을 개발하고 관리해 나가는 접근법이다.[43] 또한 장기적인 안목에서의 관계의 질을 유지해 나가는 접근법이 효과성을 거두기 위해서는 기업 조직 내에 이러한 업무를 전담하는 상시적 업무 관리체계가 구축될 필요가 있기 때문에 여기에 따른 재정투입이 선행되어야 한다.[44] 관계구축 접근법은 긴 시간적 안목 속에서 정책결정자들과의 관계의 질을 일정 수준 이상으로 유지해 나가기 위한 전략적 접근법이기 때문에 시간과 노력, 재정적 비용 수준이 높게 요구된다.

거래적 접근법이냐, 관계적 접근법이냐를 좌우하는 주요한 선행변수는 정치제도의 유형과도 맞물려 있다. 여기에 가장 큰 영향을 미치고 있는 제도의 변수는 조합주의의 제도적 특성이 강한가? 아니면 다원주의의 제도적 특성이 강한가이다. 조합주의의 제도적 특성이 강한 국가에서의 정치활동은 관계적 접근법을 활용할 가능성이 크고, 반면 다원주의적 경향이 강한 국가에서는 정치활동의 거래적 접근법을 선택할 가능성이 큰 것으로 설명된다.

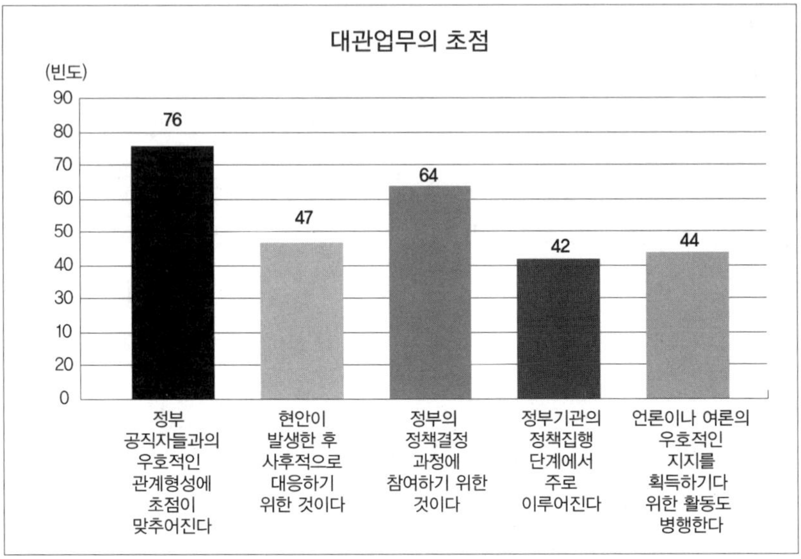

설문: 다음에 기술된 정부 관계 업무 중 귀하가 속한(속했던) 기업(단체)의 활동에 모두 체크해 주십시오.

	대기업	중견·중소기업	공기업	협회(단체)	합계
정부 공직자들과의 우호적인 관계 형성에 초점이 맞추어진다.	33	11	14	18	76
현안이 발생한 후 사후적으로 대응하기 위한 것이다.	21	7	7	12	47
정부의 정책결정과정에 참여하기 위한 것이다.	19	10	14	21	64
정부기관의 정책집행 단계에서 주로 이루어진다.	22	6	8	7	43
언론이나 여론의 우호적인 지지를 획득하기 위한 활동도 병행한다.	20	6	5	13	44
합계	155	88	119	345	

3) 제도화된 정책참여형

아주 큰 맥락에서 설명하자면 기업정치활동은 정부와 기업 간의 교호작용을 의미한다. 정부-기업 간 교호작용은 정부-기업 관계의 접면(business–government interface)에서 이루어진다. 기업과 정부가 교호작용하는 접면은 정부의 정책결정 방식과 기업의 정책참여 방식이 결정되는 제도적 공간을 의미한다. 교호작용 접면은 정부정책을 둘러싼 공급과 수요가 교차하면서 정책 수혜자의 결정이 이루어지는 제도적 장치이기도 하다. 기업정치활동의 방식과 양태가 다른 것은 그 나라의 정치제도에 의해 조건 지어지기 때문이다.[45] 국가별로 시장과 기업 활동에 영향을 미치는 제도 및 공공정책의 내용과 형식, 그리고 이러한 공공정책이 결정되는 방식은 각기 다르다.[46] 여기서의 제도는 법규화된 공식적 규칙뿐만 아니라, 비공식적인 문화 규범이나 사회적 관행까지를 포함한다. 국가의 공식적, 비공식적 제도는 정부–기업 관계 교호작용 접면을 구성하고 있는 함수로 설명될 수 있다.[47] 정치제도는 기업정치활동에 아주 크게, 경우에 따라서는 결정적으로 영향을 미치는 환경적 선행 요인이다. 정치제도는 특정의 정치적 행동을 선택하도록 부추기지만, 어떠한 유형의 정치적 행동은 가능하지 못하도록 제약요인으로 작용하기도 한다. 정치제도는 기업정치활동의 유형뿐 아니라, 그 효과성을 좌우하기도 한다.[48]

기업과 이익집단이 정부기관에 접근하는 방식에 가장 크게 직접적으로 영향을 미치는 요인은 그 나라의 정치제도라 할 수 있다. 일반론적으로 말하면 인적, 물적 자원이 풍부한 대규모 기업은 개별적으로 기업정치활동을 펴나가고, 가용자원이 부족한 소규모 기업들은 집단행동의 의존도가 높은 것으로 설명된다.[49] 여유 자원 조건 하의 대기업은 정부–기업 교호작용 접면에서 개별적으로 움직이고, 그렇지 못한 특히 중소기업들은 비슷한 처지의 다른 기업들과 연합활동을 전개해 나갈 것이라는 설명이다. 독자적인 정치활동이냐, 집단행동 방식이냐를 결정하는 중요한 변인은 기업의 규모이지만 기업 규모의 차이와 관계없이 정치제도가 이를 결정하는 선행 요인이 되는 것으로 설명된다. 특히 대기업이 독자적인 정치활동을 선택할 것인가, 아니면 업계 내 다른 기업들과 연합하는 행동을 선택할 것인지 여부를 결정하는 중요한 변인은 정치제도이다. 정치제도적 환경은 기업들의 정책결정자들에 대한 접근 가능성 및 협력 가능한 관계인가의 여부를 좌우한다. 기업정치활동은 정치적 환경을 구성하는 제도적 특성에 의해 '조건화'(conditioned) 되며, 이후 단계에서 기업의 전략적 의사결정에 의해 그 구체적인 행동 유형이 결정된다.[50]

복수 응답이 가능한 대관업무 동기를 묻는 질문에서는 응답자의 75%가 '기업의 특정 정책에 대한 입장·의견·애로사항을 전달'하기 위함이라고 답하고 있는데, 전체 응답자의 54%는 정책결정과정에의 참여가 '정부기관으로부터의 질의 및 자문요청에 응하기 위한 것'이었음을 밝히고 있음을 알 수 있다. '정책 사안에 대해 정부로부터 추가적인 정보획득'과 '구체적인 정책대안(법안 작성 도움) 제시' 등이 대관업무의 동기였다고 답한 비율도 높은 편이다. '정부기관의 요청에 의한 정책 참여의 비율'이 높다는 점은 한국에서의 정부–기업 관계의 특징적 한 단면을 잘 보여 준다고 할 수 있다. 그것은 행정절차법, 공공기관운영에 관한 법률 등 이해관계자의 정책참여를 제도화해 놓고 있는 법규 집행 차원의 것임을 보여 주는 것이기 때문이다. 법규화 되어 있어 이를 집행하는 차원의 것이 반드시 아니었다 하더라도 행정절차 상의 오랜 관행으로 진행되는 것이라면, 이것 역시 제도화된 정책참여의 뚜렷한 단면이라고 할 수 있을 것이다. 제도는 법규화 되어 있는 공식적 규칙뿐만 아니라, 비공식적인 관행과 규범까지를 포함한다. 국가 기구의 공식적인 제도적 절차뿐 아니라, 관행으로 이루어지고 있는 비공식적 접촉도 정부기업관계의 교호작용 접면이다.

다만, 대기업의 경우, 공직자와의 비공식적 접촉활동의 비중이 작지 않음이 눈에 두드러진다. 한국 기업과 업계 단체는 정부의 정책결정과정에서 이미 제도화되어 있는 회의체에 초청을 받아 참여하는 경우가 많다. 개별 기업 단위로 독자적으로 정책결정과정에 참여하기보다는 연합활동을 통해서 정부가 열어 놓은 제도화된 정책참여의 창을 최대한 이용하는 참여 양태를 보이고 있다. 한국 기업들은 제도화 정책참여의 전형적인 특징을 여전히 유지하고 있음을 알 수 있다.

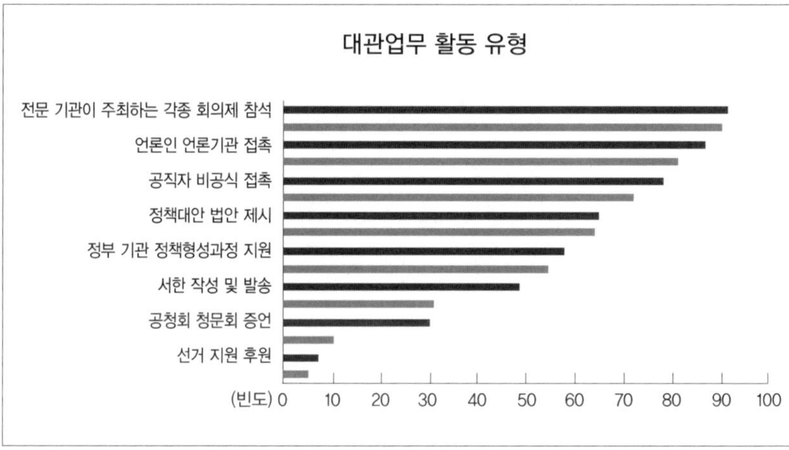

기업정치활동방식을 결정짓는 정치제도의 유형을 설명할 때 비교의 관점에서 가장 대표적으로 다루어지는 제도 유형의 분류는 조합주의냐 다원주의냐 하는 것이다.[51] 개별 유럽 국가들에서의 기업정치활동에 관한 연구들도 조합주의적 정치제도의 특징을 설명하고 있다.[52] 정책결정과정에 대한 이익집단의 참여가 제도화되어 있고, 정책결정과정에서 합의와 협력관계가 중요시되는 조합주의 국가에서는 재계 정상조직을 통한 집단행동이 일반화되어 있다. 반면 정책결정과정에서 다양한 이익들이 상호 경쟁적으로 영향력을 침투시키기 위해 노력하는 다원주의 제도 하에서 기업들은 개별 활동을 선호한다.[53] 기업이 상대해야 하는 정부조직과 관련된 제도적 변수도 개별 기업 단위의 정치적 활동이냐, 집단행동이냐를 결정

하는 중요한 변인이 된다는 것이다.

우리나라 기업이나 단체는 정부 관계 업무 활동으로서 주로 정부기관이 주최하는 회의체에 참석하거나 공직자를 공식적인 통로로 접촉하는 것으로 나타났다. 조사연구에서는 정부기관이 주최하는 각종 회의체 참석이 가장 빈도수가 높은 대관활동 유형임이 밝혀졌다. 공직자를 비공식적으로 접촉하는 전형적인 막후 로비활동보다는 정부기관이 주최하는 각종 회의체에 참석하거나 공직자를 공식적으로 접촉하는 활동의 비중이 더욱 컸음을 알 수 있다. 공청회 등에 참여하여 의견이나 입장을 표명하는 활동도 비공식적인 접촉 활동보다도 더욱 잦은 빈도수를 보여 주고 있다. 공청회 참여는 주요 정책결정을 앞두고 반드시 개최하도록 되어 있는 행정절차법 상의 법규를 정부기관이 이행하고 있는 절차이다. 한국 기업들은 공청회 등 제도적으로 열린 참여 기회의 창을 이용하기 위하여 공청회가 개최되기 전에 협회나 단체를 통해 사전에 의견을 조율하여 한목소리를 내는 경향이 크다. 정부정책결정과정에 공식적으로 제도화된 절차를 통해 참여하고 있음을 알 수 있다.

또한 조사연구에서는 기업 규모의 차이에 따라 제도화된 정책참여 비중 차이가 있는지 여부를 분석하였다. 일반적으로 중소기업과 대기업 모두 정부관계 업무를 수행하기 위해 제도화된 정책참여 채널을 적극적으로 활용하고 있는 것으로 관찰되었다(중소기업 50.57%, 대기업 51.04%). 수치상으로만 보자면 거의 의미가 없는 아주 미세한 차이이기는 하지만, 중소기업보다는 대기업이 공직자를 공식적으로 접촉하거나, 정부기관이 주최하는 각종 회의체에 참석하는 등의 제도화된 정책참여에 더 높은 비중을 두고 있는 것으로 나타났다(중소기업 50.57%, 대기업 51.04%).

정부관계 활동을 추진함에 있어서 중소기업과 대기업이 비중을 두는 유형이 다르게 관찰되었다. 대기업의 경우 중소기업에 비해 제도화된 정책참여가 더 두드러지게 관찰되었다. 세부적인 활동을 살펴보면, 제도화된 정책참여의 방식으로서 공청회나 청문회 참석(10.09%), 정부기관이 주최하는 각종 회의체 참석(10.09%), 공직자 공식 접촉(10.09%), 정책대안·법안 제시(7.42%)의 순으로 활동 비중이 관찰되었다. 제도화된 정책참여를 제외하면 언론인이나 언론기관 접촉 활동이 가장 큰 비중(10.39%)을 차지하는 것으로 나타났다.

대기업의 대관업무 내용과 비중

순위	활동유형	빈도	%
1	언론인·언론기관 접촉	35	10.39
2	공청회·청문회 참석	34	10.09
3	정부기관이 주최하는 각종 회의체 참석	34	10.09
4	공직자 공식 접촉	34	10.09
5	공직자 비공식 접촉	31	9.20
6	타기업·단체와의 연합 정부 관계 업무 활동	28	8.31
7	정책대안·법안 제시	25	7.42
8	미디어 광고·홍보	25	7.42
9	입장표명문·연구보고서 작성 제출	20	5.93
10	서한 작성 및 발송	19	5.64
11	정부기관 정책형성과정 지원	18	5.34
12	공청회·청문회 증언	15	4.45
13	정부공직자 자문	12	3.56
14	지역주민을 동원하는 대민 풀뿌리 로비 활동	4	1.19
15	선거지원·후원	2	0.59
16	시위 참여	1	0.30
	합계	337	100.00

중소기업의 경우 정부기관이 주최하는 각종 회의체 참석(13.22%), 공직자 공식 접촉(11.49%), 공청회·청문회 참석(10.34%) 등과 같은 제도화된 정

책참여 활동에 비중을 두고 대관업무를 수행하고 있는 것으로 관찰되었다. 중소기업의 경우 정부기관에 대한 정보의존도가 높은 편이라는 설문조사의 결과에 비추어볼 때, 정책 사안에 대한 추가적인 정보획득을 목적으로 하는 대관업무 수행이 대기업에 비해서 더 큰 비중을 차지하고 있음을 알 수 있다.

중소기업의 대관업무 내용과 비중

순위	활동 내용	빈도	%
1	정부기관이 주최하는 각종 회의체 참석	23	13.22
2	타기업·단체와의 연합 정부 관계 업무 활동	21	12.07
3	공직자 공식 접촉	20	11.49
4	공직자 비공식 접촉	20	11.49
5	공청회·청문회 참석	18	10.34
6	언론인·언론기관 접촉	17	9.77
7	미디어 광고·홍보	10	5.75
8	정부기관 정책형성과정 지원	10	5.75
9	서한 작성 및 발송	8	4.60
10	정부공직자 자문	8	4.60
11	입장표명문·연구보고서 작성 제출	7	4.02
12	정책대안·법안 제시	6	3.45
13	공청회·청문회 증언	3	1.72
14	지역주민을 동원하는 대민 풀뿌리 로비 활동	1	0.57
15	선거지원·후원	1	0.57
16	시위 참여	1	0.57
	합계	174	100.00

제도화된 정책참여 다음으로는 정부관계 활동의 기본적 업무인 타기업·단체와의 연합활동, 입장표명문·연구보고서 작성 등과 같은 업무에

중점을 두고 있는 것이 관찰되었다(중소기업 20.69%, 대기업 19.88%). 다음으로는, 언론인이나 언론기관 접촉, 미디어 광고·홍보와 같은 대언론 활동에 비중을 두고 있었다(중소기업 15.52%, 대기업 17.81%). 정부 관계자나 정책결정자를 비공식적으로 접촉하거나 선거지원·후원과 같은 비공식적 활동의 경우, 중소기업이 대기업보다 더 적극적으로 활용하고 있는 것으로 나타났다(중소기업 12.06%, 대기업 9.79%). 마지막으로, 중소기업과 대기업 모두 지역주민을 상대로 하는 그래스루츠 로비 활동이나 시위 참여와 같은 대민 활동에는 가장 적은 관심을 보이는 것으로 관찰되었다(중소기업 1.14%, 대기업 1.49%).

기업 규모에 따른 제도화된 정책참여 비중 비교

활동유형	활동 내용	중소기업(%)	대기업(%)
제도화된 정책참여	공청회·청문회 참석	10.34	10.09
	공청회·청문회 증언	1.72	4.45
	공직자 공식 접촉	11.49	10.09
	정부기관이 주최하는 각종 회의체 참석	13.22	10.09
제도화된 정책참여	정부기관 정책형성과정 지원	5.75	5.34
	정책대안·법안 제시	3.45	7.42
	정부공직자 자문	4.6	3.56
	합계	50.57	51.04
기본 활동	입장표명문·연구보고서 작성 제출	4.02	5.93
	서한 작성 및 발송	4.6	5.64
	타기업·단체와의 연합 정부 관계 업무 활동	12.07	8.31
	합계	20.69	19.88
대언론 활동	언론인·언론기관 접촉	9.77	10.39
	미디어 광고·홍보	5.75	7.42
	합계	15.52	17.81
비공식적 활동	공직자 비공식 접촉	11.49	9.2
	선거 지원·후원	0.57	0.59
	합계	12.06	9.79

대민 활동	지역주민을 동원하는 대민 풀뿌리 로비 활동	0.57	1.19
	시위 참여	0.57	0.3
	합계	1.14	1.49

조사연구에서는 한국 기업들의 제도화된 정책참여 이용 방식은 최근에 들어와, 특히 문재인 정부 출범과 함께 크게 변화하고 있음이 눈에 띈다. 우선 전경련 등 경제단체를 통한 연합활동이 결정적으로 위축되고 있음을 알 수 있다. 전경련은 지난 반세기 이상 한국에서 가장 강력한 정치적 영향력을 행사해 오면서 재계 최정상 우산조직(peak, umbrella organization)의 위상을 지켜 왔다는 평판을 받아 왔다. 하지만 전경련은 90년대 중반 이후 활동양식이나 조직 작동 체계상에 적지 않은 변화를 경험하고 있다. 90년대 후반 외환위기 이후, 기업별 업종 전문화의 구조조정이 이루어지면서 상황이 급격히 바뀌기 시작하였다. 구조조정 이후 기업집단의 규모 및 경쟁력에 큰 격차가 있는 현실에서 전경련이 이해관계가 크게 다른 주요 기업의 입장을 조율하는 집단행동의 매개체로 작동한다는 것이 갈수록 어렵게 되었다.

1990년대 후반 이후 대기업 구조조정으로 대기업의 주력 업종 간 이해관계의 상충이 나타나고 있다. 90년대 중반까지 특권적 지위를 유지하던 대기업 중심의 회장단 회의가 원만하게 작동할 때는 대기업들 간의 이해관계 차이가 표면화되지는 않을 수 있었다. 1990년대 말 '빅딜' 이후, 대기업 간 이해관계 상충 확대로 회원사들로부터 회비 확보 등의 재정 운용에 어려움을 고 있다. 90년대 후반 구조조정 이후 회장 선임을 둘러싼 리더십 승계의 위기를 겪어 오고 있고, 대기업 회원사의 참여 회피, 회원사들 간 이익 집약의 어려움 등을 경험하고 있기 때문이다.[54] 90년대 중후반 외환위기를 전후로 회원사의 수가 줄어들기 시작했으며 잠재적 회원사들의 신규 가입률이 감축하는 현상이 나타나기도 했다. 회원사 감축과 운영 재원 확보의 어려움에 직면하여 전경련은 2000년 이후 매출이나 자본 규모의 회원 요건을 크게 완화하여 중견기업에까지 문호를 확대하는 변신을 시도하기도 하였다. 재벌 그룹 대기업 총수의 리더십 하에 제조업-대기업 중심으로 운영되어 오던 전경련으로서는 큰 조직체계 상의 변화를 겪지 않을 수 없었다. 그러나 이러한 변신은 소속 멤버의 이질성이 크게 확대되는 현상을 수반하는 것이기 때문에 회원사 간 집단행동을 제약하는 새로운 위기의 원천이 되기도 했다. 기업집단의 규모 및 경쟁력의 큰 격차를 보이는 현실 조건 하에서 전경련이 이해관계가 크게 다른 주요 기업의 입장을 조율하는 집단행동의 매개체로 작동한다는 것이 갈수록 어렵게 되었던 것이다.[55]

정부 공직자나 정치인들을 직접 접촉하는 정치적 활동의 비중이 크게 줄 수밖에 없었고, 정부정책 과정에의 참여 방식 변화와 함께 정치적 영향력의 축소가 이루어질 수밖에 없는 위치에 놓여있다. 대기업 회원사와 중견 대기업 회원사, 그리고 중견기업 간의 조직 운영을 둘러싼 이해 상충도 있다. 전경련뿐 아니라 한국의 대한상공회의소나 무역협회 등 한국의 대표적인 경제단체들도 유사한 어려움을 호소하고 있다.[56]

6. 한국 기업의 정치활동 요인분석

어떤 기업들이 정치적으로 적극적인가? 어떤 상황 하에서 기업들은 정부를 상대로 하는 대관 로비 활동에 적극성을 띠는가? 어떠한 행태상의 특징들을 갖는 기업들이 정치적으로 적극성을 띠는가? 이와 관련해서는 다양한 관점의 설명들이 있다. 기업정치활동의 동기에 관한 많은 설명은 기업정치활동의 선행 요인(antecedents)을 분석하는 차원에서 제시되었다.[57] 기업정치활동의 동기와 목표, 유형, 착수 시점 등을 결정하는 요인은 다양할 수 있다. 선행 연구들에서는 기업 규모와 연령, 대관업무 부서의 편제 여부, 사업 다각화의 정도, 업계의 경쟁상황 및 경제 집중도, 정부의존도와 정부규제 부담의 정도 등이 이를 설명하기 위한 선행변수로 제시되고 있다. 앞에서 일반론적 차원에서 기업정치활동의 동기나 유형에 영향을 미치는 여러 선행 요인들을 살펴본 바 있다. 미국 경영학계를 중심으로 축적되어 온 선행 연구들에서는 선행 요인들에 대해서 크게 세 범주로 나누어 설명하고 있다.

첫째, 기업 규모와 연혁, 대관업무 부서의 편제 여부, 사업 다각화의 정도 등과 같은 개별 단위 기업의 특정화된 조건들로서 설명되는 선행 요인들이다.

둘째, 기업이 속해 있는 업계의 경쟁상황이나 경제 집중도 등과 같은 산업계 선행 요인이다.

셋째, 규제부담의 정도, 정부의존도 등과 같은 정부–기업 관계 측면에서 살펴볼 수 있는 선행 요인이다.

그러면 한국 기업의 대관 활동의 동기나 목표, 그리고 대관업무 유형을 결정하는 주요 요인은 무엇인가? 어느 하나 혹은 몇 가지의 특정 요인이 이들을 결정하고 있다고 인과론적 차원에서 단정적으로 설명할 수 있는가? 어떠한 요인들이 한국 기업의 정치활동을 자극하였고, 한국 기업정치활동의 유형 상의 특징을 결정지었는가? 이 연구는 한국 기업의 대관활동과 관련되어 있는 여러 선행 요인들을 찾아내기 위하여 대관업무 유경험자를 대상으로 조사연구를 실시하고, 그 결과를 분석하였다. 이 연구는 한국 기업의 대관활동 동기로 정부의존도 변수에 주목하였다. 조사 결과는 경쟁기업들에 비하여 경쟁우위를 확보하기 위한 동기 요인은 매우 낮은 수준이었음을 보여 주었다. 정부의존도 가운데에서 한국 기업의 대관활동의 동기를 자극하고 있는 요인으로는 규제의존도와 정보의존도의 비중이 매우 크다는 점이 밝혀졌다.

설문조사 결과 한국 기업들이 정부정책에 가장 의존하는 것은 정부규제와 관련해서이다. 대기업과 중견중소기업 모두 규제의존도가 매우 크게 나타나고 있다. 또한 한국 기업들은 정부에 대하여 정보의존도가 높은 편으로 조사되었다. 정부조달이나 재정지원 항목에 대해서는 대기업의 의존도는 높지 않은 반면, 중소기업의 의존도는 매우 높다는 점을 보여 준다.

설문: 귀하의 기업(단체) 성과는 다음의 정부정책에 의존하고 있다고 생각하십니까?

	의존하고 있지 않다	다소 의존되어 있다	의존하고 있다
정부 조달	52.34%	28.04%	19.67%
정부규제	11.11%	35.19%	40.74%
재정 지원 (보조금, 세제 혜택 포함)	56.88%	23.85%	19.27%
정책 정보제공	19.44%	43.52%	31.48%

이 연구에서는 한국 기업의 기업정치활동의 유형 상의 특징으로는 정보전략형, 관계구축형, 제도화된 정책참여형 등의 특징을 조사연구 결과로 내놓고 있다. 그렇다면 기업정치활동의 동기 발현 차원에서의 정부의존 요인과, 다른 한편으로 한국 기업들이 보여주고 있는 대관업무 유형이나 전략선택이라는 결과 사이에는 어떠한 상관관계가 있는가? 기업정치활동과 관련하여, 원인과 결과 간의 상관성을 특정화하는 것은 매우 어려운 학술적 작업이 아닐 수 없다. 한국 기업의 대관활동과 관련하여 인과

론적 차원에서 변수와 결과 간의 상관성을 밝히는 분석은 현 단계에서는 거의 불가능에 가까운 일이다. 한국 기업의 대관활동의 유형 상의 특징들이 어느 한 선행 요인이 발현되어 나타난 결과로 단정지을 수는 없다. 개별 기업의 조직상의 특성도, 속해 있는 업계의 경쟁상황도 한국 기업의 기업정치활동의 선행 요인으로 특정화할 수는 없다. 한국에서 기업 정치활동의 동기 및 유형 상의 특성을 설명하기 위해서는 위의 세 번째 범주의 요인, 즉 한국에서의 정부-기업 관계의 특수성이라는 선행 요인에 주목하지 않을 수 없다. 한국에서 정부와 기업 간 관계의 역사적 형성과 변천 과정에 대한 설명을 빠뜨릴 수 없는 것이다. 한국 기업들은 자생적 성장 기반을 거의 갖추지 못한 상태에서 정부 도움을 받아가며 성장한 역사를 가지고 있다. 한국에서 정부와 기업관계는 수직적 갑을 관계의 오랜 역사를 가지고 있다.

한국 정부는 기업들에 대하여 자원과 기회의 선별적 제공자의 위치에서 군림한 초기 역사를 가지고 있다. 한국 재계는 한국 정부의 경제개발 정책의 집행을 위한 민간 동원 대상이었다. 한국 정부는 개별 기업을 일일이 상대하기보다는 전경련과 같은 경제단체를 만들어 재계를 통제권 하에 두고자 하였다. 한국 정부는 재계 우산조직으로서 전경련을 통해 정책적 요구를 한국 재계에 전달하였고, 정부정책에 대한 재계의 집단 순응을 유도하고자 하였다. 한국 정부는 자원과 기회의 선별적 제공자로서 대기업의 성장과정을 정책적, 제도적으로 뒷받침 해주었다. 대기업들은 한국 정부로부터 유도된(indicated) 경제정책의 시장 구현자였으며, 정책결정권자의 필요와 기대를 충족시켜주는 유착 파트너였다.

전경련은 한국 정부 경제정책형성과정에서 재계의 이익을 집약·표출하는 재계 정상조직(peak organization)의 역할을 맡아 왔다. 한국의 재계는 재벌 대기업이 주도하는 전경련을 통해 정부 정책결정과정에 재계의 이익과 집단적 요구를 반영시키고자 하였다. 한국 정부는 대기업들에 대한 정책적 지원 및 각종의 특혜제공을 대가로 정부정책과 권력에 대한 순응을 요구하였다.[58] 한국 정부와 대기업 사이에는 서로의 필요를 충족시키며 공존하는 상호의존 관계에 놓여 왔었다. 하지만 1990년대 이후 한국에서 정부–기업 관계는 느리지만, 큰 폭으로 변화를 이루어 나갔다. 한국의 대기업들은 90년대 이후 글로벌 경영의 성과가 나타나면서 한국 정부에 대한 의존도를 결정적으로 줄여나갈 수 있었다. 90년대 이후 한국 대기업들의 경제적 성과의 70% 정도는 해외 부문에서 발생한다. 한국의 대기업들은 자체적인 정보역량 구축으로 정부에 대한 정보의존도도 낮출 수 있게 되었다. 다만 국내 부문에서의 수익창출 과정에서는 정부규제 의존도는 여전히 높은 수준이다.

한국 기업의 기업정치활동에 가장 크게 영향을 미쳐 오고 있는 선행 요인은 한국의 정부–기업 관계의 형성과 변천 과정에서 기인하는 '제도적 정책참여'라고 할 수 있다. 한국 기업의 대관활동은 역사적으로 형성되고 정치적으로 선택된 한국의 정치제도의 틀 안에서 이루어진다. 한국 기업의 대관활동은 시장과 경제에 작동하는 한국의 정치제도에 의해 조건화되며, 이와 같은 제도적 조건 속에서 결정되는 공공정책의 직·간접적인 영향권 하에 있다고 할 수 있다. 한국 기업의 대관활동 유형은 제도적 조건 속에서 이루어지는 기업의 전략적 선택에 의해 그 구체적 양상이 결정된다고 할 수 있다.

한국에서 기업정치활동은 일상화된 기업경영의 함수라는 점을 보여 주고 있다. 설문조사에서 한국 기업의 대관활동이 사후 대응활동 차원으로 이루어지는 것보다는 현안 발생 이전 단계부터 일상적으로 진행되고 있다는 점을 보여 준다. 이는 한국에서 대관활동의 초점이 정부 공직자들과의 우호적인 관계형성에 맞추어지고 있다는 응답과 조화를 이룬다. 그러면서도 한국 기업들은 정부기관이 주관하는 각종 회의체에 참석하거나 청문·공청회와 같은 법규화되어 있는 정책결정과정에 참여하는 기업정치활동의 비중이 높다. 공직자와의 공식적 접촉 등 정부정책결정과정에 제도화된 절차를 통해 참여하고 있음을 보여준다. 그러나 다른 한편으로 대기업의 경우는 정부 공직자와의 비공식적 접촉 활동의 비중이 여전하다는 점을 보여 주기도 한다. 이는 한국에서 정부-기업 관계의 오랜 특징이라 할 수 있는 유착 관성이 완전히 사라지지 않고 여전히 하나의 특징적 면모를 이루고 있다는 점을 나타내는 것이라고 할 수 있다.

한국 기업들은 일상 경영활동 과정에서 다방면에 걸쳐 대관활동을 진행하고 있다. 한국 기업들의 대관활동은 정부기관을 이용한 경쟁우위 확보 목표보다는 정부기관에 대하여 기업의 현황이나 기업이 겪고 있는 애로사항을 전달하기 위한 정보전략 동기가 크게 작용하고 있다. 대관활동을 위한 주요 접촉 대상은 행정부-국회-지자체-지방의회 순이다. 접촉 대상의 변화와 관련하여 최근 가장 의미 있는 변화는 국회와 지방의회를 상대로 한 대관활동 비중이 커지고 있다는 점이다. 국회가 대관활동의 주요 대상으로 부상한 것은 국회 청문회 등에 그룹 총수가 불려 나가는 빈도가 늘어난 탓으로 보이며, 지자체의 경우 지방의회의 사안 개입의 폭이 그만큼 커졌다는 것을 말해 준다.

한국 기업들은 다른 기업들과의 연합 대관활동 추진에 큰 관심을 나타내는 것도 한국에서의 정부-기업 관계의 오랜 역사적 흐름이 반영되어 있는 제도적 요인의 발현 양상이라고 할 수 있다. 경제적 약자의 지위를 가지고 있는 중소기업뿐 아니라, 대기업들도 연합활동을 병행한다는 응답이 많은 것은 이와 같은 맥락에서 설명될 수 있을 것이다. 그것은 한편으로 경제단체를 통해 대관업무를 진행해 오던 오랜 역사적 흐름이 여전히 이어지고 있다는 점을 보여 주는 것이며, 둘째는 기업의 정책결정과정에의 참여를 공식화해 놓고 있는 제도적 변수의 작용 때문인 것으로 설명될 수 있을 것이다.

주

1 이하에서의 표적집단 인터뷰 등 자료수집방법과 수집된 데이터에 대한 연구분석 내용은 윤홍근. (2021), pp. 106-128에서 간략 정리된 내용을 수정, 보완하고 재정리하고 있는 것임을 밝힌다.

2 Vaughn, S., J. S. Schumm & J. Sinagub. (1996). *Focus Group Interviews in Education and Psychology*. Sage Publications: London; Liamputtong, P. (2011). *Focus Group Methodology: Principle and Practice.* Sage: London.

3 Liamputtong. (2011). *Ibid*., pp. 4-5.

4 Vaughn, et al. *op. cit*. pp. 74-94.

5 Vaughn, et. al. *Ibid*. 13-22; Liamputtong. (2011). *Ibid*. pp. 3-9.

6 Wilkinson, S. (1999). Focus Groups: A Feminist Method. *Psychology of Women Quarterly,* 23(2): 221-241.

7 *Ibid*. pp. 224-226.

8 《조선일보》(2014.4.7). [한국형 로비스트 對官팀]① "우리 일터는 술상 위"…합법과 불법 사이 줄타기.

9 앞의 기사.

10 전 H사 그룹 임원 인터뷰(인터뷰 일시 2019.9.30).

11 전 S사 임원 인터뷰(인터뷰 일시 2019.10.4).

12 앞의 기사.

13 위 기사; 위 인터뷰; 김용철. (2010). 삼성을 생각한다. ㈜사회평론.

14 위 기사.

15 전 K사 임원 인터뷰(인터뷰 일시 2019.10.4).

16 전 전경련 및 H사 대관업무 담당 임원 인터뷰(인터뷰 일시 2019.10.4).

17 윤홍근. (2015). pp. 170-172.

18 윤홍근. (2016). pp. 68-69.

19 위 인터뷰.

20 위 대관 담당자 인터뷰.

21 위 인터뷰.

22 Hillman & Hitt. (1999). *op. cit*. pp. 835–837.

23 Schuler, Rehbein & Cramer. (2002). *op. cit*.

24 Ansolavehere, Snyder & Tripathi. (2002). *op. cit*.

25 전 H사 임원 인터뷰(인터뷰 일시: 2019.9.30).

26 Coen. (1997, 1999). *op. cit*.

27 Hillman & Hitt. (1999). *op. cit*.

28 Windsor. D. (2007). Toward a global theory of cross–border and multi–level corporate political activity. *Business and Politics*, 46(2): 253–278.

29 Hillman & Keim. (1995). *op. cit*.; Murtha, TP & S. Lenway. (1994). Country capabilities and the strategic state: How national political institutions affect multinational corporations' strategies. *Strategic Management Journal*, 15(1): 113–129.

30 Weaver, R. K. & B. Rockman. (1993). Assessing the effects of institutions, In Weaver & Rockman(Eds.). *Do Institutions Matter?* Washington D. C.: Brookings Institute.

31 중소기업 중앙회, 대관 담당자 2인 인터뷰(인터뷰 일시: 2019.10.17).

32 Bonardi, Holburn, & Bergh. (2006); Hillman, Zardkoohi, & Bierman. (1999).

33 Boddewyn. (2003).; Mahon & McGowan. (1996).

34 Mahon. (1993). *op. cit*.; Hitt, Ireland & Hoskisson. (1999). *op. cit*.

35 Schuler, Rehbein & Cramer. (2002). *op. cit*.

36 Ansolavehere, S., J. M. Snyder & M. Tripathi. (2002). Are PAC contributions and lobbying linked? New evidence from the 1995 Lobby Disclosure Act. *Business and Politics*, 4(2): 1–26.

37 이하에서의 한국기업의 정치활동 유형에 관한 설명은 윤홍근(2021), pp. 111–127에 요약 정리된 내용을 대폭 추가 보완한 것임을 밝힌다.

38 Hillman & Hitt. (1999). *op. cit*. p. 835.

39 *Ibid*.

40 Hillman, A. & G. Keim. (1995). International variation in the business–government interface: Institutional and organizational considerations.

Academy of Management Review, 20(1): 193–214.

41 Getz. (1997). Research in Corporate Political Action: Integration and Assessment. *Business and Society*, 36(1): 32–72.

42 Baetz & Fleisher. (1994). "Public affairs/government relations as a strategic function." Proceedings of the IABS Annual Meetings: 163–167, Hillman & Hitt. (1999). 재인용.

43 Nahapiet, J. & S. Ghoshal. (1998). Social Capital, Intellectual Capital, and the Organizational Advantage. *Academy of Management Review,* 23(2): 242–266..

44 Baetz & Fleisher. (1994). "Public affairs/government relations as a strategic function." Proceedings of the IABS Annual Meeting..

45 Hillman, A. & Keim, G. (1995). International variation in the business–government interface: Some institutional and organizational considerations. *Academy of Management Review,* 20(1): 193–214.

46 윤홍근. (2009). *op. cit*. p. 538.

47 Hillman & Keim. (1995). *Ibid*.

48 Lord, M. D. (2000). *op. cit*. pp. 87–91.

49 Coen. (1997, 1999). *op. cit*.

50 Windsor. (2007). Toward a Global Theory of Cross–Border and Multilevel Corporate Political Activity. *Business and Society*, 46(2): 253–278; pp. 254–255.

51 Hall, R. (1997). 'The role of interests, institutions, and ideas in the comparative political economy of industrialized nations.' In M. Lichbach & A. Zuckerman(Ed.). *Comparative Politics: Rationality, Culture, and Structure.* Cambridge University Press.

52 Schmitter & Lehmbruch. (1979).; Berger. (1981).; Wilson,.(1990). *op. cit*.; Richardson. (1993).

53 Weaver & Rockman. (1993).; Murtha & Lenway. (1994).; Hillman and Keim. (1995).

54 윤홍근. (2016). "글로벌화와 이익집단정치의 변화: 전경련 집단행동의

딜레마.” 『제도와 경제』, 10(3): 53–96; pp. 56–57.

55 *Ibid*., pp. 74–77.

56 연구자는 2019년 9–10월 연구조사의 일환으로 대한상공회의소와 무역협회, 경총, 중소기업 중앙회 등 주요 경제단체의 대관업무 담당자들과 인터뷰를 가진 바 있다(전경련은 당시 단체가 직면하고 있는 어려움을 들어 극구 사양하였기 때문에 현직 대관업무 수행자를 대상으로 하는 직접적인 대면 인터뷰는 진행하지 못했음). 이들의 공통적인 의견은 문재인 정부 들어와 경제단체가 기업과 정부 기관과의 매개자 역할을 담당하기가 어려워졌다는 것이었다. 최소한의 공식적인 회의체가 가동되는 것 외, 이전과 같은 긴밀한 소통과 협의는 거의 이루어지고 있음을 밝히고 있다.

57 Hillman & Keim. (1995).; Murtha & Lenway. (1994).; Hillman & Hitt . (1999). 특히 p. 835.

58 한국에서의 정부기업관계의 특징과 역사적 변천과정을 발전국가 모델의 변화 차원에서 분석하고 있는 문헌은 윤홍근. (2015). *op. cit*. pp. 151–169를 참고할 수 있음.

V.

기업정치활동은 규제되어야 하는가?

1. 로비규제를 둘러싼 논란들

1) 기업정치활동과 민주주의

정부와 정책결정자들을 상대로 한 영향력 행사 수단으로서 로비활동은 정치 현상의 본질적 특징이며, 가장 보편화 되어있는 정치적 관행이다. 거의 모든 국가에서 로비는 정치 현상의 엄연한 사실관계로 존재한다. 로비활동은 민주정치의 필수불가결한 구성 요소이다. 민주주의 제도 하에서 로비활동은 참정의 기본권을 구현하는 과정이다. 민주적 참여의 원리를 실현하는 제도적 장치의 운용을 구성하는 중심 요소이다. 로비활동은 시장에서 활동하는 사람들이 그들의 요구와 필요를 정책 결정의 장에 전달하는 통로이다. 로비활동은 요구와 필요를 정책결정과정에 투입시키려는 영향력 행사과정이면서 동시에 정보와 지식이 교환되는 과정이기도 하다. 절실한 현장의 목소리를 전달함으로써 로비는 정부 결정의 질을 높일 수 있는 계기가 되기도 한다. 하지만 로비활동은 정치부패의 직접적 원인으로 작용하기도 하여 두 얼굴의 성격을 갖는다.

시장경제에서 살아가는 사람들은 누구나 자신이 추구하는 이익을 늘려 가는 데 큰 관심이 있다. 사람들은 공익보다는 각자 개인의 특수사익(special interest)을 추구한다. 특수사익은 개별적으로 추구되기도 하지만 집단적 노력을 통해 이루어지기도 한다. 집단적 노력을 통해 특수사익을 추구할 목적으로 조직된 활동 단위가 이익집단과 기업이다. '조직화된 이익'(organized interest)으로서 기업의 정치적 활동에 대한 이해가 없다면, 오늘날의 민주정치과정을 제대로 이해할 수 없다. '민주' 정치에서 일의적으로 지칭되는 '민'은 실제 정치과정에서는 서로 경쟁하는 '조직화된 이익'(organized interest)과 일반 유권자집단으로 나누어진다. 비조직화된 일반 유권자집단의 선호는 일반적으로 여론형성과 주기적 선거 정치라는 복잡한 메커니즘을 통해 간접적인 방식으로 표출된다. 반면 '조직화된 이익'은 보다 직접적인 방식으로 또한 일상적으로 정부의 정책결정과정에 영향력을 행사할 수 있는 수단을 모색한다. 로비활동으로서 기업정치활동에 관한 연구는 현대 민주정치과정을 이해하는 데 매우 중요한 역할을 한다.

정치발전의 지표로서 민주화 수준은 다음 4단계의 관문을 통과했느냐 하는 것에 따라 달라진다.

첫 번째 관문은 평화적인 선거를 통한 정권 교체가 얼마나 빈번하게 이루어지고 있느냐 하는 것이다. 그러나 이 관문의 통과만으로 민주정치가 이루어지고 있다고 단정 지을 수 없다. 주기적 선거를 거친 정부 교체는 관찰이 쉬운 가장 중요한 민주화의 지표이기는 하지만 이는 어디까지나 최소한의 민주주의 요건일 뿐이고, 민주화의 시작 단계가 지났음을 의미하는 것일 뿐이다.

두 번째 관문은 정부의 정책결정이 정부조직 내에서 공식적인 권한을 가진 공직자들에 의해, 법규화되어 있는 공식적인 절차에 따라 제대로 잘 이루어지고 있느냐 하는 것이다. 민주화는 '민' 즉, 일반 국민이 유권자로서 국정 운영의 주인 역할을 하는 정부형태를 의미한다. 유권자로서 '주인'의 역할은 선거를 통해 공직에 취임하거나 권한을 위임받은 받은 '대리인' 자격의 정부 공직자들에 의해 대행된다. 실세니 측근이니 하는 말로 불리는 숨어 있는 권력자가 없어야 한다는 것도 민주발전의 주요한 지표이다.

세 번째 관문은 정책결정과정에서 얼마나 다양한 이익이 자유롭게 상호 경쟁하고 있고, 정부 정책이 이러한 경쟁의 결과를 얼마나 잘 반영하고 있느냐 하는 것이다. 유권자로서 일반 국민의 생각과 이해관계가 모두 같은 것일 수는 없다. 따라서 자신의 이익을 우선 관철하고자 하는 경쟁이 있을 수밖에 없고, 정부 정책은 이러한 경쟁의 결과를 반영하는 것이어야 한다.

네 번째 관문은 공공정책 결정과정이 얼마나 공개적이고 투명하게 이루어지고 있느냐 하는 것이다. 국정 운영의 투명성과 가시성이 높다는 것은 누가 정부의 정책결정과정에 영향력을 행사하는지 쉽게 지켜볼 수 있음을 뜻한다. 그만큼 소수 권력자의 자의적 지배는 어려워지고, 국정 운영이 민의를 충실하게 반영하는 방향으로 나아갈 수 있게 된다.

공공정책 결정과정의 공개, 그리고 공공정책 결정과정에 개입된 공직자들의 책임성 제고는 민주정치의 이상을 구현하기 위한 기본 원리이다. 정부 정책 및 정책결정과정의 완결성을 높이기 위해서는 투명성과 책임성을 확보하기 위한 제도적 장치들이 필수불가결한 요소가 된다.[1] 정부의 정책결정과정에서는 '조직화된 이익' 간의 상호 경쟁이 이루어진다. 더불어 한편으로는 기업이나 업계 단체 등의 '조직화된 이익'과 다른 한편으로는 일반 유권자집단이나 공중 등의 '비조직화된 이익' 간의 상호경쟁이 이루어지기도 한다. 기업이나 업계 단체의 '조직화된 이익'은 일반 유권자집단의 비조직화된 이익에 비해 훨씬 효과적으로 정부의 정책결정과정에 영향을 행사할 수 있다. 그것은 집단행동의 문제로부터 상대적으로 자유로울 뿐 아니라, 영향력 행사의 자원 및 기회를 훨씬 많이 가질 수 있기 때문이다. 비조직화된 유권자집단의 선호는 여론형성이나 선거 정치의 메커니즘을 거치며 간접적인 방식으로 표출된다. 반면 기업 등 조직화된 이익은 더욱 직접적인 방식으로, 또한 상시적으로 정부의 정책결정과정에 영향력을 행사할 수 있다.

2) 기업정치활동의 규제 필요성

○ 기업정치활동 비판론

기업정치활동은 최근 여러 가지 변화를 배경으로 연구의 중요성이 커지고 있다. 글로벌화에 따른 정부–기업 관계가 변화하면서 기업 권력이 크게 증대되었다. 정부의 힘도, 노조의 힘도 능가할 수 있는 기업 권력이 정치적 영향력 행사에 나서는 것이 기업정치활동이기 때문에 이에 대한 부정적 인식이 뒤따를 수밖에 없다. 기업정치활동에 대한 가장 큰 비판은 그것이 시장경제 원리에 배치된다는 것이다. 시장경쟁 원칙에 거슬러 정치적 결정을 통해서 정치적 편익의 극대화를 도모하는 것은 사회 병리적 행동이라는 비판으로부터 자유로울 수 없다.[2] 사회적 유력 집단으로서 기업이나 경제단체들이 나서서 불균형적 영향력 행사를 도모하는 것임으로 민주정치 과정의 투입 부문을 왜곡시키는 것이고, 결과적으로 민주정치 이념을 훼손할 수 있기 때문이다.

기업정치활동이 초래하는 부작용과 사회적 폐해를 최소화하기 위해 공공정책 결정과정을 투명하게 공개하는 것은 정책 결정 공직자들의 정치적 책임성을 제고하는 방편이기도 하다. 정부정책 및 정책결정과정의 투명성과 책임성을 확보하기 위한 제도적 장치들은 민주정치의 필수 불가결한 구성 요소이다.[3] OECD나 WTO, EU 등 초국가 기구들은 회원국 정부들에 대해 정책결정과정의 투명성과 책임성을 제고하기 위한 정치제도 개혁을 주창해 오고 있는데, 로비스트 등록 및 로비활동 공개를 주요 내용으로 하는 로비법제화를 가장 주요한 해법으로 제시하고 있다.

민주 정치제도를 유지하고 있는 모든 국가들에서 기업이나 이익집단에 의해 수행되는 정치활동은 정부 정책결정과정의 핵심적 요소로 존재한다. 정부의 정책결정과정에 영향력 행사를 도모하는 기업정치활동은 민주정치의 필수 불가결한 구성 요소이다. 정책결정과정에 자신들의 이익을 반영하기 위해 노력하는 활동은 참정의 권리로 인정된다. 개별 시민 유권자의 권리뿐 아니라, 조직화된 이익으로서 기업이나 이익집단의 권리로 보장되고 있다. 민주주의의 가장 중요한 본질적 특징은 시민의 참정 권리를 제도적으로 인정하는 것이다.

정부와 정책결정자들을 상대로 이루어지는 영향력 행사 수단으로서 기업정치활동은 정치 현상의 주요한 구성 요소이고, 민주정치 과정에 내재화되어 있는 정치적 관행이다. 하지만 그것은 기업이나 경제단체 등 유력한 사회집단에 의해 이루어지는 것이기 때문에 항상 논란이 뒤따른다. 개별 시민이나 시민단체의 참정 활동을 민주적 권리로 주창하는 것은 아무런 문제가 제기되지 않으며, 당당한 권리행사일 뿐 아니라 제도적으로 그 실현이 이루어질 수 있도록 보장되기도 한다. 기업의 정치적 활동(Corporate Political Activities)에 관한 연구는 현대 민주정치과정을 이해하는 데 매우 중요한 의미를 갖는다. 정부의 정책결정과정이 민주적일수록 그 결정은 서로 경합하는 이익의 경쟁을 반영하기 마련이다. 기업이나 경제단체가 행하는 기업정치활동에 대해서는 항상 우려와 비판의 목소리가 따라다닌다. 기업정치활동을 로비활동으로 명명하는 것은 그것이 참정의 권리를 실현하는 과정이라기보다는 영향력을 행사하는 과정으로 간주하기 때문이다. 시민이나 공익단체들도 정부에 대해 영향력을 행사하는 로비활동을 행한다. 하지만 시민이나 공익을 표방하는 단체들의 로비활동과는 달리, 경제적 유력 집단에 의해 수행되는 로비활동에 대해서는 그것이 초래할 수 있는 부작용과 폐해에 대한 우려가 끊이지 않는다. 로비는 정경유착이나 정치부패의 직접적인 원인으로 비난 대상이 되기도 하며, 경제적 유력 집단에 의한 '불균형적 영향력 행사'로 비판받기도 한다.

기업정치활동은 경계선이 명확하게 구분되기 어려운 두 가지 활동으로 구성된다. 하나는 정책결정권자들에게 이익과 입장을 담은 정보를 제공하는 활동이고, 다른 하나는 이익과 입장을 관철시키기 위해 영향력을 행사하는 활동이다. 로비활동은 정책결정권자들과 이해관계자들이 정책 현안에 대한 정보와 지식을 교환하는 과정이며, 동시에 이해관계자들이 자신들의 요구와 필요를 정책결정과정에 투입시키는 영향력 행사과정이다. 이와 같은 이유로 정보제공 활동 자체가 곧 영향력 행사과정이라는 설명도 존재하지만, 개념상으로는 분리 가능한 요소들이다. 정보제공 차원의 로비활동은 영향력을 행사하는 정책결정자들에게 절실한 현장의 목소리를 전달하는 과정으로 정책 결정의 질을 높일 수 있다. 이익과 입장 전달 차원의 로비활동은 시장에서 활동하는 사람들이 그들의 요구와 필요를 정책 결정의 장에 전달하는 통로이다. 로비활동의 직접적인 대상이 되는 관료집단이나 의원들은 로비 활동의 맞상대를 하면서 정책 결정의 품질을 높일 수 있는 정보와 통찰력을 제공받을 수도 있다.

기업정치활동을 정책 사안에 대한 지식과 정보의 교환 과정으로 보느냐, 아니면 이익과 입장을 전달하는 영향력 행사과정으로 보느냐 하는 것은 국가별로, 지역별로도 차이가 있다. 미국은 정책결정과정에서 수행되는 기업정치활동을 영향력 행사 차원의 로비활동으로 인식해 왔다. 유럽 국가들에서는 기업정치활동이 정책 사안에 대한 지식과 정보의 교환 과정으로 받아들여져 왔다. 유럽 국가들에서는 이익집단의 제도화된 정책 참여가 보장되어 왔기 때문이다.

○ 로비규제 타당성론

민주주의의 가장 중요한 특징은 일반 시민의 참정 권리를 제도적으로 인정하는 것이다. 시민의 참정권은 선거를 통해서 공식적으로 선출된 대표를 통해서도 구현되기도 하지만, 필요한 경우 당사자가 참정권의 실현 주체로 직접 나설 수도 있다. 또한 이러한 참정권은 자기 이익을 대변할 수 있는 제3자를 통해서 실현할 수도 있다. 시민의 참정 권리는 주기적으로 반복되는 선거를 통해서만 구현되는 것은 아니다. 모든 민주국가에서 시민의 참정권은 정부의 일상적인 정책결정과정에 대한 참여를 보장하고 있는 제도적 장치들을 통해서 구현될 수 있다. 찬성론자들은 로비의 폐해보다는 긍정적 효과를 부각시킨다. 찬성론자들이 말하는 로비활동의 긍정적 측면은 다음과 같은 것들이다.

첫째, 정부결정의 질을 높일 수 있다는 설명이다.

정부 기관 공직자들은 자신들에게 부족한 현장의 생생한 정보와 자료를 환영한다. 현장밀착형의 전문적 식견과 풍부한 정보가 정부의 정책결정의 질을 높일 수 있기 때문이다. 또 실제로도 기업이나 업계 단체로부터 전달되는 전문적 지식, 관련 정보와 자료는 공직자들의 정책결정과정이나 법안 심사과정에서 매우 긴요하게 다루어지고 있음을 알 수 있다. 로비가 문제시되는 것은 명망가나 유력자를 내세워 밑도 끝도 없이 봐달라고 하는 청탁형 로비나 압박형 로비가 존재하기 때문이다. 전문적 식견과 정보를 제공하는 방식의 로비활동은 정책의 질을 높이는 데 기여할 수 있다. 입법부와 행정부의 공직자들이 특정 이익집단의 정보에 편향되지 않고, 다양한 이해관계를 가진 보다 다양한 집단들로부터 정보를 받아들인다는 전제 하에서이다.

둘째, 헌법이 보장하고 있는 시민적 권리의 실현 수단이라는 설명이다.

오늘날의 대의 민주주의 하에서 주권자로서 시민, 즉 일반 국민은 자신을 대표하는 의원이나 정부 공직자들에게 자신의 입장이나 의견을 자유롭게 말하고 전달할 권리를 가진다. 의회나 행정부의 결정이 초래하고 있거나, 초래할 가능성이 큰 불이익이나 곤경을 놓고 이러한 어려움을 덜어 달라고 하소연할 수 있다. 민주 정부라면 정부의 공직자들은 개인이나 집단의 이러한 요구에 대하여 반응을 보여야 의무가 있다. 우리 헌법도 국민의 청원권을 인정하고 있다. 공공정책결정과정에 의사를 밝히고, 영향력을 행사하는 활동인 로비활동은 시민적 권리의 실현 수단으로 인정되고 있는 것이다.

○ 로비의 사회적 폐해에 대한 비판론

로비활동에 대해서는 그동안 긍정적 측면보다는 부정적 측면에 관한 논의가 집중적으로 많다. 그만큼 로비활동의 폐해가 현실적으로 많았음을 의미한다. 로비의 부정적 효과에 대한 논의들은 다음과 같이 정리할 수 있다.

첫째, 정부는 공익을 목표로 특수사익에 편향되지 않은 채 중립적이고 객관적으로 정책을 결정해야 하는데, 로비는 여기에 직접 장애물이 된다는 설명이다. 오늘날 로비활동은 반드시 특수 사익 집단에 의해서만 이루어지는 것은 아니다. 최근 우리나라에서 두드러지게 나타나고 있는 것처럼 공익단체나 시민단체가 정부의 정책결정과정이나 입법 과정에 영향력을 행사하기 위하여 로비활동을 전개하기도 한다. 문제는 특수사익 집단에 의한 은밀한 영향력 침투 및 경쟁적 영향력 행사이다. 공익이나 시민 일반의 이익을 대표하는 로비에 비해서 많은 자원과 인력, 노하우를 가진 특수사익 집단의 로비가 더욱 정부의 결정에 유리할 수밖에 없고, 결과적으로 정부의 정책이 특수사익의 농간에 취약할 수 있기 때문이다. 로비회의론자들은 정부의 정책이 영향력 행상(influence peddler)에 의해 놀아나게 된다고 비판한다.

둘째, 로비는 필연적으로 부정부패와 정경유착의 부조리를 초래한다는 설명이다. 로비활동은 기업이나 업계 단체 사람들과 정부 공직자들이 접촉함으로써 이루어지는 것이고, 이들의 접촉 과정에서는 금품제공과 향응, 사후보상 등 보이지는 않지만 석연치 않은 뒷거래가 있기 마련이다. 특수사익이 경쟁적으로 로비활동에 나서게 되면 이러한 뒷거래에 따르는 대가도 그만큼 커질 것이고, 결과적으로 정부 정책이 뒷거래 경비의 크기에 의해 결판나는 셈이 된다는 비판이다.

셋째, 기업이나 산업의 성패가 로비에 의해서 결정된다면 기업들이 시장에서 애써 경쟁하려 하지 않으려고 하고, 정부를 상대로 한 로비에만 열을 올리게 됨으로써 건전한 시장질서가 무너질 수 있다는 지적이다. 정치적 결정에 의해 시장의 승자가 결정되기 때문에 시장질서가 왜곡되고 교란될 가능성이 커진다는 비판이다.

넷째, 로비는 영향력 경쟁이기 때문에 궁극적으로는 좀 더 유리한 조건에 있고, 보다 많은 자원을 가진 힘있는 기업들에게 유리한 결과를 가져다줌으로써 사회정의의 관점에서도 문제가 있다는 비판이다. 기업이나 특수사익 집단은 정부의 결정에 직접적이고 절실한 이해관계를 가지고 있기 때문에 수단과 방법을 다 동원해서 매우 적극적으로 영향력을 행사하려고 한다. 반면, 일반 시민들은 이익과 관심이 분산되어 있어 정부의 결정에 집단적으로 영향력을 미치고자 하는 의지나 수완이 크게 결여되기 마련이라는 것이다. 로비는 힘있고 유리한 집단을 더 유리하게 만들어 주는 결과를 낳음으로써 사회 불균형을 더욱 심화시킨다는 비판이다.

2. 로비규제법의 다양한 유형들

로비는 국가 기관의 의사결정에 영향을 미치기 위하여 기관 소속 공직자를 상대로 접촉하는 활동을 의미한다. 협의의 로비활동 개념은 "이해관계자나 그 대리인이 국가 기관의 의사결정과정에 영향을 미치기 위해 소속 공직자와 직접 접촉하여 구두나 문건 제공 등의 방식으로 의견을 전달하는 커뮤니케이션 활동"이다. 보다 광의로는 "공직자들에 대한 직접적 접촉뿐 아니라, 일반 시민을 대상으로 여론을 조성하는 등 간접적이고 우회적인 방식으로 공직자의 결정 과정에 영향력을 행사하는 활동"을 뜻한다.

미국은 로비활동 규제의 가장 오랜 역사를 가지고 있는 나라이다. 실정법상에서 로비활동 개념이 협의로부터 광의로 변천한 역사를 보여준다. 미국의 1946년 로비규제법은 협의의 로비개념으로 '로비접촉'을 뜻하는 것이었다. 즉, "어떤 개인이나 단체가 연방 의회에서 법안의 통과 또는 부결에 영향을 미치는 것을 주된 목적으로 하여 의원들과 접촉하는 행위"를 의미하였다. 반면, 1995년 로비공개법은 광의의 로비개념에 입각하고 있다. 로비활동을 위해 공직자와의 로비접촉하는 행위뿐 아니라, "접촉을 지원하기 위하여 노력하는 행위 및 타인의 로비활동과의 조정을 위한 행위"까지를 포함한다.[4]

EU에서의 로비활동 개념은 더 광범위하다. EU에서 실정법규 상의 로비개념은 "유럽연합 기관의 정책이나 결정과정에 영향을 미치려는 목적으로 행해지는 모든 활동"을 뜻한다. 따라서 EU에서의 로비스트 개념에는 "영향력 행사 목적으로 컨설팅 회사, 로펌, NGO, 싱크탱크, 기업 내 로비 담당 부서, 업계 단체 등에서 일하는 인력을 포함"하는 것으로 되어 있다. 로비활동의 범위 규정이 더 확대되어 있다고 해서 로비활동에 대한 규제가 더욱 강하다는 것을 뜻하는 것은 아니다. EU에서보다 미국에서 로비활동에 대한 법적 규제가 더욱 강력하게 이루어지고 있다. 로비활동에 대한 법제화의 방식과 규제의 정도는 국가별로 큰 차이가 있다.

1) 로비활동 규제는 북미 특유의 제도인가?

1990년대 이전까지 로비활동과 그 규제제도는 '북미 특유의 경험'으로 받아들여져 왔다. 1990년대 이전까지 로비활동의 부작용이나 폐해 가능성을 최소화하는 취지의 로비규제법을 도입하고 있는 국가는 미국(1946)과 캐나다(1989), 호주(1983) 정도였다. 그것이 특유의 '북미 경험'으로까지 불리는 것은 미국과 캐나다에서 두드러지게 로비활동을 둘러싼 뜨거운 정치·사회적 논란이 있었고, 그 결실로 비교적 정교하면서도 강력한 규제제도를 도입했기 때문이었다. 가장 강력한 유형의 로비규제법을 유지해 오고 있던 미국과 캐나다는 법 집행의 실효성을 강화하기 위한 로비법 개정에도 매우 적극적이었다.

1946년 이후 로비스트 등록제를 유지해 왔던 미국은 1970년대 후반 이후 이어진 로비스캔들을 배경으로 언론의 집중 조명을 받은 의회 청문회를 거치며, 1995년 등록 및 공개의무를 강화한 새로운 로비공개법이 제정되었다. 이후 로비공개법이 미처 규율하지 못한 '빈 구멍'을 파고드는 로비스트들로부터 발단된 대형 로비스캔들이 터지고, 또한 경제위기 원인으로 지목되었던 업계 단체의 부당한 영향력 행사를 통한 로비스캔들이 이어지면서 로비 규제의 실효성 강화 차원의 새로운 법 제정이 이어졌다. 기업로비의 타깃인 공직자들의 윤리강령을 실정법으로 한층 강화한 '신뢰리더십 및 정부공개법(The Honest Leadership and Open Government Act: HLOGA)이 2007년 제정되기도 하였다.

캐나다 역시 1980년대 내내 계속 이어진 크고 작은 로비스캔들을 배경으로 정치계와 일반 공중 사이에서 뜨겁게 달아올랐던 논쟁을 거치며 1989년 로비스트 등록법(Lobbyists Registration Act)이 제정되었다. 얼마 지나지 않은 1995년 로비활동 규제의 실효성을 높이기 위한 법 개정이 단행되었으며, 이후에도 2003년과 2008년 두 차례 로비 관련 제도의 개혁을 반영하는 법 개정이 이루어졌다.

미국과 캐나다는 로비활동에 대한 실효성 있는 규제의 기본 틀을 제시하고 있으며, 로비 제도화의 선진 모델을 보여 주고 있는 것으로 평가된다.[5] 미국과 캐나다에서 1990년대 이후 최근에 이르기까지 로비활동 규제 강화의 필요성이 부가된 것은 공공정책결정과정의 투명성을 높여 한편으로 불공정한 비대칭적인 영향력 행사 차단하고, 다른 한편으로 공직자의 책임성을 강화해야 한다는 현실적 필요성을 반영한 것이라고 할 수 있다. 미국과 캐나다에서 로비스트 등록 의무화와 로비활동 공개는 민주적 참여의 권리 보장을 넘어서 국민의 알 권리의 실현, 더 나아가서는 정책결정자들의 투명성과 책임성 제고 차원에서 그 긴요함이 더해지게 되었다. 미국이나 영국 등지에서 대형 로비스캔들이 이어지면서 로비규제 제도화의 목표와 기본 취지가 서서히 변모되어 왔던 것임을 알 수 있다. 로비규제 강화를 주장하는 논자들은 로비규제 제도를 공공정책결정과정의 투명성 및 책임성 제고를 위한 민주정치의 가장 기본적인 구성 요소로 본다. 기업 경쟁력 강화 차원에서 로비 활동에 본격적으로 뛰어들고 있는 유력 대기업이나 이익집단들에 의해 진행되고 있는 불공정한 정치적 영향력 행사를 억제함으로써 정치적 시장에서의 공정경쟁을 도모한다는 법 취지를 강조하기도 한다.

미국이나 캐나다 등지에서의 로비규제 강화를 위한 법 개정의 취지는 2000년대 이후 최근 로비법제화가 추진된 국가에서의 로비법제화 취지와 차이를 보인다. 예컨대 최근 폴란드나 리투아니아 등 동구권 국가들에서의 로비 법제화 추진 배경은 탈공산주의화 이후, 민주적 참정의 경험을 쌓아 가면서 정부 정책결정과정에 대한 시민 참여를 제도화해 나가기 위한 것이었다. 특히 기업인이나 이익집단 관계자들에 대하여 의회 청사 출입권(hall passes)을 부여하기 위한 제도적 근거를 법제화한 것이기도 했다. 이익집단의 특권적 접근로를 부여한 것에 불과하다는 비판론이 제기된 것은 이 때문이다. 서구 국가들에서의 정치적 영향력 행사의 공정경쟁, 국민의 알 권리 실현, 공공정책결정과정의 투명성, 정책결정자들의 책임성 제고, 부정부패 예방, 유력 경제단체에 의한 과도한 비대칭적 영향력 행사 견제 등의 로비 제도화 취지와는 동떨어진 것임을 알 수 있다.

유럽 국가들의 경우, 특히 EU 회원국들의 경우, 경제발전을 위해 정부 정책결정과정에서 재계 인사들의 요구와 기대를 반영한다는 차원에서의 경제계를 대표하는 인사들이 EU 정책결정자들과 쉽게 접촉해서 원활하게 소통할 수 있도록 한다는 제도적 취지를 반영하고 있다. 미국과 캐나다에서와 같은 투명성 제고, 부패감축의 도입 목표와는 큰 차이가 있다. 최근 로비법제화 이후 정책결정권자와 경제계 인사들 간의 접촉이 빈번해 지면서 나타난 부작용의 여파로 부패나 재계 과도한 영향력 행사에 대한 의혹이 일고 있다. 그러한 가운데 정책결정자들에 대한 의혹과 불신이 크게 늘어 나가면서 북미식의 투명성 및 책임성 제고, 정치적 공정경쟁 보장을 목표로 하는 로비제도 개혁 추진 움직임이 활발해지고 있다. 일부 유럽 국가들과 EU에서 최근 진행되고 있는 로비개혁 논의는 공공정책결정과정에서의 투명성 제고를 통해서 궁극적으로는 정부에 대한 신뢰성을 향상시켜 나간다는 명분이 크게 반영되어 있는 것이다.

2) 로비규제법: 로비스트 등록 의무화 및 활동 공개

로비스트의 존재를 법규로서 인정하지 않거나, 로비활동을 하지 못하도록 금지하고 있는 국가는 없다. 다만 로비스트의 대정부 영향력 행사 활동을 규율하는 로비 관련법이 존재하느냐 하는 점은 국가별로 차이가 있다. 1990년대 이전까지 로비 관련법이 존재하던 국가는 미국(1946과 1995)과 독일(1951), 호주(1983), 캐나다(1989) 등으로 매우 제한적이었다. 미국과 캐나다 등 오랜 기간 로비법 체계를 유지해 온 국가들, 그리고 최근 로비법 제정을 완료한 국가들에서의 최소 공통분모는 로비스트 등록 의무화 및 활동 공개를 법제화해 놓고 있다는 것이다. 로비활동의 공개 여부나 공개의 수준과 관련해서는 국가별로 적지 않은 차이가 발견된다. 로비스트 등록 제도를 도입한 기본 취지도 국가별로 상이하다. 미국과 캐나다 등 북미형 로비스트 등록제도는 정책결정과정의 투명성 제고 및 부패 방지, 그리고 정책결정 공직자의 공적인 책임성을 강화하기 위한 목표를 갖는다. 이 점은 법규상에 반영되어 있을 뿐 아니라, 로비법 제정 과정에서 진행되었던 양원 청문회에서 법 추진을 주도한 의원들에 의해 명백히 밝혀진 것이다.

그러나 본래 미국에서도 1946년 로비법제화가 처음 추진되었을 때의 입법 취지는 로비스트들을 상하원에 등록하도록 하는 데 초점이 맞추어져 있었다. 유럽 국가들 가운데 많은 국가들에서 로비스트를 등록하도록 한 로비 제도화의 기본 취지는 본래 북미형의 정책결정 투명성 제고 및 책임성 강화에 초점이 맞추어진 것은 아니었다. 많은 유럽 국가들에서 로비법제화가 추진된 초기 단계에서의 주요 배경은 투명성 제고나 부패방지라기보다는 경제발전을 촉진하기 위해 재계 지도자와 입법부 의원들 간의 교류 접촉 확대를 도모하기 위한 것이었다. 유럽의회에서 도입하고 있는 로비스트 등록제도 역시 기업 등 이익집단의 대표가 브뤼셀 유럽의회의 의사당을 출입할 수 있는 권리를 인정하고, 출입 패스 발급을 위한 것이다.

최근 동구권 국가들에서도 마찬가지였다. 유럽 국가들 가운데 동구권 국가들의 로비법 제정이 2000년 이후 붐을 이루었던 것은 이러한 배경을 가진 것이었다(조지아 2001, 리투아니아 2001, 폴란드 2005, 헝가리 2006, 슬로베니아 2010). 동구권 국가들에서 초창기 로비스트 등록제도는 재계 인사들에게 의원들에게 접근할 수 있는 권리를 보장하고, 이를 위한 제도적 근거로 만들어진 것이었다. 로비스트 등록제도는 재계를 대표하는 인사들이 의회를 자유롭게 방문할 수 있도록 의사당 출입 패스(hall pass)을 발급하기 위한 것이었다. 따라서 이들 국가에서는 등록 로비스트를 공개하는 등의 제도적 장치가 추가적으로 이루어지지 않았다.

미국과 다른 정치제도를 유지해 오면서 로비법 제정에 소극적이던 유럽 국가들도 공공정책결정과정에 대한 투명성 제고를 통해서 궁극적으로는 정부에 대한 신뢰성 확보한다는 취지에서 로비제도 개혁에 나서고 있다. EU 차원에서의 로비 관련법 개정 노력도 이러한 차원에서 이루어져 오고 있다.[6] 오랫동안 로비법을 유지해 왔던 국가들이나 최근 법 제정에 적극적인 국가들에서의 공통점은 참정권 보완 차원에서 로비활동을 법으로 인정하는 차원을 넘어 로비 활동의 부작용을 최소화하는 '규제'에 초점이 맞추어지고 있다는 것이다. 유럽 국가들의 경우, 특히 EU 회원국들의 경우, 경제발전을 위해 정부 정책결정과정에서 재계 인사들의 요구와 기대를 반영한다는 차원에서의 경제계 인사들과 정부 기관 공직자－의원과 정부 정책결정자들－간의 원활한 접촉과 소통을 촉진할 수 있는 제도적 근거로 마련되는 경우가 많았다. 미국과 캐나다에서와 같은 투명성 제고, 부패감축의 도입 목표와는 큰 차이가 있었다. 그러나 최근 로비 활동 제도화 이후 정부–경제계 인사들 간의 접촉이 빈번해지면서 나타난 부작용의 여파로 부패나 재계 과도한 영향력 행사에 대한 의혹이 일고, 정부 정책결정자들에 대한 일반 공중의 의혹과 정부에 대한 불신이 크게 늘어 나가면서 북미식의 투명성 및 책임성 제고, 정치적 공정경쟁 보장을 위한 로비제도 개혁 추진 움직임이 나타나고 있다.

최근 유럽 국가들에서도 공공정책결정과정에 대한 투명성 제고를 통해서 궁극적으로는 정부에 대한 신뢰성 확보를 위한 취지와 명분에서 로비법 개혁에 나서고 있다. 개별 회원국들뿐 아니라, EU 차원에서의 로비관련법 개정도 이러한 차원에서 이루어져 오고 있음을 알 수 있다. 이러한 로비법 개혁 추진 움직임은 각국에서의 대형 로비스캔들을 배경으로 한 것이다. 최근 EU 차원의 로비개혁 추진에 대해서는 대기업의 정치적 활동이 두드러진 경제적 부국들의 강력한 영향력 행사를 놓고, 그렇지 못한 다른 국가들과 중소기업들의 우려를 반영한 것이라는 설명도 있다.

2000년 이후 최근에 이르기까지 많은 국가들에서 로비활동 법제화 추진이 급물살을 타고 있다. 로비 관련법 제정을 주저해 오던 유럽 국가들의 경우만 하더라도 프랑스(2009), 오스트리아(2011), 이탈리아(2012), 네덜란드(2012) 등이 로비활동의 법제화를 완료하였다. 보다 최근에는 로비법 제정 여부를 둘러싼 논란이 20년 이상 지속되었던 영국(2014)과 아일랜드(2015)가 로비법 제정을 완료하였다. 체제 전환 노력이 진행되고 있는 폴란드(2005)와 슬로베니아(2010) 등 동구권 국가들이나 이스라엘(2008), 멕시코(2010) 등도 이미 로비법을 제정해 두고 있다.[7] 정책결정과정에서의 이익집단 관계자의 직접 참여를 제도화해놓고 있어 굳이 로비 관련법이 필요치 않을 것이라고 여겨져 오던 오스트리아가 로비법을 제정하였고(2011), 강력한 조합주의의 전통을 유지해 오고 있는 노르웨이와 스위스 등지에서도 최근 의회에서 로비법 제정을 서두르고 있다.

2000년대 초반 이후 정치개혁을 위한 제도 개선 방안의 가장 주요한 과제로 로비법 제정이 각국에서 추진되어 오고 있다.[8] 이러한 최근의 로비법제화 추세는 OECD나 EU 등의 국제기구의 주창 역할에도 힘입은 바가 크다. OECD는 2000년대에 들어오면서 회원국 확대가 이루어지면서 회원국 정부에 대해 정책결정과정의 투명성 및 책임성 강화 차원에서의 로비활동 공개법 제정을 권고해 오고 있다. OECD는 회원국 정부들로 하여금 정책결정과정의 투명성 제고를 위한 정치개혁과 제도 개선을 요청하고 있는데, 로비활동의 공개가 이러한 제도 개혁에 긴요하다는 입장이다.[9] OECD가 주창하는 정치개혁의 핵심은 정책결정과정의 투명성 및 책임성 제고이다. 정책결정과정의 투명성 및 책임성 제고는 일반적으로는 언론 및 여론 형성의 자유, 부패방지를 위한 법규—공직자들에 대한 뇌물수수 금지 및 처벌규정 등—들이 될 것이다. 하지만 OECD가 채택하고 있는 기본 입장은 이러한 법규만으로 공공정책결정의 신뢰감을 높일 수 없다는 것이며, 정책 결정과정에 대한 이익집단에 의한 영향력 행사가 공개될 수 있어야 한다는 것이다[10]

OECD의 '공공거버넌스 위원회'(The Public Governance Committee)는 정책결정과정에서 모든 이해관계자들 간 '운동장 평평화'(leveling the playing field) 차원에서도 '로비활동에 적용되는 투명성 및 청렴성 원리'가 채택되어야 함을 주창하고 있다. OECD는 로비법 제정 과정에서 따라야 할 가이드라인을 제시하면서, 주요 국가들의 로비법규의 내용을 비교 분석하는 연구 성과물 보급을 통해 회원국 정부의 로비 법제화를 지원하고 있다 (OECD 2009, 2012, 2014). OECD의 이러한 노력에 힘입어 35개 회원국 가운데 18개국이 이미 로비관련법 제정을 완료해 두고 있는 상태이며, 정부에 대한 신뢰 회복을 위한 정치개혁 차원에서 로비법제화를 추진하고 있는 회원국들도 다수이다.

3. 한국 기업정치활동에 맞는 로비규제법

1) 대관활동 규율을 위한 법제화 필요성

우리 사회에서 로비관련법 제정을 둘러싼 그동안의 논의 과정에서는 로비, 즉 대관활동을 무엇으로 볼 것인가에 대한 다양한 관점의 논의들이 전개되어 왔다. 로비의 긍정적 측면을 강조하는 논자들은 로비관계법 제정에 우호적인 반면, 로비의 부정적 폐해를 주로 지적하는 논자들은 로비관계법 제정에 회의적이었음을 알 수 있다. 최근 로비의 부정적 측면이 논란이 되는 가운데에서도 그것의 긍정적 측면 및 효과에 대한 논의도 다양하게 제기되고 있으며, 관련 법제정이 필요하고 시급하다는 데에 공감대가 폭넓게 형성되어 가고 있다. 한국에서 로비법제화를 둘러싼 논란의 역사는 길지 않은 편에 속한다. 학계나 저널리즘 차원에서의 로비활동 합법화 및 로비제도의 도입 필요성에 대한 주장은 오랫동안 제기되어 왔다. 하지만 국회와 정부 유관 기관에서 로비 관련법 제정까지를 염두에 두고 이를 논의에 부치기 시작한 것은 2001년 이후의 일이다. 2001년 국회사무처 주관의 '로비스트 제도도입방안 연구'(2001.6)가 발표되었고, 정몽준 의원이 주도한 국회 내 '외국 대리인 로비활동 공개에 관한 법률 토론회'가 개최되었다. 2003년에는 부패방지위원회 발주의 연구용역 보고서 '로비스트 등록 및 로비활동 공개에 관한 법률연구'가 발표되었다. 2005년–2006년에는 이승희 의원이 주도한 로비 관련법 제정을 위한 토론회가 개최되었고, 2007년에는 국가청렴위원회가 로비관련법 제정을 위한 토론회를 열고, 여기에서 다루어진 자료들을 모은 '불법 음성적 청탁 방지를 위한 로비활동 법제화 추진 방향'을 발표하였다.

로비활동을 한국에서 로비법 제정의 필요성을 둘러싼 논란은 특히 뇌물수수와 관련된 대형 사건사고나 스캔들이 터진 직후에 집중적으로 이루어졌음을 알 수 있다. 국회에서 로비법 제정을 둘러싼 연구와 토의가 집중되었던 시기(2001년–2010년)는 체육복표 사업 스캔들(2002), 외환은행 매각비리(2006), 김재록 사건(2006), 바다이야기 로비스캔들(2004–2006), 청목회 사건(2010) 등 불법 로비활동 관련 사건사고 및 정치스캔들이 계속 이어진 시기였다. 2015년 '성완종 리스트'에 이어 '정운호 게이트', '박수홍 스캔들', '최순실 게이트'가 이어지면서 로비활동 규제법 제정 필요성에 대한 논란이 다시 일어나기도 했다.

특히 2016년 발효된 '김영란법' 시행과 함께 이 법의 보완을 위해서도 로비 관련법이 제정될 필요가 있다는 주장이 다시 설득력을 얻기도 하였다. '김영란법'의 시행으로 그동안 사실상 존재해 왔던 로비활동이 더욱 음성화될 가능성이 커졌기 때문이었다. 법망을 빠져나가기 위해서 보다 정교하게 고안된 불법 활동이 더욱 기승을 부릴 것이라는 전망이 있다. 현행법 테두리 내에서 합법적으로 정부 공직자를 상대로 타자의 이익을 대변하는 활동을 할 수 있는 직업인은 변호사 집단뿐이다. 현행 변호사법, 특정범죄가중처벌법 등은 공직자의 직무에 속하는 사항에 대하여 영리 목적의 로비활동을 명백히 금지하고 있다.[11] 대가를 지불받고 제3자의 이익을 대변하는 로비활동을 합법적으로 수행할 수 있는 것은 변호사 집단의 특권으로 되어 있다.

일반 시민의 공직자에 대한 '접촉활동'이 크게 위축되어 가는 상황에서 결과적으로는 변호사 집단에 이익 대변을 의뢰할 수 있는 경제적 유력자만이 정부의 정책결정과정에서 영향력을 행사할 수 있다는 것이 된다. 그렇기 때문에 차라리 로비법제화를 통해 공직자와의 접촉활동을 양성화하고, 그것을 투명하게 공개하는 것이 바람직하다는 주장이 더 설득력을 가지게 되었다. 로비활동이 민주정치의 필수불가결한 부분으로 존재하며, 민주정치 작동과정에서 긍정적으로 기여한다는 점은 그동안 많은 정치학자들에 의해 강조되어 왔다. 실제 대부분의 민주국가들에서는 정부의 정책결정과정에 영향을 미치려는 로비스트가 활동하며, 이들 로비활동의 권리가 존중되고 있다. 로비활동의 부작용이나 폐해를 우려하여 이를 금지하고 있는 국가는 찾아보기 어렵다.

로비활동의 '규제'는 로비활동을 양성화하되 로비스트에게 등록 및 보고의 의무를 부과하는 '법제화'를 통해 이러한 합법화가 초래하는 사회적 폐단을 최소화하자는 것이다. 로비법제화는 로비활동을 행하는 자가 정부 공직자를 상대로 영향력을 행사하려 할 때 의무적으로 준수해야 할 규칙체계의 수립을 의미한다. 로비활동 규제제도의 기본 원리는 로비활동으로 정책 산출물이 어떻게 영향을 받는지 일반 공중들이 알 수 있도록 영향력 행사과정을 공개하여 공중의 감시가 가능하도록 하자는 것이다. 미국과 영국 등 일부 OECD 국가에서는 일정한 절차와 요건을 충족하는 경우 기업의 대관 로비활동을 합법으로 인정하고 있다.

우리나라 기업 및 단체에서 정부 관계 업무 담당자들의 로비활동 관계법 제정 필요성에 대한 인식을 설문조사 하였다. 대관업무 유경험자를 대상으로 하는 설문조사에서는 로비 관계법 제정에 대한 지지가 매우 크다는 것을 알 수 있었다. 응답자의 71.55%는 로비활동 관계법 제정을 찬성하고 있는 것으로 나타났다. 그에 반해 응답자의 11.21%는 로비활동 관계법 제정을 반대한다고 답하였으며, 법 제정에 대해 잘 모르겠다라고 응답한 응답자도 17.24%로 조사되었다.

설문: 미국, 영국 등 일부 OECD 국가는 대관 로비활동을 합법화하고 있습니다. 이들 국가에서는 법에서 정해 놓고 있는 절차와 요건에 따라 정부 공직자와

의 접촉을 공개적으로 하도록 하는 로비활동 공개법을 시행하고 있습니다. 우리나라에서도 이러한 취지의 로비활동 관계법을 제정에 대해서 어떻게 생각하십니까?

로비활동 관계법 제정 동의 여부	빈도(%)
반대한다	13 (11.21%)
동의한다	83 (71.55%)
모르겠다	20 (17.24%)
합계	116 (100.00%)

설문조사에서는 기업 규모의 차이에 따른 로비활동 합법화에 대한 의견 차이가 존재하는지 여부를 분석하였다. 대기업 혹은 중소기업 내 대관업무 담당자들 간 로비활동 합법화에 대한 의견 차이는 관찰되지 않았다.

집단	관측치	평균	t	p
중소기업	29	2.0689	0.1968	0.8445
대기업	46	2.0434		

로비활동 관계법 제정을 반대한다고 응답한 응답자를 대상으로 반대의 이유를 조사하였다. 로비활동 관계법 제정을 반대하는 응답자는 전체의 11.2%였으며, 변호사와 같이 특정 직업군에서 로비스트 활동을 독점할 가능성과 진입장벽으로 작용할 가능성에 대한 우려가 주요 반대 이유로 나타났다. 그 외에도 한국 고유의 기업문화 (예: 정경유착) 때문에 불공정사례나 편법적 부작용, 공직자 부패가 더 증가할 가능성에 대한 우려, 우리나라 내 협상 문화의 미성숙, 입법 등 제도의 미비 등을 로비활동 관계법 제정의 반대 이유로 제시되었다.

설문: 위의 질문에서 '반대한다'라고 응답하신 경우, 로비활동 관계법 제정을 반대하는 이유가 무엇입니까?

로비스트 등 활동가 관련 우려

- 정부규제가 될 우려. 변호사만 활동하는 것으로 제한할까 우려
- 특정계층 독점
- 로비스트 도입은 시기상조이며, 진입장벽을 높일 수 있음

부정적 결과 발생에 대한 우려

- 불공정사례 증가 예상
- 한국 고유의 기업문화 (정경유착 우려)
- 공직자 비리 팽배
- 더 많은 편법적 부작용 우려

제도 및 문화 미비

- 한국 사회는 협상과 토론이 아직까지 보편화되거나 성숙하지 않았다고 생각하기 때문임. 지방자치단체를 중심으로 참여와 토론, 협상의 학습이 이루어진 다음에는 가능할 것이라 생각.
- 아직 허용할 만큼 입법화된 제도가 미비함

기타

- 대관업무는 science가 아니라 art에 가까움
- 그렇게 할 바에는 규제하는 게 낫다

한국에서 법제정 반대론자들 가운데에는 로비법 도입은 로비활동의 공식적인 합법화를 뜻하는 것이기 때문에 그 결과로 로비활동을 부채질할 것이고, 이로써 초래되는 로비과열 경쟁의 사회적 폐단론을 지적하는 사람들도 있다. 로비활동의 합법화가 초래하는 로비경쟁이 행정부나 국회 등 정부기관과 공직자들로 하여금 로비스트들의 등쌀에 떠밀려 정상적으로 업무를 볼 수 없을 정도가 될 수 있다는 우려이다. 현실적으로 설득력을 가질 수 있는 논변이다. 특히 연고주의 문화가 강한 한국 사회에서 로비 합법화로 지인에 의한 청탁이나 압력행사형의 로비활동을 더욱 부채

질 할 가능성이 클 수 있다. 로비활동을 양성화해 놓으면 연고·연줄을 찾아다니며 영향력을 행사하는 활동을 법적으로 규제하는 일이 어려워지기 때문에 더욱 로비과열 현상이 더욱 조장될 수도 있다. 한때 전경련은 로비스트 직역 합법화와 함께 자격 요건을 갖추지 못한 인사들이 로비활동에 뛰어들게 되면 이러한 폐단이 더욱 심각한 형태로 나타날 것으로 우려한다는 입장을 표명하기도 하였다. 경실련이 한때 내세운 반대론은 대표적으로 이러한 입장을 반영하는 것이었다. 로비활동의 투명성을 보장할 법적, 기술적 장치가 미흡한 상태에서 로비 합법화는 오히려 경쟁적 로비활동을 부채질해서 부정적 폐해만 심화시킬 것이라고 논지는 꽤 큰 설득력을 갖고 있는 것으로 보인다.

같은 논리의 연장선상에서 로비활동의 합법화로 정책투입 부문의 불균형 현상이 더욱 심화될 것이라는 우려도 충분히 설득력을 가질 수 있다. 일반 시민들에 비해 로비활동에 좋은 여건을 유지하고 있는 기업이나 업계 단체가 정책결정으로부터 더 많은 편익을 누릴 수 있게 됨으로써 일반 시민과 조직화된 특수사익 간의 불균형이 심화될 수 있기 때문이다. 뿐만 아니라, 기업이나 업계 단체 사이에도 영향력 불균형이 심화될 수 있다. 로비법 제정으로 로비활동이 합법화되고 양성화되면 필연적으로 기업이나 업계 단체 사이에 로비경쟁이 극심해질 것이고, 로비경쟁이 심화될수록 결국은 유력 기업이나 업계 단체가 더욱 유리한 결정을 얻어갈 수 있기 때문이다.

2) 한국형 로비규제 모델의 모색

한국에서 로비 제도에 관한 연구는 로비법 제정을 둘러싼 찬반론을 쟁점의 중심으로 이루어져 왔다.[12] 민주정치과정에서의 로비활동의 필요성 여부나 그 존재가치를 둘러싼 학문적 논쟁이나 저널리즘 차원의 논란은 로비활동을 규율하는 관련법 제정의 필요성 여부에 집중되어 오고 있다. 법제정의 필요성을 둘러싸고 논란이 지속되는 가운데 필요성이 인정된다는 쪽으로 흐름이 정리되어 가고 있는 것으로 보인다. 학계의 연구자나 국회 등 국가기관의 전문가, 시민단체의 입장을 대표하여 의견을 내놓는 논자들은 로비법 제정의 필요성에 대해서는 대체로 입장을 같이하고 있는 것으로 보인다.

로비법 제정 추진 움직임에 적극적으로 반대하는 입장을 공식적으로 집단 표명해 오고 있는 사람들은 대한변호사협회 등 변호사 단체 구성원들이다. 변협 등의 공개적인 반대 이유는 '제3자를 위한 대리 영향력 행사'의 독점권 상실 가능성에 따른 집단적 우려를 반영하고 있는 것으로 볼 수 있다.[13] 국회에서의 법제정 추진 움직임 역시 법조인 출신 의원들의 미온적 대처 혹은 적극적 반대에 직면하면서 번번이 타당성 검토 단계 이상의 진전을 보이지 못하고 있다. 한국에서 로비법제화를 둘러싼 사회적 논쟁은 찬성론과 반대론 각각의 논거가 다소 미약하게만 제시된 채, 정치적 필요성 여부나 문제점을 지적하는 수준에서 소속 단체의 특수한 입장을 표명하는 수준에 머물러 있는 것으로 보인다. 찬반론을 둘러싼 논의들이 순차적 혹은 교차적으로 상호 인용되는 상태에서 논의의 진전이 더 이상 이루어지지 않고 있다. 또한 로비법 제정을 둘러싼 논란들이 국내정치 프레임워크에 한정되어 있을 뿐, 로비관련법 제정과 관련된 국제적 흐름을 제대로 반영하지 못하고 있다.

따라서 한국형 로비규제 모델을 탐색하기 위해서는 먼저 찬성과 반대론의 주장들을 통합적으로 살펴볼 필요가 있다. 로비법 제정을 둘러싸고 전개되어 온 찬반론의 팽팽한 대립을 뛰어넘어 한편으로는 찬성론의 필요,

그리고 다른 한편으로는 반대론 혹은 시기상조론의 우려를 통합적으로 고려하는 차원에서 로비법제화 가능성을 탐색할 수 있다. 찬반 논지를 뒷받침할 수 있는 이론적, 학술적 연구 성과를 토대로 찬반 논지의 타당성 여부와 그 한계를 검토할 수 있기 때문이다.[14] 필요 및 우려 논변을 통합적으로 반영하는 로비법제화 모델 제시를 통해 로비관련법 제정의 현실적 필요성에 부응할 수 있을 것이다.

○ 로비법제 도입 필요성

기업 등 이익집단과 이를 대변하는 로비스트의 역할이 대의민주정치 과정의 본질적 구성 요소라는 점은 트루만(D. Truman) 이후 이익집단 정치 연구가들에 의해 공통적으로 강조되어 오고 있다.[15] 로비스트의 등록 및 활동 보고를 요체로 하는 로비법제화가 민주정치의 발전에 기여한다는 점은 많은 학자들에 의해 다양한 관점에서 설명되어 왔다. 기업 등 이익집단의 이익을 대변하는 로비스트의 역할은 정부과정에서 투입 및 환류부문에서 핵심적 역할을 현실적으로 수행하는 것이며, 정책결정의 정당성의 원천이 된다. 정책결정과정에서 이해관계자들의 참여를 대신하는 로비스트의 역할은 정책 산출물의 품질을 제고하기 위한 필요요건으로도 설명된다.

로비법제화가 공공정책 과정의 투명성 및 책임성 제고를 통해 대의민주주의를 보완할 수 있다는 설명은 최근 심의민주주의(deliberative democracy)를 역설하는 학자들에 의해 체계적으로 개진되어 오고 있다. 심의민주주의론자들의 기본 아이디어는 정부 결정의 과정과 내용이 공중에게 가용할 수 있을 때 정책결정자들이 공공에게 책임을 질 수 있게 된다는 것이다.[16] 시민들이 정부 공직자들의 행동에 대해서 보다 잘 알 수 있을 때

공직자들이 공익에 부합하는 행동을 하게 된다는 논리이다. 로비스트 등록과 활동보고를 핵심으로 하는 로비규제법은 정책결정과정의 투명성 제고를 목표로 한다. 정책결정과정이라는 '블랙박스'에 햇빛을 비춤으로써 정책결정자들의 책임성 수준이 높아질 수 있고, 결정과 행동의 품질 향상을 도모할 수 있다는 점은 많은 연구자들에 의해 주창되어 왔다.[17] 정부과정의 투명성 제고를 위한 제도적 장치의 수립이 가져다줄 수 있는 직접적 이점에 대해서는 다양한 관점에서 설명되고 있다.[18]

첫째, 정책결정과정에서의 투명성 보장은 부패 방지를 위한 가장 효과적인 수단이 될 수 있다는 점이다. 이 점에 대해서는 일부 경험적 연구들이 뒷받침하고 있다.[19]

둘째, 투명성은 정책결정에 임하는 공직자들의 책임성 제고에 기여한다. 공공정책결정과정의 공개는 공직자들로 하여금 결정과정에서 기본 취지와 정책 목표에 보다 집중하고, 충실할 수 있도록 동기를 부여한다.[20]

셋째, 공개를 통한 투명성 제고는 정책행위자들의 공공의 요구에 대한 반응성을 증진시킬 수 있을 뿐 아니라, 결정 과정에서의 오류를 바로 하는 데 도움이 되기도 한다. 상반된 관점에서의 다른 이익을 추구하는 이해관계자들과의 커뮤니케이션이 가능할 수 있기 때문이다.[21]

○ 로비법제화 반대론

로비스트 등록 및 활동 공개 의무화를 핵심적 내용으로 하는 로비활동의 규제를 반대하는 논자들도 있다. 로비 법제화가 바람직하지 않다는 논변은 크게 세 유형으로 나눠질 수 있다. 진입 장벽론과 법제화 폐해론, 비용 발생론이 그것이다. 이 중 오랫동안 타당성을 인정받기도 했던 대표적인 반대 논지는 합리적 선택이론에 기초한 진입 장벽론이다.

진입 장벽론은 로비활동 규제제도를 두고 있지 않은 국가들에서 로비법 제정 반대론자들의 유력한 근거로 채택되어 왔다. 로비규제는 정책결정과정에 대한 이해관계자들의 참여를 제한하는 결과를 초래할 것이고, 따라서 규제 부재의 이익이 규제 이익보다 크다는 것이다. 로비규제 부재 필요성의 이론적 논거로는 합리적 선택이론에 기초하여 로비스트 등록 및 활동 공개의 기대 효과를 이론적으로 반박하고 있는 에인워스(Ainworth, 1993)와 블리닉(M. Brinig, 1993)등이 제시하고 있다. 이들의 경험적 연구는 영국 의회를 사례로 한 것이라는 점에서 공통점이 있다.

에인워스는 로비스트 등록 및 활동 공개로 정보의 비대칭성이 감축되는 효과보다는 특히 소집단과 소규모 조직의 의회 접근성을 가로막는 진입장벽 효과가 더 클 것으로 분석하고 있다. 로비스트의 사전등록 및 활동 보고의 의무를 법규화 하는 규제는 로비활동을 위해서 반드시 통과하지 않으면 안 되는 기관과 절차를 수립하는 것이기 때문에 정책 참여에 대한 진입장벽을 세우는 것과 마찬가지라는 논리이다.[22] 로비스트 등록제도는 로비스트 등록이 로비활동을 위한 유일한 합법적 경로라는 인식을 낳을 것이고, 이는 등록에 적극적일 상업적 로비스트들에게 의회에 접근할 수 있는 특권적 지위를 법적으로 보장해주는 결과만 낳을 것이라는 주장도 있다.[23]

로비규제 반대론자들은 또한 로비스트 등록 및 활동 공개는 궁극적으로는 로비활동을 위축시키는 결과를 가져올 것이라는 전망을 제시한다. 로비스트 등록제도가 존재하지 않는 상태에서는 누구나 각자의 다양한 접근로를 통하여 공직자를 접촉할 수 있지만, 등록제도를 두면 단일의 합법적인 접근로만을 두는 것이기 때문에 여기에 따르는 문제점이 생길 수 있다는 것이다. 블리닉은 로비스트 등록제도는 로비활동에 수반되는 비용 증대를 가져올 뿐 아니라, 의원들이 등록 로비스트들에 대한 통제권을 행사할 수 있게 됨으로써 파생하는 문제도 있다는 설명을 내어놓는다. 의원의 입장에서는 유용한 법안 정보를 제공하고, 성공적인 입법에 따르는 대가를 충분히 지불할 수 있는 로비스트들과 그렇지 못한 로비스트를 더욱 쉽게 구분해 낼 수 있기 때문이라는 논거를 제시한다. 블리닉 등은 로비스트 등록제도가 결과적으로는 정치적 반대급부를 제공할 수 있는 역량을 갖춘 기업조직의 이익 반영에 더욱 기여하게 될 것으로 전망한다. 자체 로비 역량을 갖지 못하거나 외부의 전문 상업 로비스트에 로비활동을 의뢰할만한 재정적 여유가 없는 중소기업들이나 소규모 단체들에게 불리하게 작용한다는 것이다.[24] 이들은 그 논리의 연장선상에서 로비법제화가 로비활동의 비용을 갈수록 증대시켜 나갈 것이라고 비판한다.

이들 로비스트 법제화 반대 논변은 영국에서 의회를 대상으로 한 로비활동을 사례로 하고 있다는 공통점을 갖는다. 영국 의회는 로비 법제화와 관련하여 오랫동안 논란이 진행되어 왔었다. 로비법 제정을 끝내 꺼려 왔던 영국 의회가 1990년대 중반 관련 위원회 활동을 통해 공식적으로 채택한 논변은 바로 이와 같은 반대론이었다(Nolan Committee, 1995). 영국 의회의 놀란 위원회는 당시에 영국 의회가 채택하고 있었던 로비스트 단체에 의한 자율규제, 그리고 로비스트 개개인의 양심에 따른 '선의의 행동'(good conduct)에 맡겨두는 것으로도 충분하다는 입장을 견지하였다. 영국 의회는 1990년대 후반까지 놀란 위원회 활동을 통해서 진행해 왔던 일련의 조사과정을 통해 법제화 문제를 검토하였지만, 거의 아무런 결론을 내지지 못하였다.[25] 영국에서 로비 법제화의 주저는 로비 규제의 강도가 클수록, 등록 로비스트 수와 활동의 축소가 직접적으로 나타날 것이라는 인식에 기초한 것이었다. 하지만 영국에서의 2015년 로비법제화 완료는 반대론의 이론적 근거가 매우 취약했음을 영국 의회가 스스로 인정한 것이라 말할 수 있다. 영국 의회는 기업이나 단체들의 의뢰를 받아 유상 로비

서비스를 대행하는 전문 컨설턴트 로비스트(consultant lobbyist)만을 규제하는 법제화를 통해 입장 전환이 타당했음을 보여 주고자 하였다.[26]

로비 법제화 추진에 대한 반대론 가운데에는 정책결정과정의 투명성 제고가 초래할 수도 있는 위험성을 지적하는 논변들도 있다. 좋은 정책을 만들기 위해서는 내밀한 협상(confidential negotiation)이 필요할 때가 있는 것이고, 이 경우라면 투명성이 치료책이라기보다는 질환의 일부가 될 수도 있다는 것이다. 이러한 논변은 로비스트의 역할을 정부 공직자와의 커뮤니케이션으로 보고, 이 커뮤니케이션 과정을 협상 과정으로 인식하고 있는 것이다. 투명성이 오히려 효과적인 문제해결에 장애가 될 수 있으며, '일출법'이 협상의 효율성을 훼손할 수도 있다는 논지이다.[27] 로비활동 과정에서의 커뮤니케이션을 협상 과정과 동일시하는 이러한 관점은 적지 않은 문제를 갖는다. 공직자와 로비스트 간 커뮤니케이션 과정을 거래를 성사시키는 협상 과정으로 설명한다든지, 이해관계의 상충을 보이는 이익집단 대변자들 간의 이익조정 과정을 협상 과정으로 보는 것은 매우 한정적인 경우에만 벌어질 수 있는 상황을 지나치게 일반화하고 있는 것이다.

로비활동 규제제도를 만들고 유지하는 데 소요되는 비용을 들어 규제에 반대하는 논변도 있다. 로비스트 등록기관의 설립 및 운영에 투입되는 재원을 다른 국가적 목적에 유용하게 쓰일 수 있는 예산의 낭비로 보는 관점이다. 이러한 논의도 로비규제법 도입 시 고려해야 하는 현실적인 하나의 요소이다. 하지만, 로비규제가 갖는 강점, 즉 참정권 및 국민 청원권의 구현, 투명성 제고를 통한 부패 예방 및 정부 신뢰 증진, 이해관계의 균형 잡힌 투입, 공직자의 청렴성 및 책임성 제고를 통한 정책품질의 향상 등의 효과와 비교한다면 제도유지의 비용을 들어 법제화 반대론을 주장하는 것은 설득력을 갖기 어렵다.

3) 로비스트 직역 법제화를 둘러싼 논란

한국에서 로비법제화를 둘러싼 논란에는 다양한 시각과 관점이 뒤섞여 있다. 논지의 선명성이 떨어진 상태로 매우 추상성이 높은 수준의 논의만 반복해서 진행되고 있는 것도 이 때문인 것으로 보인다. 로비법제화 필요성 논변만 하더라도 정책결정과정 투명화, 균형 잡힌 영향력 행사, 상업적 로비스트 폐단규제, 영향력 행사 균형화, 로비활동 투명 공개 필요성 등 다양한 이론적 배경을 갖는 필요성론이 제시되고 있다. 하나하나 좋은 취지의 당위론임은 분명하다. 로비규제의 기본 원리는 로비활동으로 정부의 정책 산출물이 어떻게 영향을 받게 되는지 일반 공중들이 알 수 있도록 하자는 것이다. 이는 곧 로비스트가 정책결정과정에 참여하여 영향력을 행사하는 통로를 공개하자는 것이다.

로비규제법이 직접적으로 겨냥하고 있는 목표는 부정부패 근절이 아니다. 부패방지는 로비활동 공개로 얻어질 수 있는 부수적인 효과로 기대할 수 있는 것이다. 대부분 국가는 공직자들이 공직수행 과정에서 금품을 수수하는 행위에 대해 사법적 제재를 가할 수 있는 법규를 별도로 가지고 있다. 한국에서의 김영란법(부정청탁 및 금품 등 수수의 금지에 관한 법률)과 같은 공직자 윤리 관련 법제화가 이루어져 있는 것도 그 대표적인 예이다. 한국에서 제3자의 이익을 대리하여 공직자를 대상으로 청탁하는 활동은 원천적으로 금지되어 있다. 정부 공직자를 상대로 제3자의 이익을 대변하는 활동은 변호사 집단만이 가능하도록 되어 있다. 금품거래와 함께 진행되는 대관 청탁 행위를 변호사법이나 특정범죄가중처벌법 등을 걸어 처벌하는 것은 정부기관 공직자들에게 기대되는 청렴의무와 맞물려 있다. 청탁거래의 한 당사자인 청탁행위자를 아무나 하지 못하도록 하고, 이러한 활동을 변호사 집단에게만 가능하도록 독점적 기회를 법적으로 인정하고 있다. 대관 청탁 활동이 아무나 가능하도록 되어 있을 때 발생할 수 있는 부정부패 발생 여지를 미리 차단한다는 법 취지를 반영하고 있다. 한편으로 청탁 거래의 다른 한 당자자인 청탁받는 공직자들에 대해서는 공직윤리를 강화하는 것으로, 다른 한쪽 당사자인 청탁자는 아예 아무나 하지 못하도록 규제하고 있는 것이다. 제3자의 이익을 대변하는 로비활동을 유상으로 합법적으로 수행할 수 있는 것은 변호사 집단에 국한된 직업적 혜택이다. 로비법제화를 통해 공직자와의 접촉활동을 양성화하고, 그것을 투명하게 공개하는 것은 민주주의 이념에 부합하는 것이다.

로비법제화는 정부의 정책결정과정을 투명하게 공개하여 부정부패를 막고, 시민 유권자들의 권익을 보장한다는 민주 이념을 구현하는 제도적 취지를 갖는다. 하지만 로비법제화로 기대되는 직접적인 효과는 민주 이념과 결부되어 있는 그렇게 거창한 차원의 것이 아니다. 로비법제화는 로비스트 직역의 법적 근거를 마련하는 것이다. 로비스트를 등록하게 하고 그 활동을 투명하게 공개하도록 하자는 입법 취지는 로비스트 직역을 법적으로 뒷받침하는 일로부터 시작될 수 있다. 그렇기 때문에 이는 변호사 집단에게만 로비활동의 독점적 기회를 부여하고 있는 현행법 체계의 전환을 의미하는 것이다.

로비법을 두고 있는 모든 국가에서 로비법제화를 둘러싼 구체적이고 실제적인 논의는 바로 이와 같은 쟁점을 둘러싸고 진행되었음을 알 수 있다. 예컨대 한국에서 로비법제화는 변호사 자격증 없이 회사의 이익 증진을 위해 대관활동을 수행하는 사내 로비스트들에게도 합법적으로 회사의 이익을 위한 대관 로비활동을 가능하게 하자는 것이다. 따라서 이는 대관업무 수행이라는 직역을 공식적으로 신설하는 것이 된다. 로비법제화는 현실적으로 존재하는, 음지에서만 일할 수밖에 없는 대관업무 수행자들의 활동에 '햇볕'을 쏘이게 하는 일이다.

로비활동 규제의 기본 취지는 제안된 정책의 배후에 작용하는 이익들에 대한 공공의 경각심, 그리고 로비스트와 정책결정자 간의 연계성을, 그리고 정치체제의 작동과정과 그 안에서 활동하는 행위자들이 어떻게 움직이는지를 일반 공중들이 알 수 있도록 하는 것이다. 제3자의 이익대변활동을 변호사 집단의 독점적 권리로만 인정한다면 일반 시민의 공직자에 대한 '접촉활동'이 크게 위축되어 가는 상황에서 결과적으로는 변호사 집단에 이익 대변을 의뢰할 수 있는 경제적 유력자만이 정부의 정책결정과정에서 영향력을 행사할 수 있게 된다. 그렇기 때문에 차라리 제 3자의 이익을 대변할 수 있는 유자격자의 폭을 조금 더 확대할 필요가 있다는 주장은 충분히 설득력을 가질 수 있다. 로비법제화는 제3자의 이익대변자로서 로비스트 직역의 신설을 위한 법적 근거를 마련하는 것이다. 즉, 로비법제화는 로비스트 직역을 법적으로 인정하자는 것이다.[28]

로비관련법 부재는 곧 직업적 로비스트의 존재를 법적으로 인정하지 않고 있음을 의미한다. 하지만 회사의 대관업무 부서에 소속되어 사실상 전업 로비스트로 활동하고 있는 사람들도 있다. 사안별로 로비스트로 고용되어 의뢰 고객을 위해 활동하는 상업 목적의 전문 로비스트들도 있다. 따라서 로비 활동을 음성적 상태로 그대로 방치해두는 것보다는 로비스트 직역을 법적으로 인정하되, 로비의 긍정적 측면이 발휘되고 부정적 측면이 억제될 수 있도록 강력하게 규제할 필요가 있다. 법 제정으로 상업 목적의 전문 로비스트를 고용할 수 있는 경제적 여유 집단의 과도한 영향력 행사도 견제되는 효과가 생겨 정책결정과정에서의 불균형적 투입 문제도 해소될 수 있을 것으로 기대된다.[29] 참여연대나 반부패 국민연대 등 시민단체는 관련법 규정이 없기 때문에 공무원과 업자 간의 밀실유착이 조장되고 있다고 보고 로비활동을 투명하게 공개하는 데 초점을 맞추는 로비법제화 필요성을 주장한 바 있다. 정책결정과정을 투명하게 공개하면

부패 가능성이 그만큼 차단될 수 있다는 논리이다.[30]

한국에서 이제는 로비관련법 제정이 필요한 때가 되었다고 주장하는 논자들이 펴는 찬성론의 요지는 다음과 같다.[31]

첫째, 청원권 등 헌법적 권리의 실현을 구체화해줄 수 있는 포괄적 법 규정으로서 로비법 제정의 필요성이다. 우리 헌법은 언론·출판·집회·결사의 자유와 같은 차원에서 정부기관에 대한 시민의 청원권을 인정해 두고 있다. 청원권을 실현해줄 수 있는 법으로 청원법이 있지만 청원법 조항의 현실적 이행을 위한 법규 미비로 청원권 실현이 어려운 만큼 시급한 보완책이 필요하다는 주장이다. 국회법(제123–126조)은 국회에 제출되는 청원의 처리에 관한 조항을 두고 있을 뿐이며, 청원권 구현을 위해 제정한 청원법은 청원 제기의 일반적 절차 및 청원 받은 기관의 업무처리 절차만을 규정하고 있다. 따라서 청원권 실현을 위한 일반 법규로서 로비법제화가 필요하다는 것이다.[32] 로비의 투명화를 위한 제도적 장치가 헌법이 보장하고 있는 청원권 보장을 위한 하나의 수단으로 기능할 수 있다. 헌법재판소는 "청원권은 국민들이 각자 가지고 있는 관심사와 관련하여 자신의 견해를 국가기관에 전달할 수 있는 수단으로 기본적 권리로 보장된 것으로 누구나 형식에 구애됨이 없이 그 관심사를 국가기관에 표명할 수 있다 [...] 청원권 행사는 자신이 직접 하든지 혹은 제3자인 중개인이나 대리인을 통해서 하든지 보호되어야 한다"는 취지의 판결을 내린바 있다(헌재 2005.11.24, 2003헌바 108).

둘째, 상업 목적의 전문 로비스트 활동 규제 필요성론이다. 로비활동은 기업이나 업계 단체에 의해 주로 행해지고 있고, 이것도 전문 대행자를 내세워 행하고 있는 현실을 감안해서 전문 로비스트의 실체를 인정하고 이들에 대한 등록 및 보고의 의무를 지우는 것이 공익 실현에 유리하다는 주장이다. 우리나라에서 로비 관련법이 없다는 말은 곧 직업적 로비스트의 존재를 법적으로 인정하지 않고 있는 것을 의미한다. 그러나 전업 로비스트가 활동하고 있다는 점은 엄연한 현실이다. 회사에 고용되어 회사를 위한 로비스트로 활동하고 있는 사람들도 있고, 사안별로 로비스트로 고용되어 의뢰 고객을 위해 활동하는 전문 로비스트들도 있다. 이들을 막연하게 브로커나 중개인으로 불리게 내버려 두는 것 보다는 직업적 로비스트로 인정해 주고, 로비의 긍정적 측면을 살리고 부정적 측면을 강력하게 규제하는 것이 필요하다는 것이다.

셋째, 현행 대정부활동을 규율하는 우리나라 법체계상 제3자를 위해 정부기관에 드나들며 대리로 영향력 행사를 할 수 있는 인사는 변호사 자격증을 가진 사람들밖에 없다. 로비가 시민적 권리 차원에서 인정되는 것이라면 이러한 권리 실현을 변호사 집단에만 독점적으로 인정해 준다는 것은 변호사 집단에게 과도하게 특혜를 주는 것이 된다. 따라서 변호사가 아닌 제3자도 일정 요건을 갖추면 제3자를 위한 로비활동을 할 수 있도록 관계법을 제정하는 것이 바람직하다는 논변은 설득력을 갖는다.[33] 로비 활동이 시민적 권리 차원에서 인정되는 것이라면 이러한 권리 실현을 위한 활동 자격을 특정 직업 집단에게만 독점적으로 인정해 준다는 것은 바람직하지 않다. 로비스트 법제화는 변호사가 아닌 제3자도 일정 요건을 갖추면 제3자를 위한 로비활동을 할 수 있도록 관계법을 제정하는 것이다. 로비활동이 정부에 대한 영향력 행사 차원이 아니라, 기업이나 업계 단체가 가진 전문적 식견이나 정보를 정부에게 제공해 줌으로써 정부 정책의 품질을 높이는 것이라면 관련 법체계의 전환을 진지하게 검토할 필요가 있다. 해당 정책 사안에 대해 오랜 식견을 쌓아 온 기업이나 업계의 인사들이 직접 나서거나 혹은 이들의 의뢰를 받은 전문가들이 직접 로비 활동을 할 수 있도록 관련법 제정을 서두를 필요가 있다. 정부기관과 공직자를 대상으로 하는 로비접촉이 현실적으로 크게 이루어지고 있음에도 불구하고, 관련법이 없으니까 일체의 대정부 영향력 행사활동이 불법적인 것이 되고, 따라서 음지로 숨어 들어가 있는 것이 더 큰 문제일 수 있다. 현실적으로 행해지는 로비활동이 투명하게 이루어지도록 양성화하고, 이를 전면 공개한다면 음성화된 로비활동으로부터 기인하는 사회적 폐해를 크게 줄일 수 있을 것이다.

○ 로비법제화 반대론의 논지

한국에서 로비법제화를 반대하는 목소리는 크지 않다. 국회 및 과거 국가청렴위원회 등의 국가기관, 혹은 참여연대 등 시민단체가 주관한 토론회에 참여한 대부분의 논자들도 로비법 제정을 지지하며, 전면으로 반대하는 일은 거의 없다. 학계에서 학술토론회 및 학술적 연구발표 등을 통해 로비활동 법제화를 전면으로 반대하는 논자들도 거의 찾아볼 수 없다. 경실련 일부 시민단체가 한때 법제정의 필요성에 공감하지만 부작용의 가능성을 우려하여 아직 시기상조라는 입장을 보인 적이 있다. 참여연대는 찬성과 반대의 명확한 입장을 고수하기보다는 각종 문건을 통해 때마다 달라지는 입장 전환을 보이고 있다.

로비법 제정을 공식적으로 반대하면서 반대 여론을 주도하고 있는 것은 대한변협 등 변호사 단체이다. 대한변협 등도 국민의 청원권을 실현할 수 있고, 정책결정과정의 투명한 공개로 나타날 수 있는 긍정적 효과를 인정하고 있다. 다만 로비스트 직역을 신설하는 법제화에 대해서는 단호하게 반대한다. 법제정에 대해 시기상조를 이유로 반대하거나 조건부 찬성론을 펴는 일부 논자들은 법제정 후 집행의 엄격성이 보장된다면 그 부작용과 폐해가 감축될 수 있을 것이라고 주장하기도 한다. 로비법 제정이 필요치 않다거나, 혹은 시기상조라고 주장하는 논자들이 제시하고 있는

논지는 다음과 같이 정리될 수 있다.[34]

첫째, 현행법상으로 대정부 활동이 충분히 보장되어 있고, 불법 로비활동에 대한 규제도 충분히 가능할 수 있기 때문에 로비관련법을 추가로 제정할 필요가 없다는 주장이다. 청원법, 행정절차법 등이 있고, 각종 공청회, 청문회 등 공공정책결정과정에서 이해관계자들이 자신의 입장과 이익을 반영할 수 있는 제도적 장치들이 이미 갖추어져 있다는 주장이다. 또한 형법, 변호사법, 공직자윤리법, 국회법, 정치자금법 등 대정부 활동과 관련하여 불법 및 부작용 제어를 위한 법률적 장치가 이미 잘 작동하고 있는데 이 법률들과 중복될 가능성이 큰 별도의 로비관계법을 굳이 만들 필요가 있겠느냐는 입장을 보인다.[35] 이러한 입장은 공직자와의 접촉을 강력하게 규제하고 있는 '김영란법'으로 더욱 힘을 얻고 있다.

둘째, 과열 로비경쟁으로 인한 사회적 폐단론이다. 로비활동의 합법화는 로비경쟁을 더욱 부추길 것이고, 그러다 보면 행정부나 국회 등 정부기관과 공직자들이 로비스트들의 등쌀에 떠밀려 정상적으로 업무를 볼 수 없을 정도가 될 수 있다는 주장이다. 우리나라처럼 행정부의 역할과 권한이 강한 나라에서는 로비활동의 합법화에 의해 행정부의 권한과 관료주의적 행태가 더욱 심화될 수도 있다는 근거가 제시되기도 한다. 로비 합법화로 로비경쟁이 더욱 심해질수록 기업이나 업계 단체가 행정부에 대해서 떳떳하게 활동하기보다는 잘 보이려고 서로 경쟁하게 되고, 따라서 관료집단의 병폐가 더욱 심각해질 수도 있다는 것이다.[36]

셋째, 연고주의 문화 폐단의 심화 가능성론이다. '전근대적인 연고주의' 문화가 강한 한국 사회에서 로비 합법화는 지인에 의한 청탁이나 압력행사형의 로비활동을 더욱 부채질할 가능성이 크다는 관점이다. 로비활동을 양성화해 놓으면 연고 연줄을 찾아다니며 영향력을 행사하려는 풍토가 더욱 합법적으로 조장될 것이라는 우려인 것이다. 이러한 관점은 로비활동의 투명성을 보장할 법적, 기술적 장치가 미흡한 상태에서 로비 합법화는 오히려 경쟁적 로비활동을 부채질해서 부정적 폐해만 심화시킬 것이라는 논지로 이어진다. 특히 로비스트 직역 합법화와 함께 자격 요건을 갖추지 못한 인사들이 로비활동에 뛰어들게 되면 이러한 폐단이 더욱 심각한 형태로 나타날 수도 있다는 것이다.

넷째, 로비활동의 합법화로 정책투입 부문의 불균형 현상의 심화가 가중될 것이라는 주장도 있다. 사회적 영향력의 불균형 심화 가능성론은 다시 두 유형으로 나뉜다. 하나는 일반 시민들에 비하여 로비활동에 좋은 여건을 유지하고 있는 기업이나 업계 단체가 정책결정으로부터 더 많은 편익을 누릴 수 있게 됨으로써 일반 시민과 조직화된 특수사익 간의 불균형이 심화된다는 것이다. 다른 하나는 기업이나 업계 단체 사이에도 영향력 불균형이 심화될 것이라는 점이다. 로비법 제정으로 로비활동이 합법화되고 양성화되면 필연적으로 기업이나 업계 단체 사이에 로비경쟁이 극심해질 것이고, 로비경쟁이 심화될수록 결국은 유력 기업이나 업계 단체가 더욱 유리한 결정을 얻어갈 수 있다는 것이다.

한국에서 로비 법제화 추진을 둘러싼 찬반론의 대립 구도는 다음 표로 나타낼 수 있다.

로비활동 법제화를 둘러싼 찬반 논지

찬성론		우려/반대론	
출처	논지	논지	출처
윤홍근 (2010)	국민적 권리실현 – 참정권 – 알권리	기본 취지에 원칙적 찬성, – 기밀보호 필요성 – 이익대변 활동의 전문성 요건	대한 변호사협회 등

한국국제 투명성 기구	정부 투명성 제고 – 부정·비리감축	기본 취지 공감 – 신속·효율적 정책을 위한 막후 협상의 필요성 인정 – 로비스트 전문성·윤리성 요건 강화 필요 – 로비스트 직역 법제화 반대	대한 변호사협회
조승민(2005: 71–100) 가상준(2014: 166–167) 이정희(2006) 이은영(2007)	정책결정 품질 향상 – 이해관계자 소통 – 균형 잡힌 투입 – 공직자 책임성 강화 – 사회적 자원 배분 효율성 * 대규모 시위 감축	기본 동의 – '실익이 크지 않을 가능성' – 로비 일상화 / 로비과잉경쟁의 폐단 – 유력 집단 지배적 영향력 행사 가능성 상존 – 연고주의 문화 폐단 – 로비경쟁 심화로 사회적 자원낭비 가능성 * 정교한 입법과 엄정한 법집행 필요성 강조	국회 바른 정치실천 연구회 (2001: 17–20) 로비제도 연구회 (2002: 8–9) 이정희(2006)

4) 로비규제 접근법 국제비교

로비 활동은 민주정치과정의 일부로 존중되지만 로비활동에 대한 규제의 정도나 규제방식은 국가마다 다르다. 한국처럼 로비와 관련된 공식적인 법규가 존재하지 않은 나라가 있는가 하면 미국처럼 엄격하고 정교한 제도적 장치를 법규화해서 로비활동을 공공의 감시체제 하에서 작동하도록 해 놓은 국가들도 있다. 캐나다는 로비규제의 실효성을 높이기 위해 로비규제법 개정을 거듭해 온 역사를 가지고 있다. 특정 사익을 대변하는 로비활동으로 정부정책이 어떻게 영향을 받고 있는지에 대한 사례 연구는 미국과 유럽 등지에서 적지 않게 축적되어 오고 있다. 그렇지만 로비활동 사례 연구에 비하면 로비법제화 연구는 드문 편이다. 미국의 '로비활동 공개법' 외, 구체적인 규제 법규에 관한 국제 비교연구는 매우 제한되어 있다.[37]

로비법규가 가장 오랫동안 정착되어 온 미국에서는 주정부에서의 로비 규제법을 비교 분석해보려는 시도가 있었다.[38] 오페임은 미국의 47개 주정부를 대상으로 로비활동에 대한 규제의 강도를 평가하였다. 규제강도를 평가하는 22개의 척도를 오페임은 다시 세 차원의 범주로 유형화하고 있다. 로비스트 개념 정의의 엄격성(7항목), 로비활동 공개 내용의 구체성과 빈도(8항목), 감독 및 규제집행의 엄격성(7항목) 등의 범주가 그것이다.

미국의 각각의 주정부는 로비법을 도입하고 있는 시기도 다를 뿐 아니라, 로비활동에 대한 규제의 엄격성의 정도에도 적지 않은 차이가 존재한다. 미국 공공청렴성센터(The Center for Public Integrity: CPI)는 2007년 미국의 전체 50개 주정부와 연방정부의 로비규제 법규를 비교분석하는 연구 결과를 발표하였다. CPI가 로비활동에 대한 규제의 강도를 비교하기 위하여 개발한 척도(CPI Index)는 48개 항목으로 구성되어 있다. 비교분석의 준거로 활용된 척도는 오페임이 제시하고 있는 세 영역의 범주를 로비스트 개념, 개별 등록, 개별 비용, 의뢰인 비용공개, 전자 DB 구축, 일반 공중의 DB 접근성, 집행의 엄정성, 회전문 조항 등 8개 영역의 범주로 확대하고 있는 것이다. 각국 로비법제화 접근법 상에서 가장 두드러진 대비를 보이고 있는 것은 로비스트 개념의 명료성과 로비스트로서의 등록 요건, 그리고 공개 의무를 지닌 로비활동 내용의 구체성 등이 각각 차이를 보이고 있기 때문이다. 찰리 등이 제시하고 있는 8개 범주의 48개 척도는 공개·보고해야 하는 내용의 구체성 및 법집행의 엄정성 등을 비교 분석하여 로비규제의 강도를 측정하기 위한 것임을 알 수 있다. 오페임 연구에서는 아칸소(Arkansas)주에서의 규제강도가 가장 낮은 수준으로, 뉴저지(New Jersey)주가 가장 강력한 규제 강도를 갖는 것으로 분석되고 있다.

8개 영역의 범주와 각 범주에 포함되어 있는 주요 척도 및 배점은 아래 표와 같다.[39]

CPI 척도와 배점

구분	주요 척도	배점 비중
로비스트 정의 로비활동 범위 2개 항목(7점)	대 행정부 활동 포함하는가? 로비스트 등록 요건의 구체성은 (활동시간 기준 또는 비용 기준)	3 4
등록방식 8개 항목(14점)	공식적인 등록서식 유무 등록이 필요한 로비활동 일수 쟁점 사안/법안명 명기 여부 의뢰인 신상 포함 여부 변동사항 보고의 신속성	3 4 1 1 2
로비활동 비용공개 15개 항목(24점)	비용공개 의무화 비용공개 빈도 보수(대가) 공개 여부 비용 세부 항목의 구체성 (이슈 등 명시 여부) 선거후원 포함 여부	3 3 2 4+ 2 1
의뢰인 비용공개 2개 항목(5점)	고용주/ 의뢰인 비용 공개 여부 로비스트에 대한 보수/보상 포함	3 2
Data 저장/처리 3개 항목(3점)	등록기관의 전산화 온라인 등록 및 보고시스템	1 1
로비DB 공공접근성 8개 항목(20점)	로비스트 DB 공개 여부 비용 DB 공개 및 접근성 로비스트 비용 총계 공개 비용 DB 업데이트 빈도	3 3 2+2 4
로비법 집행의 엄정성 9개 항목(14점)	회계심사 업무체계 여부 회계심사 법제화 여부 비용 보고 지체 등 위반에 대한 제재의 신속성 및 엄정성	2 2 3
회전문 조항 1개 항목(2점)	퇴직 공직자 로비스트 재취업 제한 냉각기간(cooling-off period)	2
Total CPI Score		87

미국 공공청렴성센터가 개발한 CPI Index를 활용하여 로비법 제정을 완료한 OECD 주요 국가들에서의 로비활동 규제의 정도를 비교분석하고

자 한 것은 찰리(R. Chari) 등이었다.[40] 찰리 등은 CPI 스코어 측정법에 따라 먼저 미국(연방, 주정부), 캐나다, 독일, EU의 로비규제 강도를 비교분석하였고(2007), 이를 로비법규를 가진 대부분의 국가들에까지 확대 적용하여 규제강도를 비교 측정하고 있다. 찰리 등은 CPI 스코어를 기준으로 로비활동 규제시스템을 고(high)·중(medium)·저(low)의 세 유형의 규제시스템으로 분류하고 있다. CPI 스코어가 60포인트 이상이면 고강도 규제시스템, 59에서 30까지는 중강도 규제시스템, 29 이하이면 저장도 규제시스템으로 분류하고 있는 것이다. 세 유형의 규제시스템 각각에 포함되어 있는 국가들과 각국의 CPI 스코어는 아래 표에 나타나 있다.

로비규제시스템 유형과 CPI 스코어

구분	국가(법제화 년도)	CPI Score
고강도 규제시스템 (high-regulation system)	US(2007 법 개정 이후)	62 (1995년 법은 36)
중강도 규제시스템 (medium-regulation system)	Canada(2008년 법 개정 이후)	50 (2003년 법은 45; 1989년 법은 32)
	Australia(2003)	45
	Hungary(2006)	45
저강도 규제시스템 (low-regulation system)	Poland(2005)	27
	European Commission(2008)	24
	Germany(1951)	17
저강도 규제시스템 (low-regulation system)	European Parliamentary(1996)	15
	UK(2014)	20
	Ireland(2015)	23

* 비교적 최근 법제정이 이루어진 영국과 아일랜드는 CPI 스코어를 별도로 따라 계산하여 추가한 것임

세 유형 규제시스템을 구성하고 있는 법제화 요소의 주요 특징은 각기 다르다. 고강도 규제접근법으로 분류되고 있는 유일 국가인 미국의 경우,

로비 공개법을 구성하고 있는 주요 요소들은 다음과 같다.[41]

① **명확한 로비스트 개념 정의**: 일정 기준 요건(예컨대 미국의 경우 활동 시간 기준 20% 이상)을 충족하는 로비 활동 수행자는 로비스트로 등록 의무를 갖는다. 의회와 연방행정기관, 독립규제위원회 등 연방 정부 기관 공직자 일정 직급 이상을 상대로 정보를 제공하거나 영향력을 행사하기 위한 활동을 수행하는 로비스트는 등록 요건이 충족되는 대로 의무적으로 등록해야 한다. 등록 당시 기재한 사항에 변동이 있는 경우에는 즉시 보고해야 하고, 변동 내용을 곧바로 업데이트 해야 한다.

② **DB 구축과 공개**: 로비스트 온라인 등록시스템이 구축되어 있고, 활동 내용과 보수 및 비용 등 로비스트 DB에 대한 공공접근성이 보장되어 있다.

③ **로비 내용 공개**: 로비스트는 주기적으로 활동 내용을 보고해야 하는데, 의무적으로 보고해야 하는 내용에는 접촉 대상의 인적사항과 소속기관, 쟁점 사안 등이 포함된다.

④ **비용공개**: 로비활동 과정에서 쓰이는 비용 일체를 공개해야 한다. 누구를 대상으로 어떤 항목으로 비용을 들였는지를 밝혀야 한다. 로비스트 고용주와 의뢰인이 지불한 비용도 공개해야 한다.

⑤ **엄정한 법집행**: 로비스트 보고 내용에 대한 검증 조사 업무체계가 구축되어 있으며, 주기적 조사를 통해서 허위보고 및 법규 위반 등을 심사해서 위반자에 대해서는 엄격한 법적 제재를 가한다.

⑥ **회전문 조항**: 퇴직 공직자의 로비스트 전환에 대한 제한된 허용 기준이 명료화되어 있다.

중강도 규제접근법은 로비스트 개념 정의, 등록 절차, 활동 및 보고 내용 등 면에서 고강도 규제시스템에 비해 엄격하지도 않고, 구체성도 떨어진다. 캐나다와 호주 등에서 전형적으로 나타나 있는 중강도 규제시스템의 특징은 다음과 같다.

① **로비스트 개념 정의**: 로비스트 개인이 개별적으로 등록해야 하는 의무를 갖는다. 등록 의무를 갖는 로비스트는 유료 대행서비스를 제공하는 컨설턴트 로비스트(consultant lobbyists)들이다.[42] 등록 의무를 가지는 로비스트의 구체적인 기준 요건을 따로 두고 있지는 않다. 행정부 대상 로비활동자도 등록해야 하는 것은 마찬가지이지만, 가능한 로비접촉 대상자의 범위는 크게 제한되어 있다.

② **DB 구축과 공개**: 로비스트 온라인 등록시스템이 구축되어 있고, 로비스트 명부는 공개되어 있다.

③ **로비 내용 공개**: 로비스트는 주기적으로 활동 내용을 보고해야 하는데, 의무적으로 보고해야 하는 내용에는 접촉 대상의 인적사항과 소속기관, 쟁점 사안 등이 포함된다.

④ **비용공개**: 로비활동 과정에서 쓰이는 비용을 공개할 의무가 없거나, 혹은 공개 내용에 포함되더라도 관련 DB에 대한 공공 접근성이 보장되어 있지는 않다.

⑤ **엄정한 법집행**: 로비스트 보고 내용에 대한 검증 조사 업무체계가 구축되어 있긴 하지만, 등록 및 보고 내용을 정기적으로 실사하지는 않는다. 허위보고 및 법규 위반 등을 가려내는 일이 있지만 엄격한 사법적 제재권이 즉각 발동되지는 않는다.

⑥ **회전문 조항**: 회전문 조항을 두고는 있지만, 미국의 경우처럼 퇴직 공직자가 로비스트 전환에 필요 요건 등을 명확하게 규정해 두고 있

지는 않다.

저강도 규제접근법은 중강도 규제시스템에 비해서 훨씬 덜 엄격하고, 법규의 구체성도 떨어진다. 독일과 EU, 그리고 2000년 이후 로비법제화를 추진한 대부분의 유럽 국가들이 채택한 접근법임을 알 수 있다. 저강도 규제시스템의 법규 구성 요소는 다음과 같은 특징을 갖는다.

① 로비스트 등록에 관한 법 규정이 있지만, 로비스트 등록요건이 명시적으로 규정되어 있지는 않다. 행정부 대상 로비활동가는 로비스트로서 등록 의무를 가지고 있지 않다.

② 로비 활동 시 소요되는 비용에 대해서는 보고할 의무가 없다. 비용 DB가 따로 저장·보관되지 않는다.

③ 온라인 등록시스템이 만들어져 있고, 이에 대한 공공 접근성이 가능하도록 되어 있다. 하지만 온라인시스템을 통해 로비스트의 로비활동 전모를 다 파악할 수 있도록 구체적인 DB가 저장·보관되어 있지는 않을 수 있다.

④ 회전문 현상에 대한 규정이 없거나 거의 유명무실해서 퇴직 공직자는 '냉각기간'(cooling-off period)을 거치지 않고도 바로 로비스트로 활동할 수 있게 되어 있다.

찰리 등이 고·중·저 강도 규제시스템 분류 기준으로 제시하고 있는 세 기준값은 평가를 위한 절대값의 기준치로 제시된 것은 아니다. 30-60포인트 기준값은 비교 분류를 위해 편의적으로 설정한 기준치일 뿐이다. 일종의 이념형(ideal type of system)으로서 각국에서의 법규상의 차이를 선명하게 이해할 수 있는 개념적 구분선이면서, 동시에 최근의 로비 법제화 추세를 잘 나타내 주고 있는 것으로 보인다.[43] 30 이상 60 미만의 중강도 규제시스템 혹은 30 미만의 저강도의 규제시스템에 속하는 것으로 분류되었다고 해서 법제의 구체적 내용이 동일한 것은 아니며, 국가별로 구성 요소 상에 적지 않은 차이가 있음을 알 수 있다.[44]

5) 고강도 규제접근법 사례: 미국의 로비활동 공개법(Lobbying Disclosure Act)

○ 로비활동과 로비접촉 개념

미국 로비공개법은 법적용 대상이 되는 로비활동과 로비스트를 매우 구체적으로 정의하고 있다. 로비스트는 의뢰인에 의해 고용된 신분에 있든지, 혹은 의뢰를 받은 자이든지, 금전적 또는 그 밖의 다른 보상을 받는 목적으로 의뢰인을 위해 로비활동을 수행하는 자로 규정된다. 여기서 로비활동의 범주에는 ① 한 번 이상의 '로비접촉'(lobbying contacts)을 행한 자로서 ② 6개월 이상 로비활동 시간 가운데 그 의뢰인을 위해 할애된 시간이 전체의 20% 이상을 차지하는 자로 규정되고 있다. 따라서 금전이나 그 밖의 다른 보상 등 대가를 받지 않고 고객이나 의뢰인을 위해 로비활동을 수행하는 자원봉사자는 이 법의 적용을 받지 않는다. 또한 여기서 말하는 로비활동의 개념에는 직접적인 로비접촉뿐 아니라, 이러한 접촉을 위한 준비하는 시간까지를 포함한다.

로비커뮤니케이션은 행정부와 의회의 공직자를 상대로 의뢰인을 위한 목적에서 "정부활동(government action)에 대하여 구두 또는 서면을 이용하는 커뮤니케이션"을 뜻하는데, 여기에는 다음 네 유형의 범주가 포함된다.

첫째, 연방정부의 법률의 형성 수립(formation), 변경, 채택에 관한 활동

둘째, 행정부의 연방 법령(federal rule), 규정(regulations), 연방정부 사업계획(program), 정책, 입장(position)의 수립, 변경, 채택에 관한 활동

셋째, 연방 사업계획이나 정책의 관리·집행(administration and execution), 교섭, 수여, 연방 계약의 체결과 관리 이행, 양여금(grant), 재정대출(loan), 인허가 혹은 면허permit or licence 등을 포함

넷째, 상원 인사비준을 받도록 되어 있는 직책에 대한 사람의 지명, 비준과정

○ 로비커뮤니케이션 개념

법적용 대상이 되는 로비커뮤니케이션은 행정부와 의회 공직자들의 의사결정 과정에서 유리한 결과를 얻어낼 목적으로 행해지는 일체의 서면과 구두를 통한 정보제공이나 의견 개진 활동을 의미한다. 서면과 구두를 통한 커뮤니케이션 범주에는 전자장치를 이용하는 커뮤니케이션도 포함된다. 예컨대 e메일이나 SNS 메시지, CD나 DVD 등의 전자형식의 커뮤니케이션 수단이 모두 포함된다. 로비활동을 위한 커뮤니케이션의 기준은 유리한 결정을 얻어내려는 의도가 있느냐 없는가 하는 것이 관건이 된다. 예컨대 정부의 어떠한 결정을 놓고 그 결정이 어떠한 사실관계에 관한 정보에 입각해서 내려졌는지에 대하여 공직자에게 질문을 했다면 이 경우에도 법적용 대상이 되는 커뮤니케이션 활동에 포함되는가 하는 문제가 제기될 수 있다. 단순한 사실관계를 묻는 질문이 아니고, 그 결정이 그릇된 사실이나 정보에 입각해서 내려졌다는 것을 공직자가 깨닫게 할 의도가 있다면 여기의 커뮤니케이션에 해당되는 것으로 보아야 한다는 해석이 내려진 바 있다. 공직자들에 대해 특정 사안에 대해 단순하게 관련 정

보나 지침을 구하기 위해 행해지는 질문은 여기의 커뮤니케이션 범주에는 해당하지 않는 것으로 본다.

○ 법적용 대상 공직자 범위

법적용 대상이 되는 행정부 공직자의 범주에는 a. 대통령 b. 부통령 c. 백악관(executive office of the president) 공직자 및 피고용자 d. 행정부 내 연봉책정등급(executive schedule) I급부터 V급까지 공직자들이다. 미국 연방 공무원 중 Executive Schedule에 속하는 공무원은 우리나라의 정무직 공무원에 해당된다. 이들은 고위정책결정업무를 담당하며, 대부분이 상원의 인준을 거쳐 대통령이 임명한다. 이들은 호봉이 없이 Level I(우리나라의 장관급)–Level V(우리나라의 차관보급)의 5단계 보수등급으로 구분된다. 한편 O–7급 이상 군인[45]과 기타 행정부 내 정책과정(policy–determining, policy–making, policy–advocating)에 관여하고 있는 일부 계약직 직원들까지 법적용을 받는다.[46]

한편 미국 로비공개법은 법적용 대상이 되는 로비접촉 대상자 중 입법부 공직자들로서는 a. 상하 양원 의원 b. 기타 양원 선출직 공직자(양원 사무총장 등) c. 의원이나 상임위원회, 합동위원회, 작업반이나 코커스 등 의회 내 다양한 입법지원조직에 의해 고용된 일정 급여수준 이상의 전문 인력이 포함되며, 정부공직 윤리법에 규정(Ethics in Government Act of 1978)된 임시직 및 계약직들도 포함된다.[47]

○ 등록 의무를 갖는 의뢰인과 로비스트

미국의 로비공개법은 등록 의무를 갖는 자를 '의뢰인'(clients) 개념으로 명확하게 규정하고 있다. 의뢰인은 '금전적 보상 등을 대가로 지불하고 자신을 위한 로비활동을 수행하도록 자체 인력을 로비스트로 보유하고 있거나(retain) 외부의 사람을 로비스트로 고용하는(employ) 개인이나 조직체'로 개념 정의되고 있다.

한편 법규화 되어 있는 로비스트 즉, 등록 주체로는 기본적으로는 우선 일정 요건을 충족하는 개별로비스트를 지칭하는 것이지만, 여기에는 의뢰 의뢰 고객을 위한 로비활동에 종사할 로비스트를 고용하고 있는 조직체, 자체 로비스트를 두고 있는 회사나 단체, 기관 등이 포함된다. 로비활동을 행하는 모든 로비스트가 등록 의무를 갖는 것은 아니다. 로비스트 가운데 6개월(1월 1일과 7월 1일 기준) 동안 의뢰인을 위한 일회 이상의 로비접촉을 행한 자로서 전체 활동 시간 가운데 그 의뢰인을 위해 할애한 시간이 20% 이상이며, 로비활동에 대한 금전적 보상 등이 6개월간 6,000달러(95년 법제정 당시 5,000달러 기준으로 물가인상률이 반영된 기준금액임) 이상이거나 혹은 6,000달러 이상일 것이라고 예상되는 로비스트가 여기에 해당한다. 이 기준을 충족시키는 로비스트를 한 사람 이상 고용하고 있는 로비회사는 의회 상하원 사무총국에 등록하고, 매년 2월과 8월 2차례에 걸쳐 6개월 단위로 로비활동 내용을 신고해야 한다.

등록은 의뢰인별(client-by-client basis)로 하는 것이기 때문에 개별 로비스트라도 위 기준을 넘지 않으면 로비스트로 등록하지 않아도 된다. 소속 로비스트들이 벌어들이는 로비 대가의 총합이 6,000달러 이상이면 등록 의무를 진다. 소속 로비스트 가운데 위 각 요건을 충족시키는 로비스트가 없다 하더라도 전체 로비활동의 대가가 6,000달러 이상이면(혹은 예상되면) 등록 의무가 있다는 의미이다. 등록 의무를 지는 금전적 기준에는 로비활동 비용의 기준도 있다. 자체 로비스트를 두고 있는 회사(로비회사 포함)나 조직체(업계 단체 등)의 경우 로비활동들에 대한 소요 비용으로 6개월 동안 총 24,500달러(95년 2,000달러 기준으로 물가인상률이 반영된 기준금액임) 이상을 지불한 경우 그 회사나 조직체는 등록 의무를 가지게 된다. 반드시 소속 로비스트들의 활동비용만이 아니고, 외부에 용역을 준 금액도 계산에 포함된다.

○ 로비스트 등록시기와 방법

등록 의무를 갖는 로비스트나 로비회사는 언제 등록해야 하는가? 미국 로비법은 이 점에 대해서도 명확하게 규정하고 있다. 첫 로비접촉 후 45일 이내 혹은 로비스트로 고용되거나 로비활동을 의뢰받은 지 45일 이내에 등록해야 하며, 두 기준 중 빠른 시점에 등록해야 한다. 등록 내용에 대해서는 다음과 같이 특정화해 놓고 있다.

a. 로비접촉 시점 혹은 로비활동을 의뢰받은 일자

b. 등록인 신원(로비회사나 자체 로비스트를 두고 있는 조직체인 경우는 회사명), 주 소재지, 연락처(우편주소, 전화, e메일), 접촉 대상, 회사나 조직체의 사업성격 및 비즈니스

c. 의뢰고객의 신원: 스스로를 위해 로비활동을 행하는 회사나 조직체는 위와 같으나, 로비회사의 경우에는 의뢰 고객명과 주소, 주 소재지, 사업성격 및 비즈니스 유형

d. 의뢰고객을 위해 활동하는 로비스트 신원: 의뢰 고객을 위한 로비활동에 종사할 로비스트의 신원, 로비회사의 경우에는 피고용 로비스트의 신원을 밝히면 되고, 자체 로비스트를 고용하고 있는 회사 등은 소속 로비스트의 신원을 밝히도록 되어 있다.

○ 로비활동 보고 내용

두 차례 중간활동 보고 시점인 1월 1일과 7월 1일 이후 45일 이내에 등록된 반기동안의 로비활동 내역을 공개해야 하는데, 기본적인 사안으로는 등록자의 이름이나 주소지 등 형식 요건 외, 공개해야 할 활동 내역 범위는 다음과 같다.

a. 의뢰 고객의 이름
b. 수입과 비용: 로비회사의 경우에는 반기 동안 의뢰 고객들로부터 받은 총수입 내역을, 자체 로비스트를 두고 있는 회사나 조직체의 경우는 반기 동안 로비 활동에 쓴 총비용을 공개하도록 되어 있음
c. 로비활동 이슈영역(general issue area code): 의뢰 고객의 비즈니스 영역별로 코드화되어 있는 로비활동 영역을 의미
d. 특수 로비활동영역(specific lobbying issue): 의회의 법안 번호나 행정부 정책이나 사업 계획명 등
e. 의회나 연방 기관의 접촉 대상 기관(부서명)과 해당 공직자
f. 의뢰 고객을 위해 로비활동을 행한 로비스트의 신원

미국의 로비활동 공개법은 등록 의무를 갖는 로비스트들은 반드시 분기별로 활동을 보고해야 한다. 로비회사의 경우 고객으로부터 대가로 지급된 수입, 스스로의 이익을 위해 로비활동을 행하는 조직체의 경우 로비활동에 소요되는 비용을 보고해야 한다. 여기에는 로비회사나 제3자에 활동을 의뢰하는 경우에 여기에 지급된 비용을 포함한다. 분기동안 로비활동이 이루어졌던 개개의 이슈 영역(each general issue area)과 여기에 투입된 로비스트의 명단, 로비활동의 대상이 되었던 특정의 개별 법안 명칭,

접촉 대상이 되었던 하원 및 연방 기관의 명칭, 로비쟁점에 이해관계를 같이하여 제휴 관계에 있는 외국 조직체의 명단 등을 공개하도록 되어 있다.

하지만 로비활동의 대상이 되는 특정의 구체적인 쟁점 사안과 접촉 대상이 되었던 부서와 개별 공직자를 밝히도록 되어 있지 않음으로써 실효성이 떨어진다는 비판에 직면해 있었다.

○ **'신뢰리더십 및 정부공개법'**(Honest Leadership and Open Government Act)

미국은 2007년 '로비활동 공개법'에 대해 그동안 제기되었던 비판들을 반영하는 별도의 법 '신뢰리더십 및 정부공개법'(Honest Leadership and Open Government Act)을 제정하였다. 미국의 '신뢰리더십 및 정부공개법'은 기본적으로 1995년 로비공개법의 취약성을 보완하기 위한 개정 입법으로서의 성격을 갖는다. 로비활동과 관련하여 공개 요건을 크게 강화하고, 로비활동과 연계된 금품 지원 내역 등을 보다 철저하게 공개하도록 하는 규정을 두고 있다. 로비활동과 연계되어 있는 정치기부금－후보자에 대한 후원금이나 관련 정치후원회 등에 제공되는－내역을 반기별로 보고하도록 의무화하고 있다. 또한 로비활동의 대상이 되는 의회 및 행정부 공직자와 연계되어서 행해지는 일체의 행사에 대하여 찬조하는 등의 기부활동도 반드시 보고하도록 하고 있다. 이 경우에 의회 의원이나 공직자들에 적용되는 선물 및 여행 등에 관한 규정에 위배되지 않아야 하는 것은 물론이다.

로비활동에 대한 보다 철저하고 전면적인 공개를 위해서 미국의 '신뢰리더십 및 정부공개법'은 다음과 같은 내용을 가지고 있다.

첫째, 보고된 로비활동의 기록·유지 및 공개 사무를 관장하고 있는 상하원 사무총장(하원의 clerk, 상원의 secretary)은 기록의 디지털화와 인터넷상의 공개가 이루어질 수 있도록 필요한 조치를 취해 나가도록 하였고, 보고된 내용의 정확성을 심사하도록 하였다. 전자문서로 로비스트들로부터 활동 보고를 받아 이를 전자 매체에 저장하도록 하였다, 디지털화된 데이터베이스를 인터넷상에서 일반 공중들이 쉽게 검색·획득할 수 있도록 하기 위한 것이다.[48]

둘째, 로비공개법 상의 이행의무 조항을 알고도 고의로 불이행하는 범법에 대해 부과되는 범칙금을 5만 달러에서 20만 달러로 대폭 늘렸으며, 알면서도 부정·부패 방식으로 이행을 가장한 범법자에 대해서는 5년 이하의 형사처벌이 내려지도록 하였다.[49]

셋째, 연방회계청(Government Accountability Office)으로 하여금 로비스트들이 로비활동 공개법에 따라 로비 비용 등을 제대로 보고했는지 매년 회계 감사하도록 하였다.

넷째, 로비스트들이 상하 양원의 선물 및 공짜 여행 등 향응 제공 금지 규칙을 제대로 이행하고 있는지 정밀심사하도록 하였다. 이 경우에 의회 의원이나 공직자들에 적용되는 선물 및 여행 등에 관한 규정에 위배되지 않아야 하는 것은 물론이다.

다섯째, 2007년 법개정 이후, 등록 및 보고 의무를 지고 있는 로비스트는 로비활동과 연계되어 있는 정치기부금–후보자에 대한 후원금이나 관련 정치후원회 등에 제공되는–내역을 반기별로 보고하도록 의무화하였다. 또한 로비활동의 대상이 되는 의회 및 행정부 공직자와 연계되어서 행해지는 일체의 행사에 대하여 찬조하는 등의 기부활동을 보고하도록 하고 있다. 5천 달러 이상을 기부하면서 로비활동에 적극적으로 나서고 있는 업계 단체나 협의체 등의 활동이 제대로 공개되고 있는지 심사한다. 또한 연방선거관리위원회(Federal Election Committee)는 로비스트들이 반기 단위로 15,000달러 이상의 정치자금을 선거에 나선 상·하 의원이나 대통령 후보들에 기부한 경우 이를 반드시 공개하도록 하였다. 로비스트들이 대통령 기념도서관이나 취임준비위원회, 의원 명의의 기념사업회 등에 금품을 기부하는 활동을 했을 때 이를 상하 양원 사무총장실에 반드시 보고·공개하도록 하였다,

6) 중강도 규제접근법 사례: 캐나다 '로비활동법'(Lobbying Act)

캐나다에서 로비활동에 대한 관련 법규는 온타리오(Ontario)나 퀘백(Quebec)주 등 주정부 차원에서 로비스트를 등록하게 한 법이 제정된 것이었다. 고무, 광물 등 천연자원 관련 이권의 규모가 매우 컸고, 지역 개발을 서두르고 있는 지역의 경제개발과 관련하여 기업들의 지방정부에 대한 영향력 행사 기도가 경쟁적으로 일어났기 때문에 지방정부 차원에서 로비스트를 등록하도록 하는 제도가 처음 도입되었다. 연방정부 차원에서 로비활동이 문제가 되고, 연방 차원의 로비법규가 처음 만들어진 것은 1989년 연방 '로비스트등록법'(Lobbyist Registration Act)이다. 연방정부의 정책결정과정을 투명하게 공개한다는 입법 취지를 갖는 것이었다. 캐나다에서는 1980년대 정가와 일반 공중의 뜨거운 논란을 거치면서 1989년 로비스트 등록법 (Lobbyists Registration Act)이 제정된 이후, 1995년 로비활동 규제의 실효성을 높이기 위한 법개정이 처음 이루어졌다. 1989년 로비스트 등록법은 실효성을 둘러싸고 정치권 내에서 뿐 아니라 언론과 시민 사회에서 많은 비판이 뒤따랐다. 미국 로비활동 공개법이 제정되기 이전 단계에서 법적용 대상이 되는 로비활동 개념의 명료성이 떨어졌고, 법적용 대상 공직자의 범위나 면제 대상이 되는 대정부활동 등이 특정화되어 있지 않았

기 때문이었다. 이후 2003년과 2008년 두 차례의 로비관련 제도의 개혁을 반영하는 법 개정이 이루어졌다. 2008년 법개정에서는 로비법 명칭이 '로비스트 등록'법에서 '로비활동법'(Lobbying Act)으로 바뀌게 되었다.

○ 영향력 행사 개념으로부터 공직자와의 커뮤니케이션 개념으로

1989년 첫 캐나다 로비스트 등록법은 로비활동을 정부 공직자에 대한 영향력 행사활동이라는 관점에서 규정하고 있었으나 2003년 이후의 캐나다 로비활동법은 지정된 정부기관 공직자와의 커뮤니케이션 활동으로 규정하고 있다. 로비활동을 청탁이나 압력 행사 활동으로 보기보다는 정부공직자들에 대한 정보제공 활동으로 보는 관점의 전환이 이루어진 것이다. 캐나다 로비활동법은 정부기관을 상대로 커뮤니케이션 활동을 하는 자들 가운데 일정 요건과 기준을 충족하는 자는 로비활동 감독청(Office of the Commissioner of Lobbying)에 등록하고, 주요 활동 내역을 매월 보고하도록 하고 있다.

○ 등록 및 보고 의무를 갖는 로비스트

캐나다의 로비스트는 크게 두 유형으로 나누어진다. 하나는 제3자의 이익을 위해 대가를 받고 로비활동을 대행해주는 전문 로비스트들이고, 다른 하나는 회사나 단체에 소속되어 고용주의 이익을 대변해 주는 로비스트들이다. 캐나다 로비법은 전자의 유형을 컨설턴트 로비스트(consultant lobbyist), 후자 유형을 사내로비스트(in-house lobbyist)로 명명하고 있다. 등록 의무를 갖는 컨설턴트 로비스트에 대해서는 미국의 경우처럼 동록의무가 발생하는 기준치(시간, 보수 금액, 로비활동 비용)가 명확하게 설정되어 있지 않다. 사내로비스트는 소속 조직체의 피고용자로서 의무적으로 수행해야 하는 업무 시간의 20% 이상을 대관접촉 활동에 투입하는 경우에 로비스트로 등록해야 한다. 20% 계산에는 접촉활동 시간뿐 아니라, 접촉 이전 단계의 정책사안에 대한 연구조사 활동, 문서작성, 계획수립, 절차이행, 여행 등에 소요되는 시간을 포함한다. 예컨대 공직자와 1시간 접촉활동을 위해 7시간의 사전 조사연구와 두 시간의 이동 여행 시간이 소요되었다면 10시간의 로비활동 시간을 쓴 것으로 계산된다.[50]

○ 보고가 필요한 로비접촉 대상 공직자(public office holders)

캐나다 총독(The Governor General of Canada)과 부총독, 국방부를 포함한 육해공군의 장차관과 참모장, 부참모장 등[51], 상하양원 의원, 재정경제부(Comptroller General of Canada) 등 주요 내각의 장관과 부장관, 정부조직법(Public Service Employment Act)에 근거하여 공직위원회(Public Service Commission)로부터 임명되는 정부 기관의 장관 이하 임명직으로 임명되는 고위직의 주요 직책이 포함된다.

○ 로비 활동내용 공개와 보고

제3자를 대변하는 컨설턴트 로비스트(consultant lobbyists)나 로비회사 및 로비조직체는 사전등록 시 보고된 접촉 대상 공직자와의 쟁점 사안에 대한 구두 커뮤니케이션(면대면의 접촉뿐 아니라, 전화통화, 화상통화 등의 내용 포함) 내용을 보고해야 한다. 커뮤니케이션 방식은 구두, 문서, 그래스루츠 등 세 유형 범주에 체크하도록 되어 있다. 문서로 주고받는 커뮤니케이션 내용은 보고할 필요가 없으나, 구두와 그래스루츠 방식에 대해서는 보고

해야 한다. 문서커뮤니케이션이 포함되지 않은 이유는 문서로 주고받는 내용은 캐나다 정보공개법(Access to Information Act)으로 접근이 가능하기 때문이다.[52]

미국과 캐나다는 등록자의 보고 의무의 내용이 다르다. 양국 법은 공직자와의 커뮤니케이션 내용을 자세하게 기술하도록 하고 있지는 않다는 점에서는 같지만, 구체적인 보고 의무 조항의 내용 차이는 있다. 캐나다의 경우는 로비스트 보고 내용에는 의뢰 고객의 이름과 업무상의 관계, 주소 등을 공개해야 한다. 로비 대행을 의뢰한 고객이 직전 회계연도에 그 정부기관으로부터 무상으로 받은 재정지원금(government grants) 내역을 공개해야 한다. 미국의 로비공개법이 로비활동의 대상이 되는 특정의 구체적인 쟁점 사안과 접촉 대상이 되었던 부서, 개별 공직자를 밝히지 않도록 되어 있어 실효성이 떨어진다는 비판에 직면해 오고 있는 점과는 차이가 있다.

캐나다 로비활동 공개법 상에서 로비스트가 매월(monthly report) 보고해야 하는 내용에는 접촉 대상 공직자의 성명과 직책, 해당공직자를 고용하고 있는 정부 기관의 명칭, 토의된 사안(법안의 내용, 결의안, 규제사안, 정책 프로그램의 개괄적 내용) 등이다. 보고 의무가 있는 컨설턴트 로비스트의 경우에는 자신의 성명을 포함하도록 되어 있지만, 보고 의무가 스스로의 이익을 위해 로비활동을 행하는 조직체인 경우에는 로비스트의 실명을 공개하지 않아도 된다. 회사에 소속되어 있는 사내로비스트는 공직자와의 커뮤니케이션 내용을 공개하지 않아도 된다.

미국과 캐나다 로비법 상에서 등록로비스트가 보고해야 하는 내용은 대체로 동일하다. 캐나다의 경우에는 로비스트가 접촉 대상 정부기관과 접촉 시에 활용한 커뮤니케이션 기법을 체크하도록 되어 있고, 이 과정에서 유권자 그룹이나 대중 매체를 동원하는 그래스루츠 커뮤니케이션 방식을 활용했다면 캐나다는 이를 보고 내용에 포함시키도록 하고 있다는 점에서 차이가 있다. 미국과 캐나다의 로비법은 의회 청문회 절차, 재량권 남용을 막기 위해 이미 정립되어 있는 규정에 따라 진행되는 행정절차 상의 관여, 정부기관의 요청에 따라 여기에 응하는 방식의 대관 커뮤니케이션 활동은 보고 의무를 갖지 않는 것으로 면제되어 있다는 점이 공통점이다.

7) 저강도 규제접근법 사례: 영국의 로비법

영국에서는 유럽의 다른 국가들과는 다르게 개별 기업 단위의 정치적 활동이 두드러지게 나타나고 있다. 영국 대기업들은 자체적으로 기업 내 편성된 로비 전담부서를 통해서든지 혹은 외부의 전업 로비스트(professional political consultants)에 의뢰하는 방식으로 로비활동을 펴나가고 있다. 한 조사에 의하면 영국 기업들은 업계 단체나 CBI를 통해서보다는 독자적으로 직접 정부 기관을 상대로 로비활동을 전개한다.[53] 특히 영국의 대기업들은 유력 전직 의원이나 고위 퇴직 공직자를 고용한 전업로비회사의 대행 서비스를 구매하거나 이들을 사내 로비스트로 직접 고용하기도 한다. 이들이 의회나 정부기관을 상대로 로비활동을 수행하는 과정에서 드러난 회전문 현상의 폐해, 은밀하게 이루어지는 과도한 영향력 행사 문제가 미디어와 일반 공중의 관심을 끌어왔다.

영국 로비법 제정을 둘러싼 상하원 논의 과정에서 보수–노동 양당이 찬반 격론이 이어지면서 절충점을 찾은 쟁점은 다음 몇 가지이다.[54]

첫째, 로비활동의 권리를 최대한 보장되어야 한다. 새로운 로비법이 시민의 참정 권리를 제한하는 것이어서는 안 된다.

둘째, 영국에서 이미 작동하고 있는 법규나 제도로 누가 공직자와 접촉하여 영향력을 행사하는지 알 수 있는 것은 법적용 대상에서 배제한다. 새로운 로비법은 기존 제도적 장치로 걸러지지 않고 있는 로비활동에 국한하여 적용한다.

셋째, 의회 의원을 접촉하는 활동은 등록 및 공개 의무를 가진 로비활동의 범주에서 배제한다.

넷째, 전업 로비스트들에 한하여 등록 의무를 부과하고, 활동 공개 내용도 최소화한다.

다섯째, 로비규제 기관 신설과 운영에 필요한 비용은 등록 의무를 진 기업과 업계 단체가 납부하는 재원으로 운영한다. 기관 유지의 행정 비용 절감을 위해 등록 요건을 강화하거나 이행 여부에 대한 면밀한 감독체계는 따로 두지 않는다.

○ 법적용 대상의 최소화: 로비활동 및 로비스트 개념 정의

영국 로비법(The Transparency of Lobbying, Non−party Campaigning, and Trade Union Administration Act 2014: 이하 '영국 로비법')은 미국이나 캐나다와 달리 등록과 활동 공개의무를 지는 로비스트의 범주가 매우 제한적으로 규정되어 있다. 영국 의회의 로비법 제정 과정에서 찬성론자와 반대론자들 사이에 가장 첨예하게 대립한 쟁점은 등록 의무를 가진 법적용 대상의 로비스트 범주 문제였다[55] 영국 로비법은 법적용의 대상이 되는 집단을 매우 한정적인 범위로만 규정하고 있다. 영국에서는 1980년 이후 줄곧 금전적 대가를 지불받는 조건으로 로비활동을 대행하는 상업목적의 전문 로비스트와 로비회사(professional lobbyists or consultant)들의 영향력 행사가 문제가 되어 왔다.[56] 오랜 정치적 논란 끝에 탄생한 영국 로비법은 로비활동의 대가로 금전적 대가를 지불 받고 로비활동을 지원하거나 대행해주는 상업 목적의 전문 로비스트 즉, 유상 컨설턴트 로비스트(Consultant Lobbyist)'만을 법적용 대상으로 규정하고 있다. 영국 로비법 명칭에 '노조 등 정당 외 단체의 선거캠페인'이 추가된 것은 로비활동을 기본적으로 이익조직에 의한 영향력 거래(trading in influences)라는 관점에서 규정하고 있기 때문이다. 영국 로비법은 업계 단체 등의 정치적 영향력 행사 활동의 '선거 전 제한'(pre−election restriction)을 법제화한 것으로도 볼 수 있다.[57] 영국 로비법은 로비활동을 노조 및 업계 단체 등 비정당 이익 조직에 의해 이루어지는 선거기간이 아닌 평상시의 '이익집단정치' 활동으로 보아 이를 동일법 체계로 통합한 것이었다.

영국 로비법에서 등록 의무를 지닌 로비스트의 규정 방식도 흥미롭다. 로비스트들이 등록 의무를 진다는 식의 적극적 규정 방식이 아니라, 등록하지 않은 자는 유상 자문로비활동을 수행하지 못한다는 식으로 소극적으로 규정되어 있다. 의회 내 '컨설턴트 로비스트 등록처(Register of Consultant Lobbyist)'에 등록되어 있지 않은 자는 금전을 받는 대가로 자문로비스트로 활동할 수 없다는 방식이다.

로비스트의 등록 요건도 명료하게 구체적으로 밝히고 있지 않다. 예컨대 미국의 경우처럼 로비활동 투입 시간, 의뢰 고객으로부터 받은 금전적 대가, 로비 활동비용 면에서 일정 기준 이상이면 등록 의무를 진다는 식으로 로비스트 등록 기준 등이 명료하게 특정화하고 있지 않다. 캐나다 경우와 같은 '최소한의 시간상의 20% 기준치'도 없다.

기업 소속의 대관업무 종사자인 사내로비스트(in−house lobbyist)나 노조, 업계 단체, NGO 단체 소속으로서 로비활동을 수행하는 인사는 등록하지 않고서도 로비활동을 수행할 수 있다. 기업이나 업계 단체, 공익단체들을 대표하여 로비활동을 수행하는 인사들은 등록 의무를 지는 '컨설턴트 로비스트'의 범주에 포함되지 않는다.[58] 로비접촉 대상 공직자들인 장관 등 최고위급 정책결정자들은 직접적인 이해당사자들과의 간담회를 갖는 경우 누가 참여했는지에 대해 공개하는 별도의 규정이 이미 존재하기 때문이라는 이유이다.[59] 예컨대 기업을 대표하는 인사가 '장관과의 간담회'(Ministering Meeting)에 참여했다면 간담회 기록에 의해 어느 기업이 장관과 접촉했는지 공개되기 때문에 다시 공개할 필요가 없다는 것이다. 하지만 제3자의 이익을 대변하는 전문적인 로비 서비스를 대행하는 '컨설턴트 로비스트'의 경우는 의뢰 고객이 누구인지 알 수 없기 때문에 이를 공개하도록 하는 새로운 제도적 장치가 필요하다고 본 것이다. 2014년 영국 로비법 적용 대상에는 기업의 사내 로비스트는 빠져 있다. 회사 소속의 사내 로비스트(in–house lobbyist)는 주요 기업들에 유상 로비 대행서비스를 제공하는 '컨설턴트 로비스트'로 볼 수 없다는 이유에서이다.

누구의 영향력이 행사되고 있는지를 알 수 있게 해주는 제도적 장치가 이미 작동하고 있는 경우에는 새로운 로비법 적용 대상이 아니라는 입법 취지가 반영된 것이다. 법이나 경영 관련 전문적 자문 서비스를 제공해주는 컨설턴트들도 로비스트로서 등록하지 않아도 된다. 상업 목적의 자문 로비활동인지의 여부는 부가가치세법(The Value Added Tax Act)의 적용을 받는지의 여부가 관건이 된다. 사업자로 등록되어 있고, 활동과 관련된 수입에 대하여 세금 부과 대상인지의 여부가 실질적인 기준이 되는 것이다. 세금납부 실적으로 확인되는 로비대행 서비스 수입금이 일정 기준 이하인 경우에는 컨설턴트 로비스트로 등록하지 않아도 된다. 기업이나 단체의 외부에서 상업 목적의 로비대행 서비스를 제공하는 로비스트들에게만 등록 의무를 지우고, 그것도 일정 수입 이상의 기준을 적용시키고 있기 때문에 실제 정부 공직자들을 대상으로 접촉 활동을 행하는 사실상 로비스트들의 1% 정도만이 자문로비스트로 등록하고 있어서 법집행의 실효성이 떨어진다는 조사결과가 발표되기도 하였다.[60]

○ 접촉 대상 공직자(lobbying target)의 범주

영국 로비법은 등록 의무를 지는 로비스트의 로비 대상 집단의 범주를 중앙행정기관의 최고위급 공직자들만을 로비접촉 대상자로서 한정하고 있다. 내각을 구성하고 있는 각 부처의 장관들(Ministers), 고위 전문직 관료(Permanent Secretaries), 특별 정책자문관(special advisers) 등으로 한정되어 있다. 결과적으로 로비대행 서비스를 제공하는 자문로비스트가 이들 최고위 공직자들과 접촉하려는 경우에만 사전등록 의무를 지게 된다. 로비스트들이 일상적으로 로비활동을 위하여 실제 접촉 대상으로 삼고 있는 많은 정부 공직자들이 배제되어 있음을 알 수 있다. 기업이나 이익집단을 대변하는 로비스트들이 일상적으로 접촉 대상으로 삼고 있는 지방정부의 고위 행정관료 (local councillors), 규제기관의 참모진, 공공서비스 조달을 대행하는 민영회사 관계자들도 제외되어 있다.

상하원 의원들 자신들과의 접촉 활동은 등록 및 보고 의무를 가진 로비활동의 범위에 들지 않는다.[61] 의원들이 로비스트들의 주요한 접촉 대상이었고, 그들의 석연치 않은 금품 대가의 의정활동이 로비스캔들의 가장 큰 이슈가 되었음에도 불구하고 실제 법제화 과정에서 의원들이 빠져 있다는 점에 대해서 시민단체들이 많은 비판을 제기하고 있다. 의사결정과정에서의 마지막 단계에서 제한된 역할만을 맡는 한정된 범위의 최고위 공무원 집단과의 접촉만이 법적용이 되는 것이기 때문이다.

영국 로비법은 '컨설턴트 로비스트들'만을 상대로 등록을 법제화하고 있고, 로비 대상 공직자의 범주도 정부를 대표하는 지위의 최고위 공직자로 최소화하고 있다. 뿐만 아니라 공개하도록 한 정보도 최소한으로만 공개하도록 규정하고 있다. 로비회사 소속 로비스트인 경우는 그 개인의 성명과 함께 소속 회사명, 회사의 대표, 사업자 번호, 등록 소재지 주소, 의뢰인 성명, 기업 등이 의뢰 고객인 경우 대표자 이름만 공개하면 된다. 파트너 지위의 로비스트나 개인로비스트는 로비스트 이름, 사업자 번호, 등록소재지 주소만을 기입하면 된다. 정책 사안이나 관련 법안 등을 특정화하여 밝히지 않아도 되며, 어떠한 내용의 커뮤니케이션이 이루어졌는지 공개하지 않아도 된다. 얼마를 대가로 받는지 로비와 관련된 일체의 금전 정보를 사전에 공개할 필요는 없다. 다만 대가에 부과된 세금 납부액이 얼마인가만 사후에 확인하여 일정 기준 이상인데도 등록하지 않았으면 문제를 삼는다. 이 경우에도 당사자에게 통보한 후 일정 기간 동안 사후 등록할 수 있도록 하는 기회를 제공한다.

○ 로비스트 등록처 운영

2014년 영국 로비법에는 컨설턴트 로비스트의 등록을 받아 명부를 작성하고, 이를 분기별로 업데이트하도록 규정하고 있다. 등록 및 정보 보고 업데이트 대상자의 이행 여부를 모니터링하는 '영국 컨설턴트 로비스트 등록처'(Office of Registrar of Consultant Lobbyists)는 의회나 정부 기관으로 설치하지 않고, 독립 기관으로 운영하도록 하고 있다. 운영 재원 역시 로비스트들이 등록 시에 내는 950파운드(£)의 등록비(registration fee)를 모아서 충당하도록 되어있다. 초기 로비스트 등록처 신설을 앞두고, 기관운영비로 추산된 액수가 50만 파운드(£) 정도 수준이었고, 등록 시 수수료는 200–450파운드(£) 정도의 범위로 책정하였다. 대략 최대 1,000명 정도의 자문로비스트들이 등록할 것으로 추산된 것임을 알 수 있다. 2012년 법제화 추진 당시 영국에는 1,000여 명 정도의 전문로비스트들이 100여 개의 전문 로비회사(일부 홍보회사 포함)에 소속된 것으로 알려졌다.[62] 2018년 현재 영국의 자문로비스트 등록처 웹사이트 상에는 140여 로비회사 위주의 등록 명부와 1,400여 의뢰 고객 회사의 명단 및 간단한 프로필이 공개되어 있다. 개인 로비스트는 소수이며, 등록한 대부분은 로비회사 단위로 등록된 것이 공개되어 있다.

4. 한국형 로비법제화 모델 정립

공공정책결정과정의 공개, 그리고 공공정책결정과정에 개입되어 있는 공직자들의 책임성 제고는 민주정치의 이상을 구현하기 위한 기본 원리이다. 정부 정책 및 정책결정과정의 완결성은 정책결정과정의 투명성 및 공직자의 책임성 확보를 위한 제도적 장치들이 견고하게 수립되어 있기 때문에 가능하다.

로비활동 규제는 로비활동의 투명한 공개를 선행조건으로 한다. 로비활동의 '규제'는 로비활동을 양성화하되 로비스트에게 등록 및 보고의 의무를 부과하는 '법제화'를 통해 부작용이나 사회적 폐단이 최소화되도록 하자는 것이다. 로비법제화는 로비활동을 행하는 자가 정부 공직자를 상대로 영향력을 행사하려 할 때 의무적으로 준수해야 하는 규칙체계의 수립을 의미한다. 로비법제화는 공공정책결정과정의 투명한 공개를 위한 것이다. 공공정책결정과정에 대한 영향력 행사는 첫째, 그 결정이 얼마나 많은 이해관계자의 관심과 참여 하에서 내려지고 있는가 하는 문제, 둘째, 그 결정과정이 얼마나 투명하고 공개적인 방식으로 이루어지고 있는가 하는 문제, 셋째, 공공정책결정자들이 사익의 경쟁적 영향력 행사가 이루어지는 가운데에서도 얼마나 공익과 국익에 충실한 결정을 내릴 수 있느냐 하는 문제와 연계된다.

로비규제법은 부정부패 근절이 목표가 아니며, 부패방지는 로비활동 공개로 얻어질 수 있는 부수적인 효과일 뿐이다. 대부분의 선진국들은 부패 문제를 다루어나가는 정교하게 발달한 제도를 이미 두고 있다. 한국의 '김영란법'은 부패 문제에 관한 한 정교한 또 하나의 제도적 장치가 마련되었다는 의미를 갖는다. 로비활동 규제의 기본 취지는 제안된 정책의 배후에 작용하는 이익들에 대한 공공의 경각심, 그리고 로비스트와 정책결정자 간의 연계성을, 그리고 정치체제의 작동과정과 그 안에서 활동하는 행위자들이 어떻게 움직이는지를 일반 공중들이 알 수 있도록 하는 것이다. 정책결정과정을 면밀한 공공의 감시체제 하에 놓이게 하자는 것이 로비법제화의 가장 중요한 취지이다. 한국에서 로비법제화는 기업 등 이익집단과 정부기관 공직자들 간의 교호작용에 대한 투명한 공개를 통해 국민의 알 권리를 충족시키는 한편, 다양한 이해관계자들의 투입 원활화로 정부 정책의 품질 제고에 기여할 수 있도록 정교한 제도의 디자인이 필요하다.

1) 현행 대정부 활동 관련 법률

우리나라 헌법은 국민의 참정권을 폭넓게 인정하고 있다. 선거에의 참여가 아니라 하더라도 평상시 정부의 의사결정 과정에 참여할 수 있는 폭넓은 기회가 제도적으로 보장되어 있다. 또한 우리 헌법은 미국에서처럼 청원권을 시민적 기본권으로 인정하고 있다. 의사결정 과정에서 뿐 아니라, 정부의 결정과 처분에 대해서 불이익에 따른 어려움을 호소하고, 이를 변경해 주도록 의견을 제시할 수 있는 기회가 현행법 체계 하에서도 여러 유형으로 존재한다. 국회법이나 행정절차법 등은 정부의 정책결정 및 집행과정에 참여할 수 있는 제도적 절차와 기회를 규정하고 있다. 하지만 대정부 활동을 규율하는 현행법규는 첫째, 활동 범위와 유형을 매우 제한하고 있다는 점, 둘째, 이해당사자가 직접 참여하여 행하는 활동만을 합법화하고 있다는 점, 셋째, 규제의 초점이 정부공직자와의 직접 접촉에 맞추어져 있다는 점, 넷째, 최근에 개발되어 폭넓게 활용되기 시작한 간접 로비활동에 대해서는 전혀 관련 규정이 없다는 점 등의 한계를 가진다.

국회의 입법과정에서, 또한 정부의 정책결정과정에서 영향력을 행사하는 활동과 관련해서 적용될 수 있는 현행 실정법규로는 다음과 같은 것들이 있다.

• **헌법**

우리나라 헌법은 국민의 참정권을 기본권으로 보장하고 있다. "모든 국민은 국가기관에 문서로 청원할 권리를 가진다"고 선언하고 있으며, "국가는 청원에 대하여 심사할 의무를 진다"라고 규정하고 있다(제28조).

• **청원법**

헌법에 규정된 청원권을 구체화하기 위한 법이 청원법이다. 청원법은 청원 사항과 청원 방법 등을 명시하고 있다. 청원 사항으로는 '피해의 구제'나 '법률·명령·규칙의 제정·개정·폐지' '공공의 제도 또는 시설의 운영' 등 매우 포괄적으로 규정하고 있다. 현실적으로 정부의 정책이 법규에 근거를 두고 있다는 점을 감안하면, 사실상 국정 대부분의 정책 사안을 대상으로 청원권이 행사될 수 있다(제4조, 6조, 11조, 12조).

• **국회법**

국회법 역시 국회에 대하여 청원할 수 있는 근거를 별도로 규정하고 있다. 국회법은 또한 입법과정이나 정책사안 심의조사과정에서 이해관계자나 학식·경험이 있는 자로부터 의견을 청취하는 공청회를 개최할 수 있다. 또한 국회법은 중요한 안건심사에 필요한 경우 청문회를 개최할 수 있도록 규정하고 있다(제4조, 65조, 123조).

• **행정절차법**

행정절차법은 행정기관의 처분과 결정을 앞두고, 이해당사자나 전문가, 각계각층 인사들로부터 의견을 청취할 수 있으며, 다른 법령에 별도의 근거 규정을 두고 있거나, 관청에서 필요다고 판단하는 경우에는 공청회나 청문회를 개최하도록 규정하고 있다. 특히 행정청의 처분을 이해 당사자에게 의무가 부과되거나 권익이 제한되는 경우에는 당사자에게 의견 제출의 기회를 주어야 한다고 규정하고 있다(제22조, 27조, 28조, 30조, 38조, 39조).

• **변호사법**

우리나라의 변호사법은 이해당사자의 법적 대리행위와 일반 법률사무를 행할 수 있는 자를 변호사로 한정하고 있다. 이해당사자가 직접 공무원을 접촉하는 것은 무관하나, 제3자가 공무원이 취급하는 사건 또는 사무에 관하여 청탁 또는 알선을 한다는 명목으로 대가를 받거나 받을 것을 약속한 자 또는 이를 연결시켜 주는 자까지 변호사법에 의해 처벌받을 수 있다(제3조, 109조, 110조, 111조, 114조).

• **형법**

형법은 이해당사자가 공무원에게 직무와 관련된 청탁을 하면서 뇌물을 주거나 약속한 경우에는 해당 공무원과 청탁자, 청탁 중재인 모두를 처벌하도록 규정하고 있다(제129–134조).

• **공직자윤리법**

우리나라 공직자윤리법은 공무원의 직무상의 이해충돌 방지와 퇴직 후 재취업에 제한을 두는 규정을 두고 있다. 이 규정은 공무원이 퇴직 후 자신이 재직 당시 취급한 직무와 관련된 사기업에 취업함으로써 그 기업의 사실상의 로비스트로 취업하는 것을 제한하기 위한 규정이다. 공직자가 퇴직 후 직무 관련 사기업에 재취직하여 직무수행 중에 얻은 전문 지식과 재직 시 형성해 둔 인맥들을 활용하여 사기업을 위해 로비활동을 행하는 것을 '회전문 현상'(Revolving Door Phenomenon)이라 부른다(제2조, 17-19조).

• **정치자금법**

개인이나 기업, 단체는 정당과 정치인을 후원하기 위하여 합법적으로 정치자금을 제공할 수 있다. 정치자금의 제공은 후원회를 통해서만 할 수 있다. 후원회를 만들 수 있는 자는 정당의 중앙당, 국회의원, 대통령 선거 당내경선후보자가 되고자 하는 예비후보자, 지역구 국회의원선거 후보자 및 예비후보자, 정당의 중앙당 대표의 당내 경선후보자 등이다. 기업은 후원회의 회원이 될 수 없다. 국내외 법인 또는 단체는 정치자금을 기부할 수 없게 되어 있고, 후원회 회원은 개인들로만 구성될 수 있기 때문이다. 회사나 단체의 대표나 임직원이 개인 자격으로 후원회에 가입하여 정치자금을 제공할 수 있다. 개인은 둘 이상의 후원회에 중복 가입할 수 있지만, 연간 2천만 원 이상을 후원금으로 지출할 수 없다. 후원회가 연간 모금할 수 있는 최대 한도액은 정당 후원회(50억), 국회의원, 당대표경선후보자 후원회(1억 5천) 등 경우에 따라 차이가 있다(제5조).

• **부패방지법**

현행 부패방지법은 공직자의 직무수행 과정에서 나타날 수 있는 부패부조리 행위 가능성을 규율하는 가장 포괄적인 법규라 할 수 있다. 부패방지법은 공직자들의 업무와 관련된 부패행위를 '공직자가 직무와 관련하여 그 지위 또는 권한을 남용하거나 법령을 위반하여 자기 또는 제3자의 이익을 도모하는 행위'로 규정함으로써 기업이나 업계 단체의 로비활동에 뒤따르는 부정부패를 규율하는 법규범으로 기능할 수 있도록 되어 있다(제2조, 4조, 8조, 45조, 46조).

• **국회의원 윤리실천규범**

국회의원들은 법률안이나 기타 의안과 관련하여 이해당사자로부터 직간접으로 이익을 취득해서는 안 된다. 그러나 이러한 금지규정은 법적 강제력이 약한 윤리강령 형식으로 되어 있다(제5–7조).

• **공무원의 청렴 유지 등을 위한 행동강령**

공무원은 직무와 관련하여, 금품을 수수하거나 청탁·알선 등을 할 수 없다. 이와 같은 금지 규정과 관련해서 형법에 처벌 규정이 나와 있지만, 공직자윤리법에는 명문화되어 있지는 않다. 직무와 관련된 포괄적 청렴의무 규정은 일종의 윤리적 행동강령 형식으로 존재한다. 공직자윤리법은 주로 공무원의 재산등록과 퇴직 후 취업제한에 관한 사항이 규정되어 있다(제6조).

• **'김영란법'(부정청탁 및 금품 등 수수의 금지에 관한 법률)**

2012년 김영란 당시 국민권익위원회 위원장이 공직사회의 윤리규범을 강화하기 위하여 법제정을 발의한 후, 오랜 기간 논란이 거듭되었다. 2015

년 3월 27일 제정, 2016년 9월 28일부터 시행에 들어간 법으로 정부기관 등 공직자들의 금품수수 금지, 부정청탁 금지 등을 좀 더 구체적으로 규정하고 있다. '김영란법'에 따르면 금품과 향응을 받은 공직자뿐만 아니라 부정청탁을 한 사람에게도 과태료가 부과되는 등의 처벌이 뒤따른다. 또한 공직자는 배우자가 금품을 받은 사실을 알면 즉시 신고해야 하며, 신고 의무를 어기면 형사처벌 또는 과태료 처분을 받게 된다.

이 법은 정부기관 공직자의 윤리규범 강화를 위한 목적으로 제안된 것이었으나, 입법 과정에서 적용대상이 언론인과 사립학교 교직원 등에까지 확대되었다. 법적용 대상자들이 직무 관련성이나 대가성에 상관없이 1회 100만 원(연간 300만 원)을 초과하는 금품을 수수하면 형사처벌(3년 이하의 징역 또는 3,000만 원 이하의 벌금)을 받도록 규정되고 있다. 이 법은 중앙행정기관 42곳, 국회(국회의원 포함), 법원, 헌법재판소, 감사원, 선관위, 인권위 등 6곳, 광역·기초 지방자치단체와 시도 교육청 260곳, 공직 유관단체 982곳과 기타 공공기관 321곳을 포함하고 있다. 이 법에 대해서는 대한변호사협회 등이 헌법상의 기본권을 침해한다는 이유를 들어 헌법소원심판을 제기했으나, 헌법재판소는 최종적으로 합헌 결정을 내렸다.

2) 현행 대관업무활동(로비활동) 관련 법규의 문제점

로비활동을 뜻하는 대정부 의사표현 활동(커뮤니케이션활동)에 관한 법으로 청원법, 행정절차법 등이 있지만, 대정부 활동을 규율하는 포괄적 법 규정으로는 한계를 갖는다. 이들 법으로 현실적으로 진행되고 있는 개인이나 기업 업계 단체의 정부기관과의 대정부 커뮤니케이션 활동과 대정부 영향력 행사활동을 다 커버하기 어렵다.[63]

로비접촉의 한 당사자인 공직자의 부정부패 행위를 규제하는 법으로 형법, 공직자윤리법, 부정부패방지법 등이 있다. 그러나 로비접촉의 다른 한 당사자인 로비를 행하는 쪽에 이들 법규를 적용하는 데에는 한계를 갖는다. 또한 공직자 쪽을 규제하는 법률만으로 로비활동의 부작용이나 폐해가 감소되는 것은 아니다.

우리나라의 현행법 체계상의 가장 큰 문제점은 현실적으로 존재하는 로비활동의 실체를 인정하고 이를 규율할 수 있는 법규가 없다는 것이다. 따라서 제3자를 위해 금전적 보상 등을 받고, 대정부 영향력 행사 활동을 대리해주는 관행은 불법이 된다.

로비활동은 로비활동을 행하는 '대관업무수행자' – 이하에서는 의미전달을 용이하게 한다는 측면에서 그냥 로비스트로 칭함 – 와 영향력 행사를 받는 공직자와의 접촉에 의해 행해진다. 그러나 현행 우리의 법체계는 로비접촉의 한 당사자인 로비스트에 관한 법규가 없다. 특히 스스로 자신이 나서 로비스트로 활동하는 경우를 제외하고, 금전적 보상 등을 받고 의뢰인의 이익을 위해 대정부 활동을 수행하는 로비스트 역할은 변호사법에 의해 변호사만이 가능하게 되어있다. 이 점은 정부에 영향력을 행사할 수 있는 시민적 권리의 실현이 스스로 아니면 변호사 집단을 통해서만 가능하도록 하는 것이기 때문에 문제가 있다.

오늘날 우리 한국에서도 기업이나 업계 단체의 이익을 대변하는 로비스트의 활동이 사실상 광범위하게 이루어지고 있다. 이들의 활동은 현행법으로 전혀 규율되지 않은 채, 지하에서 음성적인 방법으로만 행해지고 있기 때문에 많은 부작용이 있다. 따라서 이해 직접 당사자가 아닌, 그러면서도 변호사나 법률회사가 아닌 일반 로비스트나 로비 전문회사 등과 같은 대리인에 의해서 이루어지는 대정부 활동을 규율할 수 있는 로비관련법 제정이 필요하다. 로비관련법 제정이 로비 활동을 양성화하고 합법화함으로써 특수 사익 간 로비경쟁만을 가속화시킬 것이라는 우려가 있다. 하지만 로비활동이 공개적인 방식으로 투명하게 이루어지도록 규율을 가하는 데 초점이 맞추어진 로비관련법 제정이 이루어진다면 이러한 우려 때문에 주저해서 생기는 부작용이나 폐해보다는 더 큰 사회적 편익을 가져올 수 있을 것이다. 로비관련법 제정이 이루어진다면, 최근 로비활동의 변화 추세를 반영하는 법 제정이 함께 이루어짐으로써 로비활동 합법화에 따른 사회적 폐해나 부작용을 최소화할 수 있을 것으로 기대된다.

3) 로비스트 활동에 초점이 맞추어진 법제정 필요성

로비 문제의 본질은 공직자와 로비스트 사이의 로비접촉에 있다. 로비관계법 제정 논의는 따라서 두 당사자의 접촉을 법적으로 인정해 줄 것이냐는 것이다. 특히 로비관계법은 두 당사자 중 로비스트에 초점이 맞추어진 법이다. 로비법 제정 문제의 본질은 로비스트를 합법적으로 인정할 것이냐의 여부가 될 것이다. 이는 곧 대가를 받고 타인의 이익을 위해 활동하는 상업적 로비스트의 존재를 법적으로 인정하는 것이 바람직하냐 하는 문제이다.

로비스트를 법적으로 인정한다는 것은 로비스트의 로비활동을 기본적으로는 인정하면서, 특정의 문제가 될 수 있는 행위에 대해서는 규제를 가한다는 것을 의미한다. 따라서 로비관계법 제정은 로비스트로서의 의무(예컨대 등록과 활동보고 등)를 부과하는 데 초점을 맞춰야 한다. 로비법 제정 찬성론자들은 로비현상이라는 것이 오늘날 민주정부 체제의 본질적인 한 구성 요소니 만큼, 로비활동 자체를 규제할 필요는 없고, 따라서 로비활동을 대행해주는 제3자의 존재도 인정하는 것이 당연하다고 주장한다. 우리나라에서는 이와 같은 관점을 배경으로 현실적으로 로비스트가 존재하고, 이들의 활동이 만연되어 있는 만큼, 법적으로 인정해 주어 양성화하는 것이 계속 음지에 놓아두는 것보다 낫다고 본다. 왜냐하면 로비활동에 뒤따르는 문제점은 로비가 음성적인 방식으로 '하는' 사람과 '받는' 사람 사이에서만 행해지는 데서 발생한다고 믿기 때문이다. 한국에서 대부분의 로비는 세상 사람들이 전혀 모르는 가운데 두 접촉 당사자만 아는 상태에서 진행된다. 그것이 로비스트의 성공작으로 끝났는지, 해당 공직자의 청렴성의 승리로 끝났는지 아무도 모른다. 그러다가 그중 일부가 문제가 생겨 두 접촉 당사자 이외 다른 사람들이 알게 됨으로써 이른바 '무슨무슨 사건' 하는 로비스캔들로 번진다. 찬성론자들은 이럴 바에야 차라리 로비활동을 양성화하여 투명하게 공개하는 것이 낫다고 주장한다. 로비법 제정을 찬성하는 것은 로비활동의 전면적 공개를 전제로 하는 것이다. 로비활동의 공개가 로비의 폐해를 최소화할 수 있다는 관점은 다음과 같은 논리에 토대를 두고 있다.

첫째, 로비활동의 공개로 정부의 작동과정에 대한 투명성이 보장될 수 있고, 이로써 공직의 책임성이 증대될 수 있다.

둘째, 로비활동의 공개를 강제함으로써, 적절치 못한 영향력 행사를 미리 하지 못하도록 예방하는 효과를 갖는다.

셋째, 로비활동이 공개됨으로써 상대의 활동을 알게 된, 다른 이해 당사자들이 동일한 기회를 가질 수 있고, 이로써 정책결정자들에게는 새로운 관점과 추가 정보가 공급될 수 있다.

실제 로비관련법이 제정된다면 우리나라에서는 다음과 같은 효과도 기대해 볼 수 있다.

첫째, 청탁형 로비나 압력형 로비보다는 전문 지식이나 정보제공, 논리나 명분 제공 위주의 활동 비중이 증대될 것이다.

둘째, 안면, 연줄 등 인맥 중심의 대정부 활동 비중이 크게 위축될 수 있다. 회의론자들은 로비 양성화로 우리 사회의 만연된 연고주의 풍토가 심화될 것이라고 보지만, 활동의 전모가 철저하게 공개만 된다면 오히려 노골적인 지연, 학연을 이용하는 로비활동은 더욱 조심스러워질 수 있다.

셋째, 로비스트 등록 및 로비활동 공개로 전직 고위관리 출신 등 명망가들의 대정부 로비 활동이 크게 위축될 것이다. 전직 고관들이 로비에 나서는 것은 전모가 드러나지 않을 것이라는 생각 때문일 것이기 때문에 공개가 이루어진다면 달라질 것이다.

로비법 제정과 관련해서는 입법 추진과정에서 공청회 등을 통하여 사회적 공감대를 형성하는 일이 관건이다. 2001년 추진된 로비관련법은 국회법사위에서 흐지부지된 적이 있다. 2002년 참여연대가 로비법 제정 필요성을 공론화하기 위해 개최한 찬반토론회에서는 반대여론이 우세하여 사회적 공감을 얻는 데 한계를 보였다. 하지만 현재 한국 사회의 분위기는 사뭇 다른 것으로 보인다. '갑질' 논란들, 부당한 영향력 행사의 스캔들이 거듭되면서 공정과 정의의 기치가 사람들의 공감을 크게 사고 있다. 인터넷과 SNS를 통해 불편부당한 영향력 행사 사례들이 속속 폭로되고 있다. 국회 내에서도 여야 의원들이 로비법 제정을 둘러싸고 진지하게 머리를 맞댄다면 법제정에 대한 정치적 합의를 쉽게 이룰 수도 있을 것이다.

여야를 초월하여 로비법 제정이 필요하다는 공감대가 형성되어 오랫동안 여야 일부 의원들이 법제정 추진을 위한 일종의 연구 모임을 결성하여 움직인 적도 있다. 2005–2006년 국회 안팎에서 로비관계법 제정 여부가 큰 쟁점이 되기도 했던 시기에 이루어진 일부 조사에 의하면 적지 않은 수의 여야 의원들이 찬성으로 기울고 있었다. 이 시기에는 전경련 등 재계에서도 크게 환영하는 뜻을 밝힌 바 있다. 2005–2006년에는 당시 국가청렴위원회가 나서 로비관련법 제정을 검토 추진한 바 있기도 했다. 시기상조론이나 부정적 입장을 개진한 사람들이 우려하는 점들도 상황이 많이 개선되고 있다. 예컨대 로비법 제정으로 기업 및 이익집단과 시민 사이에, 사익 집단 사이에도 영향력 불균형이 심화될 것이라는 지적도 있었지만, 몇몇 유력 집단이 대정부 영향력을 독점하는 시대는 지나갔다고 보아야 한다. 부정한 '검은 돈'의 흐름을 포착·파악할 수 있는 금융 거래 감시시스템도 안정적으로 구축되었다.

로비법제화는 포괄적인 법규의 부재 때문에 음성적으로 행해질 수밖에 없고, 불법이 될 수밖에 없는 로비활동을 법제화를 통해 양성화하자는 것이다. 로비법제화는 도처에서 이루어지고 있는 로비활동을 밖으로 드러내어 투명하게 공개되도록 함으로써 막후에 그대로 놓아두었을 때 지속될 수밖에 없는 문제점과 사회적 폐단을 해소시켜 나가기 위한 것이다. 이는 '법제화 부재'의 폐단이 더욱 크다는 전제하에 현실적으로 존재하는 로비활동을 합법의 영역으로 끌어 올리자는 의미이기도 하다. 로비 양성화가 많은 문제점이 드러나고 있는 그대로 로비활동을 합법화해 주자는 것은 아니다. 로비법제화는 로비스트가 반드시 준수해야 할 행동 규칙체계의 정립을 의미한다. 이는 로비활동 합법화로 기대할 수 있는 긍정적 기대 효과는 최대화하고, 합법화로 초래될 수 있는 부작용이나 사회적 폐단 가능성을 최소화할 수 있도록 정교하게 제도를 설계하는 것을 의미한다.

로비법제화는 정부 기관 및 공직자를 상대로 '접촉' 활동을 행하는 로비스트, 대관업무 수행자의 실체를 법제의 틀로 규율하는 것이다. 그동안 로펌이나 개별 변호사들에 의해 공식적으로 행해져 오던 로비활동뿐 아니라, 사실상으로만 존재해 오던 사내 로비스트의 '대관업무'를 합법적인 직무 영역으로 인정하는 것이다, 다만 이러한 로비활동이나 대관업무가 일정한 법적인 틀 속에서 이루어지도록 제약을 가하자는 의미이다.

로비 법제화는 로비스트의 등록과 활동 내용의 공개에 초점을 맞춘다. 로비를 둘러싼 양 당사자 가운데, 공직자의 행동을 규율하는 제도적 장치는 거의 모든 나라에서 상당한 수준으로 정비되어 있다. 한국에도 공직자윤리법과 특정범죄가중처벌법, 그리고 '김영란법'에 이르기까지 이해관계자로부터 한쪽 '접촉' 대상인 공직자들에게 적용되는 정교한 규율 체계가 확립되어 있다. 하지만 '접촉'의 다른 쪽 행위자의 행동을 규율하는 데 적용되는 일반 법규는 존재하지 않는다. 로비법제화는 그 다른 쪽 행위자의 활동을 투명하게 공개하도록 하는 일반 규칙을 정립하는 것이다. 끊임없이 이어지는 로비스캔들은 "현행 제도를 부분 보완하거나 단속을 강화하는 것만으로는 한계가 있다"는 점을 확실히 보여 준다.[64] 정책결정의 투명성 제고 및 공직자 책임성 강화 문제가 이미 존재하고 있는 법제의 운영만으로는 한계가 있는 만큼 로비법제화라는 전혀 새로운 차원의 근본적 해법을 모색하자는 것이다. 로비법제화는 로비활동의 투명성 제고를 통해 로비활동에 제약을 가함으로써 부작용이나 사회적 폐단의 최소화를 도모하는 것을 목표로 한다.

로비활동의 규제 목적과 유형은 그 나라의 정치사적 전통이나 정치제도의 성격에 따라 달라진다. 로비법제화 입법 취지는 국가별로 상이할 수 있다. 필요에 따라 로비법제 운영 과정에서 드러난 문제점들을 해소할 수 있는 방향으로 입법 취지의 보완이 이루어지기도 한다. 로비법제화 전통의 오랜 역사를 가진 미국이나 호주, 캐나다 등지에서 로비법제화의 목표는 청원권 및 국민의 알 권리의 실현과 정책결정과정의 투명성 제고였다. 미국과 캐나다에서는 각각 2007년과 2008년 불공정한 정치적 영향력 행사를 억제한다는 취지의 법 개정이 이루어졌다. 최근 입법 추진이 활발했던 폴란드나 슬로베니아 등 구 공산국가에서는 기업 등 민간 부문의 이익

표출 기능 및 참정권 확대를 위한 목표를 가진다. 이들 국가에서 로비법은 정책결정의 품질 제고를 명분으로 민간 사업자의 관청 출입을 원활하게 하는 데 초점이 맞추어져 있다. 아주 최근에 로비법을 제정한 영국(2014)이나 아일랜드(2015)에서의 로비법제화는 유력 대기업의 의뢰를 받아 상업 목적으로 활동하는 전문 로비스트들에 의한 과도한 정책적, 정치적 영향력 행사를 제어하는 데 초점이 맞추어져 있다.

한국에서 로비법제화는 제3자인 고객의 의뢰를 받아 이익대변활동을 행하는 상업 목적의 전문 로비스트(Professional Lobbyist) – 로펌 등 – 와 기업 등 조직에서 '대관업무'를 수행하는 사내 로비스트(In–house Lobbyist) 활동의 투명한 공개와 그 부작용이 최소화되도록 하는 데 초점을 맞춰야 한다. 로비관계법의 명칭도 이 법의 근본 취지에 부합하는 것이 좋다. 로비관계법은 로비스트의 실체를 법적으로 인정하는 것이고, 활동을 공개하여 로비에 뒤따르는 폐해나 부작용을 줄일 수 있다는 것이다. 따라서 로비관계법의 명칭을 '로비규제법'이나 '로비제한법'으로 명명하는 것은 바람직하지 않은 것으로 보인다. 이승희 의원 등이 발의한 적이 있는 '로비스트 등록 및 활동공개에 관한 법률'이 법제정 취지에 가장 부합하는 친절한 명칭이라고 할 수 있다. 미국처럼 '로비활동 공개법'도 무난하며, '공개'라는 어휘가 반드시 삽입되는 것이 좋다. 예컨대 '대관업무 활동 공개법' 정도가 적당해 보인다.

○ 로비스트 개념 정의 법규화 및 등록 의무화

로비법제화는 정책결정과정에서 영향력을 행사는 로비스트의 등록 및 활동 공개를 요체로 하는 규칙체계의 정립을 뜻한다. 로비법제화의 출발은 등록 의무를 갖는 로비스트의 개념을 명확하게 법규에 나타내는 것으로 시작되어야 한다. 로비스트에 대한 명확한 개념 정의는 입법 취지를 반영하는 제도 설계의 기초가 된다. 등록 의무를 지닌 로비스트에 대한 간명한 규정을 법제화 요소로 포함시키지 않고서는 등록 대상자의 등록 회피 동기를 차단할 수 없다. 로비스트 개념 정의에는 네 차원의 문제영역이 내포되어 있다.

첫째, 로비활동을 무엇으로 정의하느냐 하는 문제이다.

로비활동은 정부정책결정과정에 대한 영향력 행사 활동으로 규정될 수도 있고, 공직자와의 커뮤니케이션 과정으로 개념 정의될 수 있다. 로비활동을 영향력을 행사하려는 활동으로 보느냐 혹은 공직자와의 커뮤니케이션 활동으로 보느냐 하는 점은 단순한 것처럼 보이지만 매우 복잡한 이론적 배경과 정치적 함의가 담겨 있다. 실제 로비법제화 과정에서 뜨거운 논란의 핵심적 쟁점이 되기도 한다. 커뮤니케이션 활동도 궁극적으로 정책결정 과정에 영향력을 행사하려는 목적 하에 이루어지는 것이라는 점을 부인할 수 없을 것이다. 그럼에도 굳이 법규상에 '영향력 행사' 대신 '커뮤니케이션' 문구를 사용하는 것은 법제화를 둘러싼 찬반논의 과정에서 예견되는 입법취지 관련 논란과 직결되어 있다. 로비법 제정에 반대하는 논자들은 '로비'에 내포되어 있는 부정적 함의를 그대로 드러내 보이는 '영향력 행사' 개념이 법규에 명문화되는 것을 반대한다. 최근 로비관련법을 제정한 영국이나 아일랜드의 경우 이 문제를 둘러싼 오랜 논란 끝에 로비활동을 대정부 커뮤니케이션 활동으로 명문화하는 것으로 입장의 차이를 좁혔음을 알 수 있다.

대정부 '영향력 행사'의 합법화라는 접근법보다는 이해관계자로부터의 투입 원활화를 통한 정책결정의 품질 향상이라는 접근법이 로비법제화 추진에 대한 우려를 덜 수 있다. 그렇게 하는 것이 반대론자들로부터 최소한의 동의를 이끌어 내는 데에도 도움이 될 수 있을 것이다. 한국의 로비법제화 추진 시 로비 활동을 공직자와의 '커뮤니케이션 활동' 및 '커뮤니케이션 활동을 지원하기 위하여 노력하는 활동'으로 법규에 명문화하는 것이 바람직하다.[65] 경험적 조사연구에서는 한국 기업의 대관활동이 정부 공직자와의 '정보전략'적 차원으로 이루어진다는 점이 밝혀졌다. 경쟁우위 확보 목적의 영향력 행사 비중은 그리 크지 않았다.

법제정에 반영되어야 하는 로비활동의 개념으로는 첫째, 입법부와 행정부의 법적용 대상이 되는 공직자를 대상으로 둘째, 영향력을 행사할 의도를 가지고 진행되는 셋째, 금전적 보상 등이 대가로 주어지는 활동으로 포괄적으로 규정한다. 시행령 등으로 로비 대상이 되는 정부기관과 공직자의 업무영역을 보다 특정화하고, 법적용에서 면제되는 대정부 접촉활동의 유형을 열거하는 것이 바람직하다. 로비활동은 공직자와 로비스트 사이의 로비접촉을 의미하며, 로비접촉의 의미는 법적용 대상 공직자들과의 커뮤니케이션 활동으로서 공직자들의 의사결정 과정에서 유리한 결과를 얻어 낼 목적으로 행해지는 일체의 서면과 구두를 통한 정보제공이나 의견 개진 활동을 뜻하는 것으로 규정한다. 서면과 구두를 통한 커뮤니케이션 범주에는 전자미디어를 이용하는 커뮤니케이션도 포함하는 것임을 규정할 필요가 있다. 예컨대 e메일이나 문자, SNS 메시지, CD나 DVD 등의 디지털화된 커뮤니케이션 수단을 모두 포함하는 것으로 해야 한다.

둘째, 등록 의무를 지는 로비스트의 범주의 획정 문제이다.

로비스트는 전문 자영로비스트(self-employed)이거나 혹은 다른 사람이나 조직체(entities)에 의해 고용된 자로서 로비활동과 관련하여 발생한 수입과 경비가 일정 수준 이상인 자로 규정한다. 구체적인 기준은 법령으로 따로 정하는 것이 바람직한 것으로 보인다. 등록 의무가 부과되는 로비스트의 범주에는 개별 로비스트와 로비회사, 자체적으로 로비스트를 고용하고 있는 회사나 단체가 모두 포함될 수 있도록 해야 한다. 그러나 로비활동을 행하는 모든 로비스트가 등록 의무를 갖게 해서는 안 되며, 역시 법령으로 기준(thread)을 정하여 이 기준을 충족시키는 자만이 로비스트로서 등록 의무를 갖게 하는 것이 좋다. 기준으로는 로비접촉 횟수나 시간, 수입과 경비지출의 규모 등을 고려할 수 있을 것이다.

등록로비스트에 대한 명확한 법 규정은 곧 등록 의무의 최소기준치(thresholds)를 양적 척도로 명료히 규정하는 것이 바람직하다. 로비스트 등록 의무의 양적 기준은 국가별로 차이가 있다. 로비활동의 대가 보수를 기준으로 하든지 혹은 접촉 공직자 수를 기준으로 할 수 있고, 활동시간 기준으로 할 수도 있다. 미국의 로비활동공개법은 "2회 이상의 로비접촉을 포함하는 서비스의 제공에 대해 금전 또는 기타의 보상을 받고 의뢰인에 의해 고용 되었거나 또는 채용된 개인으로서 그 개인의 총 로비활동 중 당해 의뢰인에게 제공된 서비스가 6개월의 기간 중 전체 서비스의 20% 미만의 개인을 제외한 자"로 아주 구체적으로 규정하고 있다.[66] 그런가 하면 전문 로비회사의 경우 분기별로 고객으로부터 3,000달러 이하를 대가로 지불받은 경우, 기업이나 단체의 경우 소속 로비스트들이 분기별로 11,500달러 이상을 비용으로 쓰지 않는다면 로비스트로 등록하지 않아도 되는 것으로 되어 있다. 미국의 경우는 접촉횟수와 활동 시간, 금액 최소 기준 모두가 기준 요건에 포함되어 있음을 알 수 있다.

캐나다의 경우에는 외부 전문로비회사에 소속되어 활동하는 로비스트는 모두 등록 의무를 갖지만, 기업이나 단체의 이익을 위해 활동하는 소속 로비스트－사내로비스트－는 조직을 위해 일하는 시간 중 20% 이상의 시간을 로비 활동－대관 커뮤니케이션 활동 및 이의 준비활동－에 투입하는 자만이 등록 의무를 가진다. EU의 경우는 '유럽연합 기관의 정책이나 결정과정에 영향을 미치려는 목적으로 행해지는 모든 활동을 행하는 자'로서 "영향력 행사 목적으로 컨설팅 회사, 로펌, NGO, 싱크탱크, 기업 내 로비 담당 부서, 업계 단체 등에서 일하는 인력을 포함하는" 것으로 되어 있다.[67] EU는 로비스트에 대한 포괄적으로 규정하고 있는 반면, 규제의 강도는 아주 낮은 수준이다.

한국의 로비법제화 과정에서는 로비스트의 등록 요건을 법적 요건으로 명료하게 규정할 필요가 있다. 등록요건 법규정화 관련해서는 법률로 로비스트로 등록하기 위한 특별한 자격 요건을 규정할 필요가 없다는 의견이 제시되기도 했다.[68] 그 논지는 첫째, 로비스트를 고용하는 자가 알아서 하도록 하면 된다는 점, 둘째, 개인의 직업 활동을 제한하는 것이어서 직업선택의 자유를 보장하는 헌법위배 가능성을 들고 있다. 그렇지만 우리나라에서는 특정 업무에 종사하기 위해서는 일정한 자격요건을 정해 놓고 이 요건을 충족하지 못하는 자는 그 업무에 종사하지 못하도록 하는 일반적인 법적 규제를 채택하고 있는 직종이 있다. 변호사법 등이 대표적이다. 로비스트 법제화 추진과정에서 직면하게 된 가장 강력한 반대는 이 변호사법에 근거를 두고 있는 것이다.

로비스트 등록을 위한 최소한의 자격 요건의 법제화를 적극적으로 고려할 필요가 있다. 우선 로비스트로 활동하기에 결격사유가 있는 사람－예컨대 공직윤리법이나 로비법 등의－로비법 제정 이후 중대위반으로 법적 제재를 당한 적이 있는 자, 부정부패로 사법적 제재를 당한 자 등 결격자를 법 규정화하는 것이 바람직하다. 로비법 제정의 요체는 로비스트를 직업으로 인정하는 것인데 직업적 로비스트를 인정해서 양성화하는 경우 생길 수 있는 폐단을 막기 위해서도 이러한 결격자를 제한할 필요가 있다. 로비법제화를 반대하는 대한변협에서 로비활동을 행하는 자의 전문성 및 전문 직업윤리성을 반대론의 명분으로 부각시키고 있다는 점을 염두에 두어야 할 것이다.

셋째, 로비대상이 되는 정부기관의 범위의 특정화 문제이다.

미국 최초 로비법인 1946년 '로비스트 등록법'은 법규제의 대상이 되는 로비활동을 의회를 상대로 하는 활동에 국한하였다. 1995년 로비활동 공개법은 의회뿐 아니라, 연방 정부와 산하 기관, 연방정부 재원으로 작동되는 주요 기관이나 정부 정원을 배분하는 기관이나 기구, 혹은 이러한 의사결정과정에 대한 영향력 행사활동을 포함시키고 있다. 등록 및 보고 의무 부과 등 규제받는 로비활동의 대상 기관을 어떻게 특정화할 것인가 하는 문제는 그 나라 정치제도의 성격과도 관련지어 생각할 수도 있다. 일반적으로 의원내각제 하에서는 의회를 상대로 하는 로비활동에 초점이 맞추어져 있으나, 대통령제 하에서는 입법부뿐 아니라, 행정부와 여타의 행정기구까지 포괄하고 있다. 입법 등 입법부 내의 정책수립과정뿐 아니라, 행정부의 정책집행과정에서도 자원과 편익—보조금 등—의 배분과 관련된 중요한 결정이 이루어지기 때문이다.

한국의 경우, 정부 주도의 법안 발의가 많고, 행정부의 증대된 권한으로 정책집행과정에 대한 영향력 행사 활동이 집중되어 있기 때문에 국회뿐 아니라, 행정기관에서의 정책집행과정을 포함하는 것이 바람직하다. 이 점에 대해서는 별다른 이론이 없을 것으로 보인다. 행정기관에서의 정책 프로그램의 수립 및 조정, 채택을 위한 결정 과정, 또한 정책 시행 과정에서의 행정조치 등에 이르기까지 로비활동의 대상이 되는 것으로 포함되어야 한다. 국회는 국회의원뿐 아니라, 보좌진 – 입법보좌관 포함 – 전문위원 등이 포함되어야 하며, 행정부에는 중앙행정기관뿐 아니라, 지자체, 공공기관, 공기업, 기타 국책기관까지 포함되도록 하는 것이 바람직하다. 다만 미국이나 캐나다 등에서 그러한 것처럼 일정 직급 이상의 대상자 기준을 정하는 것이 필요하다. 로비법제화로 로비 일상화, 로비 경쟁의 심화와 함께 로비 대응 때문에 행정부 작동에 큰 지장이 초래될 것이라는 우려가 현실화 될 수 있다는 점도 고려해야 하기 때문이다.

예컨대 중앙행정기관의 경우, 정부의 정책결정 단계를 감안하여 로비 법제화 적용 대상을 구분할 필요가 있다. 현장에 대한 정보를 수집하여 다양한 해법과 대안을 마련하는 직급과 여러 대안 가운데 어느 한 정책 대안을 채택 결정하는 직급을 분리할 필요가 있는 것이다. 편의상 전자를 과장급 이하의 중하위직으로, 후자를 국장급 이상의 고위직으로 구분한다면, 미국이나 캐나다에서처럼 고위직 공직자를 로비접촉 대상으로 규제하는 것이다. 정보를 수집해서 정책 대안을 마련하는 중하위직 공직자들에 대해서는 법적용 접촉 대상 집단으로 규정하지는 않지만 이들 공직자 집단에 대한 별도의 접촉 관련 규칙이 작동되도록 하는 것이 바람직할 것이다. '김영란법'이 이러한 접촉에 관한 포괄적 일반 규정이 될 수 있다. 하지만 '김영란법' 때문에 이해관계자와 공직자와의 접촉이 더욱 위축될 수 있게 되었다는 점을 감안해 행정기관 내에 일정한 공간을 마련하여 중하위직 공직자와 이해관계자의 접촉 활동이 원활하게 이루어지도록 하는 등의 후속 대책을 고려해 볼 필요도 있다.

행정부의 법적용 대상 공직자로는 대통령과 청와대 비서관 등 일정 직급 이상의 고위 공직자, 중앙행정기관과 이에 준하는 위원회 등의 정부기관의 장, 장차관과 차관보, 실·국장 까지 포함시키는 것이 바람직한 것으로 보인다. 이는 미국의 경우보다도 법적용 대상을 확대한 것인데, 우리나라의 경우 행정체계상 국장의 전결사항이 많다는 현실을 반영할 필요가 있기 때문이다.

또한 한국에서 중앙 행정기관의 국장은 정책조정자로 기능하는 점을 고려해야 한다. 국장은 우선 하나의 정책 사안이 추진되어 가는 과정에서 이것이 부처 내 다른 정책과 어떻게 하는 것이 조화를 이룰 수 있는지, 혹은 기존의 다른 정책과 상충하는 바는 없는지 검토하는 중요한 역할을 담당한다. 또한 국장은 부처 간 정책조율을 맡는 공식적인 책임자이기 때문에 로비활동의 집중적 대상이 될 가능성이 크다는 점을 고려해야 한다. 중앙행정기관의 과장이나 사무관도 정책형성과정에서 매우 중요한 역할을 담당하지만, 이들까지 법적용 대상 공직자에 포함시키는 것은 바람직하지 않다. 로비접촉 대상으로 공식화됨으로써 정상적인 직무수행에 과도하게 지장이 초래될 수 있기 때문이다.

입법부 법적용 대상 공직자로는 국회의원과 입법 기능을 지원하는 의원보좌관, 상임위원회나 소위원회에 배치된 전문위원 및 입법 관련 조직의 일정 직급 이상의 전문 인력이 포함되도록 규정하는 것이 바람직하다.

넷째, 로비스트 자격요건과 퇴직공직자 로비스트 전환 규제 문제이다.

로비관련법을 두고 있는 대부분의 국가들에서는 퇴직 공직자의 로비스트 전환 문제를 다루는 규정을 두고 있다. 퇴직 공직자가 로비스트로 전환하기 위해 퇴직 후 일정 기간 동안 로비스트로 등록하지 못하도록 냉각기간(cooling-off period)을 두는 규정이다. 최근 미국과 캐나다, EU 등은 관련 조항을 좀 더 엄격히 제한하는 방향으로 법규를 개정하고 있다.

한국의 경우 공직자윤리법에 회전문 현상을 규제하는 제도가 존재하기 때문에 로비법제화 과정에서 로비스트의 자격 요건에 관한 규정에 공직자윤리법 관련 규정을 적용한다는 정도로 규정을 두면 될 것이다.

○ 충실한 로비스트 DB 구축과 공개

로비법제화를 유지하고 있는 거의 대부분의 국가에서 법 이행 절차는 로비스트 등록으로부터 시작한다. 로비스트 등록의 법적 의무화로부터 로비스트 DB 구축이 이루어질 수 있기 때문이다. 법적으로 개념 정의된 로비스트 범주에 부합하고, 일정 수준의 최소기준치를 넘는 로비 활동 종사자들로 하여금 의무적으로 로비스트로 등록하도록 한 다음, 활동 상황을 주기적으로 보고하도록 했을 때 비로소 로비스트 DB 구축이 충실하게 이루어질 수 있다. 로비법제화의 기본 취지가 로비활동의 전모를 드러내어 공공정책결정과정의 투명성을 높이는 것에 있다면 로비스트 DB 구축이 얼마나 중요한지 알 수 있다. 로비스트 등록 여부를 로비스트의 재량에 맡겨두는 법제화로는 로비법 제정의 기본 취지를 구현하는 일이 어렵다. 등록 여부를 로비스트의 선택 사항이 될 수 있도록 느슨하면서도 애매한 법 규정을 유지해 왔던 국가들도 법적용 대상이 되는 로비스트에 대한 명료한 개념 정의를 법규화하고, 이를 충족하는 모든 대상자들을 등록하도록 의무화하는 방향으로 법 개정을 추진하고 있다.

많은 EU 국가들은 여전히 로비스트 자율규제 기조를 유지하고 있으며, 등록제를 채택하고 있는 국가들에서도 자율 등록제를 두고 있는 국가들이 많다.[69] 하지만 이들 국가에서도 로비법제화 취지의 효과적인 달성을 위한 필요성 때문에 등록을 의무화하는 법 개정을 도모하고 있다. EU 내에서도 유럽 집행위원회(EC)를 중심으로 로비스트 등록을 의무화하는 법 개정 추진 작업이 진행되고 있다. 유럽과 미국에서 활동하는 로비스트를 대상으로 하는 조사연구에서도 의무등록제에 대한 지지가 크게 앞선 것으로 조사된 바 있다. 등록 여부에 대한 재량권 부여는 등록로비스트가 등록하지 않은 로비스트에 비해 불이익을 가지게 된다는 점을 로비스트들이 서로 잘 알기 때문일 것이다.

로비스트 등록 및 활동에 관한 데이터베이스를 구축하는 것은 정책결정과정을 투명하게 공개한다는 차원에서 이루어지는 일이다. 따라서 로비스트 등록 및 활동 보고는 전자문서로 송부되고, 디지털 파일 형태로 저장되도록 해야 하며, 이러한 공개된 자료는 인터넷을 통해 일반에게 공개되도록 해야 한다. 더 나아가 일반인들이 탐색, 분류, 다운로드할 수 있는 파일 형태로 가용할 수 있어야 한다. 또한 로비스트 활동 데이터의 수집과 보관, 공개 업무를 맡는 행정기관은 단일 조직으로 통합 운영되도록 해야 할 필요가 있다. 로비활동 공개 행정업무를 맡은 기관이 복수이고, 활동 보고서를 문서로 받아 보관하는 경우에는 로비활동의 전모를 파악하기 어렵다. 로비활동 공개시스템의 집중화된 운영이 로비활동의 전모를 파악하도록 하는 일을 용이하게 할 수 있다.

○ 로비활동 내용 및 비용 공개

로비활동 규제제도의 기본 원리는 로비활동으로 정책 산출물이 어떻게 영향을 받는지 일반 공중들이 알 수 있도록 영향력 행사과정을 공개하여 공중의 감시가 가능하게 하는 것이다. 이러한 기본 취지라면 로비스트의 로비활동 보고 시에는 등록자 신원과 의뢰고객, 접촉 대상 공직자 혹은 기관, 로비활동 대상이 되는 정책결정 사안들－큰 범주의 정책영역 혹은 특정의 정책 사안이나 법안 번호 등－이 가장 기본적인 내용으로 포함되어야 한다. 투명 공개를 통한 부정부패 차단 및 정책 투입 부문에서의 균형화를 입법 취지로 내세우고 있는 대부분의 국가들에서는 공통적으로 이러한 정보들을 최소한으로 공개하도록 되어 있다. 로비규제시스템 유형 간 가장 큰 차이는 두 가지 내용의 포함 여부이다. 하나는 로비활동 내용을 공개하도록 할 것인가 하는 것이고, 다른 하나는 로비활동과 관련되어 주고받으며, 사용하는 비용 내역을 얼마나 구체적으로 보고하도록 의무화할 것인가 하는 것이다. 로비규제시스템의 고·중·저 강도의 차이를 만들어 내는 것은 바로 이러한 공개 내용의 구체성의 정도이다.

미국과 캐나다에서는 등록자의 보고 의무의 내용에 적지 않은 차이가 있다. 두 나라의 법은 공직자와의 커뮤니케이션 내용을 자세하게 기술하도록 하고 있지는 않다는 점에서는 같지만, 구체적인 보고 의무 조항의 내용에 있어서는 사뭇 다른 점이 보인다. 미국은 로비회사가 등록 단위로 보고하는 경우 소속 개별로비스트 명단과 활동 내용, 로비활동 과정에서의 제휴 관계에 있는 조직체를 공개하도록 되어 있다. 2007년 법 개정을 통해서는 전직 공직자가 로비활동에 투입되는 경우에는 그 명단과 활동 내용을 공개하도록 되어 있다.[70] 반면, 로비회사 등의 전문 컨설턴트 로비스트 활동 공개에 초점이 맞추어진 캐나다 로비활동법은 미국 로비공개법처럼 모든 등록 로비스트로 하여금 공개 내용을 구체적으로 밝히도록 하고 있지는 않다.

미국 로비활동 공개법의 또 하나의 주요한 특징은 로비스트의 비용 공개에 초점이 맞추어져 있다는 점이다. 로비회사의 경우 고객으로부터 대가로 받은 수입, 독립 개별 로비스트 경우에는 로비활동에 소요되는 비용—여기에는 로비회사나 제3자에 활동을 의뢰하는 경우에 여기에 지불되는 비용을 포함한다—을 공개하도록 되어 있다. 로비활동의 대가로 주어지는 수입과 활동에 소요되는 비용의 크기는 정책결정이 객관적 기준이나 합당한 근거에 토대를 두고 이루어지는지 혹은 금력의 크기에 의해 좌우되고 있는지를 판단할 수 있는 가장 객관적인 기준이 될 수 있다. 접촉대상 공직자의 신원 공개 및 로비 활동과 관련된 비용공개는 정책결정 및 집행당국의 정책추진과정이 부당한 영향력 행사에 의한 것인지의 여부를 가려내는 데 핵심적인 요소가 될 것이다.

로비법제화를 처음 도모하려는 한국에서 이를 미국, 캐나다 수준의 강도 높은 규제시스템 기준을 채택하는 것은 무리일 것이다. 로비활동 수행과 관련된 모든 비용을 구체적으로 공개하도록 의무화하는 법제화는 오히려 더 큰 저항을 불러일으킬 가능성이 크다. 최근 법제화를 관철시킨 영국과 아일랜드에서도 오랜 진통 끝에 구체적인 비용 공개 조항을 두지 않는 것으로 법제화가 이루어졌다. 다만 영국에서와 같이 금전적 대가를 받았는지의 여부만을 밝히도록 하는 것도 하나의 해법이 될 수 있을 것이다. 로비활동을 행한 로비스트의 신원과 의뢰인의 신원이 밝혀질 수 있도록 해야 한다.

로비활동의 보고 및 공개 내용으로는 로비활동의 대상 영역을 보다 특정화해서 밝히도록 하고(예컨대 법안명칭, 정책 사안이나 사업계획 제목, 행정조치 내용 등), 로비접촉 대상 공직자의 직책과 성명 등을 밝히도록 해야 한다. 로비활동의 내용으로서 개진한 진술과 전달문건 등을 보고하도록 해야 한다. 로비활동의 대가로 받은 금전적 보상 등의 내역, 로비활동에 지출된 경비 내역과 총액 등이 보고되도록 함으로써 이를 공개되도록 하는 것은 법제정 취지에 부합한다. 하지만 로비관계법 첫 도입 단계에서 이러한 쟁점이 크게 부각된다면 논란만 거듭되다가 법제정 자체가 수포로 돌아갈 수도 있다는 점도 고려할 필요가 있다. 이와 관련된 내용을 다음 단계의 개정 작업에 포함되도록 일단 도입 단계에서는 배제하는 것이 바람직할 수 있다. 영국에서는 여야, 찬반 진영이 합의할 수 있는 내용만을 법제정에 반영하였다. 법적 미비나 허술함에서 오는 한계가 법부재의 폐단보다 나을 수 있다는 점을 인식해야 한다. 의뢰인으로부터 받은 대가, 로비활동 준비 과정에 소요되는 비용, 로비접촉에 사용된 비용 등 로비활동과 관련된 일체의 비용 세목에 대한 공개의무를 부과하지 않는 방식—저강도 규제시스템—으로 로비법제화를 시도하는 것이 반대론자들의 저항을 줄이고, 정치적 합의를 촉진할 수 있는 현실적인 대안이 될 수 있을 것이다.

○ 엄격한 법집행

정책결정과정의 투명한 공개라는 로비법제화의 기본 취지의 실현 가능성 문제는 법 집행을 맡은 기관이 얼마나 엄격하게 관련 행정 사무를 처리해 나갈 수 있느냐에 달려 있다. 이 점과 관련해서는 로비법 집행 기관의 독립성 문제가 중요하다. 미국의 경우 로비법 집행 기관은 의회 상하 양원에 설치되어 있는 사무총국이고, 캐나다의 경우는 의회 내에 독립기구로서 설치되어 있다. 의원내각제 하에서는 의회–집행부 일체성 원리에 의해 의회 내에 로비법 집행 기관을 두는 것이 별문제가 되지 않는다는 설명이 있다. 하지만 의회–행정부 견제와 분권 원리가 적용되는 대통령제 하에서 어느 한 기관에 로비법 집행 책임을 맡기는 것은 엄정한 법집행 차원에서 문제가 될 수도 있다. 법제화 초기 단계에서 기존에 설치되어 있는 유관 기관에 한시적으로 집행 책임을 맡길 수는 있겠지만 장기적으로는 의회와 행정부로부터 독립된 별도의 법집행 기관을 설치하는 것이 바람직하다. 로비스트 등록시스템 운영과 관련 사무 집행은 의회 예산을 쓰는 국회 하부 조직으로서보다는 독립기구로서 존립하도록 하는 것이 바람직하다. '투명성 제고'의 엄정한 목표 달성에 불편함을 느낄 수 있는 국회나 행정부로부터 독립적으로 운영되도록 하는 것이 최선인 것이다. 이러한 취지에서 기관 운용 재원도 국회나 특정 행정기관을 거치지 않는 경로를 통해서 책정되도록 하는 것이 좋다. 미국의 경우 로비활동 공개법 집행기관이 의회 조직 내에 설치되어 있는 것에 대한 우려의 목소리가 있다는 점을 감안할 필요가 있다.

등록 의무가 있는데 등록하지 않고 로비활동을 행하거나 보고 의무를 게을리 한 자, 허위보고 등으로 적발된 사범에 대해서는 벌금형 이상의 실형에 처하도록 하고, 그 형량도 비교적 무겁게 규정하는 것이 법집행의 실효성을 높일 수 있을 것이다. 그렇지만 법적용 대상의 반발과 시행착오의 우려를 감안하여 얼마간의 유예기간을 두는 것도 고려할 필요가 있다.

주

1 Betrók, János. (2008). Lobbyists, Government and Public Trust: Building a Legislative Framework for Enhancing Transparency and Accountability in Lobbying. Paris: OECD,

2 Mantere, S., K. Pajunen, & J. A. Lumberg. (2009). Vices and virtues of corporate political activity: The challenge of international business. *Business and Society*, 48(1): 105-132.

3 Betrók. (2008). *op. cit.* p. 18.

4 로비활동 공개법상의 로비스트 개념 "2회 이상의 로비접촉을 포함하는 서비스의 제공에 대해 금전 또는 기타의 보상을 받고 의뢰인에 의해 고용되었거나 또는 채용된 개인으로서 그 개인의 총 로비활동 주에 당해 의뢰인에게 제공된 서비스가 6개월의 기간 중 전체 서비스의 20% 미만의 개인을 제외한 자." 2 U. S. C. δ 1602.

5 Holmann, C & W. Luneburg. (2012). Lobbying and Transparency: A comparative analysis of regulatory reform, *Interest Groups & Advocacy,* 1(1): 75-104.

6 EU 의회 및 집행부, 각료이사회 등의 권한 확대 및 이들 기관에 대한 로비활동의 보편화를 배경으로 EU 정부 차원에서의 로비활동 규제를 위한 법제화가 추진되어 왔다. 먼저 유럽의회(EP)가 1996년 EP에 출입하고자 하는 로비스트들을 대상으로 출입증을 발급하는 방식으로 자발적인 로비스트 등록절차(EP Rules of Procedure 9)를 처음 법제화하였고, 이어 2008년 EU 집행부(European Commission)가 EU 정부의 투명성 제고 차원에서 자발적이긴 하지만 로비스트의 사전등록을 발효하는 법제화를 추진하였다. 기관별로 각기 다르게 되어 있는 등록 절차를 통합하는 결정이 2011년 내려졌고, 이후 아주 최근까지 자발적 등록제를 등록 의무제로 전환하기 위한 논의가 진행 중이다.

7 최근 동구권 국가들에서의 로비 법제화 추진 배경은 탈공산주의화 이후, 민

주적 참정의 경험을 쌓아 가면서 정부 정책결정과정에 대한 시민 참여를 제도화해 나가기 위한 것이다. 특히 기업인이나 이익집단 관계자들에게 국가기관 청사에 대한 출입권(hall passes) 확보의 제도적 근거를 마련하기 위한 차원의 것이 대부분이다.

8 Holman & Luneburg. (2012). *op. cit.* p. 77.

9 http://www.oecd.org/gov/ethics/oecdprinciplesfortransparencyandintegrityinlobbying.htm.

10 OECD. (2009). Lobbyist, *Government and Public Trust vol. 1*, pp. 18-19.

11 변호사법 제111조 제1항, 제2조, 특정범죄 가중처벌법 제3조 참조.

12 윤홍근. (2017). "한국형 로비규제 모델의 탐색: 국제비교의 관점에서." 『의정논총』, 12(1): 153-188; 조승민. (2005). 『로비의 제도화: 정치시장의 자유화를 위하여』. 서울: 삼성경제연구소; 이정희. (2006). 『이익집단정치: 갈등과 통합의 역동성』. 고양: 인간사랑; 가상준. (2010). "로비스트 제도화 논의." 『의정연구』, 17(2): 141-170.

13 이정희. (2006). *op. cit.*; 윤홍근. (2010). *op. cit.*

14 윤홍근. (2017), *Ibid.*, p. 156.

15 Truman, D. (1971). *The Governmental Process.* New York: Knopf; Berry (1997). *The Interest Group Society.* New York; Longman.; Herrnson et al. (2005). *The Interest Group Connection: Electioneering, Lobbying, and Policimaking in Washington.* CQ Press: Washington. D. C.; Cigler, A. J, Burdett A. Loomis. 2010. *Interest Group Politics.* Washington D. C.; 이정희 (2010). 『이익집단정치: 갈등과 통합의 역동성』. 고양: 인간사랑.

16 Gutmann, A. & Dennis Thompson. (2004). *Why Deliberative Democracy?* Princeton University Press.

17 Dryzek. J. S. (2000). *Deliberative Democracy and Beyond: Liberals, Critics, Contestations.* Oxford: Oxford University Press.

18 윤홍근. (2017). *op. cit.* pp. 157-158.

19 Kaufmann, D. & A. Bellver. (2005). *Transparenting Transparency: Initial*

Empirics and Policy Applications; Lindstedt, C & D. Naurin. (2010). Transparency is not Enough: Making Transparency Effective in Reducing Corruption. *International Political Science Review*, 31(3): 301-322.

20 Joshi. A. (2013). Do they work? Assessing the Impact of Transparency and Accountability Initiatives in Service Delivery," *Development Policy Review*, 31(s1): 29-48.

21 Joshi. (2013). *Ibid.*

22 Ainsworth, Scott H. (1993). Regulating Lobbyists and Interest Group Influence, *Journal of Politics,* 55(1): 41-56.

23 Dinan, W. (2006). Learning lessons? The Registration of Lobbyists at the Scottish Parliament. *Journal of Communication Management,* 19(1): 55-66.

24 Brinig et al.. (1993). The Regulation of Lobbyists. *Public Choice*, 77(2): 377-384.

25 Jordan. (1998). Towards Regulation in the U. K.: From 'General Good Sense' to 'Formalized Rules'. *Parliamentary Affairs*, 51(4): 524-537.

26 Naurin. (2007). Backstage Behavior? Lobbyist in Public and Private Settings in Sweden and European Union, *Comparative Politics*, 39(2): 209-228.

27 Groseclose & McCarty. (2011). The Politics of Blame: Bargaining before an Audience. *Journal of Political Science*, 45(1): 100-115.

28 윤홍근. (2010). *Ibid.*

29 윤홍근. (2010). *Ibid.*; 이정희. (2006).; 가상준. (2014).

30 참여연대 (2001). 윤홍근. (2010). *op. cit.*; 이정희. (2006). *op. cit.*

31 윤홍근. (2017). "한국형 로비규제 모델의 탐색: 국제비교의 관점에서." 『의정논총』 12(1): 153-188.

32 조승민. (2005). *op. cit.* pp. 71-100; 홍완식. (2008). 윤홍근. (2010). *op. cit.*

33 윤홍근. (2017). *op. cit.* pp. 160-161.

34 윤홍근. (2017). *op. cit.* pp. 162-164.

35 대한변호사회. (2006).

36 이창수. (2007).

37 주요국 로비활동 현황과 관련 규제법을 분석하고 있는 가장 포괄적인 최초의 연구 성과는 저널 Parliamentary Affairs 1998년(vol. 51, no. 4) 특집에 수록되어 있다. 여기서는 미국과 호주, 캐나다, 독일 등 로비규제법이 만들어져 있는 국가들 뿐 아니라, 덴마크 이스라엘 일본 등 포괄적 로비규제법이 아직 만들어지지 않았던 국가들에서 로비활동을 규율하고 있는 관련법이 어떻게 작동하고 있는지를 다루고 있다.

38 Opheim. (1991).

39 윤홍근. (2017). *op. cit.* pp. 166-167; Chari, Hogan & Murphy(2010), pp. 161-177 Appendix 자료를 재가공한 것임.

40 Chari et al. (2007, 2010).

41 Chari, et al. (2010). pp. 105-107; 윤홍근 (2017). pp. 164-173.

42 전문 로비회사에 소속되어 활동하는 로비스트들도 개별적으로 등록해야 한다. 대가를 지불받고 로비서비스를 대행해주는 로비스트에 대한 명칭은 국가별로 차이가 있다. 영국과 캐나다는 컨설턴트 로비스트(consultant lobbyists)라는 호칭으로 법제화되어 있고, 미국에서는 계약로비스트(contract lobbyist)로 불린다.

43 Chari et al. (2010), p. 104.

44 윤홍근. *op. cit.*. p. 168.

45 U. S. C § 201.

46 연방규정 규정(5 U. S. C. § 7511(b)(2)(B) 상의 계약직.

47 U. S. C. app. 4, § 109913.

48 U.S. Congress, Clerk of the House of Representatives, "Lobbying Disclosure FAQ," [http://lobbyingdisclosure.house.gov/FAQ.html], accessed June 2, 2008; and U.S. Congress, Secretary of the Senate, "Lobbying Disclosure FAQ," [http://www.senate.gov/ legislative/Public_Disclosure/FAQs.htm], accessed June 2, 2008.)/ 2 U.S.C. § 1605 (3). (4), and (5), as amended by

HLOGA § 209.

49 2 U.S.C. § 1605 (7) and (8), as amended by HLOGA § 210.

50 캐나다 로비활동법에 따라 등록된 로비스트는 2020년 현재, 컨설턴트 로비스트 등록건수는 3,606건, 단체 등록은 670건, 기업등록은 453건, 총합 4,729건이 등록되어 있다.

51 캐나다 총독은 영국 여왕에 의해 임명되고, 군사령관을 겸한다. 공식적인 캐나다 정부의 직제는 영국과의 특수한 역사적 관계와 제도 측면에서 살펴봐야 한다. 대외적으로 발표되는 공식적인 직제는 의전적 성격을 갖는다. 캐나다 자체의 정부 직제상 최고의 실권자는 수상, 부수상, 상하의원 등이 되겠지만 정부 직제표 상의 공식 서열은 전혀 다르게 나타난다.

52 R.S., 1985, c. A-1.

53 Graham Wilson & Graham K. (2003). *Business and Politics: A Comparative Introduction*. London: Chatham House Publishers. pp. 58-76.

54 HC PCRC, 2014a, 2014b; 윤홍근. (2019), p. 213.

55 HC 601-1; HC 891.

56 영국에서의 로비법 제정을 둘러싼 구체적인 경과는 윤홍근(2019)에 정리되어 있다.

57 TI UK, 2015, p. 30.

58 HC 891: 36.

59 HM Government, The Ministerial Code. Section 8.14: "Ministers meet many people and organizations and consider a wider range of view as part of the formulation of Government Policy. Departments will publish, at least quarterly, details of Ministers' external meetings."

60 TI UK, 2015b.

61 공개해야 하는 로비 관련 정보가 18(0.4%)건에 불과한 것으로 조사되었다(Introducing a Statutory Register of Lobbyists Second Report of Session 2012-2013, p. 17).

62 Uberot, Elise (2016). The Register of Consultant Lobbyists, House of

Commons Library,

63 이하에서는 대관업무, 대관업무수행자 혹은 대정부커뮤니케이션 활동 등의 개념을 사용하는 대신 의미전달의 용이성을 감안하여 통상적으로 로비활동 수행자를 지칭하는 로비스트 개념을 그대로 사용하여 설명한다.

64 국가청렴위원회 (2007). p. 8.

65 로비법제화를 둘러싼 학술 발표나 토론회 과정에서 대표적인 논자들은 로비활동을 대정부 '영향력 행사'라는 접근법을 취하고 있다. 예컨대, 국가청렴위원회(2007)는 "제3자를 통해 입법부 행정부의 의사결정에 영향을 미치기 위해 공무원 또는 정치인 등과 접촉하는 행위"로 개념 정의하고 있다.

66 2 U. S. C. δ 1602.

67 강유덕. (2010).『EU 로비제도의 현황과 사례연구』. 서울: 대외경제정책연구원. p. 21.

68 이정희. (2006).『이익집단정치: 갈등과 통합의 역동성』. 고양: 인간사랑.

69 EU 19개 국가 가운데 명료한 로비스트 정의 법규화 및 엄격한 등록 의무제를 채택하고 있는 국가는 오스트리아와 헝가리이다. 최근 로비법 제정을 완료한 영국과 아일랜드는 로비스트 등록제를 법규화해 놓고 있지만, 여전히 등록 여부에 대한 폭넓은 재량권을 인정해 두고 있다.

70 "등록된 고객과 제휴관계에 있거나 로비활동에 소요되는 주 재원을 실질적으로 부담하고 있는 외국 조직체(foreign entities) 뿐 아니라, 로비활동 기획, 감독, 통제 과정에 적극적으로 참여하면서 로비 활동 캠페인에 소요되는 재원의 실질적 제공자를 공개하도록 되어 있다."

부록. 정부 관계 업무에 대한 현황 조사

정부 관계 업무에 대한 현황 조사

안녕하십니까?

본 설문조사는 한국연구재단 저술출판지원사업에 선정된 '한국의 기업 정치활동에 관한 연구'에 필요한 자료 수집 목적으로 설계되었습니다. 여러분의 설문 참여는 우리나라 기업의 정부 관계 업무 현황과 정부 관계 업무 담당자들의 정부 관계 업무활동 인식에 대한 이해를 위한 연구에 귀중한 기초자료로 활용될 것입니다.

통계법 제33조『비밀의 보호』에 의거하여, 귀하께서 응답해 주신 모든 내용은 익명으로 통계 처리되며, 오직 연구 목적으로만 사용할 것이기 때문에 특정 개인이나 부서, 기업의 특성 및 정보는 절대 노출되지 않음을 약속드립니다. 그러므로 각 문항에 최대한 솔직하게 응답해 주시기를 부탁드립니다.

또한, 정확한 연구 자료 수집을 위해서 빠뜨리는 문항 없이 응답해 주시기를 부탁드립니다. 귀하의 솔직하고 성의 있는 응답은 본 연구에 소중한 자료가 되어 좋은 연구 결과를 얻는 데 큰 도움이 될 것입니다. 본 설문에 성실히 응답해 주시는 참여자를 대상으로 스타벅스 커피 모바일 쿠폰 2매가 지급될 예정입니다. 이와 관련된 사항은 설문지 하단에 안내되어 있습니다.

본 설문지는 총 11장으로 구성되어 있으며, 응답에 소요되는 시간은 약 10분입니다.
바쁘신 가운데 소중한 시간을 내어 설문에 참여해 주셔서 다시 한번 감사드립니다.
설문을 포함하여 본 연구에 문의 사항이 있으시면 아래의 연락처로 연락주시길 바랍니다.

> ※ 정부 관계(Government Relations) 업무 정의
> 정부관계 업무는 정부기관(국회, 산업자원통상부 등의 중앙행정기관, 금감위나 규제개혁위원회 등 독립 규제기관, 지자체와 지방의회, 정부로부터 규제 혹은 감독 권한을 위임 받은 기관이나 단체 등)과의 소통을 위한 문서 작성 및 제출, 회사의 의견과 입장을 전달하기 위한 직접적 접촉 활동, 정부기관 결정이나 정책동향 등을 모니터링 하는 활동 등을 의미한다. 통상적으로 대관업무로 불리어지기도 하며, 정부의 결정과정에 이익을 반영하기 위해 노력한다는 의미에서 로비활동 개념이 쓰이기도 한다.

▶ 연구 책임자: 윤홍근 (서울과학기술대학교 행정학과)

▶ 설문 담당자: 우하린 박사, 박사과정 이상우

2019년 10월

아래 설문문항에서 본인의 의견 및 인식과 가장 잘 부합된다고 생각되는 항목에 체크(√)하거나 숫자를 기입해 주십시오.

기업 관련 정보 및 기업의 정부 관계 업무

1. 귀하가 속한(속했던) 부서는 무엇입니까?

홍보부문 부서 (　　)	대관업무부서 (　　)
임원실/비서실 (　　)	기획·전략 부문 부서 (　　)
재무관리 부서(　　)	영업부 등 사업부서 (　　)
총무·인사부서 (　　)	기타

2. 귀하가 속한(속했던) 기업(단체)는 정부 관계 업무를 하고 있(었)습니까?

예 (　　)	아니오 (　　)

3. 정부 관계 업무를 담당하는 부서가 따로 있는 경우 부서 명칭은 무엇입니까?

4. 회사(단체) 내 정부 관계 업무 부서의 중요성과 역할비중이 갈수록 커져 왔다고 생각하십니까?

매우 그렇지 않다	그렇지 않다	보통이다	그런 편이다	매우 그렇다

5. 귀하가 속한(속했던) 기업의 규모 및 본사에 대해 알려주십시오.

(1) 종업원	약 ________ 명
(2) 매출규모	약 ________ 억원
(3) 자산규모	약 ________ 억원
(4) 업종 내 시장점유율	약 ________ %
(5) 본사 소재지	서울특별시, ________ 광역시, ________ 도
(6) 연혁	약 ________ 년

기업의 정부 관계 업무 동기 및 목표

아래 질문은 귀하가 재직하고 있는(했던) 기업의 정부 관계 업무 동기 및 목표에 관한 질문입니다. 총 2문항으로 구성되어 있습니다.

1. 귀하가 속한(속했던) 기업의 정부 관계 업무 동기는 무엇입니까? (해당 사항에 모두 체크해 주십시오.)

정책결정에 필요한 일반적 기업 (산업계 전반 포함) 정보 전달	
정부기관으로부터의 질의 및 자문요청에 응함	
기업(단체)의 특정 정책에 대한 입장·의견·애로사항 전달	
정책사안에 대해 정부로부터 추가적인 정보 획득	
정치적 의견 개진(예: 규제 철폐, 시장 친화적 정책 요구, 정치적 중립 등)	
구체적인 정책대안(법안 작성 도움) 제시	
다른 경쟁사들 보다 유리한 결정 획득	
정부기관을 상대로 한 매출 증대	
타기업 혹은 단체와의 집단 활동을 위한 연합추진	
사회적으로 긍정적인 평판 획득이나 유리한 여론조성	

1-1. 위 항목 이외에 귀하가 속한(속했던) 기업의 정부 관계 업무 동기가 있다면 아래 칸에 기재해 주십시오.

2. 귀하의 기업성과는 다음의 정부정책에 얼마나 의존되어 있다고 생각하십니까?

	매우 그렇지 않다	그렇지 않다	보통이다	그렇다	매우 그렇다
(1) 정부 조달					
(2) 정부규제					
(3) 재정 지원 (보조금, 세제 혜택 포함)					
(4) 기업 친화적 환경 조성					
(5) 관련 정책 정보제공					

기업의 정부 관계 업무 유형

아래 질문은 귀하가 재직하고 있는(했던) 기업의 정부 관계 업무 유형에 관한 질문입니다. 총 2문항으로 구성되어 있습니다.

1. 우리 기업(단체)은 동종 분야의 다른 기업(단체)와 연합·협조 등을 통해 공동적으로 정부 관 계 업무를 한다.

매우 그렇지 않다	그렇지 않다	그런 편이다	자주 그렇게 한다	항상 그렇게 한다

1-1. 회사가 정부관계 활동 시 연합활동을 추구하는 주요한 이유는 무엇입니까? 주요한 이유 세 가지를 선택하여 체크해 주십시오.

(1) 회사와 업계가 직면하고 있는 애로사항을 알리기 위해	
(2) 정부의 결정과 정책의 문제점을 알리기 위해	
(3) 정부정책에 관한 추가적인 정보획득을 위해	
(4) 업계 현황과 시장에 대한 전문적인 정보를 전달하기 위해	
(5) 정책 변화와 관련 법규 개정 추진을 위해	
(6) 업계(관련 산업) 공동의 우호적인 이미지나 여론형성을 위해	

1-2. 회사의 연합활동 차원의 정부관계 활동은 어떠한 방식으로 이루어지고 있습니까? 총 100%를 할당한다면 다음 각항에는 얼마씩 할당될 수 있겠습니까?

전국 단위의 경제단체(전경련이나 중소기업 중앙회 등) 활동에 적극 참여한다.	%
소속되어 있는 업계 단체에 전적으로 의존한다.	%
몇몇 기업들과 별도의 협의체를 구성하여 활동한다.	%
기업이 소재한 지역의 관계자들과 연합활동을 한다.	%

1-3. 본사 및 귀하가 속한(속했던) 부서의 연합활동 성과에 대한 만족도는 어느 정도 입니까?

아주 낮다	낮은 편이다	보통이다	높은 편이다	매우 높다

2. 귀하가 속한(속했던) 기업이 정부 관계 활동을 수행하는 시점은 언제입니까? 해당되는 항목에 모두 체크해 주십시오.

특정 정책 사안이 생기기 전이라도 일상적으로 수행한다.	
정부의 결정이 이루어지기 전에 정책에 영향을 미치기 위해 수행한다.	
정부의 결정이 이루어지고 난 후 이에 대응하기 위해 수행한다.	

2-1. 다음 중 귀하가 속한(속했던) 기업의 정부 관계 활동과 부합하는 사항을 모두 체크해 주십시오.

정부 공직자들과의 우호적인 관계형성에 초점이 맞추어진다.	
현안이 발생한 후 사후적으로 대응하기 위한 것이다.	
정부의 정책결정과정에 참여하기 위한 것이다.	
정부 기관의 정책집행 단계에서 주로 이루어진다.	
언론이나 여론의 우호적인 지지를 획득하기 위한 활동도 병행한다.	

기업의 정부 관계 업무의 수행대상

아래 질문은 귀하가 재직하고 있는(했던) 기업의 정부 관계 업무의 수행대상에 관한 질문입니다. 총 4문항으로 구성되어 있습니다.

1. 귀하가 속한(속했던) 기업(단체)의 정부 관계 업무 대상 중, 어느 정부 기관에 비중을 두고 있는지 순위를 매겨주십시오(1위–4위).

(1) 행정부 (중앙행정기관, 독립 규제기관 포함)	
(2) 지방자치단체	
(3) 국회 (개별 국회의원, 상임위원회, 입법조사관 등)	
(4) 지방의회 (시의회, 도의회 등)	

2. 귀하가 속한(속했던) 기업(단체)의 대관활동 대상 중 지난 10년 동안 활동 비중이 컸었던 기관에 대해 순위를 매겨주십시오(1위–7위).

(1) 국회	
(2) 청와대	
(3) 행정부 (중앙행정기관)	
(4) 지방자치단체	
(5) 지방의회 (시의회, 도의회 등)	
(6) 사법기관	
(7) 언론기관	

3. 귀하가 속한(속했던) 기업(단체)의 정부 관계 업무 대상 중 현재 활동 비중이 큰 기관에 대해 순위를 매겨주십시오(1위–7위).

(1) 국회	
(2) 청와대	
(3) 행정부 (중앙행정기관)	
(4) 지방자치단체	

(5) 지방의회 (시의회, 도의회 등)	
(6) 사법기관	
(7) 언론기관	

4. 다음에 기술된 정부 관계 업무 중 귀하가 속한(속했던) 기업(단체)이 참여하는 각 활동에 모두 체크해 주시길 바랍니다.

활동 내용	활동 여부
(1) 공청회·청문회 참석	
(2) 공청회·청문회 증언	
(3) 공직자 공식 접촉	
(4) 공직자 비공식 접촉	
(5) 언론인·언론기관 접촉	
(6) 미디어 광고·홍보	
(7) 입장표명문·연구보고서 작성 제출	
(8) 서한 작성 및 발송	
(9) 타기업·단체와의 연합로비활동	
(10) 정부 기관이 주최하는 각종 회의체 참석	
(11) 정부 기관 정책형성과정 지원	
(12) 정책대안·법안 제시	
(13) 지역주민을 동원하는 대민 풀뿌리 로비 활동	
(14) 선거 지원·후원	
(15) 정부공직자 자문	
(16) 시위 참여	

기업의 정부 관계 업무 효과에 대한 인식

아래 질문은 귀하가 재직하고 있는(했던) 기업의 정부 관계 업무의 효과성에 관한 질문입니다. 총 7문항으로 구성되어 있습니다.

1. 정부 관계 업무를 효과적으로 할 수 있는(있었던) 자산 중 일반적으로 중요하다고 생각되는 세 가지를 선택하여 주십시오.

(1) 대규모 인력 보유	
(2) 여유 재원 확보	
(3) 축적된 전문 지식과 기술	
(4) 기업(단체) 대표 혹은 리더의 사회적 지명도	
(5) 신뢰도 혹은 평판	
(6) 연합할 수 있는 타기업(단체)의 존재	
(7) 호소력 있는 명분	

2. 귀하가 속한(속했던) 기업(단체)의 정부 관계 업무에 효과가 있었던 자산의 순위를 매겨주십시오(1위–7위).

(1) 대규모 인력 보유	
(2) 여유 재원 확보	
(3) 축적된 전문 지식과 기술	
(4) 기업(단체) 대표 혹은 리더의 사회적 지명도	
(5) 신뢰도 혹은 평판	
(6) 연합할 수 있는 타기업(단체)의 존재	
(7) 호소력 있는 명분	

3. 귀하가 속한(속했던) 기업(단체)의 정부 관계 업무가 정부의 정책 수립에 영향을 끼친다고 생각하십니까?

매우 그렇지 않다	그렇지 않다	그런 편이다	매우 그렇다	모르겠다

4. 일반 기업(단체)의 정부 관계 업무의 성공 여부를 결정하는 요인은 무엇이라고 생각하십니까? 가장 효과적인 요인이라고 생각하는 항목을 한 개만 선택해 주십시오.

(1) 정책 사안이나 시장 등에 대한 전문적인 지식·정보의 필요 때문	
(2) 유권자 호응 혹은 선거에 미치는 영향 때문	
(3) 정치자금 등 경제적 인센티브 제공이나 선거 지원 등 직접적인 반대급부 제공 때문	
(4) 정부의 강제적 방식 (예: 법령, 규제) 대신 시장 친화적 접근방식에 대한 필요 때문	
(5) 업계 내 위치와 영향력	

5. 회사 전체적인 차원에서 정부관계 활동의 성과에 대한 만족도 수준은 어느 정도입니까?

매우 낮다	낮은 편이다	만족하는 편이다	매우 만족한다	모르겠다

6. 회사의 정부관계 활동은 이전과 비교했을 때(예컨대 문재인 정부 출범이후), 어떠한 변화를 보이고 있다고 생각합니까?

(1) 더욱 더 활발하게 이루어지고 있다.	(2) 크게 달라진 게 없다.	(3) 매우 조심스러워 지고 있다.	(4) 매우 큰 폭으로 축소되고 있다.
⇩		⇩	⇩
질문 6-1로		질문 6-2로	질문 6-2로

6-1. 최근 들어와 정부 관계 업무가 더욱 활발해지고 있는 가장 중요한 이유는 무엇이라고 생각합니까? 중요한 이유 세 가지만 선택하여 주십시오.

(1) 정부의 규제 권한이 강화되었기 때문	
(2) 정부 기관의 요구가 커져가고 있기 때문	

(3) 정부 정책 변화를 요청해야 할 필요성이 커졌기 때문	
(4) 정부지원(재정적, 정책적 지원확대)에 대한 기대감이 커졌기 때문	
(5) 정책결정 및 집행 과정에 대한 참여 기회가 늘어났기 때문	
(6) 기업의 정부관계 활동의 필요성에 대한 사회적 인식의 변화	

6-2. 최근 들어와 정부 관계 업무가 매우 조심스러워졌거나 큰 폭으로 축소되고 있는 가장 중요한 이유는 무엇이라고 생각합니까? 중요한 이유 세 가지만 선택하여 주십시오.

(1) 민주화 및 선거법 등 정치제도 개혁	
(2) 최근의 기업인 연루 로비스캔들	
(3) 정부관계 활동성과가 별로 없다는 이전의 경험	
(4) 정부 정책의 긍정적 변화	
(5) 다른 기업들도 그러는 것 같아서	
(6) 기업에 미치는 정부정책의 영향력 약화	
(7) 김영란법 등 로비활동 규제 강화	

7. 회사(단체)의 최고경영층은 정부관계 활동에 대한 큰 관심을 가지고 있으며 적극적으로 지원하는 편입니까?

매우 그렇지 않다	그렇지 않다	그런 편이다	매우 그렇다	모르겠다

7-1. 회사(단체)의 최고경영층이 직접 정부관계 활동에 나서기도 합니까?

전혀 나서지 않는다	중요 사안에 대해서만 관여 한다	직접 자주 나서는 편이다	대개의 경우 직접 수행 한다	모르겠다

대언론 활동

아래 질문은 귀하가 재직하고 있는(했던) 기업의 언론기관 대상 활동에 관한 질문입니다. 총 2문항으로 구성되어 있습니다.

1. 언론 기관을 대상으로 한 활동 중에서 귀하가 속한(속했던) 기업(단체)이 참여하는(했던) 활동에 체크 해 주십시오(해당 사항에 모두 체크해 주십시오).

(1) 정책 사안에 대한 기업의 대외적 입장 표명	
(2) 내부 구성원들에 대한 사안 관련 설명	
(3) 기업(단체) 홍보	
(4) 의견 청취 혹은 의견 제시를 위한 청문회·공청회 참여	
(5) 일반 유권자 혹은 공중을 상대로 하는 활동	
(6) 일반유권자 상대의 그래스루츠 로비(대민로비) 활동	

2. 귀하가 속한(속했던) 기업(단체)가 참여하는(했던) 대언론 활동이 정책 수립에 영향을 끼친다고 생각하십니까?

매우 그렇지 않다	그렇지 않다	그런 편이다	매우 그렇다	모르겠다

응답자 인적사항

1. 귀하는 현재(과거) 소속 부서에서 근무하신 지 몇 년 되었습니까?
   ________년

2. 정부 관계 업무에 종사 기간은 얼마나 오래되었습니까? ________년

3. 귀하의 직급은 무엇입니까(무엇이었습니까)?

임원 ( )	비임원 ( )

4. 정부기관에 근무한 적이 있습니까?

예 ( )	아니오 ( )

※ 위 항목(4번)에서 '예'라고 응답하신 경우에만 아래 항목(4-1번, 4-2번)을 대답해 주십시오.

4-1. 근무했던 정부기관에 체크해 주십시오.

중앙행정기관	지방자치단체	국회	지방의회	행정기관 산하 단체	기타 (명칭을 기재해 주십시오)

4-2. 정부기관에 몇 년 동안 근무하셨습니까? ________년

5. 같은 부서에서 근무하는(했던) 동료들 중, 과거 정부기관에서 근무 경험이 있는 직원이 있습니까?

예 ( )	아니오 ( )

6. 귀하의 성별은?

남 ( )	여 ( )

7. 귀하의 연령은? 만 ________세

설문에 참여해주셔서 감사합니다.

개인정보 수집 및 이용 동의서

본 설문조사는 기업(단체)의 정부 관계 업무에 대한 연구에 필요한 자료를 수집하고자 설계되었습니다. 모든 항목에 성실하게 응답해주신 설문참여자를 대상으로 스타벅스 커피 모바일 쿠폰 2매를 드립니다. 쿠폰 제공을 위해 다음과 같이 설문참여자의 개인정보를 수집 및 이용하고자 합니다.

▶ 수집 및 이용 목적: 설문참여자 커피 모바일 쿠폰 지급

▶ 수집 항목: 설문참여자 이름, 이메일, 휴대폰 번호

▶ 정보 보유 및 이용기간: 2개월 (2019년 10월 1일부터 2019년 11월 30일까지)

설문조사의 응답을 통계처리한 후 설문참여자에게 쿠폰이 제공될 예정이며, 쿠폰 제공 후에는 모든 개인정보를 파기할 예정입니다.

귀하는 개인정보보호법 제15조(개인정보보호의 수집·이용) 및 제17조(개인정보의 제공)에 따라 본 연구의 개인정보 수집 및 이용에 대한 동의를 거부할 수 있습니다. 단, 개인정보 수집 및 이용을 거부하시는 경우 쿠폰 제공은 불가능합니다. (개인정보 수집 및 이용을 거부하시더라도 설문참여는 가능합니다)

본 연구의 개인정보 수집 및 이용에 동의하십니까?

☐ 동의합니다 ☐ 동의하지 않습니다

동의하시는 경우, 다음의 정보를 기입 부탁드립니다.

이 름	
이메일	
휴대폰	

참고문헌

가상준. (2011). “로비스트 제도화 논의.”『의정연구』. 17(2): 141-170.

강유덕. (2010).『EU 로비제도의 현황과 사례연구』. 서울: 대외경제정책연구원.

김의영. (1999). “사업자 단체와 정책변화의 정치.”『한국정치학회보』. 32(4): 187-205.

국회입법조사처. (2012). ‘로비활동 법제화의 쟁점과 과제’ 자료집.

국가청렴위원회. (2007). ‘불법 음성적 청탁방지를 위한 로비활동 법제화 추진방향’ 자료집.

박병영. (2000). “정부-기업 관계의 다양성과 그 결정 요인.”『한국사회학』. 34(3): 565-593.

손배원. (2007). “우리나라 로비제도화 방안에 관한 연구.”『한국부패학회보』. 12(3): 45-70.

윤홍근. (1996). “미 의회의 로비개혁 논의와 로비규제법에 관한 연구.”『한국정치학회보』. 30(1): 271-295.

_____. (2003). “미국 기업의 정치활동유형의 최근변화 동향에 관한 연구.”『한국정치연구』. 12(1): 265-291.

_____. (2009). “한국경제의 성장과 정부-기업 관계의 변화. 이정복 외,『21세기 한국정치의 발전방향』. 서울: 서울대학교 출판부, pp. 533-566.

_____. (2010). 최근 로비 활동의 변화 추세에 비추어 본 로비 관계법 제정 논의: 풀뿌리 로비를 중심으로. 2010 한국정치학회 연례학술회의 발표 논문.

_____. (2013). “한국정부의 경제적 역할변화와 시장제도의 변화: 1980년대 안정화 시책에 대한 담론제도주의 분석.”『한국정치연구』, 22(1): 163-187.

_____. (2015).『이익집단의 정치학: 한국, 스웨덴, 미국 경제단체의 정치적

활동과 최근 변화』. 고양: 인간사랑.

_____. (2016). “글로벌화와 이익집단정치의 변화: 전경련 집단행동의 딜레마.” 『제도와 경제』. 10(3): 53–96.

_____. (2017). “한국형 로비규제 모델의 탐색: 국제비교의 관점에서.” 『의정논총』. 12(1): 153–188.

_____. (2019). “영국의 로비법제화 과정 연구: 초점사건 이후의 제도변화.” 『세계지역연구논총』. 37(1): 197–225.

_____. (2021). “한국의 기업정치활동: 동기와 목표, 유형, 선행 요인 연구.” 『현대정치연구』. 14(3): 97–132.

이연호·임유지·정석규. (2002). “한국에서 규제국가 등장과 정부–기업 관계.” 『한국정치회보』. 36(3): 199–225.

이은영. (2007). 투명하고 건전한 로비활동 장려: 로비스트 법안의 입법취지. 『국회보』. 488호, pp. 36–37.

이정희. (2010). 『이익집단정치: 갈등과 통합의 역동성』. 고양: 인간사랑.

정기창. (2007). 불법·음성적 청탁방지를 위한 로비활동 법제화 추진 방향. 국가청렴위원회 공개토론회: 자료집.

전국경제인연합회. (2011). 『전경련 50년사: 기적의 50년을 넘어 희망의 100년으로, 제1권, 제2권, 제3권』.

참여연대. (2001). 음성로비 근절을 위한 ‘로비활동 공개법’의 올바른 입법 방향 모색 1차 토론회.

홍완식. (2008). 로비제도 관련 법률안에 대한 헌법적 고찰. 『헌법학연구』. 14(2): 357–389.

Andres, G. J. (1985). Business Involvement in Campaign Finance: Factors Influencing the Decision to Form a Corporate PAC, *Political Science & Politics,* 18(2): 213–220.

Ansolavehere, S, , J. M. Snyder & M. Tripathi. (2002). Are PAC contributions and lobbying linked? New evidence from the 1995 Lobby

Disclosure Act. *Business and Politics*, 4(2): 1–26.

Ainsworth, Scott H. (1993). Regulating Lobbyists and Interest Group Influence. *Journal of Politics*, 55(1): 41–56.

APPC(The Association of Professional Political Consultants). History of Lobbying & of the APPC. https://www.appc.org.uk/en/aboutus/lobbying_history.cfm (검색일: 2017.10.28).

Austen–Smith, D. (1995). Campaign Contributions and Access, *American Political Science Review*, 89(2): 566–581.

Austen–Smith, D. & Wright, J.R. (1994). Counteractive lobbying. *American Journal of Political Science,* 38(1): 25–44.

Baetz, M., & Fleisher, C. (1994). Public affairs/government relations as a strategic function. Proceedings of the IABS Annual Meetings: 163–167.

Baysinger. B. D. (1984). Domain maintenance as an objective of business political activity: An expended typology. *Academy of Management Review,* 9(2): 248–258.

Barron, A. (2011). Exploring national culture's consequence on international business lobbying. *Journal of World Business*, 46(3): 320–327.

Baron, David P. (1995). The Non–market Strategy System. *Sloan Management Review*, 37(1): 73–85.

______. (1995). Integrated Strategy: Market and Nonmarket Components, *California Management Review*, 37(2): 47–65.

Baetz, M., & Fleisher, C. 1994. Public affairs/government relations as a strategic function. Proceedings of the IABS Annual Meetings: 163–167.

Baumgartner & Leech. (2001). Interest Niches and Policy Bandwagons: Patterns of Interest Group Involvement in National Politics. *Jour-*

nal of Politics, 63: 1191–1213.

Bellver, A. & D. Kaufmann. (2005). Transparenting Transparency: Initial Empirics and Policy Applications. IMF Conference on Transparency and Integrity.

Bendor J. & D. Mookherjee. (1987). Institutional structure and the logic of ongoing collective action. *American Political Science Review*, 81(1): 129–154.

Bennedsen, M., & Feldmann, S. (2006). Informational lobbying and political contributions. *Journal of Public Economics,* 90: 631–656.

Berry, Jeffrey M. (1997). *The Interest Group Society.* New York; Longman.

_____. (1989a). Subgovernments, Issue Networks, and Political Conflict. In Richard A. Harris, S. M. Milkis(Eds.), *Remaking American Politics*, Westview Press.

_____. (1989b). *The Interest Group Society* 2nd ed. NJ: Princeton University Press.

Betrók, János. (2008). *Lobbyists, Government and Public Trust: Building a Legislative Framework for Enhancing Transparency and Accountability in Lobbying.* Paris: OECD.

Binderkrantz, A. (2003). "Strategies of Influence: How Interest Organizations Reacts to Changes in Parliamentary Influence and Activity." *Scandinavian Political Studies*, 26(4): 287–306.

Blumentritt, T. P. (2003). Foreign subsidiaries' government affairs activities: The influence of managers. *Business & Society*, 42(2): 455–484.

Boddewyn, J., & Brewer, T. (1994). International business political behavior: New theoretical directions. *Academy of Management Review*, 19(1): 119–143.

_____. (2002). Corporate lobbying in the European Union: the logic of access. *Journal of European Public Policy*, 9(3): 365–390.

_____. (2004a). The logic of access to the European Parliament: business lobbying in the Committee on Economic and Monetary Affairs. *Journal of Common Market Studies,* 42(3): 473–95.

_____. (2004b). Exchanging access goods for access: a comparative study of business lobbying in the European Union institutions. *European Journal of Political Research,* 43(3): 337–369.

Boddewyn, J. J. & Brewer, T. (1994). International–business Political Behavior: New Theoretical Directions. *Academy of Management Review,* 19(1): 119–144.

Boies, J. (1989). Money, Business and the State: Material Interests, Fortune 500 Corporations, and the Size of Political Action Committees. *American Sociological Review,* 54(4): 821–833.

Bonardi, J. J. Hillman, A. & Keim, G. (2005). The attractiveness of political market: implications for firm strategies. *Academy of Management Review,* 30: 397–413.

Bouwen, P. & McCown, M. (2007). Lobbying versus litigation: Political and legal strategies of interest representation in the European Union. *Journal of European Public Policy,* 14(3): 422–43.

Braithwaite, J. Peter Drahos. (2000). *Global Business Regulation.* Cambridge University Press.

Brinig, M. F., Holcombe, R. & Schwarwartzstein, L. (1993). The regulation of lobbyists" *Public Choice*, 77(2): 377–384.

Calderia, G. A. Hojnacki, M., & J. R. Wright. (2000). The lobbying activities of organized interests in federal judicial nominations. *Journal of Politics*, 62(1): 51–69.

Chari, Raj, J. Hogan & G. Murphy. (2010). *Regulating Lobbying: a Global Comparison.* Manchester: Manchester University Press.

_____. (2007). Regulating lobbyists: A comparative analysis of the USA, Canada, Germany, and the EU. *Political Quarterly*, 78(3): 422–438.

Center for Public Integrity. Discussion for the Hired Gun Methodology Behind the CPI Index. https://www.publicintegrity.org/2003/05/15/5914/methodology

Cigler, Allan J. & Burdett A. Loomis. (2010). *Interest Group Politics.* Washington D. C.: CQ Press.

Coen, D. (1997). The evolution of the large firm as a political actor in the European Union. *Journal of European Public Policy*, 4(1): 91–108.

_____. (1998). The European business interest and the nation state: Large–firm lobbying in the European Union and member states. *Journal of Public Policy*, 18(1): 75–100.

_____. (1999). The impact of U.S. lobbying practice on the European business–government relationships. *California Management Review,* 41(4): 27–44.

_____. (2002). Business interests and European integration. In: R. Balme, D. Chabanet & V. Wright(Eds.), *L'action collective en Europe.* Paris, France: Presses de Sciences Po, pp. 255–278.

_____. (2007). Empirical and theoretical studies in EU lobbying. *Journal of European Public Policy,* 14(3): 333–345.

Coen. D., A. Katsaitis & M. Vannoni. (2021). *Business lobbying in the European Union* CPI Group: UK.

Dahan, N. (2005). A contribution to the conceptualization of political resources utilized in corporate political action. *Journal of Public Affairs,* 5: 43–54.

Damania, R., Fredricksson, P. G., & Mani, M. (2004). The persistence of corruption and regulatory compliance failures: Theory and evidence. *Public Choice,* 121: 363–390.

Daniel, F., Lohrke, F. T., Fornaciari, C. J. & Turner, R.A. (2004). Slack resources and firm performance: A meta–analysis. *Journal of Business Research*, 57(6): 565–574.

De Bièvre, D. & Dür, A. (2007). Interest group influence on policymaking in Europe and the United States. *Journal of Public Policy,* 27(1): 1–12.

De Figueiredo, J. M., & Silverman, B. S. (2006). Academic earmarks and the returns to lobbying. *Journal of Law & Economics*, 49(2): 597–626.

Dinan, W. & Miller, D. (2012). Sledgehammers, Nuts and Rotten Apples: Reassessing the Case for Lobbying Self–regulation in the United Kingdom. *Interest Groups and Advocacy,* 1(1): 105–114.

Doh, J., Lawton, T., Rajwani, T., & Paroutis, S. (2014). Why your company may need a chief external officer: Upgrading external affairs can help align strategy and improve competitive advantage. *Organization Dynamics,* 43(2): 96–104.

Douglas A. Schuler, Kathleen Rehbein, & Colby D. Green. (2019). Is corporate political activity a field? *Business & Society*, 58(7): 1376–1405.

Dryzek, John. (2000) *Deliberative Democracy and Beyond: Liberals, Critics, Contestations,* Oxford: Oxford University Press.

Elster, John.(Ed.). (1998). *Deliberative Democracy.* Cambridge: Cambridge University Press.

Epstein, E. (1969). *The corporation in American politics.* Englewood Cliffs, NJ: Prentice Hall.

European Parliament. (2003). Lobbying in the European Union: Current rules and practices. AFCO 104 EN.

Figueiredo, J. M., & Tiller, E. H. (2001). The structure and conduct of corporate lobbying: How firms lobby the Federal Communications Commission. *Journal of Economics & Management Strategy,* 10(1): 91–122.

Follesdal & Hix. (2006). Why there is a democratic deficit in the EU: A response to Majone and Moravcsik. *Journal of Common Market Studies*, 44(3): 533–562.

Gardner, J. N. (1991). *Effective Lobbying in the European Community.* Deventer, the Netherlands: Kluwer Law.

George, G. (2005). Slack resources and the performance of privately held firms. *Academy of Management Journal.* 48(4): 661–676.

Getz, K. A. (1997). Research in corporate political action: Integration and assessment. *Business and Society*, 36(1): 32–72.

Getz, K. A. (2002). Public affairs and political strategy: Theoretical foundations. *Journal of Public Affairs*, 2(1): 305–329.

Goldsmith, Arthur. (2008). *Business, Government, State: The Global Political Economy.* Thomson South–Western.

Goldstein, Kenneth M. (1999). *Interest Groups, Lobbying, and Participation in America.* Cambridge: Cambridge University Press.

Gordon, R. H. & Thomas Susman. (2016). *The Lobbying Manual: A Complete Guide to Federal Law Governing Lawyers and Lobbyists.* Washington D. C.: American Bar Association.

Grant, W. (1995). *Pressure Groups, Politics and Democracy in Britain* (Second edition). Hemel.

Grumet, L. (2003). Sunlight is the BestDisinfectant. *The CPA Journal*, 73(12).

Grier, K. B. & M. C. Munger. (1993). Comparing interest group PAC contributions to House and Senate incumbents, 1980–1986. *Jour-*

nal of Politics, 55(3): 615–643.

Grier. K. B., M. C. Munger & Roberts. (1994). The determinants of industry political activity, 1978–1986. *American Political Science Review*, 88(4): 911–926.

Griffin, J. J., Fleisher, C. S., Brenner, S. N., & Boddewyn, J. J. (2001b). Corporate public affairs research: chronological reference list: Part 2: 1958–84. *Journal of Public Affairs*, 1(2): 169–186.

Hall, R. Bruce & Thomas J. Biersteker. (2002). *The Emergence of Private Authority in Global Governance*. Cambridge: Cambridge University Press.

Hall, P. & D. Soskice. (2001). *Varieties of Capitalism: Institutional Foundations of Comparative Advantage*. Oxford: Oxford University Press.

Hall, Peter A. (1986). *Governing the Economy: The Politics of State Intervention in Britain and France*. New York: Oxford University Press.

Hansard Society. (2009). Audit of Political Engagement 6: The 2009 Report. London: Hansard Society.

Hansen, W. L. & N. Mitchell. (2000). Disaggregating and explaining corporate political activity: domestic and foreign corporation in national politics. *American Political Science Review*, 94(4): 891–903.

Hansen, W. L. & N. Mitchell. (2001). Globalization or national capitalism: Large firms, national strategies, and political activities. *Business and Politics*, 3(1): 5–19.

Hart D. M. (2001). Why do some firms give? Why do some firms give a lot?: High–Tech PACs, 1997–1996. *Journal of Politics*, 63: 1230–1249.

Haufler, Virginia. (2001). *Public Role for the Private Sector*. Carnegie Endowment for International Peace: Washington, D. C.

Held, David, Anthony McGrew, David Goldblatt & Jonathan Perraton.

(2002). "Rethinking Globalization," In David Held & Anthony McGrew(Eds). *The Global Transformations Reader: An Introduction to the Globalization Debate.* Cambridge: Polity Press.

Henisz, W. J., & Zelner, B. A. (2005). Legitimacy, interest group pressures and change in emergent institutions: The case of foreign investors and host country governments. *The Academy of Management Review*, 30(2): 361–382.

______. (2003). The strategic organization of political risks and opportunities. *Strategic Organization*, 1(4): 451–460.

______. (2010). The hidden risks in emerging markets. *Harvard Business Review,* 88(4): 88–95.

Herrnson, Paul S., Ronald G. Shaiko & Clyde Wilcox. (1998). *The Interest Group Connection: Electioneering, Lobbying, and Policy Making in Washington.* Washington D. C.: CQ Press.

Hillman, A. J. (2003). Determinants of political strategies in U.S. multinationals. *Business & Society,* 42(4): 455–484.

Hillman A. J., et al.. (2004). Coporate political activity: A review and research agenda. *Journal of Management*, 30(6): 837–857.

Hillman, A. J., & Hitt, M. A. (1999). Corporate political strategy formulation: A model of approach, participation, and strategy decisions. *Academy of Management Review,* 24(4): 825–843.

Hillman, A. J., & Keim, G. (1995). International variation in the business–government interface: Some institutional and organizational considerations. *The Academy of Management Review*, 20(1): 193–214.

Hillman, A. J., & Wan, W. P. (2005). The determinants of MNE subsidiaries' political strategies: Evidence of institutional duality. *Journal of International Business Studies,* 36(3): 322–340.

Hillman, A. J., Zarkhoodi, A., & Bierman, L. (1999). Corporate political strategies and firm performance: Indications of firm-specific benefits from personal service in the U.S. government. *Strategic Management*, 20(1): 67–81.

Holman, Craig & William Luneburg. (2012). Lobbying and Transparency: A comparative analysis of regulatory reform. *Interest Groups & Advocacy*. 1(1): 75–104.

House of Commons(HC). (2016) Briefing Paper: The Register of Consultant Lobbyists, .

House of Commons, Political and Constitutional Reform Committee. The Government's lobbying bill: Follow-up: Government Response to the Committee's Tenth Report of Session 2013–14[HC 535].

House of Commons, Political and Constitutional Reform Committee. (2014b). Tenth Report from the Political and Constitutional Reform Committee, on the Government's Lobbying Bill: follow-up [HC 891]. (2014b).

House of Commons. (2013a). Political and Constitutional Reform Committee. Introducing a Statutory Register of Lobbyists. Second Report of Session 2012–2013. Vol. 1: Report, together with formal minutes, oral and written evidence.

House of Commons. (2013b). Political and Constitutional Reform Committee. The Government's Lobbying Bill: Seventh Report of Session 2013–14. Vol I Report, Together with Formal Minutes; Vol. II: Oral Evidence[HC 601-1].

Jacobson, C. K., Lenway, S.A. & Ring, P.S. (1993). The Political Embeddedness of Private Economic Transactions. *Journal of Management Studies,* 30: 453–478.

Jackson G. & R. Deeg. (2008). Comparing capitalism: Institutional diversity and its implications for international business. *Journal of International Business Studies*, 39: 540–561.

Jordan, Grant. (1998). "Towards Regulation in the U. K.: From 'General Good Sense' to 'Formalized Rules'." *Parliamentary Affairs*, 51(4): 524–537.

Joshi, A. (2013). Do they work? Assessing the impact of transparency and accountability initiatives in service delivery, *Development Policy Review*, 31(s1): 29–48.

Judge, David. (2014). A Crisis of Parliament. In Richard, D, Smith, M, & Collin Hay. *Institutional Crisis in Twenty-First Century Britain*. Palgrave Macmillan.

Keillor, Wilkinson, & Owens. (2005). Threats to international operations: Dealing with political risk at the firm level. *Journal of Business Reach*, 58(5): 629–635.

Keim, Gerald. (2001). Managing Business Political Activities in the U. S. A.: Bridging between Theory and Practice. *Journal of Public Affairs*, 1(4): 362–375.

Keim, G., & Zeithaml, C. (1986). Corporate political strategy and legislative decision making: A review and contingency approach. *Academy of Management Review*, 11(4): 828–843.

Keim, G., & Baysinger, B. (1988). The efficacy of business political activity: Competitive considerations in a principal–agent context. *Journal of Management*, 14(2): 163–180.

Kramer, Tony. *(2000). Winning at the Grassroots: A Comprehensive Manual for Corporations and Associations*, Washington, D. C.: Public Affairs Council.

Lawton, T., Doh, J., & Rajwani, T. (2014). *Aligning for Advantage: Com-*

petitive strategies for political and social arenas. Oxford: Oxford University Press.

Lawton, T., McGuire, S., & Rajwani, T. (2013). Corporate political activity: A literature review and research agenda. *International Journal of Management Review,* 15(1): 86–105.

Lenway, S., Morck, R., & Yeung, B. (1996). Rent seeking, protectionism and innovation in the American steel industry. *The Economic Journal,* 106: 410–421.

Lenway, S., & Murtha, T. (1994). The state as strategist in International Business Research, *Journal of International Business Studies,* 25(3): 513–535.

Lenway, S., & K. Rehbein. (1991). Leaders, followers, and free riders: An empirical test of variation in corporate political involvement. *Academy of Management Journal,* 34(4): 893–905.

Lindstedt, C. & D. Naurin. (2010). Transparency Against Corruption: A Cross Country Analysis. *International Political Science Review,* 31(3): 301–322.

Lodge, G. (1990). Roles and relationships of business and governments. In G. Lodge(Ed.), *Comparative business-government relations.* Englewood Cliffs, NJ: Prentice Hall, pp. 1–40.

Lord, M. D. (2000). Corporate political strategy and legislative decision making. *Business and Society,* 39(1): 76–93.

Lowery, K. (2008). The European Union interest system in comparative perspective: A bridge too far? *Western European Politics,* 31(6): 1231–1252.

Lowery, D., Poppelaars, C. & Berkhout, J. (2008). The European Union interest system in comparative perspective: A bridge too far? *West European Politics,* 31(6): 1231–1252.

Luo, Y., & Zhao, H. (2013). Doing business in a transitional society: Economic environment and relational political strategy for multinationals. *Business & Society,* 52(3): 515-549.

Lux, Crook & Woehr. (2011). Mixing business with politics: A metal-analysis activity. *Journal of Management*, 37(1): 223-247.

Madriz, E. (2003). Focus Groups in Feminist Research, In N. K Denzin & Y. S. Lincoln(Eds.). *Collecting and Interpreting Qualitative Materials*, Thousand Oaks, CA: Sage.

Magee, S. P., Brock, W. A., & Young, L. (1989). *Black hole tariffs and endogenous policy theory: Political economy in general equilibrium.* Cambridge, UK: Cambridge University Press.

Mahon, J. F., & McGowan, R. (1998). Modeling industry political dynamics. *Business and Society,* 37(4): 390-413.

Mahoney, C. (2007). Lobbying success in the United States and the European Union. *Journal of Public Policy*, 27(1): 35-56.

_____. (2008). *Brussels versus the Beltway: Advocacy in the United States and the European Union.* Washington DC: Georgetown University Press.

Mahoney, C. & Baumgartner, F.R. (2008). Converging perspectives on interest group research in Europe and America. *West European Politics,* 31(6): 1253-1273.

Mahoney, C. & Beckstrand, M. (2011). Following the money: European Union funding of civil society organizations. *Journal of Common Market Studies*, 49(6): 1339-1361.

Maloney, W. A., Jordan, G. and McLaughlin, A. M. (1994). Interest groups and public policy: The insider/outsider model revisited. *Journal of Public Policy,* 14(1): 17-38.

Martin. C. J. (1995). Nature or nurture? Sources of firm preference for

National Health Reform. *American Political Science Review,* 89(4): 898–931.

Mantere, S.. Pazunen K., & Lamberg, J. A. (2009). Vices and virtues of corporate political activities. *Business and Society*, 48(1): 105–132.

Masters, M., & Keim, G. (1985). Determinants of PAC participation among large corporations. *Journal of Politics,* 47(4): 1158–1173.

Meznar, M. B. & Nigh, D. (1995). Buffer or bridge? Environmental and organization determinants of public affairs activities in American firmas. *Academy of Management Journal,* 38(4): 975–996.

McGrath, C. (2006). Lobbying in Washington, London and Brussels: The Persuasive Communication of Political Issues. *Society and Business Review*, 1(3): 285–288.

Mitnick, B. M. (1993). *Corporate Political Agency: The Construction of Competition in Public Affairs* Newbury Park: Sage Publications.

Mizruchi. M. S. (1992). *The Structure of Corporate Political Action.* Cambridge: Harvard University Press.

Marsh S. J. (1998). Creating barrier for foreign competitors: A study of the impact of anti–dumping actions on the performance of US firms. *Strategic Management Journal,* 19(1): 25–37.

Murtha, T. P., & Lenway, S. (1994). Country capabilities and the strategic state: How national political institutions affect multinational corporations' strategies [Special issue]. *Strategic Management Journal,* 15(2): 113–129.

Naurin, Daniel. (2007). "Backstage Behavior? Lobbyist in Public and Private Settings in Sweden and European Union", *Comparative Politics,* 39(2): 209–228.

Nolan Committee. (1995). First Report of the Committee on Standard in Public Life. Cm 2805–1. Vol. 1 & Vol. 2. London: HMSO.

Nolan, Lord. (1996a). Standards in Public Life, Second Report of the Committee on Standards in Public Life. Cm 3270-10, London: HMSO.

_____. (1996b) Standards in Public Life, Vol. 2: Transcripts of Oral Evidence. Cm 3270-11. London: HMSO.

OECD. (2014). Lobbyists, Governments and Public Trust, Volume 3: Implementing the OECD Principles for Transparency and Integrity in Lobbying, Paris: OECD.

_____. (2012). Lobbyists, Governments and Public Trust, Volume 2: Promoting Integrity through Self-regulation, Paris: OECD.

_____. (2010). "Recommendation on Principles for Transparency and Integrity in Lobbying." Paris: OECD.

_____. (2008). Lobbyists, Governments and Public Trust, Volume 1: Implementing the OECD Principles for Transparency and Integrity in Lobbying, Paris: OECD.

Oliver, Christine and Ingo Holzinger. (2008). The effectiveness of strategic political management: Dynamic capabilities framework. *Academy of Management Review,* 33(2): 496-520.

Opheim, C. (1991). Explaining the Difference in State Lobby Regulation. *Western Political Quarterly*, 44(2): 405-421.

Oliver, D. (1997). Regulating the Conduct of MPs: The British Experience of Combating Corruption. *Political Studies,* 45(3): 539-558.

Pedler, R. H. & Van Schendelen, M.P.C.M.(Eds.) (1994). *Lobbying in the EU: Companies, Trade Associations and Issue Groups.* Aldershot, UK: Dartmouth.

Petracca, M. P. (1992). *The Politics of Interest: Interest Groups Transformed.* Oxford: Westview Press.

Pinkham. D. G. (1998). Corporate public affairs: Running faster, jumping higher.

Public Relations Quarterly, 43(2): 33–37.

Porter, M. (1990). *The Competitive Advantage of Nations*. New York: Free Press.

Rehbein, K., & Lenway, S. (1994). Determining an industry's political effectiveness with the U.S. International Trade Commission. *Business and Society*, 33(3): 270–293.

Rehbein, K., & Schuler, D. A. (1999). Testing the firm as a filter of corporate political action. Business and Society, 38(2): 144–166.

Richards, D., Smith, M. & Hay, C.(Eds). (2014). *Institutional Crisis in 21st Century Britain*, Basingstoke: Palgrave Macmillan,

Ring, P. S. S. Lenway & M. Govekar. (1990). Management of the political imperative in international business. *Strategic Management Journal*, 11(2): 141–151.

Russell, M. (1995). Constituency Building: Determining Employee's Willingness to Participate in Corporate Political Activities. *Journal of Public Relations Research*. 74(4): 273–288.

Ryan, M., Swanson, C. & Buchholz, R. (1987). *Corporate Strategy, Public Policy and Fortune 5000: How America's Major Corporations Influence Government*. Oxford, England: Blackwell.

Salisbury, Robert H. (1990). The Paradox of Interest Group in Washington – More Groups, Less Clout, *The New American Political System*, ed. by Anthony King, AEI Press, pp. 203–229.

Scharpf, F. W. (1999). *Governing in Europe: Effective and Democratic?*. Oxford: Oxford University Press.

Schendelen, R. V. (2010). *More Machiavelli in Brussels: the Art of Lobbying in the EU. Amsterdam, the Netherlands*. Amsterdam University Press.

Schmitter, P. & Streeck, W. (1991). From national corporatism to transnational pluralism: Organized interests in the single European market. *Politics and Society*, 19(2): 133–152.

Schmitter, P. C., W. Streeck, Wolfgang. (1999). The organization of business interests: Studying the associative action of business in advanced industrial societies, MPIfG discussion paper, No. 99/1.

Schlozman, K. L., & Tierney, J. T. (1986). *Organized Interests and American Democracy.* New York: Harper & Row, Publishers.

Scherer A. G. & Palazzo, G. (2011). The new political role of business in a globalized world: a review of a new perspective on CSR and it is implications for the firm, governance and democracy, *Journal of Management Studies,* 48(4): 899–931.

Schubert, L., Dye, T. R. & H. Zeigker. (2016). *The Irony of Democracy: An Uncommon Introduction to American Politics* (17th ed). Boston, MA: Cengage Learning.

Schuler, D. A. (1996). Corporate political strategy and foreign competition: The case of the steel industry. *Academy of Management Journal,* 39(3): 720–737.

Schuler, D. A. (2002). Public affairs, issues management, and political strategies: Methodological approaches that count. *Journal of Public Affairs*, 2(1): 336–355.

Schuler, D. A., & Rehbein, K. (1997). The filtering role of the firm in corporate political environment. *Business and Society,* 36(2): 116–139.

Schuler, D. A. (1999). Coporate political action: Rethinking the economic and organization influences. *Business and Politics*, 1(1): 83–97.

Schuler, D. A., Rehbein, K., & Cramer, R. D. (2002). Pursuing strategic advantage through political means: A multivariate approach. *Academy of Management Journal,* 45(4): 659– 673.

Schuler, D. A. Rehbein, K., & Colby D. Green (2016). Is Corporate Political Activity a Field?. *Business and Society*, 58(7): 1307–1405.

Sethi, S. P. (1987). *Handbook of Advocacy Advertising*, Ballinger Press.

Shaffer, B. (1995). Firm–Level Response to Government Regulation: Theoretical and Research Approaches. *Journal of Management*, 21(3): 495–514.

Shaffer, B., Quasney, T. J., & Grimm, C. M. (2000). Firm level performance implications of non–market actions. *Business and Society*, 39(2): 126–143.

Stasavage, David. (2001). "Transparency, Democratic Accountability, and the Economic Consequence of Monetary Institutions'. *American Journal of Political Science*, 47(3): 389–403.

_____ (2004). Open Door or Closed Door? Transparency in Domestic and International Bargaining. *International Organization*, 58(4): 667–703.

Streeck, W., Jurgen R. Grote, Volker Schneider & Jelle Visser(Eds.). (2006). *Governing Interests: Business Association Facing Internationalization*. Routledge: London & New York.

Steiner, G. A. & Steiner, J. F. (2011). *Business, Government, and Society: A Managerial Perspective*. New York: McGraw–Hill.

Stewart, D. W., Shamdasani, P. N., & Rook, D. W. (2007). *Focus Groups: Theory and Practice*, Thousand Oaks, CA: Sage.

Sun, P., Mellahi, K., & Thun, E. (2010). The dynamic value of MNE political embeddedness: The case of the Chinese automobile industry. *Journal of International Business Studies*, 41(7): 1161–1182.

Swanson, C. L., Ryan, M. H., & Buchholz, R. A. (1987). *Corporate Strategy, Public Policy and the Fortune 500*, New York: Basil Blackwell.

Traxler, F. (1993). Business associations and labour unions in comparison. *British Journal of Sociology*, 44: 673–691.

_____. (2007). The theoretical and methodological framework of analysis. In F. Traxler & G. Huemer(Eds.), *Handbook of Business Interest Associations, Firm Size and Governance.* London: Routledge.

_____. (2004). The metamorphoses of corporatism. European Journal of Political Research, 43: 571–598.

_____. (1999). Employers and Employer Organizations: the Case of Governability. Industrial Relations Journal, 30(4): 345–354.

Thomas, C. S. (2002). U.S. interest groups operating in the European Union: Is there a transatlantic lobbying culture? Transatlantic Studies Association. Paper presented at The Transatlantic Studies Association Conference, 8–11 July 2002, The University of Dundee, Scotland.

Thomas C. S. & Ronald Hrebenar. (2009). Comparing lobbying across liberal democracies: Problems, approaches and initial findings. *Journal of Comparative Politics*, 2(1): 131–142.

Truman, David B. (1971). *The Governmental Process.* 2nd ed. New York: Knopf.

Uberot, Elise. (2016). The Register of Consultant Lobbyists, House of Commons Library.

Van Schendelen, R. (2011). *More Machiavelli in Brussels: the Art of Lobbying in the EU.* Amsterdam, the Netherlands: Amsterdam University Press.

Vaughn, S., J. S. Schumm & J. Sinagub. (1996). *Focus Group Interview in Education and Psychology.* London: Sage Publications.

Vincent, D. (1998). *The Culture of Secrecy: Britain, 1832-1998*. Oxford: Oxford University Press.

_____. (1998). Honourable Secrecy. In Moran, M. *The British Regulatory*

State: High Modernism and Hyper-Innovation. Oxford: Oxford University Press. (1998).

Vining, A. R., Shapiro, D. M. & Borges, B. (2005). Building the firm's political (lobbying) strategy. *Journal of Public Affairs*, 5(2): 150–175.

Vogel, D. J. (1996). The study of business and politics. *California Management Review,* 38(3): 146–165.

Warren P. L. & Cordis, A. S. (2011). Sunshine as disinfectant: The effect of state freedom of Information act laws on corruption. Paper presented at the 1st Global Conference on Transparency Research, Rutgers University.

Weaver, K. & B. Rockman. (1993). Assessing the effects of institutions, In Weaver & Rockman(Eds.). *Do Institutions Matter?* Washington D. C.: Brookings Institute.

Weidenbaum, M. (1980). Public Policy: No Longer a Spectator Sport for Business. *Journal of Business Strategy*, 3(4): 46–53.

Wilts, Arnold & Mika Skippari. 2007. Business–Government interactions in a globalizing economy. *Business & Society*. 46(2): 129–135.

Wilson, Graham K. (2003). *Business & Politics: A Comparative Introduction*. New York: Chatham House Publishers.

_____, T. Werner. (2010). Business Representation in Washington D. C. In David Cohen, Wyn Grant & Graham Wilson(Eds.), *The Oxford Handbook of Business and Government*. Oxford University Press. pp, 261–284.

Woll, Cornelia. (2012). The Brash and the soft–spoken: Lobbying styles in a transatlantic comparison. *Interest Group & Advocacy*, 1(2): 193–214.

_____. (2009). Who captures whom? Trade policy lobbying in the European Union. In: D. Coen and J. Richardson(Eds.). *Lobbying in the*

European Union. Oxford: Oxford University Press, pp. 268–288.

_____. (2006). Lobbying in the European Union: From sui generis to a comparative perspective. *Journal of European Public Policy*, 13(3): 56–469.

Yoffie, D., & Bergenstein, S. (1985). Creating political advantage: The rise of the corporate political entrepreneur. *California Management Review,* 28(5): 124–139.

_____. (1987). Corporate strategy for political action: A rational model. In A. Marcus, A. Kanfman, & D. Beam(Eds.) *Business Strategy and Public Policy:* New York: Quorum, pp. 92–111.

_____. (1988). How an industry builds political advantage. *Harvard Business Review*, 66(3): 80–89.

찾아보기

㉧

㉨

㉩

㉪

㉫

인명

기업정치활동
—한국형 로비 대관활동 연구

발행일 1쇄 2022년 3월 20일

지은이 윤홍근
펴낸이 여국동

펴낸곳 도서출판 인간사랑
출판등록 1983. 1. 26. 제일-3호
주소 경기도 고양시 일산동구 백석로 108번길 60-5 2층
물류센타 경기도 고양시 일산동구 문원길 13-34(문봉동)
전화 031)901-8144(대표) | 031)907-2003(영업부)
팩스 031)905-5815
전자우편 igsr@naver.com
페이스북 http://www.facebook.com/igsrpub
블로그 http://blog.naver.com/igsr
인쇄 인성인쇄 **출력** 현대미디어 **종이** 세원지업사

ISBN 978-89-7418-424-7 93340

* 책값은 뒤표지에 있습니다. * 잘못된 책은 바꿔드립니다.